COLLECTION

COMPLÈTE

DES MÉMOIRES

RELATIFS

A L'HISTOIRE DE FRANCE.

Gaspard de Tavannes, tome 1.

LEBEL, IMPRIMEUR DU ROI, A VERSAILLES.

COLLECTION

COMPLÈTE

DES MÉMOIRES

RELATIFS

A L'HISTOIRE DE FRANCE,

DEPUIS LE RÈGNE DE PHILIPPE-AUGUSTE JUSQU'AU COMMENCEMENT
DU DIX-SEPTIÈME SIÈCLE;

AVEC DES NOTICES SUR CHAQUE AUTEUR,
ET DES OBSERVATIONS SUR CHAQUE OUVRAGE,

PAR M. PETITOT.

TOME XXIII.

PARIS,
FOUCAULT, LIBRAIRE, RUE DE SORBONNE, N.º 9.
1822.

MEMOIRES

DE TRES-NOBLE ET TRES-ILLUSTRE

GASPARD DE SAULX,

SEIGNEUR DE TAVANNES,

MARESCHAL DE FRANCE, ADMIRAL DES MERS DE LEVANT, GOUVERNEUR DE PROVENCE, CONSEILLER DU ROY, ET CAPITAINE DE CENT HOMMES D'ARMES.

AVERTISSEMENT.

Les Mémoires de Gaspard de Tavannes sont l'un des ouvrages les plus curieux de cette Collection, tant par l'extrême liberté avec laquelle ils sont écrits, que par le grand nombre d'anecdotes qu'ils contiennent. Ils auroient été lus avec autant d'avidité que ceux de Joinville, de Comines et de Castelnau, si la marche adoptée par l'auteur n'eût considérablement affoibli l'intérêt qu'ils étoient faits pour inspirer.

On y chercheroit en vain cet ordre et cette méthode qui, en jetant une grande lumière sur la suite des évènemens, guident sûrement les lecteurs au milieu des intrigues les plus compliquées, soulagent leur mémoire et fixent leur attention. L'Auteur laisse trop souvent courir sa plume au hasard : guidé par une sorte de caprice, il rapproche, mêle et confond les règnes de François I, de Henri II, de François II, de Charles IX, de Henri III, de Henri IV et de Louis XIII. D'énormes digressions sur la religion, la politique, l'administration, la morale et l'art de la guerre, augmentent encore le désordre de ses récits; et une connoissance approfondie de l'histoire de cette époque est nécessaire pour le suivre utilement dans le labyrinthe où il s'engage. Mais si l'on veut surmonter les premières difficultés qu'offre cette lecture, on se trouvera bien dédommagé de la peine qu'on aura prise par les peintures de mœurs les plus originales et les plus fidèles, par les particularités les plus précieuses et par les détails les plus piquans.

Cette singulière production fut le fruit des loisirs de l'un des fils de Gaspard de Tavannes. Ce seigneur en avoit conservé deux qui parvinrent à une extrême vieillesse. L'un, Guillaume de Saulx, se montra dévoué à Henri III et à Henri IV, auxquels il rendit de grands services; l'autre, Jean de Saulx, vicomte de Tavannes, se déclara pour la Ligue avec cette ardeur qui caractérisoit sa famille.

Quelques bibliographes attribuent les Mémoires à Guillaume de Saulx, dont la fidélité au Roi ne se démentit jamais, sans avoir considéré qu'ils respirent partout le mécontentement d'un ligueur dont l'ambition a été trompée; qu'ils contiennent la vie du vicomte, mêlée à celle de son père; qu'ils sont écrits dans des principes entièrement opposés à ceux que professa toujours Guillaume de Saulx, et que ce même Guillaume a, de son côté, publié des Mémoires particuliers où il rend compte de la belle conduite qu'il tint en Bourgogne pendant les troubles de la Ligue (1). Il suffit d'avoir lu les Mémoires de Gaspard de Tavannes pour être convaincu que le véritable auteur est le vicomte, celui de ses fils qu'on avoit vu figurer parmi les plus ardens ligueurs.

Nous allons donner un Précis de la vie de Gaspard de Tavannes, dont le caractère influa puissamment sur les évènemens désastreux du règne de Charles IX, puis nous tracerons les aventures peu connues du vicomte son fils à qui nous devons ses Mémoires. Nous terminerons ces deux Notices par l'indication du plan que nous avons adopté pour diminuer la confusion qui règne dans l'ouvrage, et par quelques détails bibliographiques sur les éditions qui en ont été faites.

(1) Les Mémoires de Guillaume de Tavannes font partie de cette Collection.

NOTICE

SUR

GASPARD DE TAVANNES.

Le vicomte de Tavannes, auteur des Mémoires, donne, suivant l'usage de la plupart des biographes du seizième siècle, de longs détails sur la généalogie de la maison de Saulx. Il remonte d'abord au déluge, et prétend que la Gaule a été peuplée par la race de Sem; puis il avance que ses aïeux, issus de ce patriarche, furent les premiers Chrétiens de la Bourgogne, et florissoient dès l'année 225, sous le règne de Sévère. Il lie ensuite, d'une manière romanesque, l'histoire de sa famille à celle des premiers siècles de la monarchie française, et va même jusqu'à dire que Faustus, l'un de ses aïeux, fut duc avant que Clovis fût roi. Cette dernière assertion est appuyée sur ce que le lieu que Faustus est censé avoir habité s'est appelé de tout temps et s'appelle encore Saulx-le-Duc.

Il raconte que sous Charlemagne, Léopold, frère d'un roi de Bohême, épousa une demoiselle de Saulx, et que les descendans de cette demoiselle occupèrent ce trône pendant quelque temps. Enfin, passant à la troisième race de nos rois, dont il traite fort rigoureusement le fondateur, il établit dans sa famille une filiation non interrompue de grands personnages qui, suivant lui, se succédèrent jusqu'à son dernier aïeul. Nous épargnerons au lecteur des réflexions critiques sur cette généalogie, dont le systême n'est le plus souvent fondé que sur des conjectures, et nous nous bornerons à observer avec Le Laboureur, que la maison de Saulx a toujours été considérée comme l'une des plus illustres du royaume.

Gaspard de Saulx naquit à Dijon au mois de mars 1509, de Jean de Saulx, seigneur d'Orrain, et de Marguerite de Tavannes. Cadet de famille, il fut élevé avec la plus grande sévérité, et il annonça dès sa première enfance un caractère altier, emporté, indomptable. Il avoit treize ans lorsque Jean de Tavannes, frère de sa mère, colonel des Bandes Noires, guerrier célèbre, fit un voyage à Dijon. Ce seigneur, qui n'avoit point d'enfans, portoit une vive affection à ses neveux : déjà d'un âge avancé, il vouloit en adopter un, et lui léguer son nom et sa fortune. L'aîné, Guillaume de Saulx, qu'on appela depuis seigneur de Villefrancon, avoit le goût des lettres, et chérissoit les occupations paisibles; le plus jeune, Gaspard, moins aimé de ses parens, montroit pour la guerre les plus heureuses dispositions. L'oncle ne balança pas sur le choix qu'il devoit faire : il adopta Gaspard, dont l'audace précoce lui donna de grandes espérances; il le plaça comme page près de François I, et dès-lors cet enfant prit le nom de Tavannes, qu'il ne quitta plus.

En 1524, le jeune page suivit le Roi dans le Milanais, et l'année suivante il fut pris à côté du monarque dans la déroute de Pavie. N'ayant encore que seize ans, il s'étoit défendu avec un courage opiniâtre, et *il avoit*, dit l'auteur des Mémoires, *gagné une épée des ennemis*. Trois ans après, enrôlé comme simple archer dans la compagnie de Galliot de Genouillac, grand-écuyer, il partit avec Lautrec pour la conquête du royaume de Naples, entreprise qui fut suivie des plus horribles revers. Devenu guidon, il se distingua dans les campagnes d'Italie parmi les guerriers les plus renommés; et en 1536, époque à laquelle Charles-Quint fit une invasion en Provence, tandis que le comte de Nassau entroit en Picardie, il eut la gloire d'être mis par François I au nombre de ceux qui contribuèrent le plus au salut de la monarchie. Aidé par Montluc, il brûla les moulins de l'armée impériale, action audacieuse qui fut l'une des principales causes de la retraite de Charles-Quint.

Pendant cette campagne qui couvrit de gloire Montmorency, généralissime de l'armée royale, le fils aîné de François I étoit mort à Tournon : Tavannes fut alors attaché à Charles, duc d'Orléans, frère unique du nouveau Dauphin. Un peu plus âgé que ce jeune prince, il obtint bientôt sa confiance : sachant qu'on l'accusoit d'être un peu efféminé, il résolut de le guérir de ce défaut, et il voulut, suivant les Mémoires, *lui faire éprouver les périls en paix pour ne les craindre en guerre*; mais, emporté par l'ardeur impétueuse de son caractère, il fit bientôt tomber son élève dans un excès opposé.

Il l'entoura de jeunes gens dont l'unique occupation étoit d'imaginer des dangers afin de les braver, et qui, contre les lois de la chevalerie, tenoient à honneur de manquer aux égards qu'on doit aux femmes. Leur amusement favori, lorsqu'ils se trouvoient dans une ville dont les rues étoient étroites, consistoit à ne s'y promener qu'en sautant d'un toit à l'autre. Ils se précipitoient dans des puits, et faisoient passer leurs chevaux au milieu des flammes. Un jour, à Fontainebleau, Tavannes poussa le sien d'une roche sur une autre, et franchit ainsi un précipice large de vingt-huit pieds. Les dames de la Cour, qui, gouvernées par la duchesse d'Etampes, passoient pour fort galantes, étoient l'objet de leur mépris, et quelquefois ils poussoient ce sentiment jusqu'à la férocité. Un d'eux feignit de faire la cour à madame de C***; il en obtint sans peine un rendez-vous, et, au lieu de s'y trouver, il fit mettre à sa place dans le lit de cette dame le corps d'un pendu : insolence barbare, dont il ne manqua pas d'aller se vanter partout, et qui demeura impunie.

La présence du prince et de ses jeunes compagnons inspiroit la terreur dans les villes où ils s'arrêtoient. Pour se former au métier de la guerre, ils dressoient la nuit des embuscades, et tomboient sur les passans : s'ils éprouvoient de la résistance, ils se battoient avec fureur, et souvent ces luttes insensées devenoient sanglantes. L'auteur des Mémoires ne blâme point son père d'avoir ainsi cherché à dénaturer le caractère d'un prince que les auteurs contemporains nous représentent comme doué des qualités les plus aimables. « Ces « chaleurs de jeunesse, dit-il, qui ne font mal qu'à ceux « qui s'y livrent, tournent ordinairement en valeur. »

Lorsqu'en 1542 François I voulut venger l'assassinat de ses ambassadeurs Rincon et Frégose, il chargea le duc d'Orléans, auquel il donna pour guide le duc Claude de Guise, d'envahir le Luxembourg, tandis que le Dauphin iroit faire le siége de Perpignan.

Tavannes, destiné à suivre son jeune maître, devint lieutenant de la compagnie d'hommes d'armes de ce prince. Avant de joindre l'armée, il alla visiter son père qu'il n'avoit pas vu depuis plus de dix ans. A son arrivée dans le château de Pailly, il se conduisit comme il avoit coutume de faire partout, et il fit sortir violemment des écuries les chevaux qui s'y trouvoient, afin d'y placer les siens. Le vieillard, habitué à être maître chez lui, répondit à cette insolence en ordonnant qu'on employât la force pour chasser ces hôtes importuns; et ce fut après un combat entre les gens du père et du fils, que ces deux personnages se virent et s'embrassèrent.

Gaspard ayant demandé de l'argent pour faire la campagne, le vieillard lui dit d'en aller prendre dans son hôtel à Dijon : il lui donna la clef de son cabinet, en lui recommandant bien de ne pas emporter tout. Le jeune lieutenant, croyant déjà posséder des trésors, vole à la ville, entre dans le cabinet, et, après avoir bien cherché, il ne trouve que trente sous en liards. Irrité d'avoir été joué, il jette cette monnoie par la fenêtre, et part pour l'armée sans croire avoir besoin d'aller remercier son père.

Arrivé près du duc d'Orléans, il lui persuada qu'il devoit se soustraire à la tutelle du duc de Guise : le prince s'en affranchit bientôt, et mit le siége devant Yvoi. Au moment où il pressoit cette place, la gouvernante des Pays-Bas fit une diversion, et l'ordre vint de lever le siége. Claude de Guise insistoit vivement pour qu'on exécutât sur-le-champ cet ordre; Tavannes y mit la plus forte opposition. « Le Roi, dit-il « au prince en plein conseil, va perdre une ville, et

« vous l'honneur. Le cours de votre vie va suivre vos « premières entreprises ; votre frère prendra Perpi-« gnan, et vous la honte. » Le duc d'Orléans s'étant décidé à résister aux ordres de son père, et les assiégeans ayant redoublé d'efforts, Yvoi fut pris quelques jours après.

La ville de La Rochelle se révolta l'année suivante, et Tavannes y fut envoyé avec sa compagnie de gendarmes. Il trouva le moyen de se glisser la nuit dans la place, accompagné de quelques soldats déguisés : le lendemain il somma les bourgeois de se soumettre, il les étonna par son audace; et cette population considérable, cédant à une poignée d'hommes déterminés, consentit à se laisser désarmer.

Avide de périls, il quitta peu de temps après le duc d'Orléans pour aller servir en Italie dans l'armée du comte d'Enghien. A la bataille de Cerizolles, il conseilla un mouvement qui décida la victoire ; et lorsque le général rendit compte au Roi de cette action brillante, il eut la modestie d'attribuer la défaite des Espagnols à trois hommes, Tavannes, Montluc et Dampierre.

De retour en France, et jouissant toujours de la faveur du duc d'Orléans, il lui donna, pendant les conférences de Crépy, des conseils dont les résultats auroient pu être bien funestes. Il vouloit que ce prince, dont il excitoit l'ambition, devînt duc de Bourgogne ; et il ne put obtenir pour lui que l'expectative très-incertaine des souverainetés de Milan ou de Flandre. Tandis qu'il fondoit de grandes espérances sur les vaines promesses de Charles-Quint, une mort inattendue le priva tout-à-coup de son jeune maître. Le duc d'Orléans, formé par lui à braver tous les dangers, eut la témérité d'affronter la peste, et il fut presque aussitôt victime de ce fléau [8 septembre 1545].

François I, instruit que Tavannes ne le ménageoit pas dans ses propos, mais estimant avec raison son courage et ses talens, dont la France affoiblie par de longs malheurs pouvoit avoir bientôt besoin, le mit au nombre de ses chambellans, et chercha, mais en vain, à dompter l'âpreté de son caractère.

Cet établissement à la Cour lui fournit l'occasion de faire un mariage avantageux. Agé de trente-sept ans, il épousa, le 16 décembre 1546, Françoise de Baulme, fille du comte de Montrevel, et nièce du cardinal de Tournon qui avoit alors une grande influence dans les affaires. Mais Tavannes ne jouit pas long-temps de la position favorable où la bonté du Roi l'avoit placé. François I mourut l'année suivante, laissant une réputation de loyauté et de courage ternie seulement par quelques foiblesses pour lesquelles Tavannes n'étoit pas disposé à montrer de l'indulgence. Son fils nous a transmis le jugement plus que sévère qu'il portoit sur ce grand prince. « Le roy François, « dit-il, estoit blessé des dames au corps et à l'esprit; « la petite bande de madame d'Estampes le gouver- « noit. » Faisant ensuite allusion aux infirmités qui consumèrent ce prince depuis sa funeste liaison avec la belle Ferronière, il ajoute : « Alexandre voyoit « les femmes quand il n'avoit point d'affaires : Fran- « çois voyoit les affaires quand il n'avoit plus de « femmes (1). »

(1) Le président Hénault a, sans nécessité, altéré ce passage remarquable. Voici comment il le cite : *Alexandre faisoit l'amour quand il*

Henri II, en parvenant au trône, éloigna tous ceux qui avoient eu part à la confiance de son père, et le cardinal de Tournon, oncle de la femme de Tavannes, fut du nombre des disgrâciés. Les Guise, les Montmorency, la duchesse de Valentinois, disposèrent seuls des places, et toute la Cour fut à leurs pieds; mais Tavannes n'étoit pas d'humeur à fléchir devant eux : « Ma « fortune, leur dit-il fièrement, ne dépend pas de vous; « elle est dans ma teste et dans mon bras. » Cette arrogance, que le caractère connu de Tavannes empêcha de taxer de forfanterie, ne lui nuisit point, et il conserva sa compagnie de gendarmes.

La paix ne lui laissant aucun moyen d'exercer l'activité de son caractère, il se retira en Bourgogne. Quelque temps auparavant il avoit perdu son père, et le seigneur de Villefrancon son frère, doué du naturel le plus doux et le plus conciliant, vivoit avec lui dans la meilleure intelligence. Jouissant d'une grande fortune, en faisant un noble usage, ils étoient fort aimés dans la province. Dans ce moment de tranquillité, le seul dont jouit Tavannes pendant sa longue carrière, il lui naquit un fils; et pour célébrer cet heureux évènement, il donna dans la ville de Dijon les fêtes les plus brillantes et les plus dispendieuses. Les magistrats de cette ville, croyant sa bourse épuisée, lui apportèrent mille écus : il en mit devant eux vingt mille sur une table, et répondit qu'il n'avoit pas besoin de leurs présens : refus qui ne les blessa point, parce qu'ils savoient que sa brusquerie s'allioit avec le plus parfait désintéressement.

n'avoit plus d'affaires; et le roi François ne s'appliqua aux affaires que quand il ne fut plus en état de faire l'amour.

Aussitôt que la guerre fut rallumée [1550] il suivit Brissac en Italie, et rivalisa de gloire avec celui qu'on regardoit alors comme le modèle des généraux français. Rappelé deux ans après en France, lorsque Henri II envahit les Trois-Evêchés, il fut fait maréchal-de-camp, et on l'employa utilement dans les négociations qui précédèrent l'occupation de Metz, parce que sa mère étoit originaire de ce pays. Il devint ensuite, par la même raison, gouverneur de Verdun; et, comme l'observe son fils, il ne dut cet avancement ni aux Guise ni aux Montmorency.

Henri II s'étant mis en 1554 à la tête de son armée, afin de lutter en personne contre Charles-Quint, Tavannes y vint remplir ses fonctions de maréchal-de-camp. Il se distingua dans cette campagne fameuse par une activité infatigable et une rare intelligence. Lorsque la bataille fut livrée près du château de Renty, il fit trois charges consécutives, mit en déroute la cavalerie impériale, et décida la victoire. Le duc François de Guise, qui avoit commandé une réserve, n'auroit pas été fâché de pouvoir s'attribuer l'honneur de cette action. « Monsieur, dit-il à Tavannes, nous « avons fait les plus belles charges qui furent jamais. « — Monsieur, répondit Tavannes, vous m'avez bien « soutenu. » Le duc, persistant dans le désir de paroître avoir beaucoup contribué à la défaite des ennemis, représenta au maréchal-de-camp qu'il devoit être accablé de fatigues, et le pria de s'aller reposer. « Monsieur, lui répondit Tavannes qui pénétra sa « pensée, je suis à la place que Dieu et mon épée « m'ont acquise. » Le Roi, qui arriva quelques momens après, le trouva donc à la tête de ses hommes d'armes : n'ayant pas eu le temps d'être prévenu, il lui rendit pleine justice, et, aux yeux de toute l'armée, il détacha son propre collier de l'Ordre pour le lui donner.

Cette faveur, obtenue par Tavannes sur le champ de bataille, et qu'il crut être la juste récompense de ses services, ne le rendit pas plus courtisan. Quoiqu'il connût toute la force de l'attachement de Henri II pour la duchesse de Valentinois, il écoutoit les plaintes qui échappoient à Catherine de Médicis contre sa rivale; il ne craignoit pas d'aigrir ses ressentimens, et, la voyant un jour fort irritée, il alla jusqu'à lui offrir de couper le nez à la duchesse, lui faisant observer que c'étoit le moyen le plus sûr de guérir le Roi de sa passion.

Peu de temps après cette offre, qui probablement ne fut connue ni du Roi ni de sa maîtresse, Tavannes devint lieutenant du duc d'Aumale, gouverneur de la Bourgogne. Revêtu d'une place très-importante dans son pays natal, il pouvoit espérer y trouver quelque repos ; mais à peine fut-il établi, qu'il apprit que le duc de Guise, appelé par le pape Paul IV, alloit faire la conquête du royaume de Naples : ayant autrefois accompagné Lautrec dans une pareille expédition, il ne put résister au désir de revoir une contrée où il avoit fait ses premières armes. Oubliant donc la conduite de François de Guise à la bataille de Renty, il le suivit en Italie, laissant les fonctions de lieutenant de Bourgogne à Villefrancon, que son goût pour les lettres et les occupations paisibles n'empêchoit pas d'être capable de gouverner une grande province.

Pendant cette expédition lointaine, la France

éprouva les plus horribles revers; la perte de la bataille de Saint-Quentin mit Paris en danger, et la Bourgogne fut menacée par les Espagnols du côté de la Franche-Comté. Alors Villefrancon, déployant un zèle ardent pour son pays, fit de grands préparatifs de défense (1); il mit la Bourgogne à l'abri d'une attaque, jusqu'au retour de son frère, qui acheva de fortifier Dijon, et qui y fit construire un ouvrage qu'on appelle encore aujourd'hui le *boulevard de Saulx* [1557].

A peine Tavannes eut-il donné ses soins à la province dont le gouvernement lui étoit confié, qu'il vola près du duc de Guise, qui, rappelé par Henri II au moment du danger, revêtu du titre de lieutenant général, et à la tête d'une nouvelle armée réunie comme par miracle, alloit assiéger Calais que les Anglais possédoient depuis plus de deux siècles (2). La terreur s'étant emparée des habitans de cette ville, Tavannes fut chargé de dresser la capitulation : il n'est pas besoin de dire qu'elle fut rigoureuse: toujours désintéressé, il ne voulut accepter d'un butin fort considérable, que quelques livres hébreux, grecs et latins, qu'il s'empressa d'envoyer à son frère Villefrancon, qui faisoit de l'étude des anciens ses plus chères délices.

Comme presque tous les généraux de ce temps, Tavannes fut très-mécontent de la paix de Cateau-

---

(1) Villefrancon, obligé de dégager la ville de Dijon, fit abattre l'église de Saint-Nicolas, qui étoit dans le faubourg de ce nom; il dédommagea la ville de cette perte en lui donnant la chapelle de Saint-Nicolas, située dans l'intérieur, et qui appartenoit à sa famille. Cette église, qu'il agrandit, devint bientôt une paroisse considérable. Elle a été détruite pendant la révolution.

(2) Edouard III avoit enlevé cette place à Philippe de Valois le 3 août 1347.

Cambresis, par laquelle Henri II abandonna presque toutes ses possessions en Italie : irrité contre les favoris et contre la duchesse de Valentinois, il ne fut que médiocrement affligé de la mort du monarque, qui arriva dans les fêtes auxquelles cette paix donna lieu [10 juillet 1559]. C'étoit à la duchesse qu'il attribuoit tous les désastres de ce règne ; et l'auteur des Mémoires exprime très-bien ses sentimens, lorsqu'il parle ainsi de l'ascendant des femmes sur les affaires publiques. « Vengeance, colere, amour, inconstance, « legereté, impatience, les rendent incapables du ma- « niement des affaires : elles déplacent les plus braves « pour les plus beaux, comme si les armes étoient « des habits voluptueux, et les champs de bataille des « salles de bal. »

François II, parvenu au trône à l'âge de seize ans, dominé par sa jeune et belle épouse Marie Stuart, abandonna tout le pouvoir aux Guise dont elle étoit nièce, et révolta par cette conduite les princes du sang, qui se réunirent bientôt aux Calvinistes. La France se trouva divisée en deux partis, et Tavannes n'en adopta d'abord aucun. Il se retira dans la Bourgogne où, en l'absence du duc d'Aumale, il se rendit presque indépendant. Jusqu'alors les lieutenans dans les provinces, quoique revêtus d'une grande autorité, avoient été obligés de suivre l'impulsion donnée par les gouverneurs titulaires, et de leur rendre compte: « le sieur de Tavannes, dit son fils, *les mit hors de* « *page:* il disposoit de tout sans avertir le duc d'Au- « male. »

Après la conspiration d'Amboise, les Protestans se révoltèrent en Dauphiné; Tavannes, à la tête de la noblesse de Bourgogne, marcha contre eux et les soumit. C'étoit un service qui devoit lui attirer la faveur des Guise, mais leur puissance venoit de disparoître. François II étoit mort, son jeune frère Charles IX lui avoit succédé, et Catherine de Médicis alloit commencer d'exercer sur les affaires sa longue et funeste influence.

Cette princesse, craignant les Guise, que les Catholiques reconnoissoient pour leurs chefs, favorisa en secret les Protestans; elle trompa les deux partis, attisa leurs haines, et se figura qu'elle les gouverneroit en les faisant alternativement triompher et succomber. Ce système contrastoit trop avec le caractère décidé de Tavannes pour être de son goût; et l'auteur des Mémoires, fidèle interprète de ses pensées, rapporte qu'il disoit que *vouloir maintenir la paix par division, c'est vouloir faire du blanc avec du noir.* Il étoit d'ailleurs prévenu contre le gouvernement des femmes par les fautes qu'il avoit vu commettre à la duchesse de Valentinois sous le règne de Henri II. « Leurs entreprises, répétoit-il souvent, sont presque « toujours défectueuses, pour être vindicatives, crain-« tives, de légère créance, irrésolues, soudaines, « indiscrètes, glorieuses, ambitieuses plus que les « hommes : à peine se résolvent-elles, si elles ne sont « assistées, à la continuation des entreprises hazar-« deuses, auxquelles n'estant tenues de près, elles en « sortent, s'en eschappent, et se ravisent en un ins-« tant. » Les variations presque continuelles de Catherine semblèrent justifier par la suite ce jugement rigoureux porté sur un sexe que l'histoire nous présente cependant plus d'une fois comme ayant réuni à un très-haut degré toutes les qualités qui font les grands monarques.

Conformément au système qu'elle avoit adopté, Catherine fit rendre au mois de janvier 1562 un édit très-favorable aux Protestans; et Tavannes, auquel il fut adressé avec des instructions fort étendues, prit sur lui d'en empêcher l'exécution en Bourgogne. Il persistoit néanmoins à ne pas embrasser le parti des Guise, déclarant hautement que son unique but étoit de conserver la province au Roi, pour la lui remettre aussitôt qu'il seroit majeur. La guerre civile s'étant allumée de toutes parts après l'accident de Vassy, il intimida les Protestans, empêcha les Catholiques de les persécuter, et maintint la tranquillité dans presque tout le pays dont le gouvernement lui étoit confié.

Cependant il recevoit de la Cour les ordres les plus contradictoires, et il n'exécutoit que ceux qui s'accordoient avec ses sentimens. Ce fut ainsi que, n'ayant fait jouir les Protestans d'aucun des priviléges qui leur avoient été donnés par le dernier édit, il les battit à Auxerre où ils s'étoient révoltés, et les repoussa près de Châlons-sur-Saône, dont ils vouloient s'emparer après s'être rendus maîtres du Lyonnais et du Dauphiné. Dans cette dernière expédition, il ne lui fut plus permis de douter de la duplicité de Catherine : ayant intercepté une lettre qu'elle adressoit à la duchesse de Savoie sa belle-sœur, il vit clairement qu'elle s'entendoit avec les Protestans, contre lesquels les Guise l'avoient forcée de se déclarer. Cette découverte ne fit que l'affermir davantage dans le parti qu'il avoit pris de s'isoler, d'affermir son pouvoir en Bourgogne, et de ne prendre conseil que des circonstances. La

Reine ne tarda pas à savoir qu'il avoit eu l'audace d'arrêter un de ses courriers; elle n'osa lui témoigner ouvertement son mécontentement, mais elle l'empêcha d'obtenir le bâton de maréchal de France, qui dès-lors lui étoit destiné.

Les Protestans de Bourgogne étoient irrités de ne pouvoir, comme dans les autres provinces, soutenir leur parti à main armée: brûlant de secouer le joug de fer qui leur étoit imposé par Tavannes, ils résolurent de le faire périr, et de s'emparer de Dijon. Un grand nombre d'entre eux habitoient dans cette ville la rue des Forges, voisine de l'ancien palais des ducs de Bourgogne, et presque tous exerçoient le commerce ou des métiers. Ces hommes, parmi lesquels se trouvoient les principaux chefs du complot, prirent chacun chez eux cinq ou six soldats, qu'ils firent passer pour des commis ou des apprentis; ensuite ils percèrent les murs de toutes les maisons de la rue, afin de pouvoir communiquer ensemble, sans être découverts, à toutes les heures du jour et de la nuit. Ils avoient amassé des armes, et ils n'attendoient que le signal pour assaillir le palais; mais ils avoient affaire à un homme aussi vigilant qu'actif. Tavannes, instruit de leurs projets, fait venir secrètement des troupes, les introduit de nuit dans la ville, et surprend les conjurés, qui, connoissant son intrépidité et sa résolution, ne songent plus qu'à fuir. Il les laisse presque tous échapper, et n'en retient que douze, qu'il fait enfermer dans le château de Dijon. Après ce coup de main, qui ne fut suivi d'aucune exécution sanglante, la ville fut tranquille tant que Tavannes y commanda.

Le duc de Guise ayant été assassiné le 18 février 1563,

après avoir presque abattu le parti protestant, la paix fut faite à Amboise sur des bases qui sembloient assurer l'existence de la nouvelle religion. Mais Catherine, n'ayant plus à redouter le chef des Catholiques, qui n'avoit laissé que des enfans en bas âge, et craignant l'ascendant du prince de Condé, qui s'étoit mis à la tête des Protestans, étoit décidée à ne tenir aucune des conditions qu'elle avoit accordées à ces derniers. Ce fut d'après cette combinaison qu'elle ouvrit une correspondance secrète avec Tavannes, qui, toujours persuadé que le protestantisme devoit être étouffé, se montra très-porté à empêcher en Bourgogne l'exécution du traité; ses torts précédens semblèrent oubliés, et la charge de maréchal de France lui fut de nouveau promise.

Catherine paroissoit dans ces dispositions, lorsque l'année suivante elle fit faire à Charles IX un voyage dans les provinces. Quand la Cour approcha de Dijon, Tavannes alla au-devant d'elle, et ne lui adressa pas un long discours : « Sire, dit-il au jeune Roi en mon-
« trant son cœur, ceci est à vous; » puis, mettant la main sur son épée, « et voilà, ajouta-t-il, de quoi
« vous servir. » Il eut de longs entretiens avec la Reine, qui sembla entrer dans toutes ses vues. Cependant le bâton de maréchal de France ne lui fut pas donné. Son épouse, qui ne manquoit pas d'ambition, sa famille, ses amis, se plaignoient amèrement de l'ingratitude que la Cour montroit pour ses services; mais, puisant des consolations dans son orgueil : « Si le Roy
« et la Reyne, leur répondit-il avec fierté, m'eussent
« accordé cette justice, ils auroient plus fait pour eux
« que pour moy. »

Cette disgrâce ne changea rien au plan qu'il avoit adopté : voyant que, malgré les efforts de Catherine pour éluder le dernier traité, la religion nouvelle prenoit de la consistance dans le royaume, il résolut de former une ligue pour l'empêcher de s'étendre en Bourgogne [1567]. Cette ligue, à laquelle il donna le nom de *Confrérie du Saint-Esprit*, fut proclamée par lui à Dijon avec beaucoup de solennité. Il l'avoit composée des ecclésiastiques, de la noblesse, des riches bourgeois, et il y fit admettre ses deux fils, Guillaume et Jean, encore en bas âge, destinés à suivre des partis différens dans les nouveaux troubles qui se préparoient. Comme les associations protestantes, la Confrérie avoit ses agens, ses espions, ses messagers, sa caisse commune. Son but apparent étoit de défendre la maison de Valois ; mais les confédérés, jurant de se soutenir mutuellement envers et contre tous, tendoient nécessairement à s'isoler de toute puissance légitime. Pour servir cette association, dont Tavannes étoit le chef, la ville de Dijon devoit fournir deux cents chevaux et deux cent cinquante hommes de pied ; le reste de la province, quinze cents hommes de cavalerie et quatre mille fantassins. On montra dans les premiers temps beaucoup d'ardeur pour la cause qu'on avoit embrassée ; mais la Confrérie se rompit lorsque Tavannes quitta la Bourgogne pour aller commander les armées, et elle ne reprit, onze ans après, quelque vigueur, que pour se fondre dans la fameuse ligue de Péronne, dont elle avoit été un des premiers modèles.

Tavannes, bien servi par les espions de la Confrérie, apprit que les Protestans avoient le projet d'enlever la famille royale pendant qu'elle passoit l'été à

Monceaux; il en instruisit aussitôt Catherine, qui eut à regretter de n'avoir pas ajouté foi à ses avis. La tentative hardie du prince de Condé ralluma la guerre, et la bataille de Saint-Denis priva la France du connétable de Montmorency, le dernier chef des Catholiques. Alors Catherine voulut mettre à la tête de ce parti, qu'elle avoit embrassé, le duc d'Anjou son second fils; elle le fit lieutenant-général du royaume, et, sentant qu'à peine sorti de l'enfance il avoit besoin d'un guide, elle choisit, pour le former au métier de la guerre, Tavannes, qu'elle savoit n'avoir eu jamais aucune relation intime avec la maison de Guise [1568]. Cet homme, qui se croyoit oublié et disgrâcié, avoit alors cinquante-neuf ans; il fut flatté d'être appelé à un emploi qui alloit lui donner une grande puissance, mais il ne cacha point que cette distinction, à laquelle il croyoit avoir droit depuis long-temps, arrivoit beaucoup trop tard. Il répondit à l'envoyé de la Reine: « A bon cheval il ne faut pas d'éperons; toutefois, con-« sidérant mon âge, c'est moutarde apres diner, car « je ne peux gueres jouir de cette nouvelle faveur de « la fortune. »

Il put d'abord présumer que ses soins ne seroient de long-temps nécessaires au jeune prince dont on lui avoit confié la conduite. Catherine fit brusquement la paix avec les Protestans; mais elle avoit l'intention secrète de s'assurer de leurs chefs, en employant contre eux les mêmes moyens dont ils s'étoient servis pour la surprendre à Monceaux. Comptant sur Tavannes, elle lui envoya l'ordre de faire arrêter le prince de Condé, qui s'étoit retiré dans le château de Noyers, sur les confins de la Bourgogne. Tavannes, indigné qu'on eût pu le croire capable d'une trahison, refusa d'exécuter cet ordre : « S'il plaît à Sa Majesté, écrivit-il à la « Reine, de déclarer la guerre ouverte, je luy feray co- « gnoistre comme je sçais la servir. » Il traita hautement cette tentative *d'entreprise de quenouille et de plume*, et, donnant l'alarme au prince de Condé, il lui fit prendre le parti de se sauver à La Rochelle.

La guerre devint plus terrible que jamais; les Protestans, commandés par Condé et Coligny, étoient maîtres de presque toutes les provinces du midi, et l'armée catholique, envoyée contre eux, avoit à sa tête le duc d'Anjou, guidé par Tavannes. Il y eut une campagne d'hiver extrêmement pénible, pendant laquelle Tavannes et Coligny montrèrent toute leur habileté. Enfin les deux armées en vinrent aux mains près de Jarnac [13 mars 1569], et, après un combat opiniâtre, la victoire demeura aux Catholiques. La haine qui animoit les deux partis étoit si violente, que le prince de Condé, blessé et désarmé, fut tué au moment où l'on ne se battoit plus. Coligny, devenu l'unique chef des Protestans, sauva leur armée; il fit même peu de temps après le siége de Poitiers, soutenu avec un grand courage par le jeune duc Henri de Guise, et qu'une manœuvre habile de Tavannes le força de lever.

Les deux armées se rencontrèrent encore près de Moncontour [3 octobre]. Le duc d'Anjou craignoit de comprometre la gloire qu'il avoit acquise à Jarnac ; et Coligny, dont l'armée étoit affoiblie, auroit voulu se retirer, s'il l'avoit pu sans honte : ce fut Tavannes qui décida le combat. Ayant reconnu lui-même les ennemis, il remarqua parmi eux quelque désordre, et il revint au galop près du prince. « Mon-

« sieur, lui dit-il, avec l'ayde de Dieu ils sont à vous :
« je les ay recogneus estonnés ; je ne porteray jamais
« armes si vous ne les combattez et vainquez aujour-
« d'huy : marchons au nom de Dieu ! ». Le duc d'Anjou, animé par ces vives exhortations, fit des prodiges
de valeur, et la victoire fut encore plus complète que
celle de Jarnac. Mais des intrigues de Cour empêchè-
rent d'en profiter : Charles IX devint jaloux de son
frère, Coligny sauva encore son armée battue, et Tavannes mécontent se retira sous prétexte de maladie.
Il vint à Paris, où il fut reçu comme le sauveur de la
France : tout le monde attribuoit à lui seul les deux
victoires qui venoient d'être remportées, et les magistrats, cédant au vœu du peuple, lui firent présent
d'un magnifique service d'argent aux armes de la
ville.

On doit remarquer que dans cette campagne, qui lui
fit tant d'honneur, il étoit parvenu à vaincre la mol-
lesse du duc d'Anjou. « Il le faisoit lever forcément,
« dit l'auteur des Mémoires ; il lui reprochoit s'il n'a-
« voit honte que six mille hommes l'attendissent de-
« vant son logis : il le contraignoit à estre soldat con-
« tre son naturel. »

La lassitude des deux partis les détermina encore
à faire la paix [8 août 1570] ; mais aucune de leurs
passions n'étoit éteinte. Tavannes profita de ce moment
de repos pour marier son fils aîné Guillaume, avec
Catherine, fille de Chabot Charny, auquel il céda
sa lieutenance de Bourgogne. Quelque temps après
il unit Jean, son autre fils, à une belle-fille du duc
de Mayenne. Ces deux jeunes seigneurs s'attachèrent
par la suite aux partis des familles dans lesquelles ils

étoient entrés. Guillaume imita son beau-père, qui sauva les Protestans de Dijon à l'époque de la Saint-Barthélemy, et se déclara contre la Ligue ; Jean au contraire servit les passions des Guise, auxquels il s'honoroit d'être allié.

Cependant la famille de Tavannes, et surtout son épouse qui ne manquoit ni d'habileté ni d'adresse, faisoit toujours des vœux pour qu'il fût maréchal de France, dignité à laquelle ses derniers services sembloient lui donner des droits; mais il n'y avoit alors que quatre charges de maréchaux, et elles étoient remplies. Un jour Catherine dit à madame de Tavannes que, si l'usage le permettoit, on en créeroit volontiers une cinquième pour son mari : cette dame, saisissant aussitôt l'occasion, lui répondit : « Il n'est pas d'usage, « madame, de remporter deux victoires en un an : un « tel service ne mérite-t-il pas une faveur inusitée ? » Cette observation, jointe aux vives sollicitations du duc d'Anjou, décidèrent la Reine à contenter la famille de Tavannes; mais on voulut maintenir l'ancien usage, même en y dérogeant : il fut dit dans les lettres patentes que *cette cinquième charge seroit supprimée à la mort du sieur de Tavannes, à moins que d'ici là il ne pût remplacer l'un des quatre titulaires* [1570]. Au mois de novembre de l'année suivante, Vieilleville étant mort, Tavannes eut sa charge.

Coligny, admis à la cour de Charles IX, paroissoit avoir obtenu la faveur de ce jeune monarque : il excitoit sa jalousie contre le duc d'Anjou, et le faisoit rougir de l'obéissance que sa mère exigeoit de lui; il lui rappeloit sans cesse que le seul moyen d'acquérir de la gloire et de réunir les Français, étoit de faire la guerre au roi d'Espagne dans les Pays-Bas. Le nouveau maréchal combattoit de toutes ses forces ces projets qui tendoient à faire triompher les Protestans ; mais l'impétuosité de son caractère l'empêchoit de mettre dans ses représentations au Roi la mesure convenable, et il nuisoit involontairement au parti qu'il défendoit. Au milieu de cette lutte qui aigrissoit l'humeur de Tavannes, il apprit que son plus jeune fils, celui qu'il chérissoit le plus, étoit dangereusement malade : cette nouvelle, jointe à ses autres chagrins, le consterna, et il fut sur le point de tout quitter. « Je veux m'en « aller, disoit-il, je suis saoul d'honneurs ; je ne tra- « vaillois que pour mes enfans. » Heureux s'il eût suivi ce premier mouvement ! sa gloire auroit été pure, et il n'auroit pris aucune part à l'horrible effusion de sang que la fureur aveugle des partis sembloit appeler.

Catherine en pleurs le conjura de rester, et des nouvelles plus rassurantes sur la santé de son fils le déterminèrent. Cependant Coligny avoit obtenu qu'on fît de grands préparatifs pour la guerre de Flandre ; et, peu effrayé des clameurs des Catholiques, il se permettoit les propos les plus indiscrets : tantôt il disoit au Roi qu'il ne réussiroit à rien s'il ne limitoit le pouvoir de sa mère, et s'il ne chassoit son frère du royaume ; tantôt il poussoit la hardiesse jusqu'à menacer ce jeune monarque. « Je ne peux plus tenir mes parti- « sans, lui disoit-il, il leur faut une guerre espagnole « ou civile. »

Ces propos, fidèlement rapportés à Catherine, lui faisoient concevoir les projets les plus sinistres ; d'un autre côté, Tavannes, humilié, provoqué par Coligny, croyant même que ses jours étoient menacés, ne mettoit plus de frein à ses impétueuses passions. Ce fut dans ces dispositions qu'ils furent appelés à un grand conseil où l'on délibéra devant le Roi sur la guerre de Flandre [26 juin 1572]. Le maréchal renouvela son opposition avec toute l'énergie dont il étoit capable; Coligny lui répondit avec la même chaleur; Charles IX parut indécis, et les deux rivaux sortirent plus animés que jamais l'un contre l'autre.

Catherine, voyant que le pouvoir alloit lui échapper, abandonna le chef des Protestans à la vengeance du jeune duc de Guise, qui l'accusoit du meurtre de son père, et Coligny fut blessé dangereusement par un assassin aposté [22 août]. Aussitôt les Protestans imitent imprudemment la témérité qui venoit d'être si funeste à Coligny; ils accusent la Reine mère et les Guise, prodiguent les menaces, et déclarent que s'ils n'obtiennent pas justice ils se la feront eux-mêmes. Le Roi montre le plus violent courroux contre les complices de l'assassin; sa mère cherche à lui persuader que les Protestans ont conspiré contre lui, et un conseil est indiqué pour le soir dans une salle écartée du Louvre.

Là Catherine avoua la part qu'elle avoit prise à l'assassinat de Coligny; mais elle fit observer au Roi qu'on ne croiroit jamais qu'un coup si hardi eût été porté sans son consentement, et elle offrit à son imagination craintive les Protestans déterminés à venger leur chef. Charles IX, égaré par la terreur, entraîné par une voix à laquelle il n'avoit jamais résisté, consentit à la destruction du parti pour lequel il penchoit quelques jours auparavant, et le conseil n'eut plus qu'à décider si le massacre seroit général, ou si l'on se borneroit à faire périr les chefs. Tavannes se déclara pour cette seconde proposition, qui étoit la moins cruelle; il sollicita vivement pour qu'on ne répandît pas le sang des particuliers, des femmes et des enfans, et il insista pour que le roi de Navarre, le prince de Condé, les Montmorency, parens de l'Amiral, et le maréchal de Biron, soupçonné de lui être attaché, ne fussent pas compris dans la proscription. Retz soutint l'avis contraire. « Le péché, dit-il, est aussi grand pour « peu que pour beaucoup; » et l'on suivit cet avis monstrueux, en décidant cependant que les deux princes, les Montmorency et Biron, seroient épargnés.

Cet horrible attentat fut consommé dans la matinée du 24 août, jour de Saint-Barthélemy: non-seulement les Protestans furent indignement massacrés à leur réveil, mais tout ce qui leur appartenoit fut pillé par les meurtriers. « Le seul sieur de Tavannes, dit l'auteur « des Mémoires, eut les mains nettes; il ne souffrit pas « que ses gens prissent aucune chose. »

Il est permis de révoquer en doute le témoignage de Brantôme, qui prétend que Tavannes parcourut dans la matinée les rues de Paris l'épée à la main, en criant: « Saignez, saignez, les médecins disent que la saignée « est aussi bonne en tout ce mois d'août qu'en may. » Son avis dans le conseil du 22 août, par lequel il insistoit pour qu'on épargnât les particuliers, semble prouver qu'il chercha plutôt à diminuer le nombre des victimes qu'à l'augmenter; d'ailleurs ni de Thou ni les historiens protestans ne font mention de cette particularité, qu'ils auroient sûrement recueillie si elle eût été appuyée de quelques preuves. On peut observer en outre que Tavannes détesta toujours le nom de traître; qu'au moment où la Cour caressoit les Protestans, qu'elle étoit résolue de perdre, il leur témoigna constamment la plus violente aversion, et qu'il fut entraîné dans le complot le plus odieux, moins par son inclination opposée à toute espèce d'intrigue et de perfidie, que par les circonstances funestes où il se trouva placé.

Tavannes, chargé de rétablir l'ordre après le massacre, n'y parvint qu'avec beaucoup de peine. Il auroit voulu qu'on profitât de la terreur de ceux qui avoient échappé pour les chasser du royaume; mais Catherine, retombant dans ses irrésolutions accoutumées, ouvrit des négociations avec ceux qu'elle avoit essayé d'exterminer. Ils se rassurèrent, prirent les armes, et se fortifièrent dans les villes de La Rochelle, de Sancerre et de Montauban. D'après les conseils du maréchal, on résolut de faire le siége de La Rochelle, et l'on espéra que le duc d'Anjou, mis à la tête de l'armée catholique, justifieroit la réputation qu'il avoit acquise à Jarnac et à Moncontour.

Pendant qu'on faisoit les préparatifs de ce siége, Tavannes obtint une grâce inattendue. Il étoit en carrosse sur la route de Monceaux, avec le Roi, la Reine mère et le duc d'Anjou, lorsqu'un courrier se présenta et donna la nouvelle de la mort du comte de Tende, gouverneur de Provence. « Avisons, dit aussitôt Ca-
« therine, à qui nous donnerons ce gouvernement?
« — Confiez-le, répondit Tavannes, à un homme
« de bien qui soit à vous. » La Reine ne parla plus de cet objet pendant le reste du voyage; mais

dès qu'elle fut de retour à Paris, elle fit appeler le maréchal. « Nous avons suivi votre conseil, lui « dit-elle, et donné le gouvernement de Provence à « un homme de la condition que vous avez conseillée, « qui est vous. » Elle s'attendoit à de grands remercîmens, mais Tavannes lui répondit avec une brusquerie orgueilleuse : « Je fais autant pour vous de « l'accepter, estant tel que suis, que vous faites pour « moy de me le donner. » Ce propos, que Catherine ne releva pas, la blessa profondément, et bientôt les fils de Tavannes payèrent l'imprudence de leur père. Cependant il revint dans son hôtel, où la nouvelle de sa nomination étoit déjà parvenue : sa famille étoit dans la joie ; il ne la partagea point : « On me donne « du pain, dit-il, quand je n'ai plus de dents. »

En effet il tomba malade peu de temps après, ce qui ne l'empêcha pas de partir pour le siége de La Rochelle, dans l'espoir de diriger le duc d'Anjou, comme dans la belle campagne de 1569. Mais, n'ayant pu supporter la route, il fut obligé de se faire transporter dans son château de Sully, près d'Autun [1573]. Dèslors il ne songea plus qu'au sort de ses enfans, pour lesquels il avoit, comme on l'a vu, la plus vive tendresse. Il vouloit, avant de mourir, échanger avec le comte de Retz, moyennant douze mille écus de retour, son gouvernement de Provence pour celui de Metz, qu'il destinoit à son fils aîné. Il demandoit en même temps pour le plus jeune la lieutenance de Bourgogne. Retz sollicitoit ardemment la ratification de cet échange ; mais Catherine, irritée contre le maréchal, et entretenant des relations avec son médecin, répondit d'un ton mystérieux : « Ayez patience, la chandelle

« s'éteint : sans argent ni change de gouvernement, vous
« aurez ce que vous désirez. »

Au mois de mai, Tavannes se trouva mieux; mais une rechute ne lui laissa plus de doute sur sa mort prochaine. Toujours occupé de la fortune de ses enfans, il voulut en quelque sorte se survivre à lui-même pour la leur assurer : il donna donc un grand nombre de signatures en blanc. « Je vivray encore
« huit jours, dit-il à sa famille : aussitôt que je seray
« mort, n'envoyez querir de baume aux villes, pour
« n'estre découvert : salez mon corps seulement, et
« me faites servir ainsi que si je vivois, jusqu'à ce que
« l'échange des gouvernemens soit admis. »

Catherine, afin de mieux s'assurer de l'état de Tavannes, fit partir pour Sully, Charron, valet de chambre du Roi. Quoique le maréchal fût très-mal, puisqu'il mourut quatre jours après, il se fit habiller, reçut Charron avec honneur, but du vin devant lui comme s'il se fût bien porté, et lui parla d'affaires. Cet homme revint à la Cour, convaincu que le malade se rétabliroit. Les lettres-patentes pour l'échange furent donc dressées, mais le garde des sceaux les retint.

Après le départ de Charron, Tavannes ne pensa plus qu'à se préparer à la mort. On lui demanda s'il ne désiroit pas se rétablir : « non, dit-il, j'ai eu beaucoup
« de peine à faire les deux tiers du chemin de la mort;
« si je guérissois, il faudroit un jour le recommen-
« cer. » Son confesseur lui parla de la Saint-Barthélemy; mais, encore agité par les idées violentes auxquelles il étoit en proie depuis deux ans, il répondit que *ce coup d'Estat avoit été exécuté contre des rebelles qui s'estoient précipités à leur malheur, malgré*

que leurs Majestés en eussent. Cessant enfin de s'occuper des affaires du monde, il mourut le 19 juin 1573, à l'âge de soixante-six ans. Les lettres-patentes qu'il avoit eu tant de peine à obtenir, furent révoquées, et ses deux fils n'eurent qu'une pension de six mille livres. Son épouse, qui vécut jusqu'en 1608, lui fit élever un superbe mausolée dans le chœur de la Sainte-Chapelle de Dijon. L'église et le tombeau ont été détruits pendant la révolution, et l'on construit aujourd'hui une salle de comédie sur cet emplacement.

Le maréchal de Tavannes, dont le caractère avoit tant d'originalité, n'a laissé que quelques relations de batailles, parmi lesquelles il faut distinguer celle de l'affaire de Jarnac, modèle de clarté et de précision. « Le sieur de Tavannes, dit l'auteur des Mémoires, « aimoit mieux faire qu'escrire : il ne sied qu'à Cesar « d'escrire de soy mesme. »

NOTICE

SUR

LE VICOMTE DE TAVANNES.

Jean de Saulx, vicomte de Tavannes, naquit en 1555. Son éducation fut dure, et presque entièrement dirigée vers l'art militaire, quoiqu'on exigeât de lui des études littéraires assez fortes. Il avoit onze ans lorsque son père fit à Dijon une ligue catholique, à laquelle il donna le nom de *Confrérie du Saint-Esprit.* A l'exemple d'Amilcar, qui avoit exigé d'Annibal, âgé de neuf ans, qu'il prêtât le serment de se déclarer contre les Romains aussitôt qu'il le pourroit, Gaspard de Tavannes voulut que son jeune fils jurât de combattre les Protestans à outrance. L'enfant prit cet engagement au milieu d'une assemblée nombreuse et imposante : l'impression que lui fit cette cérémonie ne s'effaça jamais; et, pour son malheur ainsi que pour celui de son pays, s'il ne fit pas autant de mal aux Protestans que le héros carthaginois en avoit fait aux Romains, il se montra aussi opiniâtre dans une haine qu'il avoit, comme lui, sucée, pour ainsi dire, avec le lait.

En 1572, âgé de dix-sept ans, il se trouvoit à Paris avec son père, qui, devenu rival de Coligny, lui disputoit la confiance de Charles IX. Le jour de la Saint-Barthélemy il étoit au Louvre, et, pendant qu'il se promenoit dans la cour de ce palais, où les Protestans étoient égorgés comme dans la ville, le roi de Navarre l'envoya chercher plusieurs fois, probablement pour qu'il s'intéressât à quelques-uns de ses amis. Le vicomte ne voulut point aller voir un prince pour qui on lui avoit inspiré la haine la plus violente; et il paroît que Henri, devenu roi de France, ne lui pardonna jamais ce refus. Cependant rien ne porte à croire que ce jeune homme, à peine sorti de l'enfance, ait pris part au massacre : il sauva au contraire trois seigneurs protestans, La Neufville, Béthune et Baignac.

L'année suivante il alla au siége de La Rochelle, où son père auroit commandé sous le nom du duc d'Anjou, s'il n'eût été retenu par la maladie qui le conduisit au tombeau. Le jeune Tavannes fut témoin des intelligences que le duc d'Alençon, le roi de Navarre et le prince de Condé entretenoient avec les assiégés ; et ce fut en vain qu'il s'efforça d'en montrer le danger à la Reine mère, qui peut-être les favorisoit. Sur ces entrefaites, on apprit que le duc d'Anjou, qui commandoit l'armée royale, étoit appelé au trône de Pologne : ce prince, rebuté par les longueurs du siége, empressé d'ailleurs d'aller prendre possession de son royaume, demanda aussitôt qu'on se retirât. Le vicomte, aussi opiniâtre que son père, mit à ce projet une opposition qu'on n'auroit pas dû attendre d'un si jeune homme. « J'allay, dit-il, trouver monsieur « d'Anjou, pour luy représenter que le Roy ne perdoit « qu'une ville, et que luy perdoit l'honneur, et obs- « curcissoit toute la gloire qu'il avoit acquise par le « passé. » Cette démarche fut inutile, et l'on signa la paix le 6 juillet 1573.

Le maréchal de Tavannes étoit mort à peu près trois

semaines auparavant, et l'on a vu que ses charges n'avoient point été données à ses fils. Le vicomte, irrité de ce qu'il regardoit comme l'injustice la plus criante, partit pour la Pologne avec le nouveau roi, et, se livrant aux illusions de son âge, il imagina qu'il feroit dans ce pays une grande fortune.

Lorsqu'à la mort de Charles IX le duc d'Anjou s'enfuit de la Pologne pour venir occuper le trône de France, Tavannes, toujours mécontent, ne le suivit pas. Il entreprit un voyage en Hongrie, en Transylvanie, en Valachie et en Moldavie. Dans cette dernière province, il servit comme volontaire sous les drapeaux d'un prince grec révolté contre les Turcs. Après avoir pris part à une victoire, il continua sa route, accompagné seulement de cinq personnes. S'étant arrêté dans une maison de campagne isolée, il y fut attaqué pendant la nuit par deux cents Turcs; il se défendit long-temps avec courage; la maison fut incendiée: il en sortit l'épée à la main, et, obligé enfin de céder au nombre, il se rendit prisonnier. Ayant recouvré sa liberté par des moyens qu'on ignore, il partit pour Constantinople, où il se trouvoit à la fin de 1574, lorsque Amurat préparoit une flotte pour attaquer le fort de la Goulette, dont les généraux de Philippe II s'étoient emparés l'année précédente.

De retour en France au commencement de 1575, il fut fait capitaine de gendarmes, et suivit le duc de Guise, qui étoit chargé par Henri III d'empêcher l'entrée d'une troupe de reîtres que le prince de Condé envoyoit au secours des Protestans. Les Catholiques rencontrèrent leurs ennemis près de Dormans : au premier choc ils les défirent, mais le duc de Guise, s'étant acharné imprudemment à leur poursuite, fut blessé grièvement au visage : il alloit être pris lorsque Tavannes le dégagea par un fait d'armes remarquable : avec cinquante cavaliers il dispersa quinze cents reîtres.

Cette action lui acquit pour un moment la faveur de Henri III, qui, comme on l'a vu, avoit eu beaucoup d'obligations à son père. Lorsque la Ligue se forma dans Péronne en 1576, et que le monarque eut résolu de se mettre à la tête de cette association dangereuse, le vicomte lui montra le serment de l'ancienne *confrérie du Saint-Esprit,* un peu moins séditieux que celui qu'on exigeoit des ligueurs. Il contenoit deux articles principaux : le premier, qu'on ne traiteroit jamais avec les Protestans; le second, qu'on aideroit le Roi dans la guerre qu'il leur feroit. Henri III, conseillé par Cheverny, approuva cette formule; Tavannes fut envoyé dans les provinces pour la faire adopter par les Catholiques; et ce fut le serment que prêta le monarque, le 12 février 1577, aux premiers états de Blois.

Cependant, à la fin de cette année, Henri III, après avoir battu les Protestans, fit la paix avec eux [17 septembre]. Ce traité, quoique avantageux pour les Catholiques, irrita la Ligue. Par suite des idées anarchiques qui dominoient alors, elle rompit le pacte sacré qui devoit l'unir au trône, comme elle se seroit affranchie d'un engagement auquel un particulier auroit manqué. « Je me crus, dit Tavannes, dispensé « du second article du serment, qui estoit d'obeir au « Roy, puisque le premier estoit violé par Sa Ma- « jesté. »

Deux ans après, Henri III essaya de ramener le vicomte, en le faisant entrer dans l'ordre du Saint-Esprit qu'il avoit créé au mois de décembre 1578 : le duc de Guise, chef de la Ligue, venoit d'y être admis, et avoit prêté un serment par lequel il s'engageoit à une entière soumission aux ordres du Roi: Tavannes refusa cette grâce ; et ce fut une occasion pour lui de chercher à concilier son esprit séditieux avec les lois de l'honneur. « Si j'eusse accepté, dit-il, « je n'eusse esté de la Ligue, un tel serment estant « plus à la personne qu'à l'Estat. » Il servit les projets du duc de Guise, dont il avoit épousé une parente, et ce prince ne tarda pas à violer l'engagement par lequel le Roi s'étoit flatté de l'attacher à lui.

Lorsque, en 1585, le traité de Nemours fut imposé à Henri III, et que ce monarque se vit obligé de proscrire les Protestans, Tavannes lui offrit ses services, et fut nommé gouverneur d'Auxonne. Ayant traité avec beaucoup de rigueur les sectateurs de la religion nouvelle, une conjuration se forma contre lui dans cette ville, et, moins heureux que son père ne l'avoit été à Dijon treize ans auparavant, il ne sut pas déconcerter ce complot. Surpris par les ennemis dans une église au moment où il faisoit ses pâques, il reçut un coup de hallebarde. On l'enferma dans le château de Pagny; et il y fut gardé à vue par vingt soldats. Ce n'étoit pas la première fois qu'il se trouvoit prisonnier : il employa probablement les moyens dont il s'étoit servi pour échapper aux Turcs, et, à l'aide d'un de ses serviteurs, il se sauva en descendant du haut d'une muraille de plus de quarante toises.

Il se tint à l'écart jusqu'au mois de décembre 1588;

époque des seconds états de Blois et de l'assassinat des Guise. Alors il se mit au nombre des ennemis les plus acharnés de Henri III, et prétendit se justifier en disant « que Sa Majesté avoit contrevenu au serment « qu'elle avoit fait sur l'hostie de protéger les Catho- « liques. » On voit qu'à cette époque on prêtoit beaucoup de sermens : *c'étoit,* observe le vicomte, *pour mieux frauder.*

Après que Henri III eut été assassiné à Saint-Cloud [1.ᵉʳ août 1589], et que Henri IV se fut dirigé vers la Normandie pour recevoir des secours de l'Angleterre, Tavannes servit comme maréchal-de-camp dans l'armée de la Ligue qui poursuivit le monarque et l'attaqua près de Dieppe. Cette armée ayant été mise en déroute par le Roi, qui marcha aussitôt sur Paris et s'empara des faubourgs, Tavannes vola au secours de cette ville avec un détachement considérable qu'il avoit rallié. Il y pénétra vers deux heures après minuit, rassura les habitans, et proposa sur-le-champ une sortie, qui auroit peut-être détruit l'armée du Roi. On n'osa la faire; et Henri IV, satisfait d'avoir effrayé les Parisiens, se retira en bon ordre.

Deux ans après, Tavannes fut pris en allant secourir Noyon dont le Roi faisoit le siége; blessé de trois coups d'épée, ayant un bras cassé, il fut étroitement gardé. Il réfléchissoit aux moyens de sortir de cette nouvelle prison, lorsque Henri IV, voulant s'emparer de Rouen, lui fit offrir sa liberté s'il vouloit indiquer les endroits foibles de cette place. Il répondit fièrement *qu'il ne vouloit ni servir Henri ni le tromper;* réponse qui auroit peut-être rendu sa captivité perpétuelle, sans les embarras où se trouvoit le monarque. Plusieurs royalistes marquans étoient entre les mains des ligueurs, qui menaçoient de les maltraiter si la prison de Tavannes se prolongeoit. Le père du marquis de Mirebeau étoit du nombre, et sa famille sollicitoit vivement l'échange. « Le vicomte de Ta- « vannes, répondit le Roi, peut plus me nuire en une « heure que tous les Mirebeau ne pourroient me servir « en trente ans. » Mais la Ligue avoit des otages bien plus précieux : la mère, la femme, les sœurs du duc de Longueville, étoient en son pouvoir; et ce prince, chargé de garder le prisonnier, ne cessoit de presser Henri IV d'accepter les offres de Mayenne, qui proposoit de les rendre si l'on relâchoit le vicomte. Cet ordre ayant été arraché, Tavannes recouvra sa liberté, et il se montra glorieux d'avoir été échangé contre quatre princesses.

Les pressentimens du Roi ne tardèrent pas à se réaliser : à peine Tavannes fut-il libre qu'il alla trouver le prince de Parme, et sut le déterminer à venir au secours de Rouen, ce qui prolongea encore l'existence de la Ligue.

Mayenne, très-satisfait des services du vicomte, le fit maréchal de France, et lui donna le gouvernement de Bourgogne. Il partit pour cette province, où il eut à lutter pendant trois ans contre son frère Guillaume de Tavannes, qui étoit demeuré fidèle à Henri IV. « Mon frere, dit-il, du party du Roy, moy de celuy « des Catholiques ligués, faisions, chascun de son « costé, ce que gens de bien pouvoient faire. Nous nous « battions loyalement pour nostre party, non par ini- « mitié, nous estant assistés en plusieurs traverses. « Il ne laissa pas de se trouver des meschans qui di-

« soient que nous nous entendions, ce qui estoit faux. »

Quoique Paris eût ouvert ses portes à Henri IV le 22 mars 1594, Tavannes se soutint en Bourgogne jusqu'au 5 juin de l'année suivante, époque du combat de Fontaine-Française. Dijon s'étant soumis, il se retira dans le château de Talau, alors très-fortifié. Le Roi lui fit proposer, s'il se rendoit, de le confirmer dans la charge de maréchal de France que lui avoit donnée Mayenne : il s'empressa de souscrire à cet arrangement si avantageux pour lui; mais l'effet de cette promesse ayant éprouvé quelques retards involontaires, il se mit de nouveau parmi les mécontens.

Lorsque, en 1597, Amiens fut surpris par les Espagnols, évènement qui ranima l'espoir des Ligueurs, Henri IV, se défiant de lui, exigea qu'il le suivît au siége de cette ville. Il osa refuser, et, d'après les conseils de Biron, alors fidèle, il fut enfermé à la Bastille. Se trouvant prisonnier pour la quatrième fois, il employa toutes les ressources de son esprit pour se dérober à une captivité qui paroissoit devoir être longue. Un de ses pages, avec lequel il eut l'habileté d'entretenir une correspondance, lui procura une lime et des cordes : il coupa un barreau et parvint à s'échapper.

A cette occasion, le vicomte ne manque pas de donner dans ses Mémoires d'excellentes leçons aux prisonniers d'Etat sur les moyens de briser leurs fers. « Un prisonnier, dit-il, doit laisser tous autres desseins, « et ne penser qu'à sortir. » Il dit que quand on paroît résigné, la rigueur diminue nécessairement; il marque comment on doit se conduire avec ses surveillans, ses amis, ses connoissances, et comment on peut lier des relations au dehors. Ce morceau est un des plus curieux de l'ouvrage.

Il ne put pardonner à Biron d'avoir conseillé au Roi de l'enfermer à la Bastille, et il regarda par la suite comme un effet de la Providence la terrible punition que ce maréchal, comblé des faveurs de Henri IV, eut la folie d'attirer sur sa tête. « Qui m'eust dit, s'écrie-« t-il, en tant de soupirs que je jetois sur la fenestre de « ma prison, que d'icelle, dans peu de temps, on ver-« roit justicier celuy qui estoit en partie cause de mon « malheur ! »

Henri IV n'ordonna pas de nouvelles poursuites contre le vicomte; il le laissa vivre tranquillement dans ses terres, mais il ne lui donna pas le bâton de maréchal de France qu'il lui avoit d'abord promis. Tavannes perdit dès-lors l'espoir d'être jamais employé, et il put regarder sa carrière comme finie. Pendant plusieurs années on le vit *ronger son frein* dans le château de Sully, où il écrivit ses Mémoires. Ne les ayant composés que pour sa famille, il s'y permit les pensées les plus hardies, et, prenant de l'âpreté pour de la franchise, il se flatta que ses récits, dépourvus presque toujours de mesure, *vaudroient mieux que des mensonges dorés de beau langage.*

Il se plaint souvent dans cet ouvrage de l'inactivité où le laisse Henri IV, et il s'attache à pénétrer les causes de l'inimitié d'un prince qui avoit sincèrement pardonné à tous ses ennemis. Il se livre à plusieurs conjectures, dont quelques-unes peuvent être vraies; mais son amour propre lui fait surtout présumer que le Roi ne veut pas l'employer parce qu'il lui connoît un grand caractère; et il observe que sous ce règne on éloigne des affaires *ceux qu'on présume avoir quelque esprit.*

Il convient que sa conduite pendant la guerre de la Ligue a pu prévenir contre lui le monarque : « mais, « ajoute-t-il, le sieur de Tavannes, mon frere, qui « l'a aussi bien servy que je l'ai déservy, pourquoy « luy a-t-il osté la lieutenance de Bourgogne ? » Il peut paroître en effet étonnant que Henri IV se soit ainsi conduit avec un homme qui lui avoit été constamment fidèle dans les circonstances les plus difficiles ; on peut croire que cet excellent prince ajouta trop de foi aux rapports des ennemis de la maison de Tavannes, qui prétendoient que les deux frères s'étoient entendus pendant la guerre de Bourgogne, où ils avoient chacun commandé un parti opposé.

Le vicomte affecte de mépriser les dignités auxquelles il ne peut plus aspirer, mais on voit percer dans sa philosophie chagrine les regrets les plus amers. « Heureux, dit-il, qui ne cognoit les roys, plus heu- « reux ceux qu'ils ne cognoissent pas, très-heureux « ceux qui en sont éloignés et ne les virent jamais ! « combien seroient les diadesmes desdaignés s'ils étoient « bien cogneus ! combien qui y sont montés voudroient « estre au pied de l'arbre ! Henri III souhaitoit avoir « dix mille livres de rente, et vivre en paix. S'il y eust « jamais un temps pour mespriser les grandeurs, c'est « celuy auquel nous avons vescu. » Faisant parade de sa disgrâce, et affectant de l'attribuer à la crainte qu'on pouvoit avoir de lui, il voulut qu'on mît cette inscription dans la galerie de son château : *C'est honneur, c'est estat de n'avoir en ce regne ni charge ni estat.*

Au milieu des déclamations que lui inspire son humeur, on trouve quelquefois des réflexions politiques fort remarquables. Ayant vu les états-généraux quatre fois assemblés (1), il en connoît très-bien la tendance et l'esprit, et il semble prévoir que la jalousie qui règne entre les trois ordres, entraînera par la suite une catastrophe où la noblesse et le clergé seront sacrifiés.

« Il est malaisé, dit-il, de balancer également la
« puissance d'un grand Estat, tellement que la monar-
« chie, aristocratie et démocratie y ayent mesme part,
« et faut necessairement que l'une gagne la supériorité,
« autrement ils demeurent en perpétuelles guerre et
« sédition, ce qui ne se peut faire qu'avec le malheur
« general. Les ecclésiastiques et les nobles cognoissent
« que, si quelque estat avoit à emporter la domination,
« ce seroit le peuple, parcequ'il tient les villes, et sont
« douze contre un; ce qu'advenant, et le gouvernement
« populaire estant en puissance, les prééminences et
« privileges des ecclésiastiques et des nobles seroient
« mis en controverse, les faveurs et dons des roys per-
« dus, parceque les peuples veulent expressément
« l'égalité. »

Cette chance, que Tavannes regardoit alors comme presque certaine, quoique les deux premiers ordres fussent encore dans l'entière jouissance de leurs droits, prouve que les communes, bien avant le dix-huitième siècle, étoient loin, comme on a voulu le faire croire, de se trouver dans l'oppression.

Embrassant dans ses digressions un grand nombre de sujets, il s'élève contre la question préparatoire : « Les gehennes, dit-il, sont cruelles et incertaines : la

(1) A Blois en 1576, et 1588; à Paris en 1593; dans la même ville en 1614.

« seule crainte fait advouer des crimes non commis :
« plusieurs coupables la soutiennent et se justifient par
« patience. » Il cite, à ce sujet, l'exemple d'un homme
qui, dans les tourmens, avoua un parricide, qui périt
sur l'échafaud pour ce prétendu crime, et dont le père
reparut peu de temps après. La question définitive ne
lui semble pas moins barbare. « La gehenne, continue-
« t-il, est injustement donnée aux condamnés à mort :
« si la crainte de Dieu, allant mourir, ne leur fait
« pas dire la vérité, malaisément la diront-ils par les
« tourmens, mais plustost, pour eschapper d'iceux,
« répondront le contraire. » Il voudroit qu'on suppri-
mât les supplices par lesquels on faisoit périr les condamnés. « Le plus grand supplice, dit-il, devroit être
« de couper la teste. »

Comme il avoit eu probablement des procès, il se
plaint du dédale de lois et de coutumes qui régissoient
chaque province, et il fait des vœux pour qu'un code
uniforme soit donné à la France. Sans s'inquiéter des
difficultés que présentoit une telle entreprise, et dont
une grande partie fut surmontée par les belles ordonnances de Louis XIV, « il faudroit, dit-il avec sa
« brusquerie ordinaire, assembler et brusler les cous-
« tumiers, les gloses, les chicanneries romaines ; et
« ne laisser que cinquante feuillets de papier où seroit
« contenu tout le droit. »

Lorsque le vicomte parle de Henri IV, il ne peut
s'empêcher de louer les grandes qualités de ce prince,
mais il ne lui passe aucune faute, et l'on voit une
haine concentrée percer même dans ses éloges.

Il entreprit ces Mémoires dès le commencement de
son exil, et il les continua pendant les dix-huit pre-

mières années du règne de Louis XIII. Il paroît que son intention étoit d'y consigner toutes les réflexions qui s'étoient présentées à son esprit pendant sa longue et orageuse carrière, et qu'il consacroit à ce travail ses momens de loisir, sans observer aucun ordre, sans même se donner la peine de relire ce qui étoit déjà fait. C'étoit un amusement par lequel il se reportoit aux jours brillans de sa jeunesse, et faisoit renaître, quoique souvent avec toute l'amertume du regret, les illusions dont son imagination bouillante avoit été autrefois tourmentée.

Dans la sixième année du règne de Louis XIII, en 1616, il eut quelque consolation, et put croire qu'il alloit reparoître avec éclat sur la grande scène du monde. Marie de Médicis, occupée de traiter avec le prince de Condé, et voulant ramener tous les mécontens, renouvela au vicomte la promesse que lui avoit faite Henri IV onze ans auparavant. Mais cette promesse, arrachée par la contrainte, ne fut pas tenue; et les troubles qui suivirent, n'ayant aucune liaison avec les spéculations de l'ancienne Ligue, ne permirent plus de s'occuper d'un homme qui, dans sa longue retraite, avoit entièrement perdu le fil des affaires. Il fallut que le vicomte se soumît à son sort, et ce ne fut pas sans de grands murmures. Ayant atteint en 1629 l'âge de soixante-quatorze ans, il fit son testament le 6 octobre de cette année. La date précise de sa mort est ignorée.

OBSERVATIONS BIBLIOGRAPHIQUES.

D'après ce que nous avons dit dans l'Avertissement, on a pu se former une idée du désordre qui règne dans les Mémoires de Tavannes. Ceux qui les imprimèrent pour la première fois crurent les rendre plus méthodiques et plus clairs, en en faisant une espèce de traité de politique, de morale et de tactique. Ils les divisèrent donc en un grand nombre de chapitres, auxquels ils donnèrent des titres analogues à ces trois sciences. Ce plan jeta encore plus de confusion dans une production presque entièrement historique, et les titres ne servirent qu'à désorienter les lecteurs. Les éditeurs de la première collection des Mémoires relatifs à l'histoire de France prirent un autre parti : ils supprimèrent toutes les digressions qui forment à peu près les deux tiers du livre, ne conservant que ce qui tient à l'histoire générale et à la vie du maréchal de Tavannes. Cet énorme sacrifice priva l'ouvrage d'une multitude d'observations importantes, de réflexions curieuses, d'anecdotes piquantes, et de tout ce qui concerne le vicomte de Tavannes, qui, comme nous l'avons dit, mêle presque toujours ses aventures à celles de son père.

Nous avons cru qu'il ne falloit adopter ni l'une ni l'autre de ces combinaisons.

Voulant présenter les Mémoires de Tavannes tels qu'ils furent composés par son fils, nous les faisons précéder de cinq avis au roi Louis XIII, où le vicomte développe longuement ses principes, et donne à ce prince, encore fort jeune, des leçons très-singulières de politique. Nous nous conformons ensuite au dessein principal de l'auteur, en renfermant toutes les digressions dans la période de quarante-neuf ans, qui compose la vie du maréchal de Tavannes. Ainsi nous partageons l'ouvrage en quatre règnes, ceux de François I, de Henri II, de François II et de Charles IX ; et nous fixons avec soin les dates presque entièrement omises dans l'édition originale. Nous avons cru que ce systême étoit le seul qui pût répandre quelque clarté sur ce mélange de discussions et de récits.

Les Mémoires de Tavannes furent imprimés secrètement dans le château de Sully, près d'Autun, où résidoit le vicomte. Ils ne commencèrent à être un peu connus que pendant les troubles de la Fronde, époque à laquelle les écrits les plus hardis circuloient librement. Guy Patin, très-amateur des ouvrages de ce genre, en parle dans une de ses lettres du 13 juillet 1657 : « J'ai ouï dire autrefois au père Louis Jacob, Carme « bourguignon, qu'un certain monsieur de Tavannes « avoit fait imprimer dans son château, en cachette, un « tome de Mémoires historiques in-folio, qu'il n'avoit « osé publier, à cause de plusieurs choses étranges « qu'il y avoit dites contre les grands, et entre autres « de Catherine de Médicis, et qu'il n'en avoit donné « que quelques exemplaires à peu de ses amis. Je viens « de les lire : cet auteur y parle hardiment ; je n'ai encore pu trouver rien de pareil : *Vir fuit militaris* « *ingenii fervens, et altè cinctus.* »

Il paroît que, pour dépayser les lecteurs, le vicomte donna deux titres différens à l'édition faite dans son château ; une partie des exemplaires fut intitulée : *La Vie de M. Gaspard de Saulx, seigneur de Tavannes,* etc. ; l'autre partie : *Mémoires de très-noble et très-illustre Gaspard de Saulx*, etc. Quelques bibliographes en ont conclu qu'il y avoit deux éditions originales. Ils se sont trompés : les exemplaires offrent le même papier, la même disposition dans les pages ; les titres seuls diffèrent.

Une autre édition, entièrement conforme à l'originale, fut faite à Lyon par l'imprimeur Fourmy, vers la fin de l'année 1657. « Il ne la débite qu'en cachette, « dit Guy Patin, parce qu'il n'en a pu obtenir le pri- « vilége, pour plusieurs choses bien hardies qui sont là « dedans, de François I, de Henri II, et de Catherine « de Médicis. »

Ces tableaux satiriques, mais souvent fidèles, ces digressions véhémentes sur la religion et la politique, pouvoient effrayer le cardinal Mazarin à peine échappé aux cabales de la Fronde; mais ils ne sont plus aujourd'hui d'aucun danger : les intérêts, les passions ont changé d'objet; les sujets de discorde ne sont plus les mêmes; et il ne reste à tirer de l'ouvrage d'un homme constamment malheureux par son attachement opiniâtre à un parti anarchique, que des leçons de prudence, de modération et de sagesse.

Enfans, Neveux, Cousins,

J'ESCRIS par devoir de nostre pere, pour exemples et preceptes à vous, mes parens, non par gloire, je me connois trop; je desire que ces fantasies ne soient veuës que pour vous servir de boussolle à suivre le chemin qui vous a esté tracé, et éviter plusieurs malheurs qui me sont advenus en recherchant l'honneur qui se doit suivre par ceux d'extraction illustre, sans offence de Dieu ny de sa patrie, avec ceste maxime : que tous desseins injustes non agreables à nostre Seigneur perissent! Les Grecs, les Romains, par la souvenance de leurs predecesseurs, se sont portez aux actes genereux. Si l'histoire de ceux qui ne nous touchent accuse nos vices sans flaterie, nous rendent meilleurs et plus advisez, nous monstrent ce que les sages ou imprudents maniments d'affaires apportent de bien ou de mal; le discours, l'exemple des parens est d'autant plus utile qu'ils sont plus proches, n'estans faits par ostentation, poussez d'un seul instinct de profiter aux leurs. Les harangues funebres des anciens se faisoient par leurs enfans, mieux informez de leurs actions que tous autres. J'ay veu, j'ay sceu partie des faicts de M. de Tavannes mon pere, non du tout par luy, qui, à la forme des anciens Français, s'employoit à faire, non à dire; si peu curieux de vanité, qu'il a refusé des memoires à ceux qui vouloient (disoient-ils) immortaliser son nom. Ses actes, ses advis considerez, se trouveront conseils d'Estat, sentence de grands capitaines, gains de batailles, conservation de provinces, non de petits effets, dont plusieurs remplissent des livres entiers.

Ma discretion, la proximité m'a fait en dire plustost peu que trop, ne narrant à beaucoup pres les vertus qu'il possedoit. C'est l'obligation que je luy ay, et vostre amitié, qui m'a fait mettre la main à la plume (estant les espées de repos), non le los que j'en espere : aussi faudroit-il pour l'obtenir des stils et des sujets de Plutarque, Saluste ou de Tacite, des restaurateurs ou subvertisseurs d'Estat, non des chefs militans sous les roys ausquels on n'ose attribuer l'honneur des victoires qu'ils ont acquises, pour ne le faire perdre à leurs Majestez, qui souvent dorment dans les licts, dans les armes estonnez, cependant que les capitaines commandent les armées, dont ils ont le danger, et les autres la gloire.

Si la verité estoit bien cogneuë, les cavaliers semblables à M. de Tavannes meriteroient autant de lauriers que les Cesars, pour souvent avoir esté contraincts de combattre en mesme temps les ennemis, les envieux et les opinions de leurs maistres, avec plus d'honneur que les empereurs, qui n'avoient qu'à se defendre de leurs adversaires, estoient obeys en un clin d'œil de leurs armées, amis et alliez. Les capitaines des roys sont meuz, poussez et retenus des maistres, des mignons, des femmes et des calomniateurs : ils ne font un pas sans contrarieté, subjets à rendre compte, en crainte de faire trop, ou trop peu : c'est à eux souvent faillir que de bien faire. Si ces capitaines fussent esté empereurs, ils eussent eu de mesmes ou de plus grandes victoires qu'eux : et si ces monarques fussent esté en leurs places, ils eussent esté bien empeschez. Il faut considerer non seulement les actes, mais avec quels moyens ils reussissent : plus la vertu est contrainte et forcée, plus il y a d'honneur et de conduite. Les peuples voyent mouvoir les machines sans considerer les ressorts qui les agissent ; il y a peril à les dire, et encore plus à les escrire. La malice, la menterie des uns, l'ignorance et *flaterie des autres, me violentent à passer sur ces considerations, et à escrire, non toute la verité, mais ce que le temps me peut permettre, sans aucun mensonge, sans vindicte, comme les Huguenots qui changent les batailles de Cerizolles, Renty, Jarnac et Moncontour en rencontres legeres, et ostent l'honneur à la France, le pensant faire perdre à M. de Tavannes, qu'ils ont eslevé au lieu de l'abbaisser, en profanant sont nom parmy les confusions d'infinies gens de peu, desquels ils font mention, qui l'eussent plustost obscurcy qu'esclaircy. C'est l'honneur de Caton que l'on demande pourquoy parmy infinis autres sa statuë n'a esté erigée?*

La chronique anglaise ne parle bien de la française, ny l'huguenotte de la catholique, et ceux qui sont gagnez des princes, estans leurs mercenaires, flatent leurs fantasies, et de folie imprudente font un conseil de prevoyance selon la fortune; à l'exemple des commentateurs d'Homere, qui donnent la gehenne à ses conceptions, leur font prevoir ce à quoy il ne pensa jamais, et sont d'autant plus blasmables qu'ils escrivent ce qu'ils ne croyent pas eux-mesmes; et, comme dit Tacite, les uns par flaterie, dons et timidité ont trop loüé, les autres par haine, passion et envie trop blasmé, et tous disent peu de verité.

J'excuse Du Bellay, Montluc et La Nouë d'avoir écrit d'eux-mesmes, considerant la malice susdicte : un moyne dans un cloistre, un ministre dans Geneve, n'escrivent que sur de faux rapports. Quelle presomption de faire des livres remplis des conseils d'Estat et des combats! les uns se sont faits secrets, et partant non sceuz, les autres mal rapportez. Ces escrivains font donner des advis aux conseillers d'Estat à l'aventure, comme ils jugent par l'evenement qui devoit avoir esté, ce qui est souvent tout au contraire; de vingt qui reviennent d'un combat, deux ne s'accordent du commencement, du milieu, ny de la fin, le racontent differemment. Celuy que l'on disoit au roy Charles avoir donné un coup de pique au dessus de la bres-

che de La Rochelle, s'estoit caché dans un gabion : tant y a-il d'incertitude aux rapports et aux nouvelles. C'est aux theologiens de faire des livres de la religion, aux jurisconsultes des loix, aux gens d'Estat des conseils, et aux capitaines des batailles. La narration d'un vaillant experimenté est differente des contes de celuy qui n'a jamais eu les mains ensanglantées de ses fiers ennemis sur les plaines armées.

L'ancienneté de la race, le temps que M. de Tavannes a servy, durant le regne du roy François I jusques à la mort du roy Charles IX, m'a contraint de faire un sommaire en gros d'aucuns passages de l'histoire jusques en l'an 1573, non pour contrefaire l'historien, m'en reconnoissant incapable, mais pour y avoir esté forcé, faisant mention de luy en tant de lieux, il a fallu que j'en aye escrit. Et ce sujet remarquable m'a porté à des considerations et conceptions que j'ay trouvé à propos d'escrire, et y ay entremeslé aucunesfois quelque chose de moy-mesme, plus à ce que vous, mes enfans et neveux, suiviez ou evitiez la bonne ou mauvaise fortune, que pour loüange que j'en desire; non plus que je me soucie de ce qu'on en pourra dire. Pourveu qu'il vous profite, j'auray attaint le but auquel j'aspirois pour vostre utilité, au bien de la patrie, à l'honneur de Dieu, que je supplie faire prosperer vos bons desseins.

AU ROY [1].

SIRE,

Au sortir de vostre enfance, remplie naturellement de la generosité paternelle, vous avez tellement embrassé et suivy la vertu hereditaire, qu'il n'a point esté necessaire de vous monstrer cette lettre pytagorique, dont l'une des voyes est large, l'autre estroicte; non plus que ces deux femmes de valeur et de volupté qui debattoient et persuadoient à Hercules ja en adolescence de les suivre, chacune d'icelles le tirant de son costé. Vostre voye, vostre chemin à la vertu estoit de naissance empreinte dedans vous, et ne restoit qu'à en faire paroistre des valeureux effects pour immortaliser vostre nom, au repos et reglement de vostre royaume ou entreprise contre les Infideles, ou reconquerir ce qui vous appartient. De quoy j'avois fait un project il y a deux ans, et nommément du dessein pour la reünion des Huguenots à l'Eglise catholique, dont mes écrits en avoient preveu les effects glorieux d'avoir une sympathie ou ressemblance à ce qui est arrivé, mais avec beaucoup de meilleurs conseils et effects de vostre Majesté que je n'osois penser. Reste de les poursuivre jusques au bout à la reünion de tous les heretiques de vostre royaume, ou bien, se contentant de leur avoir monstré leur impuissance, leur oster le moyen de mal faire et affermir

---

[1] Cette épître dédicatoire, ainsi que les cinq avis suivans, sont adressés à Louis XIII, encore fort jeune.

vostre suprême authorité. Apres quoy vous tombez dans les autres desseins de bien et deüement regir vostre Estat, ou dans les projects de guerre susdicts ; entreprise d'un grand courage et d'une ferme resolution. Vray est-il qu'il n'y a moins d'honneur à garder son heritage en justice, que d'acquerir celuy d'autruy : et semble que quand tout d'une veüe l'on voit les diversitez des desseins et les difficultez qu'ils contiennent, que le choix en est beaucoup plus facile, lequel je souhaitte estre selon Dieu la grandeur de vostre Majesté et le bien de vostre royaume.

MÉMOIRES

DE

GASPARD DE SAULX,

SEIGNEUR DE TAVANNES.

Premier Advis pour regner en pieté, justice, soulagement et tranquillité du public.

Les peres vertueux laissent un ardent desir à leurs enfans de les imiter. Alexandre regrettoit le bon-heur de Philippe, qui luy laissoit peu à conquerir. Il se presente un grand labeur à vostre Majesté, pour surpasser les actes heroïques du feu Roy, lequel avec peu de gens et d'argent regagna son royaume, la pluspart perdu par ses predecesseurs et revolte de leurs subjects aidez des estrangers, estant de differente religion au Pape, aux Espagnols et Italiens ses contraires, a vaincu dans son royaume les deux tiers de l'Europe, r'allié amy et ennemy, Français et estrangers, de tous nommé arbitre de la chrestienté; guidé du ciel pour estre reconduit dans l'Eglise catholique, rend son royaume paisible accreu de la Bresse; contraint par sa prudence de laisser Cambray aux Espagnols, et d'endurer ceux de Lorraine et les Huguenots en quelque puissance; comparé à Charles VII, qui chassa de son royaume ses ennemis introduicts par son pere Charles VI, par l'adoption d'un Anglais estranger. Ces deux roys en actes semblables, l'un laisse Calais, l'autre Cambray à conquerir ; le premier laisse le duc de Bourgongne en puissance, l'autre les Huguenots en pouvoir, esgaux en prosperité : le duc de Bourgongne abandonne les Anglais ses associez, le duc de Mayenne les Espagnols ses protecteurs. Leurs Majestez, à la veille de perdre leurs Estats, relevent leurs coronnes, different en ce que Charles VII (1), contre sa parole, fit tuer Jean de Bourgongne, et le Roy vostre pere protegea le duc de Mayenne. Deux Louys vous sont aussi proposez : le IXe, qui acquit le nom de Sainct contre les Infideles, et le XIIe, celuy de Pere du peuple. Dieu tient le cœur des roys en ses mains : purifiez le vostre, à ce qu'il vous conseille à prendre et choisir la meilleure de ces cinq voyes : regner en equité, reünir vos subjects en une seule religion, oster aux Espagnols ce qu'ils vous detiennent, faire la guerre aux Turcs, ou partir (2) l'Europe avec la maison d'Austriche. Trois considerations sont en ce choix : la justice du dessein, les moyens de l'executer, vostre instinct naturel.

Le premier, de regner selon les loix de Dieu et du royaume, a ces contrarietez : l'ambition, l'avarice, larcins et desordres inveterez, deux religions en un

---

(1) *Different en ce que Charles VII* : ce rapprochement, qui produit une antithèse assez brillante, n'est pas exact. Il paroit démontré que le Dauphin, depuis Charles VII, ignoroit, à l'entrevue de Montereau, que ses partisans voulussent assassiner le duc de Bourgogne. (Voyez le *Tableau du règne de Charles VI*, tom. VI, p. 350 et 351.)

(2) *Partir* : partager.

mesme Estat, divers partis, les dons, les pensions accoustumées, la justice en vente, l'inconstance française, la simonie tolerée, les ecclesiastiques depravez, la milice corrompuë, la noblesse mescontente, le peuple surchargé. L'antidote contre ces poisons : changez la domination seigneurialle à une juste royauté ; faictes ce que les estats generaux assemblez vous conseilleroient, ou les mettez en force à ce qu'ils deschargent vostre Majesté, tant des mescontentemens et suppressions des officiers supernumeraires qui sont aux charges et estats de la guerre et de vostre maison, de la justice, des finances, et reduction d'iceux, que recherche des financiers, lesquels, chastiez, peuvent fournir du moins six millions de livres, leur laissant la moitié de ce qu'ils ont mal acquis depuis leur advenement aux finances, joints à l'espargne d'autres six millions de pensions reduittes, qui suffira pour rembourcer tous les offices supernumeraires et racheter vostre domaine. Restablissez l'ancienne probité ecclesiastique, la justice en son integrité, et ce, d'autant que l'extinction des gages des officiers supernumeraires et pensions reduittes augmentera vostre revenu, avec une liberalité des ecclesiastiques de vostre royaume, pour vous aider à racheter partie de vostre domaine engagé. Entretenez la gendarmerie et les gens de pied selon les formes anciennes, sans pervertir le taillon ny les deniers des cinquante mil hommes ; rendez les gouvernemens triennaux ou les supprimez, et y employez par commission ; ne pourvoyez aux places importantes que vos tres fideles serviteurs et les sexagenaires, ou gens desquels le parentage suspect ne puisse aporter crainte ; pourvoyez aux charges ecclesiastiques les plus gens de bien et de sçavoir, pareillement aux guerres les plus fideles experimentez, et recompensez les princes plus en argent qu'en charges et gouvernements. Conservez vos anciennes alliances avec les voisins, et n'entreprenez guerre injuste; entretenez l'edit de pacification aux Huguenots sans aucune innovation : que s'ils s'en rendent indignes, leur injustice, vostre force, leur division, vous facilitera la victoire entiere. Reduisez le tout, à l'imitation du roy Loys XII, Pere des peuples, qui seront vos vrays defenseurs et protecteurs : abolissant les subsides et imposts tyranniques, vous ne serez contraint d'entretenir une armée d'estrangers, comme Agatocles, tyran de Sicile, pour vous conserver par la ruïne de vos subjets, moins de suivre le pernicieux conseil qu'aucuns mauvais Français ont esté si osez de vous donner, d'entretenir et payer douze mil hommes de pied et trois mil chevaux placez aux quatre parts de vostre royaume, vivants sur le peuple, pour soudainement opprimer ceux qui par remonstrances et supplications se plaindroient du gouvernement, lesquels cependant s'exerceroient en tout excez de servitude et impositions : advis qui ne doit jamais estre prononcé en presence d'un bon roy, et rejetté de vostre Majesté, gagnant par justice, pieté et charité, le cœur de vos subjects, qui seront les vrayes et fortes armes pour vous maintenir contre toutes eslevations, les perdre et dissiper en cas qu'il y en eust, regnèr heureusement à la gloire de vostre nom et repos de vostre royaume. Dequoy ont servy tant de pensionnaires, de gardes, de soldats, de practicques et de menées, aux deux roys qui vous ont precedé, puis qu'ils ont esté arrachez du milieu de leurs armes par morts violentes? Quel proffit de ces grandes levées de deniers? plus vous donnez, plus il y a d'ingratitude, et pour cent satis-faits, mil malcontans. De tant de millions de deniers exigés, une beaucoup moindre somme suffiroit à vostre Majesté, laquelle ne ressent aucunes voluptez ny plaisirs de ces exactions, dons immenses, alliments d'envie, d'offence et de guerres civiles : plus ils en ont, plus ils en veulent avoir. Eslisez un conseil, non des plus grands, ains des plus gens de bien, experimentez amateurs de la manutention de l'Estat et de vostre authorité ; laissez faire les charges à ceux que vous en avez honoré, evitant toutes importunitez serviles, à ce que vous puissiez vous occuper à des effects plus remarquables. Distribuez vos gratifications à personnes de merite, à ce qu'il y ait difference entre les bons, les mediocres, inutiles et mauvais : les coronnes sont pesantes qui cedent aux importunitez. Demetrius disoit que ceux qui les cognoistroient ne les releveroient de terre; Henry III souhaittoit la bonne fortune d'un gentil-homme français possedant dix mil livres de rente. Il est à vostre Majesté, faisant bien, d'estre en repos, en seureté, sans importance, beny, aymé de vostre peuple, et craint des estrangers; les menaces, les mal-contens, les partialitez, seront esteinctes, et un million d'hommes courront sus à toutes sortes d'ambitieux broüillons, sans que soyez plus en peine de leur sacrifier les tresors de la France et vostre liberté, pour eviter leurs mauvais desseins, delivré de satisfaire journellement à tant de fascheux qui contraignent vostre presence hors de vos loüables plaisirs. Vray est-il que tous changemens de mal en bien sont difficiles ; c'est pourquoy plusieurs roys ont fait armer leurs serviteurs, voulant restablir les anciennes loix. Vous estes en moindre peine, d'autant que tous vos subjects cognoissent maintenant ne pouvoir vivre ny subsister que sous la royauté; non qu'il ne faille prendre garde à ne vouloir si precipitamment faire un si grand changement de mal en bien, ains avec consideration donner quelques choses au temps, et glisser les bonnes actions sous la protection des loix et bien de l'Estat. La pieté et la justice sont les deux colomnes qui conservent les Estats : l'une empesche les rebellions par devotion, l'autre par la terreur des supplices. Ayez l'œil ouvert au general et au particulier de la France; considerez tous les partis.

Les forces de ceux de la religion pretendue reformée consistant en partie aux personnes principales, qui sont les sieurs Des-Diguieres, de Boüillon, et de Suilly, dont le grand aage et les grandes richesses leur ostent tout desir de faire la guerre, possedant certain ce que l'incertitude des evenemens leur pourroit faire perdre : et quant aux sieurs de Rohan, de La Force, et de Chastillon, leur foiblesse, ambition et avarice, avec peu de force, les fera condescendre à vos volontez. Les villes de ce party qui ont la superiorité et principale puissance desirent la paix; ayant tenté, et cognoissant ne pouvoir establir des republiques en ceste monarchie, les ministres et factieux se gagnent par argent. Combien plus facile vous est-il d'acquerir la bien-veuillance de tous iceux, qu'aux mal-contents qui pour leur interest les voudroient susciter ! Puisque vostre Majesté a l'argent, les grades et la justice en la main, en usant avec prudence, il n'y a rien à craindre de leur part. Et quant à la Royne vostre mere, vostre Majesté s'y comportant comme elle doit, luy donnant ce qui luy a esté promis, accordant ses requestes raisonnables, et traictant le tout avec douceur et justice, elle ne pourroit souhaiter la coronne autre part que sur vostre teste. Et la vieillesse du duc d'Espernon, jeunesse et ambition demesurée des princes et autres puissans, la consideration de plusieurs de leurs proches, n'estans point desesperez, se contiendront, et ce, d'autant qu'ils ont cogneu leur impuissance, mesfiance et division d'entre eux. Ne leur concedez par crainte, menaces, ou persuasions, aucuns gouvernements ny places prejudiciables à vostre estat royal, qu'ils ont cogneu estre en telle reverence par l'exemple recent du general et du particulier; que l'impossibilité et necessité leur fera tout souffrir, ne pouvant, sans leur apparente perte, s'opposer aux volontez de vostre Majesté, de laquelle les affaires sont en tel estat, par vostre bon-heur, que tout ce que vous ferez ou reformerez ne vous peut estre imputé à faute de courage, ayant monstré aux princes leur impuissance, et regagné, aydé de la force, l'amitié maternelle [1], tellement qu'il n'y a nul en vostre royaume qui ne confesse la difficulté d'entreprendre contre vostre authorité : de quoy, par grande consideration du passé et du present,

[1] *Regagné, aydé de la force, l'amitié maternelle :* il s'agit de la première réconciliation entre Louis XIII et Marie de Médicis, qui eut lieu en Touraine, au commencement de 1619. Cette princesse, après l'assassinat du maréchal d'Ancre, s'étoit sauvée de Blois où elle étoit reléguée, et avoit formé un parti contre son fils, gouverné alors par le jeune duc de Luynes qui fut connétable deux ans après : le duc d'Epernon l'avoit aidée dans son évasion et dans sa révolte.

vous devez profiter, cognoissant que si monsieur le prince et ses associez, et ceux qui depuis se sont une seconde fois eslevez sous l'authorité de la Royne vostre mere, eussent autant aymé et desiré le bien public et descharge du peuple, que leur interest, et qu'ils eussent eu la conduite des forces qu'ils avoient, ils eussent peu pretendre de vous reduire avec peu d'authorité, estant certain que quiconque reforme un Estat par les armes, il s'acquiert la puissance supreme, et en depoüille celuy qui la possedoit. Et si tant de grands qui avoient promis à la Royne vostre mere, n'eussent point manqué, les uns de foy, les autres de conduitte, et par une puissante guerre eussent effrayé les Parisiens, il estoit perilleux que ne r'entrissiez en tutelle. Et depuis, des bruicts et des menaces d'une assemblée des principaux de l'Estat pour regler vostre puissance, se seroient mis en campagne, lesquels, par l'ayde de Dieu, joincte à vostre bon-heur, leur imprudence et peu d'experience, vostre Majesté a suppeditez, plustost par miracle apparent que par moyens humains, ayant jetté les terreurs paniques dedans eux, et par la victoire de quatre mil hommes desarmé trente mil eslevez en ce party, lesquels vous avez receu en grace par une prudente paix. Et cognoissez que Dieu vous a voulu faire paroistre de combien il importe que reformiez vostre Estat, et suyviez l'exemple des bons rois, pour ne plus retomber en ce peril passé si avantureusement. Que si l'une de ces trois, Roüan, Cam, ou le Pont de Sé eusse resisté, ou que la Royne vostre mere fust allée en Guienne et Languedoc; où elle eust trouvé trente mil hommes levez pour elle, si ce ne fust esté par la bonté accoustumée de la Divinité et de l'ange tutelaire de la

France, c'estoit un grand preparatif pour la division de vostre royaume, par les places que la Royne eust esté contrainte de donner aux princes qui l'assistoient. Et puis que Dieu vous a fait tant de grace de l'eviter, mettez ordre par la susdicte reformation de ne tomber plus en tels accidents, qui sont tres dangereux.

Ce peuple, ruyné de subsides, oppressé d'injustice, pillé des guerriers, qui crie et souspire, demandant l'elevation d'un homme de bien pour le delivrer, l'aura trouvé en vostre Majesté, ne l'ayant peu obtenir aux elevations des ducs d'Alençon, de Guise, des princes de Bourbon et de Condé, et de la Royne vostre mere, portez à leur interest particulier; il cessera de plus en chercher et de desirer des nouvelletez pour r'establir l'ancienne royalle liberté. Si faut-il confesser qu'en un si grand nombre d'armées il y en avoit plusieurs qui ne tendoient à la diminution de l'authorité de vostre Majesté, ains à une droicte reformation : aydez de tant d'habitans des villes, quoy que leurs mains et leurs armes ne fussent eslevées, leurs vœux et leurs courages estoient en attendant le succez des armes. Ces gens vaincus sans victoire, desarmez sans voir les ennemis, regardez leurs visages tristes, tesmoignans le regret de leurs cœurs, pour ne voir aucun remede à leur soulagement, au contraire intimidez et menacez que l'on veut entretenir des armées dans l'Estat pour regir, non avec la main de justice, ains avec la verge de fer, et par la force rendre tout loisible; non que la creance soit entiere que vostre Majesté, pleine de pieté et benignité, issuë de tant de bons roys, vienne à ces remedes extraordinaires, et que les sieurs de Luynes se jettent dans ces perilleux conseils. Ne seroit-il mieux que, cognoissant les dangers passez, qu'ils ont evité par le seul miracle de Dieu, impatience, imprudence et inexperience de leurs contraires, ils se resolussent de bien faire, et cognoissant que c'est un mauvais advis de vouloir tousjours monter pour eviter le precipice, qu'il vaut mieux s'affermir et s'arrester au milieu de la course, comme plus salutaire ; et ce, tant plus que maintenant, par le grade de connestable, ils sont au periode de toutes grandeurs, lequel attaint, et ne pouvant monter plus haut, qu'ils gardent de tomber en decadence, ayant besoin de grace specialle de Dieu acquise par bonnes œuvres, et de grande prudence pour s'y maintenir? Que si le bon-heur et la grace du Roy a fait pourvoir le sieur de Luynes de ce grade, recompense de ceux qui s'estoient signalez au gain de quantité de batailles, en plusieurs traictez de paix et grandes negociations ; tous ces effects genereux peuvent estre en la personne dudit sieur de Luynes, lesquels il peut faire paroistre, estant homme de bien, procurant le bien general de la France, et conservation de l'authorité de vostre Majesté. Il est vray que vostre dicte Majesté a eu raison de mettre les places et gouvernements entre les mains de ceux dont il avoit toute fiance, et de leur donner des moyens pour les conserver. Maintenant tous ces excez passez sont oubliez, s'ils veulent bien faire et suivre le contenu dans ces escrits, gagnant à mesme temps la seurté en la terre et le salut au ciel. Et quand bien la crainte naturelle pour le passé les pourroit avoir porté à se confederer, tant dehors le royaume que dedans, et à desirer beaucoup de places pour empescher leurs cheutes, advenant quelque malheur ou disgrace, neantmoins les grands bien-faits receuz et leur preud'hommie les garderont d'entreprendre contre leurs devoirs. Le principal est d'oster la crainte et le soupçon qui pourroit estre entre eux et la Royne vostre mere : la sagesse est de ne l'exclurre entierement du gouvernement des affaires, ny aussi Luynes et ses parens, puis que vostre Majesté a raison de s'y fier, ayant experimenté leurs fidelitez. Aussi faudroit-il qu'ils cogneussent que ce n'est les gouvernemens de Picardie, de l'Isle de France, lieutenant de Normandie, chasteaux de Bretagne, places de Guyenne et lieutenance d'icelle, qu'ils se sont de nouveau appropriez, qui les protegent, et que toutes les places sont inutiles, si celle que contient leurs corps n'est en seurté, laquelle perduë, tout est renversé; elle ne se garde que pour estre bien avec Dieu; iceux favoris soient admonestez de se contenter de l'excez passé en leur establissement, estats, richesses, alliances et grandeurs, pour d'or'enavant ne pretendre ny agir que pour la manutention de l'authorité royale, augmentation de la pieté, justice, bien, paix et repos de la France et descharge du peuple, considerant à combien ils ont esté pres de leur esloignement, evité par la seule inexperience et imprudence de leurs contraires; et pour faire paroistre utilement à la France leur zele et affection au repos et bien d'icelle, et qu'iceux se contentent des grades, gouvernements, richesses et alliances qu'ils possedent, sans que pour eux à l'advenir ils veuillent aucuns accroissements à la foule du peuple, et moins aux recompenses par cy devant données aux gouverneurs et capitaines, pour s'attribuer leurs places, bornant et limitant avec grand sujet leur bonne fortune à ce qu'il a pleu à Dieu leur impartir. Tant pour sçavoir leurs bonnes intentions, que pour establir un bon ordre en la France, ils fassent faire une assemblée de deux ou trois des plus gens de bien de chacune province : convocation du tout differente et non semblable aux deux qui se sont faictes en la ville de Roüan par le feu Roy et par vostre Majesté (1), lesquelles ont esté inutiles, apostées, et miserablement achevées sans aucun fruict : au contraire la proposée doit estre en intention certaine de suivre les bons conseils et advis, pour le restablissement de l'ancien ordre du royaume, de la pieté, justice, soulagement et descharge du peuple. En cette assemblée se doit faire des edicts inviolables, de quoy reüssira que ces convoquez, retournans dans les provinces, feront entendre ce qui aura esté fait : tellement qu'au lieu qu'infinis dans icelles proposent de trouver des remedes extraordinaires au gouvernement des affaires du jourd'huy, et de se plaindre qu'il ne s'est veu ny leu que trois personnes soient eslevées en telle grandeur, les peuples beniront et loüeront, non seulement vostre Majesté, ains principalement le choix des susdicts qui gouvernent, lesquels ils protegeront de leur pouvoir, heureuse faveur, laquelle, apres estre montée au principal degré, s'y pourra maintenir, et, par une oubliance de leurs grands establissements, recevront des loüanges et des gloires, au lieu de blasme et d'injure, et en la place d'assassinateurs trouveront des protecteurs,

---

(1) *Qui se sont faictes en la ville de Roüan ; par le feu Roy et par vostre Majesté :* l'auteur parle ici de l'assemblée des notables, convoquée à Rouen par Henri IV en 1596, et de celle qui eut lieu dans la même ville, en 1617. Cette derniere fut présidée par Gaston, frère de Louis XIII, âgé alors de neuf ans.

et lors se verra que Thimoleon n'a pas tué son frere, ains le tyran, puisque Luynes, par la mort de Conchine, aura changé la tyrannie en juste gouvernement, condamnant et laissant les actions mauvaises de ce temps-là, pour se joindre et adherer aux justes et très-bonnes qui se resoudront en cette assemblée.

Reste plusieurs princes et grands qui voudroient estre employez dans les affaires : les uns ont des gouvernements, comme M. le comte de Soissons, les ducs de Guise, de Nevers, de Longueville et de Montmorency, lesquels n'ont point de puissance dans iceux contre vostre Majesté, ne tenant les places principales, et moins le cœur des peuples ennemis de la division de l'Estat : les autres ont si peu de pouvoir, le comte d'Auvergne, prince de Juinville, de Nemours et duc d'Elbeuf, qu'ils ne peuvent faire mal. Et quant aux officiers de la Couronne, ils sont en telle quantité et si impuissants, estans privez de leur ancienne authorité, et partie d'eux de l'experience necessaire à cette charge, qu'ils demeureront en obeïssance. Neantmoins les plus grands se doivent entretenir suivant les regles d'Estat, faisant tousjours entendre aux villes de leurs gouvernements vostre intention, pour l'obeyssance limitée qu'ils doivent rendre à leurs gouverneurs. Le vray et unique moyen est de bien faire, ayant Dieu, le droit et la justice de son costé, laquelle avez fait paroistre en la liberté de monsieur le Prince [1] : aussi estoit-il honteux, non seulement que l'on croye,

---

[1] *La liberté de monsieur le Prince* : le prince de Condé, père du grand Condé, arrêté en 1616, sous le ministère du maréchal d'Ancre, fut mis en liberté en 1619, peu de temps après la première réconciliation entre Louis XIII et sa mère.

mais qu'on puisse penser que vostre Majesté le detenoit pour crainte qu'il eust de luy, et estoit injuste que ce prince, n'ayant rien commis depuis le traicté de paix interiné par les cours de parlement, ait esté constitué prisonnier : la liberté duquel est à vostre gloire, iceluy estant obligé (puisque vostre Majesté d'où ne procedoit son mal'heur a apporté son salut) de vous servir avec toutes les fidelitez qui se peuvent imaginer, à quoy son bon naturel, l'interest qu'il a à l'Estat, et cognoissance de soy-mesme, le portent. Mais c'est icy une plus grande clemence, sans comprendre celle à quoy la nature vous oblige envers la Reyne vostre mere, qu'avez receu en amitié maternelle, calmant tous ses déplaisirs et mécontentemens, ainsi qu'il luy a pleu que vous ayez receu en grace tous les princes et grands, lesquels, se defiants de vostre bonté, avoient pris des armes defensives, pour avec seurté vous requerir de recevoir la Reyne au rang et en la qualité qui luy est deüe, et de rétablir les anciennes loix de l'Estat.

Recevez M. le comte de Soissons en vostre bienveillance, cognoissant que vostre Majesté n'en a plus que trois de son sang, desquels depend le salut de toute la France. Choisissez soixante seigneurs non partials, qui ne despendent ny des princes ny des grands, leur donnez autant de compagnies de gendarmes, pourvoyez à tous leurs lieutenans et enseignes de gens qui vous soient fideles et affectionnez, lesquels pourroient faire chacun une brigade, et seroient tous en leur particulier à vostre Majesté, et non à leurs capitaines, qui ne les pourroient porter au contraire. Et ne seroit besoin de chercher la seurté des gendarmes, en les mettant aux compagnies de la Reyne et des freres de vostre Majesté, ce qui ne s'est veu au passé, puisque vous pourvoiriez aux membres des compagnies gens qui seroient du tout à vous et non à leurs chefs; et au lieu de dix lieutenans et dix enseignes, vous en auriez six vingts qui ne despendroient que de vous, et mesme que les capitaines n'eussent aucune compagnie affectée, ains commandassent par commission à ceux qu'il vous plairoit. Cet entretenement et payement de cette grande quantité de noblesse serviroit contre tous les troubles de vostre Estat, reformant toutes les compagnies des gouverneurs, princes et capitaines des places, les susdites soixante mises en garnison et payées du taillon, selon l'ancien ordre. Et apres les premieres monstres en armes, mettre hardiment la main à la reformation des abus de l'Estat, à la descharge du peuple, et nommément aux finances, y employant les seigneurs de qualité dont les richesses peuvent respondre de leurs mes-us. Cecy est dit pour la crainte en laquelle on a mis vostre Majesté des estats generaux, ausquels plusieurs, qui vivent du desordre, vous ont empesché malicieusement de penser, sous ombre que les precedents ont esté corrompus: et neantmoins c'est le seul et vray remede (estans mis en force et puissance sous l'authorité et assistance d'un bon roy) pour restablir toutes les loix de la France, ruïner toutes les factions, et rendre vostre regne juste et heureux; et au defaut desquels les moyens sus escrits sont necessaires pour le bien de la France et salut de vostre Majesté, lesquels vous pouvez faire et executer sans ladite assemblée generalle des estats, par le conseil des gens de bien fideles cy-dessus remarquez; qui sera d'autant plus vostre gloire, que tous reconnoistront que c'est de vostre seul instinct, bonté et prudence que provient ce bien, et non des estats generaux : ce qui vous est facilité en faisant r'apporter en l'assemblée generalle des gens de bien que vous ferez, tous les cayers et requestes faites aux cinq estats generaux derniers de Tours, d'Orleans, des deux de Bloys et de Paris, pour en prendre le bien et le bon suc, et rejetter le mauvais, sans desdaigner ny rejetter entierement plusieurs offres et partis que des particuliers ont desiré faire durant cesdits estats pour la descharge du peuple et suppression des despens inutiles, gages d'officiers et larcins ordinaires. Ainsi tout le bien et tout le bon-heur qui en adviendra se tiendra de vostre Majesté, pour laquelle l'Eglise, la noblesse et le peuple prieront pour sa prosperité et salut.

Second Advis pour reunir toute l'Europe en une mesme religion.

REUNIR tous les hommes de France, et ensuite ceux de l'Europe, à une seule religion, il y a d'incomparables difficultez à reconnoître la justice de ce dessein. Le Pape, les ecclesiastiques, crient, publient, preschent, et tacitement commandent l'extirpation de l'heresie par toutes voyes; disent que ce sont personnes qui depuis cent ans se sont introduits en des nouvelles opinions par lesquelles il s'est creé vingt sortes de sectes, dont la pire d'icelles est l'atheïsme, tramant infinies rebellions contre les puissances divines et souveraines, s'aidant des passions, partialitez, amitiez et inimitiez des princes, se meslant dans les affaires d'Estat et division d'iceux, sans lesquels ils fussent esté estouffez à leur naissance. Ils s'accreurent en Allemagne par l'assistance des ducs de Saxe, landgrave de Hesse, et infidelité de Moris, qui craignoient que l'empereur Charles-Quint ne rendist l'Allemagne hereditaire en la maison d'Austriche, de laquelle ils estoient ennemis; en Angleterre, de l'indignation du roy Edoüard, auquel le Pape n'avoit voulu accorder le divorce d'avec Catherine d'Austriche, pour épouser Anne de Boullan; et en France, de partialitez de ceux de Guise, de Bourbon et de Montmorency, durant la minorité de François I et Charles IX, sous lesquelles divisions d'Estat ils se sont augmentez. Que si à leur commencement on eust prattiqué les maximes usitées en Espagne, ils fussent avortez à leur naissance; libertins, ennemis des roys et de toutes souverainetés, sources de rébellion, intelligents jusques aux Turcs et Infidelles, les progrez desquels leur doivent estre attribuez. Que si l'Europe estoit sous une mesme religion, facilement la ruyne des Infidelles s'en ensuivroit.

Il n'y a moins d'utilité que de justice pour les roys et souverains de France, d'Espagne et d'ailleurs: quarante ans sont passez qu'ils tiennent ces royaumes en troubles ou allarmes continuelles, ont donné quatre batailles en France, entrepris sur la personne des roys à Amboise et à Meaux; en Flandres, attenté sur leurs gouverneurs, chassé leurs magistrats, rebellé toutes les provinces, jusques à ce qu'injustement ils se soient, en Zelande et Ollande, dispensez de l'obeyssance de leurs roys, et ayent obtenu des souverainetez dans le sang et le feu de plusieurs combats, cause de la mort de quatre millions d'hommes, et de la perdition de tant d'ames engagées dans les pechez de la guerre, et, ce qui est de pis, ont donné naissance à d'autres rébellions et ligues, sous pretexte de les ruiner, lesquelles ont approché la France tellement de sa dissipation, que les chemins en sont encores tracez pour y tomber; s'estans associez les Catholiques pour contraindre leur Roy à faire la guerre ausdits heretiques, pretexte sous lequel la division de l'Estat estoit fomentée des estrangers et cachée des Français. Il ne se peut avoir aucune paix de durée les deux religions subsistant en l'estat qu'elles sont, les armes et les rebellions estans tousjours couvertes, des uns sous le nom de pieté, et des autres sous celuy de liberté. Ce sont republiques dans les Estats royaux, ayant leurs moyens, leurs gens de guerre, leurs forces, leurs finances separées des royautez, et tousjours preparez aux premiers mouvements qui paroissent, dans lesquels ils se precipitent contre les souverains, cognoissans qu'ils n'ont salut qu'aux troubles, à la tourmente, et diminution de l'authorité royale; vray azile et receptacle de tous les mal-contents, veulent establir un gouvernement populaire et democratique dans les royaumes, et changer l'estat d'iceux. Les Chrestiens ont fait la guerre sous les empereurs payens; mais despuis que Dieu a mis le sceptre entre leurs mains, c'est à eux de forcer et contraindre les subjects, par toutes voyes, de vivre et mourir en la religion de leurs peres. Les Turcs et Perses souffrent vivre les Chrestiens dans leurs païs, et non jamais les heretiques en leur religion; et les Espagnols ont acquis une reputation immortelle qui doit estre imitée, ayant chassé du milieu d'eux les Mores et Grenadins. Ces raisons semblent avoir porté toute la justice et l'utilité de ce costé : c'est icy les contraires advis.

L'offence est à Dieu, de vouloir par les armes, combats, feux et cruautez, reconduire les heretiques en la vraye creance, ainsi que si nostre Seigneur n'estoit assez puissant, sans les secondes causes, pour les reduire à leurs devoirs. Ils se doivent vaincre et debeller par bonnes œuvres, prieres et jeûnes des Catholiques : sont les larmes, prieres, jeûnes, aumosnes, qui expient et purgent les mauvaises opinions de ces nouveaux venus; autrement par la guerre, source de tous maux, c'est proprement regimber contre l'éperon. L'heresie est un fleau envoyé parmy nous, ainsi que la famine, la peste, la vermine, et autres accidens, pour nos pechez. L'opinion, la mauvaise creance, est une maladie qui ne s'arrache par la force : il convient la desraciner par les Escritures sainctes, raisons, sciences, enseignemens, educations, joinct aux bonnes œuvres des ecclesiastiques et predicateurs, estant le moyen de la force du tout contraire (l'appliquant furieusement), lors que l'humilité, la douceur et le sçavoir sont requis. Dequoy ont servy tant de cruautez, d'hommes gehennez, bruslez et martyrisez, tant de sang espandu, et tant de guerres de toutes parts, puis que cette heresie en augmente plustost qu'elle n'en diminuë, et que la despence et mort de tant d'hommes dans la Flandre n'ont servy qu'à faire perdre la souveraineté de Zelande et Ollande, pour estre trop oppressez? Qui sera celuy qui ne conseille que, puis que tels remedes practiquez avec si grand prejudice ont esté inutiles, qu'il ne faille recourir à l'humilité, douceur, prieres, oraisons et sciences des gens de bien? mesmement, puis que la tollerance a donné estre à ce corps composé du quart de l'Europe, et que maintenant les religions ont pris une habitude, et se sont accoutumées à vivre paisiblement les unes avec les autres, c'est veritablement de la droicte main coupper la gauche, tourner le fer, le feu et le sang contre nous-mesmes, contre les Français et patriotes, contre nos freres et nos amis, au tres-grand affoiblissement des forces de l'Estat. Combien de larmes, d'enterremens, de bruslemens, forcemens, rançonnemens, et des pertes, avant qu'en venir à bout! et combien de Catholiques periront et perdront leurs vies en ceste entreprise ja tant de fois tentée par semblables remedes! Les Grenadins, les Mores, ont esté chassés d'Espagne, gens de peu et sans valeur, et les Huguenots français, composez de noblesse, de soldats et citadins courageux, ne souffrent aucunes comparaisons. Et si les particuliers sont damnez pour avoir fait mourir un de leurs pareils, que deviendront les roys qui, pour accroistre leurs Estats ou pour auctoriser d'avantage leur domination, sont cause de la mort et de la perte d'un million d'hommes, y ayant grande difference de la mort considerée à la prompte et violente? Ceux de la religion pretenduë reformée sont fondez sur grande quantité d'edits de paix interinez dans les cours de parlemens; c'est violer la foy publique que les Infidelles mesmes gardent, d'entreprendre sans sujet sur les Huguenots, d'alleguer qu'iceux ont pris les armes contre leurs souverains, et que la foy d'un roy et celle d'un sujet n'ont nulle esgalité, estant beaucoup davantage obligez les subjets à leur souverain, que luy à eux : bien est vray qu'ils ont failly aux eslevations, aux entreprises sur leur roy ; cela n'a nulle consequence ny ressemblance avec la puissance, magnanimité, et la foy de leurs Majestez : une foy promise ne doit estre violée, autrement seroit prendre licence et exemple sur les mauvais actes pour en faire de semblables. Ceste guerre est un apparent malheur pour la France, affoiblissant le party du roy Tres-Chrestien, et rehaussant celuy du roy Catholique, qui a pris le haut bout avec le Pape et les ecclesiastiques : de plus, le Roy à present regnant ne peut nier l'obligation qu'il a à ceux de ceste religion, qui ont assisté son pere contre les entreprises de la Ligue, du Pape, d'Espagne et de Lorraine. Ne vaut-il mieux laisser le tout en la main de Dieu, qui sçaura bien en temps et lors que nous le meriterons, en un clein d'œil, en un moment, faire plus que toutes les armées et conseils du monde en plusieurs siecles ?

Pour executer ceste grande entreprise (si elle est jugée juste, utile et necessaire) de la reünion à la religion catholique de ceux qui s'en sont devoyez, l'intelligence entre Sa Saincteté et les deux roys de France et d'Espagne est necessaire ; le secret des conseils doit estre observé, s'il estoit possible qu'il n'y eust que les trois personnes susdictes qui sceussent le commencement et le but de la fin, parce que, puisque les heretiques ont surpris, failly et faussé leur foy divine et humaine par tant de fois pour faire mal, semble devoir estre permis de les imiter pour faire bien, et les reconduire au chemin dont leur infidelité les a esgarez; à cest effect, commencer en France ce dessein avec artifices, dont le plus expres seroit que du commencement il ne se cogneust point qu'on leur voulust faire changer de religion, à ce que leurs associez d'Angleterre et d'Allemagne ne s'esmeussent; la ligue secrette, bien jurée et signée, le bruit soit publié de la guerre contre Espagne; sous ce pretexte, de lever deux armées en France et une dans la Flandre. Il est certain que plusieurs capitaines huguenots se jetteroient dans l'armée française, croyants faire la guerre à leur commun ennemy, l'Espagnol. A mesme temps saisir les principaux chefs sans leur faire aucun mal, et s'en asseurer pour six mois, et, apres avoir publié (sans le declarer par edict) que ce n'est à la religion huguenote que l'on en veut, ains seulement pour leur monstrer qu'ils se doivent fier en la foy du Roy, et non aux villes de seurté qu'ils ont demandées, ny à leurs forteresses, et moins aux intelligences estrangeres, et que Sa Majesté veut qu'ils se contentent d'estre sous la protection de ses armes, avec deux armées attaquer toutes les plus foibles villes qu'ils ont. Celle qui seroit en Guyenne (qui sembleroit estre levée pour resister à l'Espagne) tourne dans le Bearn, où la querelle et dispute est desja née, eux ne voulans obeir aux edicts du Roy, possedans indeüement et forcement les biens des ecclesiastiques : il n'y a de ce costé aucune place forte, et qui puisse arrester une armée, si ce n'est La Rochelle et Montauban, devant lesquelles il faudroit faire des forts, et y laisser des puissantes garnisons. Cependant l'autre armée pourroit entreprendre sur les places du Daufiné, lesquelles feu M. de Mayenne, avec une armée de six mil hommes, avoit entierement prises; et laissant en puissance M. le comte de Soissons, qui en est gouverneur, lequel est fort propre pour l'opposer à Les-Diguieres, en tant qu'il fust vivant, duquel il occupe la charge, et en cas qu'il fust mort, le sieur de Crequy est catholique; joindre les deux armées à l'expugnation de Nismes, Montpellier, et autres villes foibles du Languedoc.

Les maximes qu'il faut observer principalement, sont de prendre premierement toutes les plus foibles villes et chasteaux, razer et confisquer le bien de tous ceux qui s'esleveroient contre vostre Majesté, sans nulle exception, les adjoindre à vostre domaine, en faire party, ou les donner aux Catholiques qui vous assisteroient. Et afin de donner loisir de se repentir, faudroit faire ceste execution par degrez; commencer en quelques endroits, et apres, par edict, donner quelque terme à ceux qui voudroient venir recognoistre vostre Majesté; exempter ceux qui voudroient demeurer paisibles en leurs maisons, et tout ainsi que le roy Henry IV faisoit, qu'en mesme temps qu'il gagnoit une ville sur la Ligue, quelque foible qu'elle fust, autant de deux cens gentils-hommes se tournoient de son costé: ce qui adviendroit infailliblement. Toutes ces villes prises, ne restant que La Rochelle et Montauban, elles ne pourroient durer, et seroit une guerre de peu de consequence, faute du roy Henry III d'avoir porté ses premieres armes contre icelles, lors qu'il pouvoit reduire toutes les foibles villes du royaume en son obeyssance, et plus grande d'avoir levé le siege lors qu'elle estoit preste de se rendre. Les Huguenots sont grandement descheuz de conseil, de nombre, de puissance et d'argent; ce zele, qui est peculier à toutes nouveautez et commencements de factions, est esteinct ; ils ne pensent plus qu'à conserver le leur, et y en a peu qui voulussent hazarder leurs vies ny donner de leurs biens pour maintenir leur cause : ils souloient avoir un chef en toute puissance et creance; maintenant leur gouvernement est aristocratique, meslé de populaire, grandement divisez et opposez les uns aux autres; aucuns qui sont riches n'ont point de religion, les autres n'en ont que pour faire leurs affaires, et infinis pour avoir honte de se desdire; la vieillesse et richesse d'aucuns les empeschera de les assister : les gentils-hommes et bourgeois sont contraires aux ministres factieux. Ils souloient avoir des deniers affectez à la cause, des cueillettes qui se faisoient parmy leurs Eglises : cela est tellement refroidy, que peu s'en trouve qui en veullent donner; et le plus grand mal qui soit pour eux, c'est que les miracles que faisoient les premiers Huguenots estoient par l'intelligence qu'ils avoient dans la Cour avec ceux de Montmorency et autres, qui ne sont plus ; joinct qu'il ne se sçauroit prendre les villes, et maintenant l'art en est si commun, qu'il n'y en a point qui puisse resister si elles sont bien assaillies, ce qu'eux cognoissans, ils confessent que s'ils sont attaquez ils sont perdus, sans esperance qu'aux mal-contents : c'est à quoy il faudroit grandement et judicieusement pourveoir en France à ce qu'ils n'en fussent assistez; faudroit employer à ce dessein tous les plus genereux du royaume, à ce qu'il ne se fist un party de mal-contents qui empeschast le progrez du dessein. Les villes de Bearn, du Languedoc, Daufiné et Gascongne prises, il faudroit ou changer la demeure des habitans, ou desmenteler entierement les villes, si on n'y faisoit des citadelles gardées par des Catholiques; et apres toutes ces villes prises, se pourroit oster tout l'exercice de la religion huguenotte et heretique, sans le publier par edict, jusques à ce qu'il se fust fait le semblable en Flandres et Allemagne, par la prise de plusieurs villes, à quoy les Français aideroient. Il ne faut douter que les peuples cederoient à la force, cessantes leurs opiniastretez et mauvaises opinions. Ainsi advint à Anvers, reduicte à l'extremité par le duc de Parme; la ville prise, la citadelle faicte, le lendemain trente mil ames retournerent au giron de l'Eglise : les Huguenots feroient le semblable. Les princes et ducs d'Allemagne, en mesme temps qu'ils changent de religion, le peuple les suit, et font de leurs subjects ce qu'ils veulent. Il y a si peu de difference entre la religion catholique et calviniste, qu'il semble estre aysé de changer leurs opinions, mesmement s'il plaisoit à Sa Saincteté et à l'assemblée de quelque quantité du clergé, reformer quelques abus qui estrangent ce peuple ignorant de ce qu'il doit suivre; ce qui se feroit plus aisément, d'autant qu'il ne se pourroit dire que ce fust par contrainte des heretiques, lesquels tombent en decadence, considerant combien il seroit utile qu'il n'y eust qu'une religion : la diversité d'icelle et la liberté en forment une tierce approchant de l'atheïsme. Ceste reünion seroit un acheminement à la guerre des Infidelles.

Le principal est que le Pape et le roy d'Espagne aydassent d'argent à la France au besoin, et faire des levées dans le comté de Ferrette, où les lansquenets sont catholiques, et celles des Suisses se feroient les deux tiers dans les cinq petits cantons catholiques. Les estrangers allemands, pesants à se mouvoir, n'ayant point d'argent, les Huguenots de France n'en seroient secourus, estant pour maxime certaine qu'il faut que tout cede par necessité au maistre de la campagne, nommément quand les ennemis ne peuvent avoir une armée pour leur defence. L'obstacle seroit du roy d'Angleterre (1), s'il penetroit dés le commencement le motif de ceste entreprise estre pour la reünion de la religion catholique : le bon-heur est qu'il est plus addonné aux lettres qu'aux armes, desquelles il est ennemy ; neantmoins les raisons d'Estat et exemples de ses predecesseurs le pourroient esveiller, desquels le but et les maximes ont tousjours esté de favoriser les rebelles des deux roys, à ce que, troublez dans leurs propres royaumes, ils ne s'accordassent pour envahir le sien; et à cela ils n'y ont espargné hommes, argent, practiques et corruptions de toutes parts. Pour eviter et changer ceste inclination, les artifices, les ambassades, les promesses, et mesmes l'argent dans les conseils anglais ne se doivent espargner ; et en cas que tout cela n'y servist, et que l'on cogneust qu'à force ouverte et puissamment il peut empescher le dessein projetté, il n'y a doute qu'il faudroit entreprendre sur l'Angleterre, ce qui est tres-facile, les deux roys estans d'accord. Le plus difficile est de prendre pour asseuré ce royaume, estant comme celuy de Pologne, et mesmes comme l'empyre des Turcs, dont la puissance

---

(1) *Du roy d'Angleterre:* le roi d'Angleterre étoit alors Jacques I, qui avoit un goût très-vif pour les lettres, et qui aimoit à s'occuper de discussions théologiques. La vue d'une épée nue le faisoit frémir.

n'est qu'aux armées mises en la campagne, n'y ayant aucune forteresse : et se peut dire qu'une ou deux batailles gagnées le royaume l'est entierement, ne pouvant ny Londres ny les autres places resister, et promptement tout suit la fortune du victorieux, et ce dautant plus que le tiers du peuple est catholique, estant divisé en trois sectes, Catholiques, Calvinistes et Lutheriens. Les ports de France, Calais, Dieppe, le Havre, sont fort propres pour assembler les armées navalles, et se peut arriver en vingt et quatre heures en Angleterre, et commodement se peut faire tenir des vivres; quoy que l'armée d'Angleterre fust plus forte, tousjours un vaisseau apres l'autre peuvent passer. Trente mil hommes aguerris, moitié Espagnols, Français, lansquenets et Suisses, peuvent faire ceste conqueste : le feu duc de Guise, vivant la royne d'Escosse, l'entreprenoit avec quinze mil hommes. La difficulté seroit à prevoir à l'ambition, qui ruyne tous desseins genereux, et se faudroit accorder du partage d'Angleterre entre le roy de France et celuy d'Espagne, ou quel roy catholique ils en voudroient pourveoir, et, s'il estoit possible, un de la nation mesme, pourveu qu'il s'y vist de la seurté, laissant toute la superiorité au Pape.

Que si l'Angleterre estoit subjuguée, c'est la citadelle de tous les lieux maritimes jusques en Suede et Dannemarc, et faciliteroit du tout la reünion d'Ollande et de Zelande, qui faudroit que sans coup frapper obeïssent. Et en cas que l'on peust eviter ce coup d'Angleterre, et tellement negocier, que ceste isle demeurast neutre, ou du moins que son secours ne fust d'importance, il faudroit tourner toutes ses forces pour ayder au roy d'Espagne à regagner la souveraineté qu'il a perduë sur Zelande et Ollande, lesquelles ne pourroient durer, voyant mesme que sans le grand secours que le roy Henry IV leur a donné, tant en hommes qu'en argent, infailliblement le roy d'Espagne les eust remis à leurs devoirs. Combien donc sera plus facile de les y reconduire ayant les forces et l'argent des deux roys contre eux, mesmement maintenant qu'ils sont à demy divisez par la secte des Armeniens, qui ont commencé à pulluler parmy eux. Et quand ils verroient se pouvoir redimer d'oppression en retournant en la religion catholique, ces legeretez tant cogneües les y porteroient bien tost; et neantmoins faudroit arrester leur inconstance en se saisissant des meilleures places, comme de Flexingue et autres lieux importans; employer à ce dessein quantité d'Allemands avec force argent : qui feroit que les contraires ne pourroient faire levées dans l'Allemagne, dans laquelle les Catholiques sont puissants, estant l'Empereur et les evesques electeurs de ceste religion. Et seroit la derniere entreprise qu'il vous conviendroit faire, que la reünion en icelle des heretiques : l'argent et la crainte des forces ont tres grande puissance sur ceste nation tudesque; par ces deux moyens se fera des merveilles en icelle. Ceste entreprise est d'autant plus facile, que l'aguerriment des Espagnols et la vaillance des Français seroient joinctes ensemble, dont l'heureux succez doit estre attribué entierement à Dieu, reglant et expiant les consciences des majestez des roys de toutes ambitions, avarices et desseins autres que celuy de la gloire de nostre Seigneur Jesus-Christ.

Sire, trois ans estoient passez depuis que j'avois escrit ces Advis, non par presomption, ains pour cognoistre s'il y auroit quelque conformité entre iceux et vos genereux desseins, ainsi qu'il reüssissoit au commencement, en ce qu'aviez attaqué les foibles places avant qu'assieger les plus fortes, et mis la division au party huguenot recevant en vostre protection les pacifiques. Ainsi qu'il faut que tout céde à vostre valeur et bon-heur, se doit semblablement à vos conseils, par lesquels heureusement vous avez justifié vos armes, n'y ayant rien plus raisonnable que restablir les ecclesiastiques dans leurs biens (1), ny plus juste que l'obeïssance vous soit renduë en toutes les villes de vostre royaume, et n'enduriez les assemblées des Huguenots sans vostre permission, lesquels, lors qu'ils commençoient à prendre vos deniers et ruïner vos subjets pour vous faire consentir par la force ce que le droit leur desnioit, le ciel a porté la justice de vostre costé, de laquelle vostre Majesté a si bien usé, que cinquante six places prises sont les trophées de vostre victoire, vostre prudence ayant choisy le temps à propos que l'Allemagne est en guerre pour mesme dessein, vostre courage admiré de tous les peuples, qu'en l'aage auquel vous estes vous ayez plus fait que tous vos predecesseurs, en creance que vous sçaurez pourveoir à tous evenemens, et que la mort de tant de braves hommes qui ont espandu leur sang pour vostre service, ne sera sans fruict, d'autant que si ce n'estoit que pour avoir pris quelques murailles, elles ne seroient equipollentes à la moindre de leurs pertes. Consideré que

(1) *Restablir les ecclesiastiques dans leurs biens* : en 1620, après la pacification du Pont de Cé, Louis XIII alla en Béarn, et ordonna, par un édit, la restitution des biens ecclésiastiques que les Protestans possédoient depuis plus de soixante ans.

6.

les hommes de la faction contraire demeurants en grande puissance, leurs cœurs offencez, il y aura peril que, lors que vos armes seront posées, ils n'entreprennent de se remettre en estat de se proteger eux-mesmes à vostre prejudice, ainsi qu'au passé, pour le soupçon en quoy ils sont de leur ruyne entiere; tellement que par la paix vostre Majesté sera forcée de tenir tousjours une armée payée, pour faire obeyr ceux qui contreviendront en sorte que ce soit à vos edits, non sans apparence d'autres eslevations; si ce n'est que paracheviez ce qu'avez si courageusement commencé; et hazarder le tout pour le tout, attaquer et prendre La Rochelle et Montauban l'année qui vient, et cependant desmanteler toutes les places que vous avez ja prises, à ce que ce party, entierement abbaissé, ne se puisse relever par l'assistance de quelques princes ou autres mal-contans. Il n'est rien plus aisé que remarquer les fautes quand elles sont passées, et plus difficile que de les prevoir et esviter, ce qui n'appartient qu'aux grandement experimentez, encores que plusieurs d'icelles adviennent par evenements fortuits hors la creance des hommes, lesquelles ne peuvent estre imputées à ceux qui commandent, ainsi que plusieurs sont advenuës au siege de Montauban, lequel n'estoit du nombre des foibles places qu'il falloit attaquer, cognoissant les grandes fortifications et quantité de gens de guerre qui y estoient. Je sçay la difficulté qu'il y a d'expugner une ville scituée sur des rivieres et traversée d'icelles, qu'il est necessaire de diviser les armées en deux ou trois parts; si ose-je dire, avec permission de vostre Majesté, qu'aux grandes places il ne faut attaquer fermement que d'un costé, et se contenter d'empescher que le secours n'entre par les autres. Ainsi fismes nous à La Rochelle, qu'il ne tint qu'à M. d'Anjou, depuis Henry III, qu'il ne la prinst, à quoy il fust empesché par la division de son frere d'Alençon, du feu roy vostre pere et prieres des Polonnais, non qu'il ne fust logé à dix pieds de dessus du rempart en trois grandes bresches, et qu'il ne tinst entierement le bastion de l'Evangile; et n'a tenu qu'à n'avoir voulu les prendre.

Cette place de Montauban ne se devoit assieger contre l'hyver, et moins sans l'assistance de huict ou dix mil lansquenets, gens qui vont aux assauts et servent pour sappe et pour mine grandement. Pareillement la santé des armées n'est moins recommandable que la paye et les vivres d'icelle : loger en bon air, enterrer les putrefactions, joinct aux grands hospitaux qu'il falloit eriger en divers lieux. Au passé les places estoient mieux defenduës; nous tenons des guerres de Flandres le moyen de les prendre, dequoy c'est merveille de ne les avoir imité; et n'y a personne qui puisse debattre qu'il ne faille que le fort emporte le foible en peu de temps, en suivant ces reigles infaillibles. Apres que l'armée sera asseurée pour le dehors par avantageux logis, ou quelque retranchement, n'attaquant que d'un costé, faisant les tranchées flanquées, et des places d'armes closes et defensibles des quatre costez, gagner la contrescarpe, ce qui ne se peut empescher; estant dans icelle, faut faire des tranchées tout du long de la forteresse, tellement que le fossé demeure egallement my-party entre les assiegeans et les assiegez, lesquels ne se peuvent presenter ny paroistre dedans qu'ils ne soient arquebusez; percer la contrescarpe, et se couvrir à main gauche et à main droicte de terre, ou creuser profondement, et faire des galleries pour aller au terrain de la courtine, ou, pour le mieux, ne se couvrant que d'un costé, aller à un bastion, et là, par le moyen de la sappe ou de la mine, le renverser et aller loger dessus avec trois cens hommes armez, flanquez de mousquetaires; et outre ceux qu'il faut pour les soustenir, il en faut mil qui leur portent sacs pleins de terre, balles de laine et bois pour se couvrir. Sont icy deux conditions principalles : toutes personnes qui penseront garder les tranchées avec l'infanterie française, desarmée comme elle est, s'abuseront : à l'attaquement de ces grandes villes, il est necessaire d'avoir ordinairement cinq cens picquiers cuyrassez et bien armez, de la cavalerie qui aura mis pied à terre dans ces grands corps de gardes susnommez, ce qui empeschera tous accidens et sorties; et si dans une armée il y a deux mil chevaux, en une necessité, il faut que de vingt et quatre en vingt et quatre heures il y en ait cinq cens aux tranchées, et cinq cens à cheval; puis qu'ils sont bien payez ils ne le peuvent refuser. Mais le soupçon que les guerres civiles ont engendré à vostre Majesté, a fait qu'il n'a esté entretenu que douze cents chevaux, tant à vous qu'aux reynes, monseigneur vostre frere, et vos freres naturels : cela n'est assez, et, de plus, mecontente tous les principaux de vostre royaume, qui ne sont employés : il faudroit remettre l'entretenement de huict mil chevaux, comme il estoit au passé, donnant les compagnies aux capitaines non partials. Et ne pensez pas que ceux qui croyent n'estre entretenus qu'en temps de guerre, veuillent demeurer aux armées, et faire credit de leur paye, ainsi que ceux qui seroient entretenus, par la peur d'estre licentiez en temps de paix, feroient. Un autre poinct tres-necessaire, c'est qu'aux sieges il ne s'y faut nullement haster ny precipiter.

Sire, ce n'est rien et de peu d'importance de n'avoir pris Montauban (1), au peu de temps que vous avez esté devant : le prince de Parme tomba bien en plus grande faute, assiegeant Mastric, où il demeura un an ; et, n'estant pas encore bien experimenté, il hazarda et perdit tous les plus braves de son armée aux assaux; et enfin, sage par experience, aprist comme il falloit prendre les villes pied à pied. Et depuis les Espagnols ont demeuré trois ans devant Ostende. Il n'est point de besoin pour cet hyver de faire des forts, mais bien de faire un camp fermé, auquel vous laisserez une petite armée, et plus de force que vos ennemis ne sçauroient mettre sur pied; et au prin-temps, faire levée de huict mil lansquenets, et de six mil Suisses. Faites provision d'argent, et augmentez les regimens de gens de pied, mettez ordre à vostre gendarmerie; infailliblement le siege de Montauban ne durera deux mois, quelques forteresses qu'ils y puissent faire cependant, pourveu que l'on y employe les capitaines qui sçavent que c'est. Que si au contraire vostre Majesté veut donner la paix à ses subjects, bien qu'à la verité il semble qu'il y a de la diminution de vostre authorité, si vous n'entrez

---

(1) *De n'avoir pris Montauban* : en 1621, Louis XIII mit le siége devant Montauban. Il avoit avec lui le connétable de Luynes et six maréchaux de France. Les divisions des chefs firent échouer l'entreprise. Le duc de Mayenne y fut tué. Luynes mourut peu de temps après, à Longueville, de chagrin ou de poison.

dans Montauban, mais vostre puissance est si grande, et le nom de roy tant estimé et prisé en France, que s'il vous plaist retomber en la premiere voye cy-devant proposée, de regner en equité, eviter tous evenemens contraires, que vostre Majesté continuë en la crainte de Dieu, face justice, descharge son peuple, reforme les desordres et abus qui sont en l'Estat, et toutes choses reüssiront à la gloire de nostre Seigneur, et à vostre contentement.

Troisiesme Advis pour faire la guerre contre le roy d'Espagne.

La guerre contre le roy d'Espagne, à sçavoir si elle est juste et utile.

Les royaumes, les provinces, les biens occupez, raviz et vollez injustement, par force, par circonventions et impuissance des vrais possesseurs, contraincts à une paix honteuse et dommageable, iceux la peuvent rompre et violler, lors qu'ils connoistront leurs advantages, et ce d'autant plus quand artificieusement, sous couverture d'icelle, par voyes indirectes il s'y est contrevenu, ainsi que le roy Catholique, sous le manteau de la religion, a fait faire la guerre huict ans en France, tendant à l'occuper, ou à la diviser en tetrarchie, par l'assistance des princes de Lorraine, en despence de six millions d'or, desseins continuez en la personne de Biron, et depuis de Conchine, persuasions à la Reyne vostre mere, dont il se vouloit prevaloir sans qu'elle s'en apperçeust. Les lois permettent au commun et aux particuliers de se restituer contre un traicté, fraudez de la moitié de juste prix. Les roys ne sont obligés à maintenir les cessions dommageables de leurs predecesseurs injustement faites, mesmes n'y ayant les estats generaux du royaume esté assemblez, ni consenty aux abbreviations des provinces, souverainetez, droits et heritages de la Couronne. Les Espagnols s'excusent de n'avoir entrepris de troubler la France, que pour maintenir la religion catholique, et rendre ce qui leur avoit esté presté du temps de l'empereur Charles-Quint; que la France favorisa les rebellions du duc de Saxe, landgrave de Hesse, et duc de Witemberg, lesquels receurent cent mil livres du roi Henry II, qu'ils empruntent sous couverture de l'achapt de Montbelliart; pour maintenir les princes lutheriens contre la maison d'Autriche, en suitte dequoy les Français occuperent Metz, Thoul et Verdun; naissance de l'interim d'Allemagne, qui n'eust esté sans l'assistance des Français aux Lutheriens. Et les roys Henry III et IV ont fomenté une fois sous terre, et puis ouvertement les rebellions des estats de Flandres, par l'assistance des duc d'Alençon, et du feu Roy, pere de vostre Majesté, qui les a secourus d'hommes et d'argent douze ans durant, en dépence de quatre millions d'or, de la vie et du sang de quantité de Français, dont la fin a esté la soustraction de l'obeissance des Ollandais, qui se sont faicts quitter la souveraineté, pour laquelle maintenir contre le roy d'Espagne, s'y entretient encores deux regimens français, en mauvais exemple de tous ceux contre lesquels leurs subjects, sans aucun droict se peuvent authoriser et departir de leur souveraineté. Les offences de ces deux rois comparées et balancées, celles contre la France se trouveront exceder toutes autres; elle peut avoir favorisé par juste pitié les princes d'Allemagne expulsez par la maison d'Austriche, et les subjects de Flandre mal traictez et tyrannisez ; mais le roy d'Espagne a entrepris dans le cœur de la France d'y establir un roy de la maison d'Austriche, la diviser en principautez, et la reduire partie en gouvernement populaire et oligarchie : ce qui a englouty un million d'hommes, et tué insidieusement deux roys l'un apres l'autre ; offence qui retombe avec raison dans le courage de leurs successeurs. Reste à voir ce que ces rois tiennent les uns des autres : le royaume de Naples, qui apartenoit à la maison d'Anjou, despuis justement reconquis par les roys Charles VIII et Louys XII, lequel, de bonne foy (quoyque sans raison ni bon conseil), associa Ferdinand, roy d'Espagne, à l'occupation de la moitié d'iceluy, et le partager entre eux ; infidele compagnon, qui en chassa le Français par l'expérience de Consalve, qu'ils nommoient le grand Capitaine. La souveraineté de Flandre n'avoit jamais esté mise en controverse, et quittée par le traicté de Cambray; la duché de Milan, appartenant à Valentine, mariée au duc d'Orleans, incorporée à la couronne de France, dont les rois sont heritiers legitimes, est detenuë par les Espagnols; les mesmes possedent la Navarre sans aucuns tiltres, que d'une bulle d'excommunication du Pape : contres lesquelles occupations ils demandent la duché de Bourgongne, refutant l'incorporation à la Couronne, et la loy salicque, qu'ils maintiennent ne devoir avoir lieu qu'en vostre royaume; que du moins la proprieté leur appartient, ainsi qu'elle estoit aux ducs de Bourgongne, dont ils ont espousé Marie, heritiere, fille de Charles, dernier duc de ceste maison. Et quant à la Bretagne, où ils pretendent quelque droict, il prist fin par la mort d'Elizabeth de Valois, mariée à Philippe d'Espagne : droit qui renaistroit plustost aux ducs de Lorraine, sortis d'une fille de France, issuë en droite ligne d'Anne, duchesse de Bretagne, mariée au roy Louys XII, qu'à ceux lesquels ont beaucoup moins de droict sur le royaume de Portugal, qui devoit escheoir à la royne Catherine de Medicis et aux successeurs de la maison de Boulongne, ou autrement au duc de Parme. Ainsi ne seroit point besoin de chercher des pretextes, et alleguer que le droict est dans les armes, puis que la justice, les ressentimens, les offences, la retention et occupation de deux royaumes, et de tant de provinces qui appartiennent à vostre Majesté, vous le donnent. Et ensuitte, d'entreprendre et rompre la paix honteuse, redemander vostre heritage, et ce qui estoit à vos predecesseurs, est à considerer s'il y a autant de facilité et d'utilité qu'il y a de justice.

C'est une puissance formidable et dangereuse pour la France, qu'ils possedent toutes les Espagnes, les Indes Orientales et Occidentales, les provinces de Flandres, Luxembourg, comté de Bourgongne, les royaumes de Navarre, de Cicile, de Naples, et duché de Milan, les costes d'Afrique, et alliez si estroictement à l'Empire et à l'Austriche, qu'ils debattent les royaumes de Boëme et d'Ongrie. Heureux en conseils de paix et de guerre, par lesquels ils maintiennent tant de pays separés; riches en argent, ayant peu acheter la pluspart de l'Europe par leurs conquestes des Indes, l'or et l'argent ayant esté trente fois redoublé à leur profit; l'obeissance et la milice reglée ont repris naissance dans leurs armées. Ces considerations veulent de grandes puissances, confederations, ligues, et argent pour entreprendre contre eux. Les royaumes, les armées et les puissances de vostre Majesté sont toutes ensemble, contiguës, et sans separations. Une noblesse incomparable en valeur, grande quantité de soldats belliqueux : les limites de leurs conquestes ont esté dans la Terre Saincte, la Grece, toute l'Italie; sans estre assistez que de leurs propres vertus, et d'aucuns qui les abandonnoient tant aux adversitez qu'aux prosperitez, qui rendoient leurs travaux inutils; et apres ont resisté à toute l'Europe conjurée contre eux, au temps du grand roy François.

Jugeant de l'advenir par le passé, vostre Majesté ne peut faire cette guerre sans une ligue et assistance de roys, de republiques, princes, contraires à l'Espagne, mesme du Turc, des Mores, Grenadins, de ceux de Faix et de Marot à la necessité. L'Europe est partie en deux factions, catholiques et heretiques; l'Espagne possede la premiere, et vostre Majesté est forcée en ce dessein de se jetter dans la contraire, composée des roys d'Angleterre, Ollandais, Protestans d'Allemagne, des Venitiens, et ennemis de la maison d'Austriche; tous lesquels, tant pour la religion nouvelle, que pour la crainte qu'ils ont des Espagnols pretendans la monarchie, se joindront avec vous, principalement quand ils y seront interessez, et qu'ils auront leur parts des conquestes. Prenez garde qu'en continuant la guerre civile en vostre royaume contre vos sujets, vous n'ayez pris insensiblement le party des Espagnols, lesquels se fortifient à vos yeux, voyans contre vous, par la conservation de la Valtelline qui ne leur appartient point, et de la guerre contre les Grisons qu'ils menacent, en peril eminent de vous faire perdre l'alliance des Suisses, du moins des cantons catholiques, qui ja sont leurs pensionnaires, et du traicté qu'ils font avec le duc de Savoye pour conserver ladite Valtolline en cas que les vouliez assister.

Le premier combat est de la conscience, cette guerre ne se pouvant faire que les triomphes de la victoire ne soient au profit des heretiques; et de plus, le feu et le sang innocent espanché par toute l'Europe trace le chemin des Turcs et Infidelles, non sans disputer qu'il ne valust mieux quitter ce qui appartient de droict, que de tomber en tant de malheurs et de pechés pour l'obtenir; mais aussi d'endurer l'establissement de cette grande puissance qui peut esperer en la monarchie universelle, et qui est directement contraire à vostre Majesté, est un extreme danger, veu que par leurs pistolles ils peuvent, sous l'apparence du bien public, allumer en un instant la guerre civile en vostre royaume ; pour à quoy pourvoir deux moyens se presentent, le premier difficille, le second plus juste et facile. Pour le premier, seroit force dés le commencement d'encourir en la mocquerie, selon le succez, de la fable de l'ours, de la peau duquel les compagnons faisoient partages avant que l'avoir ; traicter, promettre aux Venitiens et duc de Savoye le duché de Milan, aux Anglais une partie de la Flandre, aux Protestans l'eslection d'un empereur ennemy de la maison d'Austriche, et aux Ollandais leurs conservations en souveraineté, à charge que tous reconneussent la couronne de France au partage des conquestes qu'ils obtiendroient.

Divers moyens sont proposez pour le commencement de cette œuvre, dont l'importance est de negocier dans l'Allemagne avec les ennemis d'Austriche qui s'opposent aux empereurs, et avec les Ollandais, les menacer d'en tirer le secours; aux Venitiens et Savoyards, leur asseurer le partage dans la duché de Milan; et sur tout aux Anglais, les rendre neutres, ou leur donner aux conquestes de Flandre, sans oublier les Transilvains, Hongres et Boësmes, nouvellement eslevez contre l'Empyre. Tant que les Espagnes demeureront en paix, ils conserveront le reste de leur domination : le temps, la division des ligues et associations accoustumées, faict pour eux qui ont l'argent.

Les grands empyres et puissances doivent estre assaillies dans le cœur et dans les entrailles d'icelles; ainsi Alexandre ruïna l'empyre de Darius; les Carthaginois eussent perdu les Romains, si Annibal eust sceu suivre sa victoire. Si le duc de Bourgongne ne se fust amusé au siege de Nus, et eust esté joindre les Anglais qu'il avoit faict descendre en France; et si recentement les Anglais ne se fussent amusez à Boulongne, et se fussent joints avec l'empereur Charles-Quint, qui de sa part avoit trop demeuré au siege de Sainct Dixier, et que sans sejour ils fussent venus devant Paris avec les grandes armées qu'ils avoient, ils eussent reduit la France en beaucoup de peril. Il faut porter la guerre dans le cœur d'Espagne, et montrer la vanité de ce proverbe, que les foibles y sont battus, et les forts affamez. Les Anglais y sont entrez par le Portugal, et les Français, sous le connestable de Guequelin, y ont restablis les roys de ceste nation spoliez de leurs Estats. C'est icy l'ordre qu'il y faudroit tenir. Trois armées de Français, dont la plus grande et la plus forte, composée d'une levée de dix mil Suisses que lansquenets, de quatre mil chevaux et de vingt mil hommes de pied, equipage de dix canons, entrent dans l'Espagne au temps des moissons, et, sans s'amuser au siege de Pampelune, marchant, fortifieroient passablement des places de huict en huict lieuës, pour favoriser les conduittes des vivres qui viendroient de France. Une armée de deux cens galleres, vingt navires des Venitiens garnies de Français, conduisans un grand amas de bled et de vivres, chargées dans les costes de Provence et Italie, arrivent à mesme temps au siege des plus grandes villes d'Espagne, lesquelles n'estant fortifiées, ne peuvent resister un mois, et deux d'icelles prises favorisent la conqueste du reste. A l'entrée, la ville de Barcelonne se peut prendre, qui n'est fortifiée; de là à Sarragoce, ville dont le siege ne peut durer huict jours: là se trouvera quantité de vivres, joints à ceux qui viendront par la mer à Barcelonne, pouvant l'armée navalle suivre les costes du Languedoc, se rafraischir et charger de bleds à Narbonne. Cette entreprise, bien et courageusement conduite, a tant de facilité, qu'elle fait esmerveiller où les anciens roys de France ou leurs conseillers avoient l'esprit, pourquoy de longtemps ils n'ont executé ce dessein. Les Portugais sont anciens ennemis des Espagnols, qui se revolteroient contre eux pour avoir un roy de leur nation; et les Grenadins, Maranes et nouveaux Chrestiens sont encores en grand nombre, mal affectionnez aux Espagnols. Que si la bataille se présente, qui est à souhaitter, estant le commun des Espagnols non aguerris, n'y ayant que ses dix mil soldoyez, desquels la moitié est occupée aux garnisons d'Italie et de Flandres, qui sçachent le mestier, la victoire est sans doute.

La seconde armée, composée de Français, reistres et lansquenets, seroit necessaire aux frontieres de Flandres et Allemagne, dans la Picardie et la Champagne, contre ceux qui voudroient entreprendre; et la troisieme, joincte avec le duc de Savoye s'il se retournoit français, pour attaquer le duché de Milan; et les Ollandais, continuër leurs entreprises en Flandres. A la necessité se traitteroit avec le Turc, pour donner dans ce qui appartient à ceux d'Austriche, à ce qu'ils ne secourussent les Espagnols. Susciter les Mores, Grenadins, royaume de Faiz, et faire alliance avec eux, et à l'imitation des Espagnols ennemis, qui ont fait la plus-part de leurs guerres par surprise. Le secret et le silence seroient fort utiles, tant pour pouvoir assembler des armées sans donner alarme, que pour surprendre des places en un mesme jour en l'Estat de Milan; à l'entrée d'Espagne et en Flandres, feindre une guerre contre les heretiques. A quoy se peut objecter que, n'ayant traicté avec les estrangers contraires aux Espagnols, les associations de ligues seroient plus mal-aisées. La response est que l'inclination et interest de tous les potentaux ennemis du roy Catholique estant telle qu'elle est, ils seront tousjours prests à traicter et se joindre avec la France, et que les negociations faites avec eux auparavant les levées d'armées, empescheroient les surprises. La prudence seroit, en Espagne, de ne s'amuser à leurs camps fermez, et marcher contre leurs grandes villes peu fortes et faciles à prendre, se munir et preparer contre leurs finesses ordinaires. Le siege estant devant une de leurs villes, il n'y a point de doute qu'ils viendroient pour la secourir, en fortifiant leurs camps de deux en deux lieües; pour à quoy pourveoir, il faudroit estre adverty de leur deslogement, promptement quitter le siege, essayer de les combattre sur les chemins, ou, sans leur donner plus de temps qu'une nuict pour se fortifier, les assaillir dans leurs fortifications imparfaictes, considerant le costé où l'assiete les favoriseroit le moins. Et en effect, le principal consiste à combattre promptement, avec discretion, et sans se precipiter contre une forte assiete des ennemis. Et quand il adviendroit que l'on ne voulust quitter le siege, et que l'armée française se trouvast entre leur camp et leur ville, usant icelle de fortification, elle ne lairroit d'attaquer la ville en leur presence, et de les combattre s'ils venoient à tourner avec toutes leurs armées pour approcher la ville, laquelle ne se laisseroit pas de prendre, si lesdicts Espagnols se contentoient d'y mettre seulement du secours, estans leurs villes si foibles, qu'elles se peuvent facilement expugner apres une grande batterie. Ils ont si peu d'hommes pour les espancher en tant de pays, et en ont tant de manquement depuis qu'ils ont chassé les Mores, que si la France avoit defendu la sortie de huict ou dix mil Français qui tous les ans passent en Espagne, ils demeureroient sans forces, et ceste entreprise, bien conduitte avec prudence, infailliblement reussiroit.

L'entreprise d'Italie est beaucoup plus facile : elle tend les bras à la France, et semble maintenant necessaire, par le traicté secret qui de nouveau a esté fait d'Espagne et de Savoye, et avec tres-grande facilité, parce que generalement tous les peuples d'icelle sont lassez de la domination espagnolle, et nommément les citadins des villes, qui en veullent grandement à la noblesse et aux personnes puissantes que les Espagnols favorisent, et qui ont occupé la domination tyrannique; tellement qu'il est sans doute que dés que vostre Majesté paroistra avec une grande armée, tout se revoltera contre les Espagnols, nommément Gennes, Milan, et generalement tous les peuples d'Italie, lesquels ne desirent qu'une nouvelleté pour se soustraire de la tyrannie espagnolle.

Les conquestes de Piedmont et de Savoye avoient esté bien commencées par les roys François et Henry II; mais ils avoient oublié le principal pour la manutention d'icelle, qui est de suivre l'exemple des Romains et des Turcs, conquerir de proche en proche, et laisser des legions ou grandes garnisons sur la frontiere. Seroit necessaire d'occuper toute la Savoye, le Piedmont, Nice et Gennes, entretenir sur la frontiere de grandes garnisons, et ruyner toutes les places fortes de Piedmont, continuer ses conquestes sur l'Estat de Milan, et ne tenir forteresses qu'aux frontieres, reduisant le tout à l'exemple des empyres, dont la force consistoit au grand nombre d'hommes, ainsi que celle des Romains, des Turcs et des Perses : en quoy il y a quelque comparaison de la France à icelle, d'autant qu'il y a une grande quantité d'hommes, lesquels, aguerriz, pourroient, à l'imitation d'icelles, occuper une monarchie. Et faudroit ne s'amuser point aux places de Piedmont en sorte que ce soit, et prendre premierement les villes de Milan et de Gennes par l'assistance des peuples : l'un et l'autre est facile, tant pour l'inclination d'iceux, que pour le peu de forteresses qu'il y a. Et quant à Gennes, elle sera aisée à surprendre par la mer, s'il n'y avoit que la garnison des galleres ordinaires ; sinon il la faut attaquer par la terre, car infailliblement les peuples de Gennes se revolteront contre la noblesse ; et laissant une legere armée devers le Piedmont, elle seroit bastante pour prendre des places, ou du moins arresteroit les forces du duc, à ce qu'il ne peust empescher la liberté d'Italie. Et ne faudroit faire comme les roys Charles VIII et François I firent : faudroit mettre les peuples en liberté, et les exalter contre la puissance des petits tyrans d'Italie, et restablir entierement le gouvernement populaire et aristocratique par toutes les villes, les proteger entierement sans les abuser ; qui feroit que tous iceux ne respireroient ny ne regarderoient qu'à la France, et deviendroient ennemis du roy d'Espagne et de tous les petits potentats d'Italie.

Premier que de commencer un grand dessein, à l'exemple des anciens peres et vrays Chrestiens, il se doit conseiller à Dieu, et, sans se flatter, voir la justice de l'entreprise ; laquelle une fois resoluë, il faut passer sur la consideration de tous les petits maux que l'on peut faire, mesmes contre la conscience, lesquels il faut mettre sous les pieds pour parvenir au but principal. Tant d'empereurs chrestiens se sont aydez des Infidelles : le roy François fit venir une armée turquesque au siege de Nice, et les Espagnols ont soupçonné le roy Henry III d'avoir envoyé en Ormus et à Edem, villes appartenantes en partie aux Infidelles, pour les revolter contre l'Espagne, et se joindre avec eux contre les conquestes des Indes et de Portugal. La creance qu'ils ont eu que le roy Henry IV vouloit susciter les Mores et Grenadins contre l'Espagne, a esté cause qu'ils les ont expulsez de leur pays; et cependant ils traictent avec les Turcs et avec les heretiques d'Ollande, retombant sur eux le reproche et le blasme qu'ils donnoient aux autres. Ceste grande entreprise est digne d'un grand roy, et ne seroient les foibles desseins de Charles-Quint et du roy François, lesquels prenoient ou perdoient deux ou trois villes en un esté, et affligeoient toute l'Europe. Qui veut commencer une guerre, il en faut projetter une tres-prompte fin, pour delivrer les hommes des miseres qu'elle apporte, et ne se doit faire la guerre que pour avoir la paix. Pour respondre à ceux qui demandoient où seroit l'utilité des Français, c'est qu'apres ceste grande invasion de toutes parts contre les Espagnols, il les faudroit contraindre à une paix par laquelle ils rendissent la Flandre à la France, les duché de Milan et royaume de Naples. Et ce qui fait resoudre d'employer et promettre la conqueste de Milan au duc de Savoye et Venitiens, est parce que toute l'Italie craint la domination, tant des Espagnols que des Français, et aymeroient beaucoup mieux estre sous un duc particulier que sous eux, ce qui se pourroit faisant l'entreprise d'Espagne. Mais au contraire, si c'estoit pour mettre en liberté l'Italie, qui est le meilleur dessein, faudroit entreprendre sur le duc de Savoye et Venitiens, qui sont les premiers tyrans, et de proche en proche prendre les places pour ne laisser rien derriere. Et quand il n'y auroit autre chose, sinon de diviser ce grand empyre intelligent de l'Allemagne et

Espagne, et de tant de provinces subjectes qui menacent la France, qui espient tous moyens pour la renverser, ce seroit beaucoup : seroit à souhaitter à vostre Majesté que plusieurs princes et souverainetez eussent affoibly ce grand corps qui vous est contraire, par l'acquisition de quelques membres separez d'iceluy.

Ceux qui veulent entreprendre et accroistre leurs dominations, doivent lire les histoires anciennes du succez des desseins et entreprises passées, du naturel, actions, et deportement des roys et des peuples, des fautes qu'ils ont commises, tant du passé que du present, contre lesquels on veut faire la guerre, car rarement se changent les humeurs et naturels; les Français vaillans et souvent desordonnez; les Espagnols fins et observateurs de la milice ; les Italiens defians et peu courageux; les Allemans tardifs et lents à se resoudre; les Genevois sans foy; les Florentins fluctuans; et tous portez, comme le commun des hommes, à leur interest et libertez particulieres par lesquelles il les faut esmouvoir. Sur tout considerer les fautes que les Français ont faites en leurs conquestes, pour en eviter deux qui sont tres-remarquables; la premiere, d'entreprendre aux provinces esloignées, et laisser les fins amis ou ennemis derriere, ainsi qu'il se faisoit aux conquestes des royaumes de Naples, de Sicile et duché de Milan ; et quand ils croyoient avoir tout gagné, tout estoit perdu par la legereté, defection et revolte des fins amis, associez et neutres. Ainsi se fit la ligue de toute l'Italie contre Charles VIII, apres sa conqueste de Naples, et les ducs de Savoye, ne gardant la fidelité qu'en tant que leurs interests les y convient. Seroit utile de restablir les legionnaires erigez par le roy François I pour aguerrir la plus grand part des peuples, lesquels ne se trouveront avoir moins de courage que les Suisses; avoir tousjours des forces prestes pour resister aux entreprises que le roy Catholique pourroit faire aux frontieres de Provence. Ainsi seroit tousjours necessaire d'avoir trois armées, faire provision d'une bonne somme d'argent, tant de celuy de France que des Venitiens et alliez qui espereroient au debris de ceste grande puissance d'Espagne. Les effects passez depuis peu, apres la bataille de Lépante et la guerre en France contre Henry IV, là où l'experience a monstré combien les ligues, mesmement de diverses nations, ont peu de durée, et ce d'autant plus qu'elles se font entre celles qui autrefois ont esté contraires, ou en amitié avec ceux sur lesquels est l'entreprise ; c'est pourquoy par necessité les effects de la guerre doivent estre prompts, et en peu de temps executez, tant par surprises de villes que par hazard d'une bataille, laquelle doit estre cherchée des conquerans. Pour le choix de l'un de ces deux desseins, d'Italie ou d'Espagne, ils ne réussiront jamais qu'en suivant ce qui est dict cy dessus, de ne laisser rien derrier soy : et celuy d'Espagne, le plus glorieux et le plus mal-aisé, veut une grande resolution, grand courage et beaucoup de prudence, par lesquels sera annullée l'opinion de la difficulté de conquerir ce royaume, pour la sterilité d'iceluy ; et pour l'autre dessein, changeant le proverbe, que l'Italie soit le cimetiere des Français, par un grand aguerriment et ordre contre les retranchements des Espagnols, lesquels par un temporisement ont tousjours esperé de matter les Français, croyant que ceux qui ont le dernier escu ont la victoire. Et d'autant que le duc de Savoye est allié en apparence à la France, l'on le pourroit recompenser au milieu du royaume en terres equipollentes à la valleur de ce qu'il possede, si mieux il n'aimoit laisser toutes les places de son Estat à la puissance des Français. Ces entreprises bien conduittes, et nommément celle d'Italie, y observant les moyens cy-dessus alleguez, avec l'ayde de Dieu reüssiroient.

Quatrieme Advis, pour faire la guerre contre les Turcs.

La justice et utilité du dessein contre les Turcs est de facile demonstration; reste le pouvoir de l'executer. La religion chrestienne nous y oblige : la cruauté et barbarie d'iceux se voit journellement en la ruyne de la chrestienté : deux mil enfans, annuellement arrachez du sein de leur pere et mere, sont forcez de recevoir les superstitions mahometanes, les costes de l'Europe couruës par les pyrates; és descentes d'iceux dans les lieux maritimes, enlevent les femmes et les enfans, les trocquent, les vendent comme s'ils estoient bestes, et toutes sortes de tourments ne sont espargnez pour leur faire renier leur foy. Ils possedent la Terre Saincte, arrousée de tant de sang de genereux Français; leur posterité est obligée à ceste vengeance; les saincts lieux où nostre Seigneur Jesus-Christ a fait tant de miracles, ou à son advenement a esté si divinement prophetisé par tant de patriarches et prophetes, illustrez de tant de merveilles contenuës au vieil et nouveau Testament; les y convient. Y a il rien plus raisonnable que de chasser et chastier des meurtriers et assassinateurs, sans honneur, sans foy et sans loy, violateurs des droicts des gens, et ennemis de la vraye divinité? L'utilité n'est moins considerable : si Solyman eust pris Vienne en Autriche, qu'il avoit assiegée; c'estoit une digue rompuë pour inonder l'Allemagne et l'Europe; si le siege de Malthe luy eust reüssi, où estoit le commerce de la chrestienté; et si la descente faicte au cap d'Autrante fust esté suivie, l'Italie estoit en branle, sans que cela eust exempté ceux qui disent en estre fort esloignez, d'autant que, ces premieres barrieres faussées, le danger se verroit dans leur propre pays : et si les Perses faisoient une paix asseurée avec les Turcs, toutes les puissances de ces infidelles tomberoient tout à coup sur la chrestienté, laquelle si ne s'esveille et s'esvertuë plus qu'elle ne fait, ils trouveront de grands moyens pour la perte d'icelle. Et quoy que la quantité des Turcs ne leur permette d'occuper tant de terres, combien de fois s'est il veu qu'en Asie et en Affrique aucuns des roys ont pris le party des Romains contre les autres? et encore que les legions romaines en fussent assez esloignées, ils ne laissoient, par la crainte, de prester toute obeyssance aux Romains, qui enfin les engloutissoient sous leur domination.

Les confederations et associations, amitié et intelligence avec les Infidelles sont prohibées et defenduës de Dieu, et de tres-malheureux succez : c'est la ruyne de l'empire de Constantinople, pour laquelle secourir contre les Bulgares furent invitez les Turcs, guidez des

Chrestiens au passage d'Asie en Europe. C'est la veritable division du christianisme quand partie est joincte avec les Infidelles; c'est la perte de la Grece, de l'Hongrie de nostre temps, et de la Terre Saincte conquise par nos ayeuls. C'est la meffiance et le soupçon qui empeschent l'entreprise de tous les potentats de l'Europe, dont partie craignent que les alliez des Turcs ne les assistent, du moins que, se tenant neutres, ils regardassent l'affoiblissement de leurs Estats par ceste guerre, pour apres les envahir et supediter; leur semble que les uns ne sont plus obligez que les autres à ce dessein, avec imprudence des roys qui ne se veulent mesler d'une telle entreprise, d'autant que ceux qui l'entreprendroient et en viendroient glorieusement à bout, fonderoient une monarchie qui leur seroit formidable; sans considerer que si les Turcs venoient à opprimer l'Allemagne avec ceste grandeur demesurée, la France seroit en eminent peril. Et parce qu'il se dit que la France ne patit point, ains seulement l'Hongrie et autres villes maritimes, il faut se souvenir que nous sommes sous une mesme religion, et tous freres en Jesus-Christ, qu'autant devons nous avoir de regret de la perte des estrangers que des Français mesmes. Aucuns rendent necessaire l'union de tous les princes de l'Europe pour abolir l'empyre des Turcs, ce qui est du tout impossible. Et par ceste difficulté ne faut rejetter ceste entreprise, estant d'advis contraire, et semble que les deux coronnes de France et d'Espagne, aydées de ceux d'Austriche qui y sont alliez, sont suffisantes pour atterrer ceste monarchie, empescher les autres princes de se mouvoir pendant l'execution d'icelle.

De plus, ils mettent tout le gain en la puissance maritime, laquelle seroit utile pour conquester le royaume de Cypre et isles de l'Archipelague, non pour renverser cest empyre, les forces de terre demeurans sur pied; et ainsi que disoit un des capitaines d'Anthoine à son general : « Combattons là où nous avons le pied « ferme, et que nostre seule valeur demeure dans nos « courages et dans nos bras, et ne la remettons à l'in- « constance de la mer. » Et quant à ce qu'aucuns alleguent que les Turcs saisissans les ports de Ragouze et de Tunis, qui pourroient empescher le commerce en cas que l'entreprise generalle contre eux ne se fist, il est bien vray qu'il faudroit armer puissamment pour leur resister; mais quand le trafic de Levant et celuy d'Egypte et de la Palestine seroient rompus, ce seroit le profit des Chrestiens, d'autant que pour quelques sortes de marchandises, soyes, tapis et drogues inutiles, se porte dedans ce pays-là l'or et l'argent, et ce qui est de pis, le fer de France pour nous faire la guerre, estans leurs daurées fort inutiles depuis que les costes d'Affrique jusques aux Molluques, et celles de Baccalaaux jusques au destroict de Magazan, nous fournissent toutes les espiceries et autres marchandises necessaires. Et pour monstrer davantage l'utilité de ceste entreprise aux Français, le dessein est profitable où il n'y a perte; la France est tellement esloignée des Turcs, peuplée de tant de gens, qu'elle ne peut recevoir aucuns dommages d'iceux, au contraire un profit de quelque perte. C'est un peuple belliqueux, leger et inconstant qu'il faut occuper à la guerre estrangere, ou la civile prend naissance dans eux-mesmes; c'est un sang boüillant lequel se doit purger par une saignée, à l'imitation des anciens, qui, à la forme des abeilles jettant leurs essains annuellement, envoyoient hors une grande quantité de leurs peuples, à ce que le reste demeurast en paix. Tels furent les Scimbres et Gaulois, dont les uns prirent Rome, les autres furent defaicts par Marius; tant de dispersez qui ont esté chercher la guerre jusques au Palu Meotide en Grece, acquerant le nom de Gallo-Grecs; et, de la souvenance de nos ayeulx, ceux qui ont possedé l'empyre de Constantinople et delivré la Terre Saincte : à quoy les armes et les esprits occupez ne projettent point de faux pretexte contre l'authorité royalle, pour s'en prevaloir et diviser d'Estat. L'experience a fait voir que les entreprinses où il n'y avoit pas beaucoup d'apparence de bon succez, celles qui estoient faites par des jeunes roys en sortant de l'enfance; et quelquesfois avec peu de forces, heureusement reüssissoient: ce qui advient, parce que Dieu veut monstrer que la victoire, les progrez et bon-heurs des entreprises dependent tous de luy, sans qu'ils se puissent attribuer à la vaillance, prudence, et moins aux forces des chefs, laissant toute la conduitte à Dieu, qui par miracles et merveilles rend les desseins heureux. Telle chose advint au regne de Salomon, depuis en l'entreprise de la Terre Saincte, et de nostre temps à Charles VIII, à la conqueste d'Italie, estant foible de conseil et de complexion, dont l'arrivée estoit prophetisée; ensuite la liberté des Grecs à la ruyne de l'empyre des Turcs, si les pechez des Français n'eussent detourné la volonté de nostre Seigneur.

Il semble que vostre Majesté, en l'estre auquel elle est, tout juste, tout vertueux, plein de courage et generosité, que ceste entreprise vous soit reservée, estant en aage sur lequel les pechez n'ont eu encores aucune puissance; que s'il y en a eu, ils doivent estre attribuez à ceux qui ambitieusement ont gouverné l'Estat sous le nom royal. A ce dessein est opposé deux foibles objections : l'une, qu'a soustenuë Martin Luther, qu'il ne falloit aucunement faire la guerre au Turc; qu'iceux estoient une punition de Dieu qu'il faut souffrir pour l'expiation de nos pechez, et la vaincre par prieres et bons exemples; que c'est treuver à dire au chastiment qu'il plaist à nostre Seigneur nous envoyer : ce qu'il disoit pour avoir commencé son heresie sous couverture de prescher contre la croisade. Au contraire, il a pleu à Dieu mettre les sceptres et les couronnes entre les mains des Chrestiens, comme elles avoient esté dans celles des roys d'Israël, pour opprimer les idolatres; differents en ce que les Chrestiens, par l'obeyssance qu'ils deferoient aux magistrats, obeyssoient aux empereurs payens : maintenant qu'ils ont la magistrature en main, ils y ont aussi l'espée, pour entreprendre et chastier meritoirement les Turcs, heretiques et rebelles.

Une autre difficulté, que cependant que les souverains ont fait la guerre à la Terre Saincte, ceux qui estoient demeurez proche de leurs Estats les envahissoient, et mesme que le roy Richard d'Angleterre fut pris prisonnier en Allemagne en revenant de ce voyage, et qu'outre les voisins de la France il y a plusieurs partis en icelle qui pourroient entreprendre contre l'Estat en l'absence de vos Majestez et des forces royalles esloignées : accidents ausquels on se peut pourvoir, essayant de faire que tous les roys chrestiens fussent en bonne intelligence, ou que, pour la piété, ceux qui n'y voudroient ayder se continssent en paix : jetter dans cette entreprise tous les plus mouvans de la France; emmener, s'il se pouvoit, la pluspart des gens de guerre; et lors qu'une grande armée seroit bien disciplinée, elle seroit la citadelle de l'Europe. Ainsi les empereurs romains marchoient diligemment d'orient en occident contre les eslevations qui s'y faisoient. Faudroit laisser des personnes fideles et vertueuses pour regir l'Estat, et resister aux mauvais desseins en l'absence : ainsi fit le roy sainct Louys, durant la captivité duquel n'advint aucun mouvement. Puisque la justice et l'utilité paroissent, il ne reste que le pouvoir, qu'il faut premierement chercher en la supreme puissance : se considerer soy mesme, et purger de toutes ambitions et avarices, reduire ce dessein tout à la gloire de Dieu et à l'advancement de la religion chrestienne, se ressouvenant que ceux qui veulent estre les premiers sont les derniers en merite.

Et d'autant que cette guerre ne se peut bonnement faire que par le consentement et union de vostre Majesté avec le roy d'Espagne, ou par la tollerance et support d'iceluy, ausquels deux obstacles naistront à la source, pour le commandement general et partage des conquestes, celuy qui aura plus de pieté et de devotion le montrera en cedant le premier lieu à son compagnon, et, ne s'en pouvant accorder, le deferer à un legat du Pape. Quant aux conquestes, s'en remettre du tout (après qu'elles seront faites) à ce qu'il plaira à Sa Saincteté d'en ordonner : heureux qui aura la plus grand part aux victoires et la moindre au partage ! A la facilité de ce dessein est grandement necessaire que la maison d'Austriche y favorise, pour estre toutes leurs provinces proche de celles que possedent les Turcs. Il ne faudroit suivre l'exemple de nos predecesseurs, et moins celuy du roy sainct Louys, qui assaillirent premierement Damiette proche la Terre Saincte; ains faudroit faire la guerre de proche en proche, delivrer les Grecs et prendre Constantinople, avant qu'entamer la guerre en Asie ny en Afrique, à l'imitation des Turcs, lesquels n'ont laissé aucuns ennemis derriere eux. La proximité, l'alliance qui unit ces deux couronnes de France et d'Espagne, est un grand preparatif pour ce dessein, dont les contraires (quand mesme le roy d'Angleterre en seroit) se peuvent arrester par des puissances mediocres laissées pour la protection de leurs royaumes; à quoy serviront beaucoup cesdictes deux grandes puissances joinctes, qui peuvent donner terreur et loy à l'Europe; et cessera par la force et raison ceste consideration que les mediocres souverains ont que l'un des deux roys ne se face monarque, pour la crainte d'estre opprimez, puis que leur conqueste n'est que sur les Infidelles, mesmement si les principaux commandements sont donnez à personnes non suspectes, rendant participantes toutes les nations de l'honneur et du profit.

Ceste monarchie turquesque est formidable en puissance, possedant dans l'Europe toute la Grece, la Trace, Constantinople, les royaumes de Macedoine, l'Esclavonie, les confins de la mer Majore jusques aux Tartares, la moitié de l'Asie pres de Babylonne, toute la Terre Saincte, grande partie de l'Affrique, l'empire de Mameluts, le Cayre, Alexandrie, toutes les costes de Barbarie jusques en Faiz et Marot, avec deux grands advantages sur les Chréstiens : le premier, l'obeyssance en forme d'esclavitude, en quoy leurs gens de guerre sont reduits en creance que l'exterminement et chastiment de telle quantité que voudra le Grand Seigneur sera receuë de tout le reste ainsi qu'une punition de Dieu; et en ceste creance font aller à la guerre et à la mort tous leursdits subjects ainsi qu'il leur plaist, sans qu'aucuns osent demeurer en leur maison à la premiere apparence d'icelle : l'autre, que toutes ces forces sont commandées d'un seul chef, et au contraire les Chrestiens sont contraints d'en avoir plusieurs, dont l'union dure si peu, que, lors qu'il y a apparence de victoire et recevoir les fruicts d'icelle, ils se rompent, entrent en soupçon, jaloux de la gloire l'un de l'autre; leur semble que l'exaltation d'un d'entre eux est le peril de son associé; qui ont divers buts, divers desseins, differents en naturel, en langues, en capitaines, en artifices, finesse et courages : ce qui fut experimenté apres la bataille de Lépante, qu'au lieu qu'ils devoient penser à suivre leurs victoires, faire des nouvelles conquestes, deffiance, envie et jalousie dissiperent et annullerent tout leur bon-heur, et, se rendans indignes de la grace que Dieu leur avoit faite, s'allerent rompre et separer au siege de Navarrin, à leur honte, chacun craignant l'entreprise de son dict associé. Tellement qu'auparavant et despuis il a tousjours esté facile aux Turcs de resister, n'ayant à faire qu'à une partie des Chrestiens, aux Hongres, quelquesfois aux Venitiens separez, en autre temps aux Espagnols ou Allemands, et rarement se sont jointes deux puissances contre eux, ayans ceste finesse de maintenir la paix et confederation avec tout le reste des Chrestiens qui n'estoient as-

saillis d'eux, demeurans les esloignez paisibles; et tant
s'en faut qu'ils secourussent les oppressez, qu'ils se
resjoüissoient de l'affoiblissement de leurs puissances
par les Infidelles.

Ces ligues tant traversées sont susceptibles de toute
defiance les unes des autres, les effects et progrez s'en
doivent tirer promptement, au contraire de ceux qui
ont dit qu'il failloit deux ou trois ans pour en avoir le
fruict; ains, à l'imitation d'Alexandre, qui en deux
batailles debella Darius et toutes les forces d'Asie, et
de Cesar dans les Gaules, du moins il faudroit reconquerir toute la Grece et Constantinople à la premiere
pointe des armes, et dans six mois, dont les moyens
sont esclaircis cy apres. L'occasion s'en presente : leur
sceptre est en enfance; les propheties, les signes, menacent d'une entiere ruïne et bouleversion leur Estat:
tout consiste au gain de deux batailles, l'une en Europe, l'autre en Asie; leurs forces, leurs gens de
guerre, lors que le Grand Seigneur y est en personne,
peuvent estre de deux cens cinquante mil hommes,
les deux tiers de peu de valleur; à sçavoir, la cour
du Grand Seigneur, les chaouz et autres, font trente
mil hommes; les thimariaux, qui sont ceux qui possedent les seigneuries, fiefs et biens, à charge d'entretenir nombre de soldats, peuvent estre vingt mil;
trente mil jannissaires; cinquante mil les forces d'A-
sie qui sont payez; le reste des hazapy, qui sont les
moindres soldats, la pluspart laboureurs; et se joinct
le berjerbei de l'Asie avec celuy de l'Europe, amenant les forces qui y sont : s'ils cognoissent que ce
soit un grand dessein opposite, ils s'aident de grande
quantité de Tartares. Leur ordre de bataille est en

trois croissans, les pointes d'iceux sont fortes, à dessein de charger par flanc, enclorre ceux qui s'y enfoncent; et desordonnez, se retirent dans le milieu du second croissant, protegez des pointes d'iceluy, qui chargent par flanc ceux qui suivent la victoire, cependant que les fuyards se r'allient pour retourner au combat; ayant cognoissance que la grande quantité d'escadrons emporte la moindre, d'autant qu'encores que leurs ennemis soient plus valeureux, l'escadron victorieux d'une charge ne le peut estre sans avoir souffert de l'embarrassement, et à la rencontre d'un qui n'a encores combattu, quelque ordonné qu'il soit, se treuve empesché; et leur principal stratageme est enfin d'entourner et enclorre par circulation leurs ennemis. Ils construisent un fort de pallis enchaisnez, pour se r'allier derrier à l'extremité : devant ce fort il y a grande quantité d'artillerie, partie enchaisnées les unes aux autres, assistée de douze mil janissaires qui sont leurs meilleurs soldats, et derrier ce fort il y a de grands osts de cavalerie que nous pouvons nommer des osts de reserve en nos ordonnances de bataille; estans r'alliez avec iceux, ils retournent au combat: leurs armes sont des lances, cimeterres, des arcs, mousquets, peu de pistoliers, et sont couverts de coutonines, turbans, brigantins, et fort peu de cuyraces à l'espreuve. Le principal de leurs forces consiste en la cavalerie; et despuis peu de temps, ayant pris plus de confiance en icelle, ils ne s'aident des forts et palis qu'ils souloient porter avec eux: vray est-il que c'est pour le mespris qu'ils font des foibles armées chrestiennes, et que le Grand Seigneur n'y va en personne, lequel a accoustumé d'avoir sa retraicte dedans et derrier cedit fort garny de janissaires, leur artillerie placée devant içeluy, excepté quelque nombre de pieces qui sont sur les flancs de la cavalerie. Ils ne sont invincibles à une beaucoup moindre puissance que celle qui se peut preparer contre eux : Scanderbey, n'ayant que l'Albanie et partie de la Macedoine, resista tant qu'il vesquit à toutes leurs puissances ; Jean Unyade et Mathieu Corvin les ont esbranlez ; les Perses les ont plusieurs fois battus, et Tamburlam en a triomphé. Leurs victoires n'ont esté que par les fautes chrestiennes ; les uns temerairement s'y sont precipitez, ainsi que Jean, roy d'Hongrie, avec quinze mil hommes hazarda la bataille contre deux cens mil ; autres desordonnément, par ambition et jalousie, ainsi que les Français, sous Jean duc de Bourgongne, firent à la journée de Nicopoly, à laquelle, voulant devancer l'honneur des Hongres, ils perdirent le leur et l'armée chrestienne par imprudence ; et Ladislaus Havarradin se precipita, contre l'advis de Jean Unyade : sages par les fautes d'autruy, le duc de Mercur fit la retraicte de devant Canize, et le comte Charles de Mansfeld prit la ville de Strigonie en leur presence, par l'observation de ne se desbander ny suyvre la victoire inconsiderément. Les generaux apprennent par les histoires anciennes et celles de nostre temps, de ne retomber aux fautes passées, dont la plus remarquable estoit qu'enflez d'un peu de prosperité au commencement du combat, suivant la victoire, estoient enclos, à la forme de laquelle usoient les Parthes envers les Romains.

Deux batailles gagnées renversent cet empyre : il n'y a point de forteresses, que Bude, jusques à Constantinople, laquelle ne se peut dire forte. C'est en ce dessein qu'on peut tracer une grande monarchie, ne consistant qu'en la force de la campagne, et n'y a que la Polongne, l'Angleterre et la Moscovie, dont pareillement leurs puissances sont en semblable peril, n'ayans forteresses qui vaillent. Heureux Alexandre, qui finit ses conquestes en la victoire de deux batailles! et Cesar encores plus dans les Gaules, ayant à disputer la domination avec un million d'hommes mal disciplinez, mal armez, et sans aucune retraicte! Que si l'un ou l'autre fussent esté en ce temps, ils eussent trouvé dans l'Allemagne, Italie, la France et la Flandre, plusieurs villes qui eussent borné leurs conquestes. Ce ne sont les forces innombrables dont les victoires dependent : les phalanges macedoniques sous Alexandre, les legions romaines sous les Cesars, aguerris au nombre de quarante et cinquante mil hommes, ont battu les plus grands exercites mal disciplinez; tout ne gist au nombre, ains au bon ordre et aguerriment. Il y a une juste proportion à la grandeur des armées : quatre vingt mil hommes aguerris en doivent battre deux cens mil; l'ordre de ce mediocre nombre est plus aisé à tenir et à ordonner que l'excessif, où il y a tousjours confusion, mesmement par l'advantage des armes. Contre ces cimeterres, qui ne tranchent le fer, sera à l'opposite nostre cavallerie bien armée; le grand nombre de picques et de mousquetaires de nostre infanterie, joincts au bon ordre et obeïssance, asseureront la victoire.

Il sembloit que l'empyre des Romains et des Parthes eusse party la force des armes, les Romains l'ayans mise en l'infanterie, et les Parthes en la cavalerie, com-

8.

parée en ce temps à la cavalerie turquesque et à l'infanterie chrestienne, laquelle, bien ordonnée, doit soustenir le plus grand choc. Cleander en sa retraicte, avec dix mil piquiers grecs, soustint les forces de quatre vingt mil Barbares l'espace de soixante lieües, et se mit en seurté ; Marc Anthoine, du fonds de la Perse, en peu de nombre d'infanterie contre la grande cavalerie des Parthes, se retira heureusement. La turquesque ne penetrera jamais dans les bataillons de picques, armes plus advantageuses que les javelots des Romains; c'est le nœud de la victoire, et où il faut mettre son esperance, joinct à un bon nombre de cavalerie necessaire pour tenir la campagne et asseurer les vivres, en esgard que toutes les victoires turquesques sont advenuës par la force de la cavalerie, laquelle il faut arrester par quarante mil hommes de pied, composez de Français, Allemands, Suisses et Wallons, aydez de la cavalerie des Hongres, Pollaques, Moscovites et Tartares, lesquels sçavent combattre à la forme des Turcs; vingt mil chevaux français, italiens et allemands, quarante mil, tant causaques, tartares et moscovites, cinq mil hongres et autant de polonnais, nombre suffisant, à l'ayde des gens de pied, pour gaigner la bataille. Et pour supléement de plus grande force, sera priée Sa Saincteté de commander à dix mil religieux, capucins, cordeliers, carmes et jacobins, de prendre les armes pour le nom de Jesus-Christ, à quoy facilement ils seront portez, puis qu'ils patissent si volontairement dans les cloistres pour maintenir ceste religion; semblablement convier partie des ecclesiastiques, à l'imitation des evesques chrestiens qui furent à la conqueste de la Terre Saincte, d'assister à ceste entreprise ; et si le nombre des Chrestiens peut estre plus grand, sera tousjours plus d'avantage. Pour s'opposer à l'ordre de ces trois croissans turquesques, suivant l'ancienne forme chrestienne, se separer en avant-garde, bataille et arriere-garde ; en chacun de ces corps placer deux bataillons d'infanterie, un chacun d'iceux meslé des quatre nations susdites. La premiere observation est de ne mettre ces grands corps l'un apres l'autre, tellement que par la fuitte et desordre de l'un d'iceux celuy qui le soustient ne puisse estre endommagé ; et faut chercher la campagne la plus large qui se pourra ; et là où elle ne se treuveroit telle qu'elle seroit necessaire, ils ne se doivent suivre de si pres, que les premiers qui se retireroient rompissent les suivans. Sembleroit bon que les bataillons d'un chacun corps demeurassent separez de quelque quantité de pas, pour, en un besoin, recevoir dans leurs espaces vuides ceux de la cavalerie qui seroient desordonnez, pour apres retourner au combat. Les escadrons de cavalerie seront composez de quatre cens cavaliers, et d'autant que toute la finesse des Turcs gist à en avoir quantité, pour par diverses charges embroüiller les Chrestiens, se resoudre à soustenir, avec un commandement general à peine de la vie, de ne chasser les fuyards infideles plus de cinq cens pas, et nommément les cavaliers qui sont armez pesamment, s'en venant tousjours ranger entre deux, ou au costé des bataillons d'infanterie, apres leur charge faicte, pour ne tomber point en la faute laquelle ont encouru tous les Chrestiens qui, par presomption suivant leur presumée victoire, estoient enclos dans les croissans des Turcs.

L'arriere-garde, qui est le vray ost de reserve, est renduë plus forte que tous les autres : c'est celle qui garde et conserve la victoire. Plusieurs ayans tenu ferme apres avoir veu devant eux defaire la moitié de leur armée, les ennemis poursuivans desordonnément, les ont chargé à temps, et de victorieux les ont rendu vaincus. Ces espaces vuides entre les deux regiments de chacun corps, c'est le lieu où, en cas de quelque desordre et malheur, se pourroit retirer la cavalerie chrestienne, pour se reordonner derrier les bataillons de piquiers, et retourner au combat. L'espreuve a fait cognoistre l'utilité de faire combattre l'infanterie et la cavalerie ensemble. Seroit necessaire d'accompagner les deux tiers des osts de cavalerie, nommément ceux qui sont armez pesamment, d'un nombre de mousquetaires et quelques carabins : advantage à rechercher, et qui endommagera grandement la cavalerie ennemie avant qu'elle vienne aux mains avec la chrestienne. L'artillerie, au nombre de huict canons, quatre coulevrines, et quarantes moyennes et bastardes, avec double attelage, seroit necessaire, non que ce grand equipage puisse entierement servir pour la bataille, et neantmoins seroit utile pour les sieges, advenant la victoire, ceste artillerie separée, laissant la pluspart de la plus grosse à l'arriere-garde; et quant aux moyennes conduittes à doubles attelages, faudroit qu'elles marchassent d'un costé et d'autre de l'avant-garde et bataille, pour tirer promptement et avant que les bataillons vinssent aux mains, sans neantmoins s'arrester par trop, estant experimenté que l'artillerie a eu grand part aux victoires passées, contraignant ceux qui font ferme de venir au combat en desordre.

Neantmoins, ne seroit necessaire de mener ce grand nombre d'artillerie pour donner la bataille, et en faudroit laisser la moitié aux plus proches villes chrestiennes des frontieres turquesques, laquelle se renvoyeroit querir, apres la victoire obtenuë, pour le siege de Constantinople. Et pour mieux eviter la premiere furie de la cavalerie, faudroit faire une forme de fort portatif, qui sont des palis enchaisnez l'un avec l'autre, ou bien des charriots attachez, et mettre sur les flancs des bataillons quantité d'iceux : a esté inventé de porter les palis susdits sur des roües de dix en dix pieds, avec lesquels on peut marcher en avant, ce qui gist en demonstration ; invention pour ne ceder aux Turcs en l'advantage qu'ils prennent de faire des forts, lesquels sont aussi necessaires aux Chrestiens, dont les plus forts seroient utiles à l'arriere-garde ; et à l'imitation des Romains, les soldats qui n'ont qu'une arquebuse pourroient porter un de ces palis. Cecy est dict pour la necessité, quoy que les piques chrestiennes soient de grand palis contre les Turcs, qui ne les peuvent enfoncer.

L'avant-garde et la bataille peuvent marcher l'une apres l'autre, pourveu que les corps ne soient directement l'un derrier l'autre ; et l'arriere-garde, qui doit de toute façon gagner la victoire, laissera un grand espace entre deux. Et soit considéré qu'encores que la principale force soit en l'infanterie, si faut il que la cavalerie fasse grandement son devoir, d'autant que, si elle estoit defaicte, l'infanterie recevroit un grand coup, quoyque les anciens n'en fissent pas d'estat, et que toutes leurs victoires s'obtenoient par les gens de pied ; c'est pourquoy les legions romaines estans de six mil hommes, il n'y avoit qu'en chacune d'icelles cinq cens cavaliers, et est à presupposer qu'iceux ne combattoient que quand ils vouloient, et laissoient tousjours le premier lieu de la force à l'infanterie : aussi sera-ce prudence qu'elle combatte en mesme temps, ou la premiere s'il se peut. A cet effet, il faut mettre partie des escadrons de cavalerie dans le milieu, entre les deux regiments, tant de la bataille, avant-garde, qu'arriere-garde, et pourront à temps combattre, ou se retirer s'ils en ont besoin. Aussi-tost que les armées seront en presence, à la portée du canon, faut que l'infanterie marche incessamment en bon ordre, alle droict à la bataille ennemie et à leur fort. Que si les Turcs viennent à la charge contre la cavalerie chrestienne, eviter leur finesse, qui est, qu'ayant plusieurs osts, les premiers s'enfuyent, et les plus proches chargent par flanc ceux qui les suivent ; ainsi se faut contenter de les mettre en routte, et tenir ferme. Les escadrons qui seroient entre les bataillons de gens de pied, et derrier iceux, pourroient sortir à temps, selon l'evenement du combat, sans se desordonner pour les charges qu'ils feroient, à ce que la pluralité d'escadrons turquesques et les diverses charges qu'ils font ne leur peust nuire, ayans de petites troupes de cavalerie separée, pour empescher celle des ennemis qui chargent par flanc ceux qui ont defaict les leurs. Le principal est qu'une bonne partie de la cavalerie fasse ferme sans se mesler, et sera celle qui enfin aura la victoire entiere. Tout consiste à marcher en avant, defaire les vingt mil janissaires, et gagner le fort ; non qu'il se faille tellement haster que nostre artillerie n'ait fait son devoir, laquelle, comme est dict cy-dessus, a tousjours grand part à la victoire quand elle est tirée à propos, et se faut bien garder, en s'avançant trop tost, de couvrir son effet. Aussi est-ce de l'artifice du general de faire descharger celle de l'ennemi sans beaucoup de peril, pour le tournoyement de quelque cavalerie, ou autrement, desbandant quelques escadrons, qui par circulation viendront à donner par flanc : et au pis, il faut baisser en terre les corps de nostre infanterie à la premiere descharge, incontinent les relever, et marcher furieusement sans s'arrester, pour gagner l'artillerie, là où sera le principal combat, à cause des janissaires. Que la cavalerie combatte à temps, et non toute ensemble, ayans ceux qui ont combattu la retraicte asseurée derrier les piques pour se reordonner : et sans doute, quand bien l'avant-garde n'auroit la victoire, les ennemis desordonnez, la bataille, et au pis l'arriere-garde, l'obtiendroient infailliblement, pourveu qu'ils se gardent d'estre rompus par la retraicte des leurs mesmes. L'obeissance et l'ordre, la prudence, la patience, et la prevoyance bien conduicte, la victoire est asseurée. Et comme il y a trois croissans, et que trois fois les Turcs se reordonnent pour retourner au combat, le mesme effect se peut faire des Chrestiens, et bien plus advantageusement, prenant garde que ces trois corps de batailles ne soient à la queüe l'un de l'autre, ny les escadrons, ensorte que ce soit derrier les premiers, pour eviter confusion. Ce grand nombre de Chrestiens se peut moderer, d'autant que la vaillance et generosité d'iceux peut obtenir la victoire contre des gens mal armez et mal ordonnez. C'est sans doute que les Turcs ne temporiseront point, et viendront à la bataille, à quoy ils n'ont jamais manqué par le passé, non seulement pour ne vouloir voir ruïner leur pays, et perdre la reputation, ains principalement sçachant que, dez que l'armée chrestienne advancera dans la Grece, tous les Grecs (pour lesquels il faut porter des armes), se revolteront contre eux. Les vivres et l'argent sont les nerfs de la guerre : les deniers doivent estre auparavant l'entreprise levez et mis en reserve; seroit necessaire d'avoir un million d'or, et plus s'il se pouvoit, apres toutes les armées levées. Le roy d'Espagne en peut faire le plus; vostre Majesté une bonne partie, puisque vostre revenu est de trente millions de livres; et seroit bon d'exciter les peuples par les predicateurs, à l'exemple des croisades anciennes, sans suivre les fautes du passé, des deniers mal-employez. Les heretiques, quand ils n'auroient fait autre mal, ont ce blasme d'avoir empesché les cueillettes d'argent, annullant les pardons et autres moyens, pour lesquels ils estoient donnez liberalement contre les Infideles. Semble que les peres capucins seroient tres-aptes pour conserver et manier ces deniers, les faisant assister de quelques habiles hommes. Quant à la provision de vivres, elle est joincte à une autre importance, qui est de se rendre maistre de la mer par une puissante armée navalle.

Jusques icy j'ay desiré d'assembler toutes les puissances d'Europe, pour, sans aucune difficulté, obtenir la victoire, non que je veüille exclurre vostre Majesté de pouvoir, par la grace de Dieu, dés seulles forces de vostre royaume, avec celles d'Espagne et d'Austriche, conduire ceste entreprise à heureuse fin, aydé des princes qui volontairement se joindroient à vous, ainsi que plusieurs firent au dernier voyage de la Terre Saincte, où estoit Godefroy de Boüillon, Boëmont, Tancredy, et plusieurs autres ; et pourriez vous, aydé de toutes les nations susdictes, en nombre de plus de six vingts mil hommes, qui suffiroient pour obtenir la victoire, gagnant cest avantage que ceux de la maison d'Austriche se joignissent à vous, employer quelqu'un d'iceux, avec seureté de leur faire part des conquestes. Seroit tres-necessaire d'obtenir de Sa Saincteté de publier une croisade, laquelle a eu tant de pouvoir au passé aux entreprises contre les Infideles, lesquelles ne sont à rejetter, pour avoir esté, comme disent les Lutheriens, une fois mal administrées. Puis qu'il n'y a qu'une Eglise, et que la creance des Chrestiens catholiques ne doute de la puissance du Pape de remettre et pardonner les pechez lors que nous nous en rendons dignes, ceste foy, bien entenduë, et preschée par les ministres de l'Eglise, touchera les cœurs de beaucoup de personnes. Le roy saint Louys, sans autre puissance que de son royaume, fit deux voyages contre les Infideles : que si la conduitte fust esté pareille au zele et à la pieté, sans doute, avec les seules forces de son royaume, il eust fait d'heureux progrez et de grandes conquestes. Les Venitiens, pour la grande quantité de vaisseaux qu'ils ont, seroient tres-utiles ; et faudroit voir si ce dessein, proposé par ceux du bras du Mayne, qui habitent dans la Morée des rochers non jamais suppeditez par le Turc, pourroit servir à l'entreprise de vostre Majesté.

Iceux offrent la revolte de tous les Grecs du pays, le saccagement des Turcs qui y sont, d'occuper la teste de lisme, et des montagnes dans le destroict, qui ne contient que six mil pas, lesquelles fortifiées empeschent toute l'armée turquesque de venir au secours à la faveur de l'hyver, durant lequel ils s'asseurent (aydez les Chrestiens) de conquester toute la Morée, et que les Grecs y demeurans, prendront Navarrin et autres forteresses avant la descente des Chrestiens. Plusieurs Chrestiens, tant en Albanie, que Mont-Liban, et autres lieux, advertis, favoriseront ce dessein ; divertissement par lequel les Turcs seront contraincts de separer leurs forces. Lors que l'empereur Charles-Quint entreprit en Hongrie son armée navalle, sous André Dore, faisoit ce qu'il vouloit sur la mer, estans les Turcs empeschez en la terre. Ceste armée de mer, bien conduicte, sans s'advancer qu'a temps, se tiendra dans les ports chrestiens asseurez, tant au golphe de Venise qu'autres, jusques à ce que la bataille soit donnée en la Trace, ou que, contre la coustume des Turcs, et où il n'y a apparence, ils temporisassent et ne voulussent venir au combat si tost. Et selon la necessité de vivres de l'armée terrestre, faudroit advancer ou retarder, et là où se trouveroit l'armée turquesque en mer, n'hazarder la bataille si l'on n'estoit beaucoup plus fort; et seroit nommé un lieu où les armées navalles et terrestres se joindroient, qui ne pourroit estre mieux qu'aux Dardanelles, du costé du Chasteau de l'Europe, à l'entrée de la mer de Galipoly. Et pourroit estre l'armée chrestienne, composée de trois cens galleres, vingt galliasses, et soixante gallions, si le roy Catholique et les Venitiens sont joincts avec vostre Majesté. Or, ne peut-il estre en sorte que ce soit qu'avant que venir en ce lieu designé la bataille ne se donne par mer ou par terre, et une des victoires emporte l'autre : c'est pourquoy la maritime doit estre forte, retardée ou advancée, selon l'advis qu'on aura des ennemis.

Les Turcs, ayans besoin de leurs meilleurs hommes pour la terre, n'en auront que fort peu sur la mer, qui rendra la victoire plus aisée. Ce grand preparatif de mer se fait pour asseurer et rendre infaillible la victoire ; mais quand bien il n'y auroit que l'armée de terre qui gagnast la bataille, il s'y joindroit une si grande multitude de Grecs et Chrestiens qui apporteroient des vivres, qu'à un besoin l'on se passeroit de l'armée navalle, sinon pour le siege de Constantinople, estant mal-aisé que l'armée terrestre puisse entrer dans le pays des ennemis avant le mois de juin, pour l'incommodité que souffriroit autrement la cavalerie. Et faudroit porter grande quantité de vivres par charroy, et s'en peut emmener par le Danube, jusques à Peste, vis à vis de Bude, sans neantmoins s'y amuser, si ce n'estoit que l'on y laissast huict ou dix mil hommes pour assieger. Et faudroit faire des forts de huict en huict lieües, y laisser quelques garnisons pour favoriser le convoy les vivres, demeurant aupres de Peste une forte garnison dans le principal magazin pour conduire les vivres à l'armée. Faudroit faire une reveüe, oster toutes les bouches inutiles, et qu'il ne restast que les gens de combat, contraignant ceux qui voudroient avoir des vallets, de les armer, ainsi que font les Infidelles. La cavalerie, qui n'a moins d'affection et de courage que les Turcs à patir quelques jours, pourroient porter chacun un petit sac de farine pressée à leur mode, et quelque peu de chair en poudre, à leur imitation, du moins pour sept ou huict jours. Il faudroit un grand nombre de chariots qui portassent les vivres, ausquels on ne toucheroit qu'à la necessité, et par ordre ; et, sans s'arrester, marcher droict à Andrinopoly, qui est à trois petites journées pres de Constantinople, ville qui est pleine de grande quantité de vivres, et sans aucunes forteresses, dont la prise est facile et necessaire pour rassasier toute l'armée.

Faut chercher la bataille, laquelle est tousjours necessaire aux conquerans, et le retardement d'icelle est le plus grand prejudice de ceste entreprise. Et s'il y a du temporisement des Turcs (à quoy il n'y a point d'apparence), faut que l'armée terrestre marche vers Gallipoly et les deux chasteaux, pour recevoir les vivres et secours de l'armée navalle, laquelle est grandement utile pour le siege de Constantinople, couppant le secours de la mer. Le chasteau de l'Europe qui est au destroit, à l'entrée de la mer de Gallipoly, ne vaut rien, sera aisé à prendre ; et faudra que trente navires soient chargées de bled et farine, qui se prendront dans la Sicile, et quantité d'armes : et sans doute au mesme temps qu'on y sera il se revoltera contre le Turc cinquante mil Chrestiens. Et se peut dire par celuy qui escrit, que les Turcs sont grandement subjects à l'espouvente et à la peur, aux mediocres pertes qu'ils souffrent : ce qu'il vit luy estant arrivé à Constantinople apres la bataille de Lepante, victoire qui les estonna si fort, que les soldanes du serrail, et tous les principaux et plus riches de Constantinople transporterent leurs meilleurs meubles dans l'Asie à Scutary, passant le traject de mer qui est entre deux. Et y a tres-grande espérance que, si la victoire est entiere par terre, qu'ils quiteront Constantinople et ne la garderont point; et quand bien ils la defendroient, elle se peut prendre en peu de temps, parce que nous sommes arrivez à la perfection d'assaillir et prendre les places; praticque de laquelle est l'obligation aux guerres de Flandre : tellement qu'avec six mil hommes assiegeans il s'en peut prendre quatre mil en une place pied à pied, renversant la terre dans les fossez, se retranchant pour se mettre en seurté du secours. Et quant à la foiblesse de la ville de Constantinople, sans contrescarpe, c'est un fossé à fond de cuve, trois murailles l'une sur l'autre, les deux plus basses en mode de fausse-braye, une des enceintes flanquée de tours rondes, et l'autre de quarrées, d'autant plus facile à expugner, que les murailles, par la furie du canon, bouleversant les unes sur les autres, font pont pour plus facilement monter à la bresche : forteresse qui seroit grandement mesprisée s'il s'en voyoit de pareilles dans la France ou dans la Flandre : tesmoignage que les Infidelles ont mis toute leur esperance en la force de la campagne, ne se souciant d'aucunes fortifications que celles de leurs armes.

Ce seroit beaucoup d'avoir mis les Turcs hors de l'Europe, et c'est une tres-forte barriere que les mers Majore et Mediterranée. Neantmoins, si la victoire estoit reüssie telle qu'il y a apparence quasi certaine avec l'ayde de Dieu, il ne se faudroit contenter et arrester là, ains passer dans l'Asie, à l'imitation d'Alexandre, qui, sans sejourner apres la premiere victoire, ne cessa qu'il n'eust gagné la derniere bataille et ruiné Darius. Il est certain que les premiers bon-heurs estans suivis, la crainte et l'espouvente se met dans le reste, tellement que l'on a bon marché du dernier combat; et adviendroit dans l'Asie (là où les Turcs, r'assemblant le bris de leurs defaictes avec les forces d'Egypte et de la Palestine, pourroient encor hazarder une bataille) la victoire, qui se peut suivre selon la disposition des chefs. Que s'il falloit demeurer dans Constantinople sans passer plus avant, pour la premiere année faudroit eslire un prince ou empereur qui la peust conserver; la plus grande seurté seroit de passer en Asie et suivre la victoire.

Aucuns ont proposé que, pour diminuër les forces turquesques, il faudroit entreprendre en Afrique ou en Barbarie; qu'il y avoit apparence, si l'on y vouloit tourner toutes les forces de la chrestienté, et aller jusques au Caire et Damiette, si mal-heureuse aux Français : mal-aisé dessein, qui ne se peut executer que par mer. Neantmoins les Romains ont tenu Alexandrie et l'Egypte si importantes, aisées à conserver par quelques rebellions, qu'ils defendoient aux chevaliers romains d'y aller s'ils n'y estoient ordonnez : si le roy Saint Louys eust commencé par Alexandrie, il eust eu plus heureux succez qu'à Damiette.

Les Turcs ont un grand advantage, en ce que leurs gens de justice, leurs religieux, financiers et tous autres vont à la guerre; au contraire, la moitié des Chrestiens tiennent les bras croisez. Seroit necessaire d'employer ce qui se pourroit pour gagner le Sophy de Perse, lequel a une inimitié jurée contre les Turcs : ceste nation infidelle est tres-subjecte à l'argent, et plusieurs d'eux, mesme des bachats, ont esté chrestiens, et sont jaloux de la faveur les uns des autres, par laquelle emulation et despit avec de l'argent l'on en pourroit gagner quelqu'un. C'est pourquoy il faudroit tenter, par la religion ou par deniers, d'avoir des grands de cét Estat; qui seroit beaucoup d'avantage pour le jour d'une bataille, en laquelle il y a tant de difference entre l'experience, la force et les armes avec celles des Turcs, qu'à la verité vingt en doivent battre cent, mesmement estans conduicts par les plus grands capitaines de l'Europe, à l'exemple de Godefroy de Boüillon, qui estoit le moindre de tous les princes employez à la guerre saincte, et neantmoins ils luy cederent le commandement. Ainsi faudroit-il employer les experimentez capitaines et les plus gens de bien, lesquels obeyroient à vos Majestez Chrestienne et Catholique si elles y estoient en personne, qui experimenteroient combien il y a plus d'advantage d'assaillir les ennemis dans leurs propres pays que d'attendre dans le leur, ainsi que les Chrestiens mal conseillez ont tousjours fait jusques à present. Et apres la pieté et preud'hommie, qui est la voye qui conduit les victoires, la liberalité doit estre exercée, gravant dans le cœur des soldats l'esperance d'honneur et de profit: C'est attaquer ses ennemis dans le cœur de leur empyre, et non par ces foibles desseins qui ne tendent qu'à acquerir une province. Celuy qui escrit s'est trouvé à la revolte de vingt mil Moldaves et Grecs contre le Turc, arrivant Cigalle, qui fut depuis bascha, avec trente mil hommes; les Moldaves en presence coupperent la teste à leur chef, et firent leur paix : c'est pourquoy il faut bien prendre garde comme il se faut servir de ces nations accoustumées à vivre en servitude. Si vous estiez si heureux que de gagner la premiere bataille, il n'y a doute que la plus-part de l'Europe ne se declarast contre ce commun ennemy. Et si vostre Majesté se jette pieusement et courageusement en cette entreprise, il y a beaucoup de creance qu'elle vous est reservée, et que Dieu vous fera la grace de la conduire à heureuse fin.

Cinquieme Advis, pour reduire l'Europe en l'obeyssance des roys de France et d'Espagne.

PARTAGER l'Europe peut apporter quelque utilité à la vie et du danger à la mort; vostre Majesté unie avec le roy d'Espagne, pouvez conquerir grande partie d'icelle : c'est la terreur des Venitiens, Anglais, petits potentaux tyrans d'Italie, et des princes de l'Empyre, qui, en crainte de la monarchie d'un de vous, sement et nourrissent la division entre vos dittes Majestez; par laquelle ils jugeroient leur liberté opprimée, nommément si l'un obtenoit ladite monarchie; c'est pourquoy ils ont aidé tousjours au plus foible contre le plus fort, pesant leur salut à la balance et égalité de vos deux puissances, l'une desquelles ils esperent à tous evenements avoir favorable; et quoy qu'ils soient en semblables interests, ils ne sont en pareilles intelligences, ayant les defauts coustumiers aux ligues en la resolution et durée d'icelles, quand ils ont affaire à des corps solides, contre ces confederations de plusieurs Estats differents en pretentions, en perils et utilitez. Semble que l'Angleterre devroit estre la premiere assaillie : vaudroit mieux y porter la guerre que de la recevoir, et ce d'autant plus que les

Ollandais ne pourroient estre ramenez à leur devoir tant que le roy d'Angleterre seroit contraire : la conqueste ne consiste qu'en deux batailles : le roy d'Espagne, par le duc de Parme, l'entreprenoit avec vingt mil hommes, si son armée ne fust perie ; et le duc de Guise, pour le salut de la reyne d'Ecosse, y descendoit avec douze mil. Ils sont partis en trois religions, Catholiques secrets, Lutheriens et Puritains : il n'y a doute qu'un de ces partis se joindroit avec les conquerans, gens de legere foy ; Marie d'Austriche les avoit fait catholiques, Elizabeth les retourna lutheriens. Ainsi, les deux forces de vos Majestez joinctes, l'une d'icelles, faisant descente en Angleterre, peut se rendre maistre de ceste isle, cependant que l'autre attendroit dans les ports pour donner des rafraichissemens et fortifier les conquestes. Seroit necessaire de donner recompense au duc de Savoye de ses pays, de s'accorder à qui ils appartiendroient, d'autant que tant qu'il demeurera dans iceux, il ne cessera jamais de mettre division entre vos Majestez Chrestienne et Catholique, pour, prenant le party d'un de vous, s'agrandir au prejudice de l'autre ; et apres, quelque part que tourniez vos armes, rien ne vous seroit impossible ; l'Italie, tenuë par les deux bouts, facilement obeïroit, et les Ollandais ne pourroient resister.

Je ne m'estendray à discourir des moyens beaucoup plus faciles de venir à bout de ce dessein, d'autant que je le tiens injuste, et auquel vos Majestés ne s'accorderoient des partages : aussi avez vous peu de droit aux royaumes et principautez qui sont à conquerir. La Flandre seroit trop en danger si le roy de

France estoit roy d'Angleterre, et le roy Catholique, qui possede quasi toute l'Italie, ne voudroit point de compagnon. Que s'il y a quelque droit en cette entreprise, ce seroit qu'en tous deux vous prissiez le nom et l'effect d'empereur, debattant la vieille querelle de reünir toutes les puissances sous l'empire romain, ou du moins que les royaumes, republiques et principautez s'assujettissent et obeyssent à vos Majestez à l'execution et entreprise contre les Turcs.

Devant que vostre Majesté choisisse une des voyes sus-dictes, implorez la grace de Dieu à l'acquit de vostre conscience, connoissez vostre naturel et inclination, vostre pouvoir et celuy de vos contraires. Le premier, d'une juste tranquillité, sera l'advis des gens de bien; celuy contre les Espagnols et Infidéles, entrant en vous-mesme, connoissez si vous vous pouvez resoudre à tous evenemens, accompagnez de vertu, de pieté, patience, liberalité, valeur et magnanimité, sans donner ny trop ny peu à la fortune, sans beaucoup s'arrester sur les heureux succez d'Alexandre, de Cesar, de Themir. Les desseins de l'Europe sont plus difficiles maintenant qu'alors, quoy que le temps et l'experience nous ayent donné l'expugnation des places facile. Vray que Charles VIII, sans argent et peu de conseil, conquist Naples et Milan; pareillement Louys XII prit Milan et defit les Venitiens. Plus difficile fut la ruyne des ducs de Bourgongne par le roy Louys XI, où il falut que la peau du renard allongeast celle du lyon : ils s'aiderent de l'occasion, considerant la disposition du temps de leurs affaires, des forces ennemies et des leurs, pour rendre le succez de leur entreprise heureux ; ce qui estoit necessaire en vostre dernier dessein, par lequel il semble qu'avez choisi du moins d'affoiblir les heretiques. L'empereur Charles-Quint faillit Tunis, se retira honteusement du siege de Metz; le roy Charles IX se leva devant La Rochelle, et n'estes le premier qui se soit retiré des sieges : la proximité de l'hyver, le meslange dans vostre armée de ceux de mesme religion que les rebelles, vous excusent. La reputation est un grand advantage aux souverains: semble, pour la conserver, que vostre Majesté doit entrer par une paix le plus fort dans Montauban, rompre toutes leurs fortifications nouvelles, recevoir leurs personnes et biens en vostre protection; et s'ils estoient bien conseillez sur ceste resistance qu'ils ont monstrée, ils traicteroient en toute seurté.

Que s'ils sont si aveuglez de proposer des conditions deraisonnables, croyez, Sire, qu'il est tres-aisé de les faire obeyr, soit que suiviez les moyens proposez de prendre toutes les foibles places, ou attaquer celle en laquelle il semble qu'ayez laissé du vostre. Il se trouvera des capitaines en vostre royaume qui s'offrent (si vostre Majesté les veut croire) de prendre Montauban dans trois mois sans beaucoup de peril, ayant une armée de trente mil hommes, la moitié d'estrangers, lansquenets, reistres et Suisses; sinon que sans feinte vous vouliez confisquer et deserter tout le bien des rebelles, en peu de temps ils seront abandonnez des leurs mesmes. Seroit il possible que des gens sans assistance, sans argent ny alliance, peussent resister à un grand roy ayant les armes, les finances et l'authorité pour soy ? Il n'y a qu'à prendre une bonne resolution, d'autant plus considerable, qu'il semble que vostre authorité doit prendre coup pour s'affermir par cette deliberation, ou faire place à d'autres mauvais accidents qui peuvent survenir; pour lesquels éviter, faut mettre le tout pour le tout : puis qu'avez commencé de vous jetter dans la guerre, vous estes necessité que vos plaisirs et contentements soient dans icelle, les armes à la main, jusques à ce que l'obeyssance vous soit renduë par tout vostre royaume, et que vos subjects se contentent de vivre sous la protection de vos dictes armes. J'advouë n'avoir la prudence, le conseil ny la capacité de donner advis sur tant d'importance; je diray seulement qu'aucuns croyent que regner en justice et pieté, ou faire la guerre aux Infidelles, doit estre preferé à la reünion des heretiques et entreprise contre l'Espagne, ou association avec eux. Si tant est que les Français ne puissent vivre en paix, et que l'emulation d'honneur et d'erection de trophées en tant de provinces par vos predecesseurs émeuvent vostre Majesté aux armes, et qu'elle ne se contente de faire des actes pieux et justes qui seroient suffisans pour servir de memoire à la posterité que vostre Majesté auroit heureusement regné. Dieu, qui tient le cœur des roys entre ses mains, veüille conseiller et assister vostre-dite Majesté à la voye plus salutaire, accroissement de la religion catholique, bien et utilité de vos subjects, conservation de la reputation française, à ce qu'ayez les benedictions divines en la terre et au ciel.

LA VIE

DE

GASPARD DE SAULX,

SEIGNEUR DE TAVANNES.

REGNE DE FRANÇOIS I.

Dieu ayant appaisé sa colere, Noë sortit de l'arche, la posterité de Sem peupla les Gaules: leurs religions, loix et guerres, sont peu cogneuës; ils vivoient libres en gouvernemens populaires, conseillez de leurs druydes et capitaines: ils entrent en reputation par la prise de Rome; Fabius Maximus les en chasse par surprise: depuis, les Autunois, Langrois et Auvergnats querellans la principauté; les foibles appellent les Allemands, qui les assistent et maistrisent par le secours des estrangers; leur font oublier l'ambition, pour se parer de servitude; s'aydent des Romains, accreus de peu par bonnes loix, exercices d'armes et artifices, qui possedoient partie d'Asie, Afrique, Espagne et Italie, leur domination limitée du Rhosne du costé de la Gaule. Les provinces frontieres et la guerre d'icelles escheurent à Cesar par l'intelligence de Pompée, et Crassus, lors que les Suisses entrerent és Gaules, les deffit. Les Autunois l'employent pour les delivrer des

Allemans et Langrois, ne s'appercevant que de compagnons brutaux ils s'acquierent des maistres sobres. Cesar deffit Ariovistus, allemand venu en faveur de ceux de Langres, gaigne l'amitié des Gaulois, se glissant, sous couverture d'alliance, à la seigneurie. Les Belges l'apperçoivent : il les vainquit à Alexias, et le reste des Gaulois, armez un peu mieux que les Indiens de maintenant. Les Romains, victorieux par vaillance, se maintindrent par sagesse; mettent leurs legions en camps fermez pour citadelle de leur conqueste. Cesar, cherchant la monarchie, la trace de son sang à quatre de sa race; lesquels morts, l'Empereur perd l'Empire, les legionnaires usurpent l'authorité, font et defont les empereurs; se divisent, combattent, perdent foy, discipline et reputation; vaincus et vainqueurs, s'affoiblissent, tombent en mespris, transportent l'Empire à Constantinople. L'an de nostre Seigneur 377, lors empereur Valerius, les Wandales, Gots, Huns, Français, Esclavons, Bourguignons, s'eslevent, vengent l'usurpation faite sur leurs predecesseurs, leur audace accruë par Stellico et Ruffus, traistres capitaines d'Hercadius et d'Honorius; et l'an 397, Rome prise d'Allaric, roy des Gots, tout court à la ruine des Romains.

A mesme temps les Français, habitans de Franconie, en l'an 414 passerent le Rhin sous Meroüée. Les Bourguignons de mesme, sous Gondoce, s'establirent par force et douceur, tolerez des Gaulois ennemis des Romains, qui faisoient comme gens foibles, traictans et dissimulans au profit de leurs ennemis; ausquels tout venoit à souhait, d'autant plus que les Ostrogots en Italie, les Visigots en Espagne, les Wandales en Afrique, et les Esclavons en Panonnie, dissipoient l'Estat romain. Ce qui advint par nations si barbares, qu'il y eut transmigration universelle des peuples, hormis de ceux qui s'accommoderent aux conquerans, comme firent les anciens Gaulois. Il y eut plus de difficulté en ceste part des Celtes, maintenant ditte Bourgongne, que Cesar tient des plus belliqueux, assaillis et vaincus des Wandalles, pour avoir laissé l'exercice des armes sur l'appuy des Romains, desquels abandonnez, les legions revoquées de leur païs pour defendre l'Italie, le peuple se juge perdu, jette l'œil sur les nobles devenus plus fins qu'au temps de Cesar, quittent la campagne, se saisissent des rochers, les retranchent et fortifient.

Origine de Tallant, Saulx-le-Duc, Vergy, Grancey et Saulx-Lieu, tesmoing de l'antiquité de la race de Saulx, continuée par Faustus de Saulx, seigneur d'Autun et de Saulx-Lieu, qui vivoit l'an 214; ce qui est verifié par les tiltres croniques d'Allemagne, Grançon, et concordance d'iceux avec ceux de sainct Benigne et de Paradin, dont sont icy les propres mots :
« En l'an 225, imperant Severe (1), tenant le siège
« Urbain, s'estant adressez les trois saincts person-
« nages, Benigne, Tierce et Andoche, en la ville
« d'Autun, furent receus fort humainement d'un sei-
« gneur du païs nommé Faustus, qui residoit ordi-
« nairement en la ville de Saulx-Lieu, et les pria de
« baptiser Phorien, son fils. Fut semblablement pris
« à Dijon le sainct prelat et pasteur Benigne, qui
« long temps auparavant avoit erigé une eglise à Di-

---

(1) *En l'an* 225, *imperant Severe* : il y a ici un anachrosnisme, car Severe mourut à Yorck en 211. Saint Bénigne avoit souffert le martyre sous Marc-Aurèle, qui mourut en 180.

« jon, laquelle il avoit instituée en la crainte de Dieu,
« pour l'anonciation de sa saincte parole.

« Autant en avoit-il fait en la ville de Langres, où
« Faustus, comte d'Autun, l'avoit envoyé par devers
« une sienne sœur, dame de la ville, laquelle estoit
« nommée Leonine. Ceste dame, qui portoit un lion
« en ses armes, estoit dame de Langres, qui a esté à
« ceux de Saulx. » Du Haillant le tesmoigne en la vie
de Charlemagne, page 164, par ces mots : « Huë troi-
« siéme avoit eu par eschange le comté de Langres de
« Guy de Saulx, et le donna à son oncle maternel
« Gautier, evesque de ladicte ville. » Ainsi Saulx-Lieu,
Autun et Langres ont esté aux seigneurs de Saulx.
De plus, du Taillet, sieur de La Bussiere, au chapitre
des pairs de France, au feuillet 253, p. 254, escrit :
« L'an 1179, Huë, troisiesme du nom, duc de Bour-
« gongne, donna à son oncle maternel, Gautier,
« evesque en l'eglise de Langres, le comté de Lan-
« gres, que ledict duc avoit recouvert par eschange
« de Guy de Saulx; lesquels sieurs de Saulx fonde-
« rent un convent de religieuses proche leur chasteau,
« et donnerent Cultrey aux Templiers. » En vieux
langage Bourguignon - Saulx signifie ce nom adapté
aux evesques chrestiens, qui, à cause du sel qui s'use
au baptesme, estoient nommez par les Français et
autres nations lors payennes, Bourguignons sallez.
De là print origine le surnom de Faustus, de la race
de Saulx : tant luy que les villes et chasteau de
Saulx-Lieu et Saulx-le-Duc, qui luy appartenoient,
furent surnommez de Saulx, pour estre les premiers
Chrestiens de la Bourgongne qui porterent la foy à la
France.

Le naturel des Français meslez des Gaulois, Bourguignons, Goths et Romains, est diversifié, selon qu'ils sont sortis des Levantins, Occidentaux et Septentrionaux : par l'arrivée de ces nations, mariage et alliance des uns avec les autres, leur posterité s'est temperée, profitant de la valeur des uns et de l'esprit des autres. Aucuns physionomistes disoient connoistre au visage ceux qui estoient sortis des anciens Gaulois, des Scythes ou des Wandales, remarquant le teinct, les cheveux, les yeux, le nez aquilin, et autres marques differentes et propres particulierement à chacune de ces nations.

Les secours estrangers forts oppriment la liberté, les foibles ont tousjours besoin d'argent et de courage.

En ceste année 414, que les Wandales entrerent en Bourgongne, vivoit un autre Faustus de Saulx, seigneur de Langres et Saulx-Lieu, qui estoit successeur du premier qui receut sainct Benigne : luy seul ayant conseillé de fortifier et retrancher les rochers, il en choisit un qui avoit desja le nom du premier Faustus de Saulx, aujourd'huy Saulx-le-Duc; il y refugie ses parens et amis chrestiens, dont il y avoit un bon nombre és Gaules avant la venuë des estrangers. Les seigneurs du païs l'imitent, se fortifient sur les rochers, en intention d'essayer de nouveau la fortune des armes, quand lesdits estrangers offrirent paix, receuë à condition de fraternité : et dés l'heure ne furent qu'un peuple, nommés depuis Bourguignons, pour estre separez en divers bourgs : eslirent roy Gondrocus, à la charge de maintenir le christianisme. Faustus paracheve Saulx-le-Duc, et y fait une chapelle : Dieu monstre que ceste race luy plaist, pour avoir sauvé les Chrestiens, remplit la chapelle de bluettes de feu, qui paroissent à la mort de ceux du nom de Saulx, que le vulgaire nomme les feux Sainct Simeon, veuës jusques en ce temps de tous ceux qui y demeurent.

Les Français avoient passé le Rhein à la sollicitation de sainct Remy, evesque de Rheims, et de plusieurs ecclesiastiques, lassez et ennuyez des Romains, dont la decadence et foiblesse les laissoit en proye de toutes les nations barbares. Gondrocus fonda sa seigneurie en Bourgongne, cependant que Meroüée s'establissoit sourdement en France, par la paix que Ætius, capitaine de l'empereur Valentinian, luy accorda, pour s'en servir contre Attila, qu'il defit : la principale gloire demeure aux Français et Bourguignons, leur hausse le cœur. Ætius revoqué et tué par Valentinian, ils s'accreurent des ruïnes de l'Empire sous Clovis, successeur de Meroüée, qui chasse les Romains entierement des Gaules, debellant les Gots, et tost apres les Bourguignons, lesquels imprudemment s'allierent à luy par Clotilde, fille de leur roy, qui desire la destruction de sa maison, pour venger la mort de son pere sur Gondebault son oncle, qui l'avoit occis. Puis d'un reste de pitié, fait donner partie du royaume de Bourgongne à Sigismond son cousin, qui, apres son mauvais pretexte, est jetté dans un puits par Clodomir, roy d'Orleans, fils de Clovis et de Clotilde. De ce devenu hazardeux, il est tué d'un Gondemar, frere de Sigismond, pour la vengeance de quoy Clotilde arme ses fils Sigisbert et Clotaire, roys des deux parts de France, lesquels occupent la Bourgongne, la partagent, et bannissent Gondemar.

En ces changemens, Faustus de Saulx mourut en bataille; ses enfans se maintiennent, traictent avec les roys de France et d'Austrasie, erigeant leur chasteau de Saulx en duché, nom qui s'adaptoit pour lors à ceux qui conduisoient des gens de guerre, derivant du mot latin de *dux à duce*, et qui depuis fut adapté aux seigneuries de ceux que les roys vouloient obliger, raison pour laquelle a esté nommé Saulx-le-Duc. Cette charge continue en leur race; le vulgaire puis apres les nomme ducs de Saulx, nom resté au chasteau de Saulx-le-Duc.

La France, qui avoit esté partagée en quatre apres la mort de Clovis, fust reünie sous Clotaire premier du nom et septiesme des roys, puis repartagée entre cinq, reünie derechef sous Clotaire deuxiesme, fils de Fredegonde. Les dix roys d'apres laisserent usurper l'auctorité au maire du palais; le dernier Childeric perdit son Estat. Ce temps, soüillé des parricides, assassinats, et faineantises des roys, donne moyen aux Martels et Pepins, maires du palais, de se faire roys: aydez des defaictes qu'ils firent des Sarrazins, favorisez des papes Zacharie et Estienne, creignant la force des Lombards, firent reciproque condition avec les Martels de ruïner l'Estat des Lombards et changer celuy de France.

La couronne du successeur de Pharamond est enlevée, dont la race dura trois cens trente un an; la noblesse se laisse corrompre, les duchez et fiefs leur furent asseurez. Les sieurs de Saulx, à l'exemple des autres, confirment leur seigneurie de Saulx. Charlemagne, successeur de Pepin, fait guerre en Saxe, assisté des Boëmes. Au retour, le frere d'un de leurs roys nommé Leopolde, espousa une fille de Saulx, à condition que, luy venant à mourir, son beau-frere auroit la coronne de Boëme, laquelle ceux de Saulx possederent quelque temps. Leurs armes sont semblables à celles de Boëme, un lyon d'or rampant en champ d'azur. Charlemagne mit la France en son periode de grandeur, optint l'empire d'Occident par sa valeur et faveur des papes, qui contenoit France, Italie, Allemagne, Dace et Panonnye, partie d'Espagne et d'Angleterre. Elle dura cent ans en sa maison, d'où sortirent huict empereurs et quatre roys de France. Ceste grandeur declina par division, partages et ignorance de sa posterité; attirant sur luy le mal qu'il avoit procuré aux autres, ouvrit le chemin à Hudes, gouverneur d'Angers, sorty de Huitequin, deffait en Saxe par Charlemagne, lequel, par double vengeance divine, porte la couronne à ses successeurs. La race des Martels dura deux cens trente-sept ans; commencerent en 750, et finirent en 987, que Huë Capet usurpa la couronne : entreprise et ja tentée par ses pere et ayeulx, favorisez de leur regence et duchez d'Anjou et de Bourgongne, aydez de l'ignorance des roys, qui laissent trop aggrandir une race en leur Estat. La mort de Charles le Simple, la haine des Français à Charles de Lorraine, vray successeur, pour la faveur portée aux Allemands contre les Français, la corruption des nobles, mais sur tout la trahison de l'evesque de Laon, qui donna le vainqueur au vaincu, dont la mort à Orleans du Roy, et de ses enfans mis en prison, finit la querelle, et donna le royaume à Capet.

La vertu et la fortune à l'envy firent ces deux changemens de couronne : les combats des Pepins et Martels, la ruine des deux roys lombards, sont actes de vertu, rien de fortuit, sinon la faveur du pape Zacharie. Au contraire, le changement de Capet, aydé des regences et duchez de ses predecesseurs, praticque des Normands, minorité des roys, l'absence et inimitié des Français au successeur roy de Metz, qui avoit favorisé les Allemands, et la trahison de l'evesque de Laon, sont coups de fortune.

Charlemagne usurpe la couronne sur les Meroïngiens, extermine toutes les familles de Saxe. Capet, sorty de Huitequin de Saxe, oste la couronne aux successeurs de Charlemagne. La vengeance divine chastie les hommes de semblable punition qu'ils ont procuré aux autres.

Les Français consultent s'ils imiteroient les Allemands, qui secoüerent le joug à la mort du dernier heritier de Charlemagne, et donnerent loy à leurs empereurs, se maintenans francs de tout, hors de la souveraineté. Les partialitez, ambition et avarice, ostent le courage aux Français, se fient à Capet, qui leur donne et promet davantage qu'ils n'eussent pensé obtenir par perilleuse guerre, ne s'appercevans que l'honneur et richesses sont nulles, puisque les personnes à qui elles sont promises demeurent au pouvoir du donneur; ce que leurs successeurs cogneurent lors qu'il n'y eut plus de remede : finesse et artifice heureusement ignoré, pour le salut de la France, de ceux qui desiroient la couronne de nostre temps, laquelle voulant entiere, n'ont eu une seule portion d'icelle.

A l'usurpation de Capet, les seigneurs et villes françaises perdent l'occasion de se mettre en liberté, comme les Allemands firent, deffaillant la lignée de Charlemagne; liberté où de ce temps partie des Catholiques et Huguenots ont aspiré, qui est à craindre à la posterité. Si les chefs de party eussent donné semblable recompense que Huë Capet, partageant l'Estat avec les principaux de leurs associez, et erigeant les possessions des grands en duchez et comtez, ainsi que Huë Capet fit à plusieurs, au nombre desquels furent les seigneurs de Saulx-le-Duc, les interessant à leur usurpation par dons de duchez et comtez, franchises et immunité aux villes, ils ne se fussent perdus. Les princes et les villes ne peuvent esperer sous les roys legitimes les libertez. Les chefs, voulans tout, perdent tout; leurs partisans, n'esperans d'eux que ce qu'ils pouvoient avoir en repos sous les vrays roys, ayment mieux le prendre sans peril plus certain, et plus à l'acquit de la conscience.

Huë Capet confirme à ceux de Saulx leurs duchez, ne s'en reserve que la souveraineté, à ce qu'ils permissent avec les autres l'usurpation : ils se maintiennent jusques à Philippe Auguste. Hudes, troisiesme du nom, fils de Odot, second duc de Bourgongne, traitant audacieusement les seigneurs de son pays, la pluspart prindrent les armes. Le comte de Châlon, Humbert de Beaujeu, le seigneur de Vergy, Guy seigneur de Saulx, disoient que les royaumes estoient possedez par force, election ou convention : si par force, leurs predecesseurs l'ayant aydé à conquerir, ils devoient avoir part à l'autorité : si par election ou convention, c'estoit à la charge de garder leurs privileges. Les armes, employées où la raison defaut, eurent cours quatre ans entre ceste noblesse et leur duc, qui practiqua la ruse coustumiere aux roys contre leurs subjects : leur accorde volontiers leur requeste, les divise par promesses vaines. Pour avoir meilleur marché du reste, il gagne le comte de Châlon et le seigneur de Saulx; celuy de Vergy et Châtilon sur Seine, pressez, recourent à Philippe Auguste, remonstrent qu'ils tenoient de luy en arriere-fief son interest à leur perte. Sa Majesté va en Bourgongne, tant plus volontiers que Hudes avoit assisté le comte de Flandres contre luy, et le duc quitté les armes. Le Roy fait l'accord par le mariage du fils du sieur de Vergy à une des filles du duc. Sa Majesté et le mariage asseurerent ceux-cy, et ne demeure à ceux de Saulx pour garent qu'un parchemin, pour ennemy la forteresse de leur chasteau, et pour soupçon leurs grandes alliances à ceux de Mont Sainct Jean de Savoye, de Montbelliard, et principalement de Vienne, dont les predecesseurs avoient esté roys de Bourgongne.

Le duc de Bourgongne les tint trop grands et appuyez pour vivre en un petit estat, resout leur ruine. Guy de Saulx, adverty en l'an 1240, recourt au roy sainct Louys, desireux d'unir les grands pour aller au second voyage qu'il fit en la Terre Saincte; pour s'en ayder, traicte accord entre les ducs de Bourgongne et de Saulx. La forteresse de Saulx, qui donnoit de la crainte au duc, est mise en depost entre les mains du Roy, qui donne la moitié de la jouissance du bourg au duc, le tout par provision, attendant que le voyage fust fait. Sainct Louys mourut sans effectuer son intention de remettre ceux de Saulx-le-Duc dans leur chasteau. Philippe le Bel, son fils, pour gaigner Robert, troisiéme de ce nom, fils de Hudes IV, duc de Bourgongne, luy donne injustement le chasteau de Saulx, dont les seigneurs avoient cedé le nom de duc, et s'appelloient sire de Saulx, comme appert par le contract fait avec ceux de Saint Benigne, l'an 1207, au mois d'octobre, commençant (je Guillaume de Saulx, damoyseau), seellé en conquerant ou en souverain, d'un homme à cheval, l'espée à la main. La moitié du bourg, qui estoit restée en partage à Isabelle de Saulx, mariée au sieur de Chauvirey, luy fut depuis ostée par le roy Philippe [1], sous couverture d'eschange d'une terre qu'il feignoit luy donner en Champagne, en l'an 1304, comme il appert par lettres d'eschange cy inserées, pour faire foy que d'antiquité le chasteau de Saulx-le-Duc a esté à ceux de Saulx.

Universis præsentes Litteras inspecturis Officialis Lingonensis, salutem in Domino. Noveritis nos vidisse, et de verbo ad verbum legisse quasdam Litteras sanas et integras, sigillo illustris principis Philippi, Dei gratia Francorum regis, non cancellatas, non abolitas, nec in aliqua sui parte vitiatas, quarum tenor sequitur in hæc verba: Philippus, Dei gratia Francorum rex, universis præsentes Litteras inspecturis, salutem. Notum facimus universis, quòd cùm Philippus de Chavirey, nobis ex causa permutationis, nomine suo, et Isabellis conjugis suæ dederit et concesserit perpetuò castrum de Salice ducis diœcesis Lingonensis, cum fortalitiis, feodis, hominibus, terris, possessionibus, censibus, redditibus, nemoribus omni jurisdictione halta et bassa, rebus et juribus, adjacentiis et pertinentiis castri ipsius, pro omni jure ad ipsos conjuges pertinente. Et specialiter pro dimidia por-

---

[1] *Le roy Philippe*: Philippe le Bel.

tione ad ipsum Philippum ex persona dictæ conjugis suæ in prædictis pertinentiis. Quæ portio ad ipsum Philippum, et ad ipsam conjugem ex ejus persona pervenit ex successione Guillelmi domini de Salice, patris quondam dictæ conjugis, et Jacobi fratris dictæ conjugis defunctorum, ut asserit dictus Philippus. Nosque dictis conjugibus dare debemus ex causa permutationis hujusmodi, et assidere Trecis, vel ultra Trecas in comitatu Campaniæ, in locis congruis decentem recompensationem in terra arbitrio proborum virorum. In qua terra si ædificia fuerint, debebunt æstimari sicut æstimabuntur ædificia dicti castri, et pro æquivalenti quantitate compensatio fiat hinc inde. Quòd si fortè æstimatio ædificiorum dicti castri de Salice superexcederet æstimationem ædificiorum ex parte nostra tradendorum, vel fortè in terra per nos assidenda nulla essent ædificia æstimanda, nos in redditibus compensationem faciemus condignam dictis conjugibus : dictusque Philippus faciet et curabit, quòd dicta conjux sua præmissa omnia approbabit, laudabit, et ratificabit. Et ad majorem securitatem de præmissis approbandis, laudandis, et ratificandis à dicta conjuge, Gaufridus Danfale miles, se erga nos fidejussorem constituit. A qua fidejussionne, cùm super approbatione, laudatione et ratificatione prædicta Litteras competentes receperimus, miles ipse quietus erit penitus et immunis. Obligantes iidem Gaufridus et Philippus nobis omnia bona sua præsentia et futura pro prædictis. Nos autem eidem Philippo trademus de præsenti duo millia librarum parisis mutuo, sub omni obligatione omnium bonorum suorum. Actumque est inter nos et dictum Philippum, quòd, dictæ conjugis suæ ratificatione secuta, ut dictum est, nos statim pro securitate dictæ assisiæ per nos dictis conjugibus faciendæ, assignabimus, et trademus dicto Philippo, pro se et dicta conjuge sua, tantum terræ in redditu in Campania, quantum per informationem faciendam per dilectos et fideles reverendum nepotem archidiaconi Lexoviensis clericum, et Simonem de Marchesio militem, nostros, vel alios super hæc deputandos, à nobis repertum fuerit dictam terram de Salice valere in redditu, habita ratione omni ad idem castrum pertinentium, ut est dictum, pro parte terræ ipsius quæ ante permutationem hujusmodi ad dictos conjuges pertinebat. Nosque statim nancisci poterimus saisinam corporalem dicti castri de Salice, et omnium jurium et pertinentiarum ipsius, pro portione, et jure olim ad dictos conjuges in præmissis pertinentibus ante dictam assisiam per nos faciendam, nonobstante conventione habita in contrarium in dicto permutationis contractu. In quorum testimonium nos præsens scriptum sigilli nostri munimine facimus roborari. Actum Parisiis, anno Domini millesimo ducentesimo nonagesimo nono, mense februarii. Nos verò Officialis Lingonensis prædictus, quod vidimus testamur, et in testimonium hujus visionis sigillum nostrum præsentibus Litteris duximus apponendum. Actum, et datum anno Domini millesimo trecentesimo quarto, die lunæ post festum B. Petri ad vincula.

Facta est collatio per me Giraudum de Besva, et Jaquinum Rotarii, clericos curiæ Lingonensis. Sigillatum in cera viridi.

Ayant les seigneurs de Saulx perdu le chasteau,

il reste aux masles les seigneuries de Ventoux, d'Orrain, Ar-sur-Tille, Prangey, et plusieurs autres, des noms desquelles seigneuries ils se firent appeller, et ne laisserent de se bien allier, comme il se voit cy-apres.

Ceux de faction qui appointeront separement, seront ruinez : les derniers qui traicteront, avec plus de peril et plus d'honneur; les premiers avec plus de honte et de regret.

La paix avec les subjects fait pour les roys; les armes posées, ils n'observent que ce qu'ils veulent. C'est folie de demander des capitulations advantageuses, quand les conditions et les personnes demeurent entre les mains des princes : ces promesses si exactes ne doivent estre recerchées que par ceux qui apres veulent subsister les armes en la main, et hors de la puissance des roys.

Guy de Saulx vivoit en l'an 1110; il portoit un lyon d'or armé de gueule en champ d'azur, timbré d'une teste de lyon empanaché d'or et d'azur; espousa Alix de Mont-Sainct-Jean, dont les armes sont trois escus d'or en champ de gueule. Octavien, comte de Saulx, Isabeau de Savoye, une double croix d'argent en champ de gueule, my-partie de quatre barres d'argent en mesme champ. Guy, comte de Saulx, Jeanne de Montbeliard, dont les armes sont deux dauphins dor en champ d'azur. Guillaume, comte de Saulx, Marguerite de Vienne, qui deceda en décembre 1290, inhumée aux Jacobins à Dijon, portant une aigle d'or en champ de gueule. Charles, seigneur de Saulx, Louyse de Fontaine et de Merlau, six merles et une bande de sable en champ de gueule.

Hudes de Saulx, sieur de Ventoux, Guyotte de Sainct-Seigne sur Viviane, dix barres d'or en champ de gueule. Pontus, sieur de Saulx, Jeanne de Til, trois leopards de gueule en champ d'or. Thomas de Saulx, dit le Loup, Jeanne d'Ar-sur-Tille, trois barres d'or en champ de gueule. De là sortirent deux branches: l'une est des sieurs de Ventoux, fondateurs du Bon-Vaux, où plusieurs d'eux sont élevez; de l'autre vint Hugues de Saulx, sieur d'Ar-sur-Tille, qui eut Anne de Baufremont, portant des baufrois d'or en champ de gueule. Guillaume de Saulx, Guillemette de Baudoncourt, sept carreaux et une barre d'azur en champ d'or. D'icy sortit un cadet, chef de ceux de Saulx de Lorraine. Herard de Saulx, sieur d'Orrain, Antoinette de Dinteville, deux leopars de sable en champ d'or. Jean de Saulx, sieur d'Orrain, Marguerite de Tavannes, un coq d'or griffé de sable en champ d'azur. De ces deux sortit Gaspard de Saulx, duquel nous escrivons, qui prit le nom de Tavannes. Pour ce, a esté icy jointe la genealogie de ceux de Tavannes, du comté de Ferrette, translatée d'allemand en français.

Il est escrit aux Chroniques de Velay et de Monstier-Grand-Vaulx, que l'an 692 il y avoit un roy d'Alsasse qui espousa la reyne Berthe, fille du roy d'Escosse, fondatrice de Monstier-Grand-Vaulx, et fit relever les corps de sainct Germain et sainct Rambaut, donna beaucoup de bien aux eglises, fit faire un chemin dans la roche de Monstier-Grand-Vaulx pour aller à Berne en Suisse, et un pertuis au travers de la roche, qui se nomme encore aujourd'huy Pierre Pertuis. Tous ces ouvrages furent conduits par un grand seigneur d'Escosse, son cousin, qu'elle avoit amené, nommé messire Vernier de Tavannes : ce fut le premier qui commença le chasteau au lieu de Tavannes; voulut reprendre le fief de l'abbé du Monstier-Grand-Vaulx, l'an 692. Ce chevalier avoit amené sa femme, nommée Magdelaine : ils eurent un fils qui se nommoit Philippes de Tavannes, qui espousa Isabeau, baronne d'Elsets; et sont enterrez à Vellay. Lesdits Philippes et Isabeau eurent un fils nommé Joannel de Tavannes, marié avec Anne de La Salle, baronne de Neuf Chastel du Pont de Roide; et sont enterrez au lieu de Tavannes. De là vint Ouris de Tavannes, mary de Pernette de Colombier, enterrez en l'eglise de Sainct Huvyer. Son fils s'appelloit comme le pere, qui eut Isabeau d'Oigny en Bourgongne : elle avoit esté mariée à ceux de Delle, dont sortit Jean et Richard de Delle, et eurent un fils du dernier mariage, nommé Ouris de Tavannes, qui eut Alix de Chastel-Voüey, enterré à Delle, à la chappelle Sainct Nicolas : et eurent un fils, nommé Adrian Regnaut de Tavannes, qui espousa Ameline de Pierretaillé, enterrée à Sainct Ursane. De ceux-cy sortit Petremant de Tavannes, qui eut Marguerite de Moissenot, enterrée à Sainct Ursane. Dudit Petremant et Marguerite vint Jean de Tavannes, qui espousa Jeanne de Raulcourt, fille de Ferri de Raucourt et de Marguerite de Charmes. Dudit Jean et Jeanne sont sortis Jean de Tavannes, qui commandoit aux Bandes Noires; Marie de Tavannes, mariée au seigneur de Verchame; et Marguerite de Tavannes, femme de monsieur d'Orrain. Et d'autant que la maison est tombée en quenoüille, la ville de Tavannes est retournée par fief à l'abbé de Monstier-Grand-Vaulx, qui est de l'evesché de Berne.

Les Juifs par escrits, les Gaulois par tradition des uns aux autres, les Français par armoiries, ont conservé la memoire de l'antiquité de leur race. Les roys s'abusent, qui disent pouvoir faire des gentils-hommes : c'est Dieu qui donne le courage : sa benediction rend les hommes valeureux; ceux qui le sont, alliez à leurs semblables, continuent la vertu à leur posterité : les mes-alliez ne la conservent qu'à moitié. Les roys devroient suppleer à la negligence des nobles, rendre les monasteres gardiateurs des noms et armoiries; noms qu'il seroit besoin maintenant opposer à icelle, la noblesse estant en telle recommandation au passé, que les moindres sçavoient par cœur les races d'un païs; c'est la recompense et punition de Dieu, de la ruïne ou perpetuité d'icelles; c'est à ceux qu'il ayme qu'il se faut allier : la posterité succede à ses inimitiez, aux maladies et deffaut de l'esprit. Les armoiries, utiles à leur conservation, viennent d'ancienneté, comme l'aigle romaine, ou du ciel, ainsi que les fleurs de lis, ou d'actes genereux, comme celles de Milan ; les plus vieilles sont les plus belles et meilleures. La noblesse est issuë d'Abel et des enfans de Noël; les plebeyens, de Caïn et des serviteurs de Noël sortis de l'arche, comme aucuns tiennent. Je croy que c'est de la benediction de Dieu, et de plusieurs actes genereux reïterez en mesme race, qui ne s'entent comme les arbres fruitiers l'un sur l'autre, sont necessitez d'espouser des femmes, desquelles il se vaudroit mieux passer que de les avoir dissemblables. La pauvreté ne sert d'excuse : les armes ne manquent à ceux de cette condition ; les loix devroient donner les pauvres gentils-hommes aux maisons riches qui tombent en quenoüille, reservant le nom d'icelles selon que les maisons sont illustres. Les royaumes bien ordonnez devroient pourvoir au mariage des nobles, joindre les fils aux filles des grands capitaines, pour en produire de semblables; ne permettre qu'ils se mes-allient, à ce qu'ils conservent le courage, ancien protecteur du public: et l'appauvrissement de la noblesse, que les roys de ce temps ont permise ou desirée, est origine des mes-alliemens et mariages des gentils-hommes avec les plebeyens, desquels les enfans ne seront qu'à moitié vaillans, au prejudice du public et des generaux d'armées, par fois abandonnez, et hors le respect de la chrestienté. Plusieurs souverains sont soigneux de conserver les aras des chevaux, accouplant les bons avec les semblables, et n'ont soin d'empescher des mariages que les genereux gentils-hommes sont contraints par la pauvreté d'accomplir avec des femmes sorties des plus vicieuses et viles personnes de leur Estat.

De Jean de Saulx, seigneur d'Orrain, grand gruyer de Bourgongne, et de Marguerite de Tavannes, nasquit, au mois de mars l'an 1509, Gaspard de Saulx, seigneur de Tavannes, de parens illustres, craignans Dieu, et de clair jugement. Le sieur d'Orrain eut trois fils et deux filles, retint l'aisné pres de soy pour maintenir la maison, qui fut Guillaume de Saulx, seigneur de Villefrancon, depuis lieutenant du Roy en Bourgongne; et envoye M. de Tavannes puisné chercher de l'honneur, et vouë le tiers à l'Eglise, qui fut prieur de Sainct Leger; mit les deux filles en religion, sçachant bien la perte qu'elles apportent aux maisons: l'une en sortit, qui espousa le sieur d'Effrans; l'autre mourut à Remiremont, dont elle estoit dame. Le sieur de Tavannes avoit l'esprit prompt, judicieux dés son enfance, estoit de la riche-taille, entre mediocre et grand, de force et disposition nompareille. Son pere l'enseigne, et fait apprendre ce qu'un gentil-homme et capitaine doit sçavoir; fait estudier ses freres selon leurs inclinations.

Les roys sont interessez à la conservation de la preud'hommie des nobles : aucuns s'en sont servis pour administrer leurs finances, leurs domaines, grueries, bois et rivieres, et s'en sont bien treuvez : ceux qui sont naiz de bonnes maisons et riches, ayans à perdre honneurs et biens, ne mes-usent ny ne dérobent, ainsi que plusieurs font en ce temps.

La ressemblance des actions des enfans à celles des peres vient de la benediction ou malediction de Dieu, et de la nourriture qu'ils reçoivent pareille à celle de leurs parens. Aucuns ont creu que l'ame, soufflée de la bouche divine, pouvoit departir l'immortalité et l'entendement à ses successeurs, ainsi que d'un flambeau il s'en allume plusieurs; tiennent que l'ame, envoyée d'en haut, fait ses fonctions selon la capacité des vaisseaux que les peres forment : intelligence, jugement et memoire ont des chambres separées dans la teste, lesquelles, une partie pour la conjonction des femmes, ou offencées de nature et accident, se troublent et s'alterent. Des peres et meres bien proportionnez naissent les proportions capables et les esprits semblables ; si les deux sont en la grace de Dieu, c'est grand advantage pour la sagesse et accroissement des enfans.

Les mathematiciens errent aux predictions par les

astres, qui n'ont aucune puissance sur les nativitez ; plusieurs ont esté charretiers, naiz sous mesme planete que les empereurs : bien est-il qu'il sert à la santé du corps et de l'entendement d'estre nai quand les peres ont plus de force d'esprit et de corps, au printemps, automne et plein de la lune.

Les physionomistes sont plus certains, considerant la forme, le teint et nature du corps ; lisant la vie des Cesars et grands capitaines, considerant leurs actions soudaines ou lentes, ont depeint leurs corps tels qu'ils estoient : Cesar, Alexandre, de proportion mesurée, blonds, tirans sur le roux, sanguins, et dominant le feu en eux sur les autres elemens ; Fabius Maximius, de poil châtain temperé. Un medecin, considerant le sieur de Tavannes, les cheveux blonds, barbe rousse, un peu haut en couleur, les soursils elevez, luy dit : « D'où vient, monsieur, que vostre corps et habitude « tesmoigne que vous devez estre extremement co« lere, et neantmoins vous ne l'estes point ? — Je le « suis, dit-il, autant qu'il se peut, mais je la sçay vain« cre par la raison. »

Les gentil-hommes riches ayans trois enfans en devroient mettre deux aux armes, les mediocres un, et le reste d'Eglise et de loix, sans les lier que l'ainé n'ait des enfans ; marier peu de filles, qui sont la ruïne des maisons. Les gentil-hommes ont la theologie et la jurisprudence, et sont exclus de la medecine : le sçavoir est necessaire, ou recevoir honte d'acheter des benefices et estats ; les jeunes enfans doivent estre sous de fideles precepteurs aux universitez ; ne les laisser en liberté qu'à vingt-trois ans, âge qui donne la perfection à l'œuvre. Où la reverence paternelle defaut, la crainte d'estre desheritez supplée. Les ignobles ne nous ostent les estats de judicature ; c'est l'ignorance qui nous en prive : la porte est ouverte à tous ceux qui font estudier leurs enfans, lesquels ne peuvent estre empéchez d'avoir des estats. C'est l'honneur de plaider et juger : les seigneurs romains s'en sentoient honorez : sotte est l'opinion des brutaux, que les presidens et conseillers ne sont gentil-hommes ; plusieurs sont de cette qualité, et c'est estre vrayement noble que de faire la justice : ce sont eux qui ont puissance sur les biens et vie des autres : c'est estre serf que d'estre d'un estat privé de judicature, qui est marque de superiorité et souveraineté.

Les gens de bien, sages et vaillans, naissent de leurs semblables, soit que les peres forment les vaisseaux où agissent les esprits, ou que les bons fruicts continuez d'enter en leurs especes se rendent meilleurs : la suite de plusieurs vertueux augmente la perfection en leur posterité. Du mélange naissent les monstres ; honte, vice, maladie, infirmité, se portent dans les maisons par les femmes : les enfans des mes-alliez ne naissent qu'à demy vertueux ; les races qui sont benites de Dieu, celles qui sont illustrées d'actes genereux, de parens nobles, doivent estre preferées à la richesse et faveur des autres. S'abstenir de mauvaises viandes, limiter ses exercices, oster toutes passions et apprehensions, sert aux meres et aux enfans en bas aage. La netteté de conscience et pieté, offrant à Dieu ce qui vient de luy, est necessaire ; bannir tous vains discours, mauvaises imaginations, lire les sainctes histoires, ouyr de bons propos, ayde aux enfans lors que l'esprit prend pied, et s'allie avec la chair dans le ventre de la mere. Les premieres affections se marquent dans les corps et dans les esprits, mesme devant la naissance; les dames charitables allaictent leurs enfans, ou les pourvoyent de nourrices vertueuses, à ce qu'ils ne succent le vice avec le laict : il ne les faut tenir delicats, les porter au chaud et au froid, comme estant de mesme condition que les pauvres, et qu'à la façon des singes ils ne meurent pour estre trop caressez ; leur ouvrir les yeux de l'esprit pour connoistre Dieu, en mesme temps que les corporels reçoivent la lumiere.

Les gouverneurs et precepteurs doivent estre choisis craignans Dieu, sans doute de leur foy, gens de bien, non vicieux, de parens semblables, conneus, et aymans leurs maistres et leurs disciples, interessez à leur utilité et grandeur, honte et dommage, guerrier du monde, non pedant qui ait voyagé, sçavant historien, avec plus de jugement et preudhommie que de science : parties mal-aisées de treuver en un homme seul, au defaut de quoy en faut employer deux; le precepteur sera obeyssant au gouverneur. Et que leurs charges ne soient troublées par folle amour ou avarice des parens. Ils instruiront leurs disciples en la connoissance et obeyssance de Dieu, sçavoir l'adorer, prier et servir, estre homme de bien, veritable ; apprendront les moyens de converser parmy les hommes, connoistre soy et les autres, ne les tromper, se garder de l'estre, leur bien faire et se rendre agreable; apprendre à bien parler, sçavoir en gros toutes sciences, et principalement les histoires, pour servir aux affaires d'Estat ; l'art de la guerre, ordre des batailles, les conseils militaires, les exercices aux heures commodes, monterà cheval, escrimer, sauter et nager. Les sciences se peuvent faciliter et accourcir: le sage gouverneur en enseignera plus en un an qu'un autre en dix. La connoissance de l'inclination des disciples est necessaire, leur crainte, patience, timidité, diligence, desir d'honneur, de loüange, honte et chastiment, pour les appliquer ainsi qu'ils profitent.

L'inclination, la portée, suffisance, insuffisance, clarté, obscurité de l'esprit, doivent estre remarquez, pour mettre les enfans à l'art et aux sciences ausquelles ils se portent; autrement c'est travailler leurs entendemens et celuy de leurs precepteurs en vain : il se peut ayder à la nature, non la forcer. Les uns se jettent aux armes, les autres aux lettres, aux loix, à l'Eglise; les precepteurs mal-advisez changent et contraignent souvent la volonté des enfans, faisant, selon leur fantaisie, d'un moyne un soldat, d'un soldat un legislateur: de là vient que les disciples, forcez en leurs vocations et naturels, n'y font rien qui vaille. C'est aux sages gouverneurs d'advertir les parens de leur humeur, et de ce à quoy ils peuvent parvenir, sans entreprendre, selon leurs passions, l'impossibilité où il n'y auroit honneur ny profit: autrement ils s'acheminent bien à la perfection, mais, empestrez de leurs inclinations, et faisant tout à regret, n'y parviennent jamais avec perfection. La memoire a ses limites: elle se peut augmenter par exercices, regimes, methodes, non jusques à l'infiny : qui saute dix pieds en peut saillir vingt, non quarante; qui retient mille vers n'en retient cent mille : il ne la faut charger que du plus necessaire; les premieres impressions prenant place et credit, sont mal-aisées par le temps et par les nouveaux venus de desloger. Les fables et les menteries ne doivent estre à la bouche des precepteurs : les contes induisent à mentir, les tragedies à craindre, les poëtes à la luxure, les faux discours à la vanité : la creation du monde, le peché des peres, l'expulsion du paradis, le meurtre d'Abel, la confusion de la tour de Babilonne, le deluge et le sacrifice d'Abraham, sont veritables histoires, et plus delectables que les Roland et Amadis. Le changement des monarchies, ce qui est advenu durant icelles, qui sont entremeslées de plaisantes histoires d'Herodote, de Xenophon et Plutarque, sont susceptibles aux enfans de sept et huict ans; au lieu que les autres ne sçavent que des fables, ils profiteront des histoires. Le latin n'est necessaire à ceux qui ont de bons gouverneurs et precepteurs : les langues ne sont sciences; le temps qui se mettroit à les apprendre se doit employer à sçavoir les histoires, preceptes, stratagemes et conduitte de guerre, et ne se treuveroit la memoire surchargée de ce qui est inutile. S'il le falloit apprendre, il faudroit que les enfans de deux ans fussent sequestrez dans des maisons separées, et que les nourrices, pages et precepteurs ne leur parlassent que latin dez leur naissance, à ce qu'ils l'apprissent comme leur langue maternelle, et s'en servissent par usage, non par reigles, lesquelles contiennent tant de mots, que les enfans auroient plustost apris les bonnes mœurs et l'art de la guerre, que la moitié d'iceux. L'enfance est capable d'erudition; le sage gouverneur s'accommode à l'âge : au lieu de chevaux de bois, de poupées, de coches et marmozets, usitez et desirez naturellement en ceste basse jeunesse, il faudroit fabriquer, de bois ou de terre, six mille; tant cavaliers, piquiers qu'arquebusiers, de la hauteur d'une palme, des villes, des chasteaux, des canons à l'esgal. En ces petits modelles se peut practiquer et monstrer à ranger des compagnies, escadrons, batailles, assaux, bresches, retranchements, tranchées, gardes, sentinelles, corps de garde, charges, retraittes; quel est l'advantage et desadvantage, ordre, desordre, leurs sources et origines; connoistre les assietes des païs, montagnes, bois, rivieres, passages, pour s'en prevaloir : tellement qu'à dix ans (monstrez par gens experimentez), au lieu d'avoir passé le temps inutilement, ils auroient pris une habitude de soldat et de capitaine, d'autant plus forte qu'elle est imprimée dans la premiere cire, où elle demeure, tournant la science en naturel.

En l'enseignement des gentil-hommes il y a trois degrez : l'excellent, le moyen et le commun. Les entreprises des royaumes, conquestes et delivrance, veulent un cœur genereux, un esprit vif, plein de feu, ambitieux, infatigable, contempteur des hazards, prudent, patient, dissimulé, eloquent, liberal, attirant, gracieux, se changeant, se pliant sans peine, negociant par habitude, sans travail : raretez peu communes, où le sens naturel peut beaucoup. Des sages, vaillans, gens d'honneur, de foy, d'entendement, sçavans, de conseil, subtils, fermes, resolus, les roys font leurs generaux, leurs connestables, maréchaux, gouverneurs et ambassadeurs. Au troisiesme degré, les vaillans, vertueux et fideles peuvent parvenir à estre mareschaux de camp, capitaines de gensdarmes, maistres de camp de gens de pied, et capitaines de places. Il est necessaire que les gouverneurs connoissent la capacité de l'esprit de leurs disciples, car en vain se chargeroit un grand fais sur des jambes foibles. Plusieurs, forçans eux et les sciences, estudient pour estre generaux d'armées, grands theologiens, ou legislateurs, employent temps, peine et argent à se faire mocquer d'eux, lesquels eussent reüssy en autre moindre profession. Les receptacles, l'entendement, jugement et memoire, serrez, obscurcis, opprimez de carnositez, empeschent les fonctions spirituelles aux uns plus qu'aux autres; où il ne se remedie par art, non plus qu'il seroit possible de faire sages les fols dont la nature a espointé les testes. Tel seroit capable d'apprendre à estre capitaine et gouverneur de place, qui ne l'est pas pour estre connestable, general d'armée, conseiller d'Estat et ambassadeur, lesquels au semblable ne pourroient estre chefs de party. Il y a des preceptes et des reigles communes à tous ces trois degrez, d'autres particulieres à chacun d'iceux, dont les premieres sont dangereuses de communiquer aux deux autres : c'est eschauffer l'ambition mal à propos, et en lieu de creer des dieux il en sort des centaures.

Les traductions d'Herodote, de Plutarque, Apian, Titelive, ont aydé à fomenter les guerres civiles en l'Europe. Tel eut voulu estre Cesar ou Licurgus, pour renverser ou changer l'estat des republiques; autres, Brutus, Timoleon, pour tuer les tyrans; autres, pour entreprendre mieux que Spartacus et Sertorius, qui ne consideroient que le christianisme le defend, la juste royauté l'empesche; et leur insuffisance les en recule. L'opinion de soy-mesme, la presomption, mere d'ignorance, leur silloit tellement les yeux, qu'il ne leur restoit que l'audace et la folie (source de tant de

malheurs et d'entreprises passées de nostre temps).
De mesme l'erudition ne peut estre commune aux generaux d'armées et aux capitaines, dautant que les regles d'Estat à un qui ne seroit capable que d'estre capitaine de gendarmes ou de gens de pied, ne serviroient qu'à surcharger son esprit, qui l'est assez de soy-mesme : il vaudroit mieux leur apprendre les bonnes mœurs, la discipline militaire, la politique, l'obeyssance, et autres choses desquelles ils se pourroient mieux servir. C'est pourquoy la perfection est aux Italiens, qui n'apprennent qu'une science, au contraire des Français, qui les aprennent toutes en apparence, et en effect n'en sçavent point.

Les livres tranchent de deux costez, ostent et donnent les vices, font bien et mal, excitent à vertu et à volupté. Les romans, les poëtes, fables et fictions lubriques, sont poisons de la jeunesse qui leur doivent estre violemment arrachez, parce qu'ils corrompent les mœurs, occupent la place en la memoire des choses meilleures; en eschange il leur faut donner des saincts, veritables et bons historiens. Les bons precepteurs doivent extraire ce qui sert à ceux ausquels ils enseignent, et, s'ils n'en peuvent prendre la peine, leur cotter jusques aux lieux qu'ils veulent qu'ils lisent, leur expliquer les entreprises, actions politiques, de guerre et de justice; les tournant en bon suc; pour les faire digerer et profiter dans l'entendement de leurs disciples. De là viendra qu'ils ne gousteront rien d'impur, et qu'ils ne se trouveront surchargez de livres inutiles, le grand nombre desquels, tant saincts que profanes, qui semblent necessaires pour estre versé aux histoires, se peut abreger au petit pied en forme de cronologie, ainsi qu'il y en a dés ceste heure plusieurs faites, qui suppleent à ceux qui n'ayment la lecture. Se connoistre et mesurer est estimé des sages; adjoindre le feu au boüillant, c'est faire des Phaëtons; échauffer, attiedir, refroidir, hâter, rallentir le naturel des enfans, est necessaire pour former un bon patriot, qui prepose le bien et la gloire du païs au sien propre. Il ne leur faut permettre de lire, ou les faire passer legerement sur la vie de ceux qui ont entrepris contre l'Estat auquel ils estoient naiz; leur monstrer les perils où ils se sont precipitez, qu'il n'y a rien d'honorable que ce qui est juste, que la bonne reputation doit estre preposée à la grande injuste. Que si au contraire le precepteur trouve un naturel eslevé en son disciple, les conquerans et les entrepreneurs leur pourront estre leuz et expliquez, autant que Dieu et la justice le permettent.

Les livres doivent estre leuz avec consideration, et fonder des discours sur chaque fueillet aux disciples, et en tirer le suc : leur faire juger des actions bien ou mal faites, si elles pouvoient estre meilleures ou pires; les fautes, les artifices, les remedes, les beaux et bons actes bien remarquez, pour s'en servir en occasions semblables, ou eviter les inconveniens y mentionnez. Ainsi sera exercé le jugement.

La memoire pratiquée avec artifices se rend meilleure; une sentence, un mot, une marque represente l'autre. La disposition en suitte consecutive supplee au defaut du souvenir, comme de Dieu aux anges, aux prophetes, saincts et hommes; du ciel aux astres, elements, bestes, et plantes aux mineraux; et ainsi ceste suitte, tombant des uns aux autres, facilite la retention et la memoire. Des exercices de guerre et practique d'iceux, l'obeyssance, commandement, armes, ordres, combats, batailles, assaux. De mesme, en la cognoissance de l'estat des empyres, monarchies, tetrarchies et democraties, la scituation des royaumes, limites, separations d'iceux, leur forteresse, foiblesse, ports de mer, rivieres, montagnes, moyens de les conserver ou occuper : ce qui se peut reduire par les gouverneurs et precepteurs, en telle sorte que facilement les jeunes enfans en seront capables; ainsi que plusieurs aprennent la gamme de musique et autres vanitez qu'ils retiennent par semblable disposition. Ainsi les prescheurs marquent les piliers des Eglises; ainsi les mareschaux de camp, des mots qui approchent le nom de plusieurs villages où ils logent l'armée. Tel sçait une elegie par cœur, qui ne sçait se souvenir du milieu s'il ne commence au premier vers; il semble que la memoire deplie une ranche aprés l'autre, selon qu'elles y ont esté entassées. Le gouverneur expert donne à chacun son logis separément et sans confusion. Plusieurs arts se sont appris par traditions et caballes des peres aux enfans, sans aucunes escritures. Les cathechismes enseignent la foy, les mœurs s'apprennent par preceptes; les regles de la conversation des hommes et des affaires d'Estat s'extrayent des livres. L'astrologie n'est necessaire aux generaux; suffit qu'ils sçachent les metheores, pour ne s'étonner de rien : pour les fortifications, le chiffre et arithmetique sont necessaires. Vray est-il que les cartes les plus certaines sont faictes par l'elevation du pole; à quoy il ne faut embroüiller l'esprit du general, suffit que l'on sçache faire les formes ordinaires; l'art de sçavoir mesurer la distance des lieux par l'usage du compas, separant les distances suivant les cercles, les adaptant et tournant selon les regions, est utile.

De toutes les sciences divines, morales, histoires, manyment des affaires d'Estat, conversation, stratagemes, fortifications, se peut dresser des lieux communs, maximes et afforismes : ainsi que les bons medecins, brefves sentences, le meilleur et le suc de ces arts, pour les faire apprendre par cœur aux disciples : ce qui ne se peut faire que d'un excellent gouverneur, qui puisse cognoistre les bons preceptes d'avec les inutiles. Ce livre ne sera gros, et sera plustost apris que les rudimens, Despautere, Terence ; et quand ceux qui les lisent seront seulement grammairiens, les autres sçauront que c'est d'estre homme de bien, capitaine, et gens d'Estat, et rendront compte de tout ce qu'on leur demandera à quinze ans. Tous les arts sont obscurcis, remplis de vanitez, d'artifices inutils et peu necessaires, par la malice des professeurs d'iceux, qui ont voulu rendre leurs sciences plus longues, à fin de leur donner reputation, et y gaigner davantage ; tous lesquels artifices, paroles et discours inutiles, il faut sçavoir tirer et separer, ainsi que la paille du grain pour profiter le temps. Les ingenieurs, escuyers, escrimeurs, enseignent en une année ce qu'ils pourroient aprendre en trois mois. Sçachant l'arithmetique, le reste, comme les racines carrées et algerbes, ne sont guiere utiles aux guerriers : faut dresser les bataillons et les escadrons promptement, par une grande érudiction, experience et accoustumance.

La conversation profite et nuist, selon la bonté ou mauvaistié d'icelle : c'est là où il faut avoir grandement et assiduellement l'œil. Un mauvais discours, un pernicieux mot destruict à un heure ce qui s'edifie avec beaucoup de peine en plusieurs jours. Monter à cheval et escrimer sert de beaucoup, sans en acheter, par perte de temps, la perfection avec tant de ceremonies; puisque le general ne veut faire profession d'escuyer ni d'escrimeur, suffit qu'il en sçache pour sa necessité. Les compagnons, les enfans, les pages doivent estre plus sçavans, sages et de bonnes mœurs, que les disciples avec lesquels il sont joincts pour servir ou pour apprendre. Les paroles sales, vaines, desobeyssantes, presomptives, sont couteaux qui trenchent le bon naturel des jeunes gens, gastent en un moment ce que plusieurs jours ont edifié; ceux qui en usent doivent estre sequestrez ainsi que les malades de mal contagieux. S'il advient qu'un indiscret ait dit quelques mauvais propos, soudain le precepteur en changera le sens, le couvrira ou reprendra, à ce qu'il ne tache et offence l'imagination et pensée de son disciple. Il y a des maximes qui se peuvent reduire en sentences, il les faut faire apprendre par cœur. Par exemple, en la creance, adorer, croire, obeyr à Dieu, aymer et n'offencer son prochain; aux mœurs, mettre le droict de son costé, dire verité, la plus grande finesse est de bien faire, regarder la fin au commencement, ne parler trop, n'offencer personne; aux affaires d'Estat, estre juste, secret, mesfiant; en guerre, vigilant, se garder d'estre surpris, tenir ordre, charger le premier; et mil autres preceptes, qui se peuvent reduire en sentences briefves, pour servir de regles infallibes.

Le cosmographie se doit apprendre, sçavoir, la situation des empires, royaumes, provinces, mers, rivieres et villes; leurs distances, quel au levant, quel au midy ; les eschelles necessaires pour compasser les lieux, les reduire au petit pied, dont sort l'erudition et les moyens d'apprendre à fabriquer les cartes. Un livret seroit necessaire à celuy que l'on veut former pour general d'armée, qui ne se peut bonnement faire que par gens d'Estat, mal aisé de composer aux gouverneurs et precepteurs, s'ils ne sont fort experimentez. Dans iceluy soit mise la force, richesse et puissance, moyens d'assaillir et se defendre, alliances, confederations, parentages, secours, vivres, munitions, villes, chasteaux forts et foibles, navigation des mers, rivieres, passages, guets d'iceux, païs d'infanterie, cavalerie, bois, montagnes, les princes qui y commandent, l'humeur d'iceux, et les plus approchans de leurs desseins, moyens de les assaillir et de s'en defendre, nommément des païs plus voisins du general.

Exemple : l'Allemagne est un Estat aristocratique, dont la resolution depend d'assemblées de princes et de villes imperialles, dequoy la tardiveté donne quatre mois de loisir d'executer des entreprinses. Eux recogneux, ils s'opposent avec de grandes forces : pour les soustenir, faut avoir pris aux quatre mois susdicts des villes fortes, et se faut ayder de la querelle de l'un d'eux contre l'autre, et se saisir de bonnes places. La gendarmerie française joincte aux Suisses, s'ils n'avoient excepté l'Empire, feroient de grands effects sur iceluy. Les Allemands sont peu pecunieux, leur cavalerie ne vaut guieres, les villes fortifiées à l'antique, leur païs traversé du Rhein et du Danube, sur lesquels seroit necessaire prendre Strasbourg et Oulme ; leurs reistres sont de peu de valeur, les lansquenets meilleurs; multitude de souverains facile à diviser à qui auroit establissement dans leur pays. L'Allemagne n'est à craindre hors de ses limites; l'Empereur ne peut entreprendre sans les princes et les villes, qui craignent sa grandeur, et peut peu de luy-mesme.

Il se peut composer des dialogues contenans demandes et responses, tant sur les mœurs, affaires d'Estat, que puissance des rois et Estats, pour esveiller tant plus les esprits; et lorsque la raison et jugement y prennent place, ils s'y doivent continuer, et exercer par interrogats, à differens enfans en presence l'un de l'autre, loüant et blasmant les bons et mauvais advis qu'ils donnent, leur monstrant la raison par laquelle ils le pouvoient donner meilleur. Ainsi se formera peu à peu le jugement.

L'eloquence est necessaire, il est aussitost bien que mal dit: les accoustumer à discrettement parler, et en peu de mots significatifs comprendre beaucoup; quelque partie de la retorique y peut servir: les discours se font en se promenant, sur la lecture passée, autrefois sur les occurrences, evenemens fortuits qui arrivent dans les villes ou dans les maisons des grands: tellement que dans icelles, aux champs, en joüant, par tout il y a estudes, selon la sage practique du gouverneur et precepteur, sans forcer le disciple.

Les exercices du corps sont utiles, tant pour la necessité que pour la santé. Le premier est l'escrime, pour la frequence des duels, permis inconsiderément en France: elle sauve l'honneur et la vie, suscite l'hardiesse pour ne souffrir injure, dont la presomption ne doit faire mesuser à l'oppression des foibles. Sçavoir piquer, arrester les chevaux; joüer plus du pistolet que de la lance, profite; le nager, le sauter, et mesme le danser, augmente la disposition et santé corporelle : quant aux instrumens et musique, ils sont du tout inutiles. Je mettray entre les exercices, de desseigner une ville, un camp, une forteresse en campagne, reconnoistre les assietes propres des armées, juger des distances, rendre compte des difficultez des assiettes, avantages et des-avantages des païs, des scituations; mettre en ordre et desordre, changer et r'allier au pas, au trot, du haut en bas, aux passages, aux hayes, aux fossez; pourvoir au soleil, pluye, vent et poussiere.

La plus grande troupe de ses amis et compagnons que l'on pourra amener à la promenade pour s'exerciter en ce que dessus, sera le mieux. Là se fait infinies questions : quel moyen de desloger une armée qui est logée sans peril, quel de gagner ou garder un passage de riviere, fortifier les advenues, reparer les imperfections des scituations; ce qui ne se peut par discours, ains est necessaire d'estre à la campagne sur les lieux, là où se juge des distances. C'est la chasse à laquelle il faut mener les jeunes seigneurs, n'estans que trop addonnez à celle des bestes et des oyseaux, à laquelle plusieurs passent leurs jours inutilement : il leur faut monstrer la chasse des hommes. Jusques à vingt ans les jeunes doivent apprendre, et ne les retirer de la puissance de leurs superieurs; l'esprit et le corps, en cét aage, plus parfaict, retient en quatre ans ce qu'il a appris en seize; autrement, les sciences passent comme un songe; negligées une année, elles s'oublient entierement. Lors que les jeunes se veulent emanciper, c'est le temps qu'ils ont besoin de bride, et ausquels les gouverneurs doivent plus de travail et de soin; autrement les mœurs se corrompent, les feux de la jeunesse cherchent par tout des issuës et moyens de secoüer le joug, soufflez et attisez de milliers de personnes, dont le plus grand nombre, suivant l'infirmité naturelle, est plus enclin au mal qu'au bien. De là sourd la presomption, impudence, desobeyssance, suivie de la moquerie et perte, qui fait faire naufrage aux jeunes hommes, par duels ou injures reçües, ne laissant à leurs parens que regrets et reproches de leur appartenir. Autres dans les armées s'addonnent aux jeux, aux putains, perdent de belles occasions, ou par trop de furie se precipitent et font tuer mal à propos, entreprennent temerairement de desobeyr les chefs, et sont contraints de fuyr, se chargeant de vergongne qu'ils ne reparent jamais. Les anciens les cognoissoient mieux que ceux de ce temps, et les tenoient avec de longues robbes, pages, ou en subjection, jusques à ce qu'ils commençoient à avoir de la barbe.

Si à dix huict ans les jeunes hommes vont aux armées, un gouverneur, non seulement soldat, mais capitaine, leur est necessaire, lequel les destourne de vice, de jeu, d'oisiveté, d'hazard; leur fait comprendre et mettre en practique ce qu'ils ont apris par theorique, hanter les capitaines et gens d'honneur, considerer les evenemens, les bons effects, les fautes, et en oyant leur jugement, les corriger ou loüer selon leurs merites; les empescher de se perdre mal à propos, leur monstrer que le commencement de donner bonne opinion de soy est la moitié de tout; comme il faut donner preuve de sa valeur, et sans extreme et desesperé peril la faire entrer en bonne odeur : l'empeschera de se porter en lieu où il soit contrainct de monstrer les talons; luy monstrera qu'il vaut mieux ne faire que mal faire, qu'il suffit de s'hazarder deux fois pour se mettre en opinion de vaillant, sans se mettre à tous les jours; que la vaillance est necessaire, toutes fois commune avec les soldats, et que la conduitte donne l'honneur. Il ne se passera acte, quel qu'il soit, sur lequel le sage gouverneur ne fonde un discours profitable et pour servir à celuy qu'il aura en sa charge, lequel il contraindra forcement d'estre tousjours proche des plus grands et des meilleurs capitaines. Mais il faut necessairement que le gouverneur soit vaillant et sage, audacieux, pour monstrer qu'il ne craint point son disciple, auquel il le declarera franchement.

Il ne sert d'avoir edifié l'arbre s'il est couppé avant que porter fruict. Combien y eust-il eu de braves, de valeureux, qui eussent reüssi conquerans et generaux d'armée, si la mort, precipitée par l'imprudence et par les armes à feu, n'eust moissonné leur prin-temps. Si les drogues empoisonnoient les medecins, si les loix tuoient les docteurs, il ne s'en treuveroit tant de parfaicts en l'une et l'autre profession ; et si les feuz et les fers que les capitaines sont contraincts de manier pour se rendre experimentez ne les massacroient, il se trouveroit davantage de parfaicts generaux d'armées que de legislateurs et theologiens, lesquels generaux sont tres-rares : c'est beaucoup d'en avoir deux ou trois en un Estat, tant pour la mort precipitée d'iceux, que pour la science et practique plus difficile que toutes les autres, où l'honneur, la vie et le bien s'hazardent journellement. A toutes heures, à tous moments les jeunes se precipitent par presomption, audace, peu d'experience et mauvais conseils ; et si les anciens eussent practiqué les armes à feu, Plutarque n'eust celebré tant de grands capitaines, qui fussent mort jeunes avant que d'avoir fait tant d'actes signalez. Les vieux ont le sang, le conseil, la resolution froide et fluctuante ; voyant d'une veüe tous les perils passez et advenir, craignent de perdre la reputation acquise, laissent passer l'occasion souvent par indisposition corporelle : de trente à soixante ans est l'aage plus propre aux generaux de difficile choix. S'ils sont de race obscure, ils seront peu estimez ; si d'illustre, dangereux à revolte ; si boüillans et cruels, ils ruïnent les affaires ; si froids et trop bons, l'occasion se perd et le mespris arrive ; si severes, sont hays ; si familiers, mesprisez ; si avaricieux, sans credit ; si prodigues, necessiteux ; si ambitieux, hazardeux ; s'ils ne sont desireux d'honneur, ils ne travaillent point. L'un se croit trop, l'autre ne se croit assez : qui par une offense, une crainte, un mespris perdra une armée ; autre, par jalousie, envie, ou par une vengeance ou colere contre ses maistres ou mignons, ne se souciera que tout se perde avec luy. Il est mal-aisé de trouver en un homme seul toutes ces vertus, pieté, amour, justice, temperance, vaillance, preudhommie, adresse, eloquence, affabilité, beauté, attraicts, cognoissance des hommes, chastier, donner à propos, loüer, mespriser, commander resolument, faire parler, taire à temps, croire et ne croire, ne se changer dans les hazards, pourvoir soudainement selon les occurrences à plusieurs choses à mesme temps; prevoir à la famine, pourvoir au mescontentement des amis, avoir l'œil aux trahisons, entreprises des ennemis, les juger par ce qu'on feroit si on estoit en leur place, faire justice sans crainte, pardonner sans faveur : toutes lesquelles vertus ne se peuvent acquerir sans la lecture des livres, estant impossible qu'un gouverneur en puisse tant apprendre qu'ils en enseignent pour estre bon general.

Du retour de la guerre ou du logis du general, le gouverneur et celuy dont il est chargé doivent escrire succinctement ce qui s'est passé, pourquoy et à quel dessein, remarquer les fautes de tous, et comme à leur advis il se pouvoit faire mieux; ce que confrontant avec les stratagemes extraicts des livres, ils en tireront des enseignements et resolutions veritables. Ainsi à vingt ans ils sortiront en effect de subjection : autrement, pensans se mettre en liberté et hors du joug des maistres, ils entrent aux prisons d'ignorance, de vices et des honneurs, qui s'evitent par la crainte de Dieu et conseil de leurs amis.

Pour instruire des gentil-hommes guerriers, il ne leur faut des maistres tant sçavans que preudhommes et de bon sens. Ils n'ont besoin de perdre le temps à aprendre le latin, si ce n'est avec leur nourrice, les sequestrans durant les six premiers ans de ceux qui parlent français : les langues ne sont sciences, la memoire ne peut estre augmentée; elle a ses limites et n'est infinie, il la faut remplir du plus necessaire. L'estude des gentils-hommes est separé en l'exercice de l'esprit et du corps : pour celle de l'esprit, jusques à seize ans leur sera monstré la crainte de Dieu, les bonnes mœurs extraites en peu de mots, dequoy il les faut charger; le suc des sainctes escritures et des bons preceptes, des livres de guerres pour se defendre et assaillir, l'ordre des batailles, retraites, siege, assault de ville, defences d'icelles, et leur en faire des dialogues : leur sera leu peu de livres et necessaires, à ce qu'ils n'ignorent rien en gros; les aprendre à haranguer, et par frequent discours leur faire choisir les meilleurs conseils, reduire en mots succincts les preceptes par lesquels ils puissent aprendre par cœur toutes les forteresses, passages, rivieres, confins de France et des provinces voisines, en quoy consiste la force des Estats, et quels ils sont. Pour l'exercice du corps, monter à cheval, tirer d'un pistolet, escrimer, necessaire pour la mauvaise coustume du duel trop permis en France. Depuis seize à vingt ans, leur sera monstré les affaires d'Estat et conseil salutaire, en tirant profict des auteurs; et pour les exercices du corps, prendre en campagne les situations du païs, dresser des batailles, faire et defaire des ordres, les loix de la guerre : leur sera faict voir la difference du devoir des generaux, capitaines et soldats.

Ceux-cy, de mesme que ceux qui estudient aux lettres, ne doivent sortir de subjection qu'à vingt ans, et si deux ans plustost ils vont à la guerre, ne se fier d'eux à eux-mesmes. De seize à dixneuf ans, le tiers de la noblesse se pert par imprudence, pour ne se sçavoir bien gouverner, soit par querelle ou par guerre : n'ayant encores l'esprit ferme, ils tombent en des inconveniens de honte qu'ils ne reparent qu'à grande peine. Sont les rois et les républiques qui ont interest à la nourriture des enfans; de là vient la conservation et la perte des Estats. Il ne s'en faudroit fier aux peres, avoir des colleges de noblesse où peussent estre nourriz deux mille gentils-hommes aux despens du Roy ou des abbayes; que les maistres qui monstreroient fussent tous gentils-hommes, principalement pour les mœurs, aguerrimens et affaires d'Estat. C'est honte d'estre contraints d'envoyer les jeunes hommes en Italie, d'où ils reviennent plus chargez de vices que de vertus; encores plus grande, qu'il faille que les pauvres gentils-hommes donnent leurs enfans pour pages à ceux qui les font servir de valets et macquereaux. Les gentil-hommes sont necessités d'aprendre leurs enfans eux-mesmes : il y a peu d'apparence que les roys establissent des lieux publics pour les nourrir, y ayant plusieurs qui les conseillent obster l'aguerriment et souhaiter la noblesse encores plus ignorante qu'elle n'est, et, comme Crœsus conseilloit à Cyrus, leur ordonner plustost des longues robbes et la musique, que les exercices militaires. Je respons à ceux-là que c'est un bon conseil pour roys qui ne se sentent sages ny courageux, et qui ne veulent faire la guerre. Si seroit-ce une grande gloire de voir sortir à vingt ans des generaux d'armées de ces escolles, comme de celles des Perses, et de semblables à Scipion, qui en cest aage conduit les armées romaines. Les Turcs seuls ont conservé l'erudition de leur jeunesse, ayant de grands lieux nommez Caravascera, où ils nourrissent cinq ou six mil enfans, d'où ils sortent soldats et capitaines. L'Espagnol en garde quelque chose aux garnisons de Milan et Naples, sortans soldats de là où ils sont entrez bisognes. C'est par cest aprentissage des jeunes enfans que trente mil Lacedemoniens dominoient la Grece, trente mil Mameluz l'Afrique, seize mil janissaires l'empire du Turc, trente mil Espagnols l'Italie, la Flandre et les Indes, et quatre mil hommes d'armes conservoient la France contre toute l'Europe.

La religion, les armes, les loix, les lettres ont tellement changé de païs depuis le commencement du monde, des Assyriens en Perse, Grece, Palestine, Italie, Espagne, France et Allemagne, tellement qu'un chascun à son tour a eu la superiorité des armes, des lettres et de l'abondance du peuple; maintenant s'estendent devers le nort, aux Flamans, Olandais et Suedois. En l'Asie il se faisoit des armées de deux cens mil hommes; en la Palestine se voyoit des millions; dans la Grece le peuple estoit innombrable : en ce temps elle est quasi deserte; au lieu de mille grandes villes renommées, ce ne sont plus que des bourgades et hameaux. Au contraire, les Gaules, l'Espagne, l'Allemagne, et nommement la Flandre et les villes maritimes du Septentrion sont peuplées de millions d'hommes; tellement qu'il semble que les peuples de Babylonne et de Hierusalem, de Thebes, y soient arrivez, au lieu que ces royaumes d'Europe estoient tous remplis de bois, et fort peu habitez. Cela a donné suject à quelques uns de dire que la terre tourne, et que ce qui a esté froid devient chaud, que le soleil du midy s'approche de l'Europe, alleguant qu'il est apparant que depuis quatre vingt ans il semble que la France et la Flandre soient plus temperées qu'elles n'estoient. Il est certain que nos predecesseurs vivoient lors que les regions estoient plus froides, ce qui se monstre par les habitations : au lieu des grandes ouvertures des fenestres de maintenant, ils n'avoient que des lucarnes, bastissoient leurs murailles espesses, leurs personnes portoient des chaperons et des fourrures, et mesmes usoient infinis espices, et se tenoient couverts dans les maisons : ce qui peut estre referé à la multitude de bois qui lors estoit en ce païs, lesquels partie en deserts, le froid y estoit plus extreme.

La guerre, alliance et naissance des seigneurs de Saulx, advenuë durant les successeurs d'Hugues Capet, a interrompu ce que je reprens maintenant. Depuis l'an 987 que ledict Capet usurpa la coronne, jusques à Philippes de Vallois, il y eut trois cens ans passez avec peu de mouvemens; les rois, ne travaillans qu'à s'affermir et faire des loix, pour ne tomber au fossé de leurs predecesseurs, ostoient par division et artifices aux seigneurs leurs subjects ce que, pour regner, Huë Capet avoit esté forcé d'accorder. De Philippes de Vallois jusques à Louys douziesme fut la guerre anglaise, la loy Sallique disputée, prise de Paris, et guerre de Bourgongne, qui divisoient l'Estat si l'imprudence de Philippes, duc d'icelle, n'eust fait paix avec les Français ses ennemis, quittant les Anglais ses alliez, r'affermissant par la ruïne de sa maison l'estat de la France. Depuis Louys onziesme jusques à François premier se querelle la succession de la maison de Bourgongne, et advindrent les guerres du royaume de Naples et des Venitiens. Le roy François sorty de Hutequin de Saxe, de Robert, duc d'Anjou; de Odot, qui eut le nom de roy, pere de Robert le Grand, gouverneur de Paris; de Hugues Capet, qui obtint la couronne de France, dont sortirent plusieurs roys, jusques à Charles cinquième, qui eut deux fils : l'aisné fut Charles sixiéme; sa race masculine faillit à Charles huictiéme : l'on recourt à la lignée du second fils de Charles cinquiéme, Louys d'Orleans, dont les nopces de Milan et la mort de Paris coustent tant de sang. Ce duc d'Orleans eut trois fils : de l'aisné sortit Louys douziéme, marié à Anne de Bretagne; le second fut comte de Vertu; du troisiéme sortit Jean d'Angoulesme, duquel vinst Charles d'Angoulesme ; de luy et de Louyse de Savoye vint le grand roy François, qui espousa Claude, fille aisnée du roy Louys douziéme et d'Anne de Bretagne.

Il treuve les armes preparées par son predecesseur pour reconquerir Milan, protegé par les Suisses, à la persuasion du pape Jules, sous pretexte de Maximilien Sforce. Milan, ville imperiale, se gouvernoit aucunement de soy-mesme : deux familles de La Tour et de Galeas s'entrebattent pour le gouvernement : les empereurs favorisent ceux de La Tour, les papes les Galeas, qui, sous Othon evesque, furent victorieux. De cette race il y eut trois ducs consecutifs, de l'un desquels sortit Valentine, heritiere de Galeas, mariée à Louys d'Orleans ; et de Philippes Marie, une bastarde espousée à Sforce. Galeas premier duc par l'investiture de Robert empereur, que les Sforces disent n'avoir lieu ny pouvoir, pour l'opposition de Louys de Baviere pretendant l'Empire, Louys d'Orleans eut une declaration du Pape, qu'au decez de Philippe Marie le duché appartenoit à Valentine sa femme, sans avoir égard à la bastarde sortie dudit Philippe. Les Sforces maintiennent que Blanche, bastarde, estoit fille de l'aisné, que les bastardes sont reputées legitimes quand les peres veulent, qu'il avoit acheté l'investiture de l'empereur Maximilian trois cens mil escus; et quant à l'investiture de Milan du roy Louys douziéme, qui leur est opposée, obtenuë au traicté de Cambray de Maximilian, ce mot est coulé, SAUF LE DROICT D'AUTRUY. Le duc Louys d'Orleans avoit envoyé une armée sous Regnault, qui fut defaicte par Barthelemy Coyon, capitaine de Milan, qui s'estoit mis en liberté depuis la mort de Galeas : ce qu'ils ne péurent maintenir, estans abandonnez des Venitiens, et fut l'introduction des Français.

Sforce, sorty de parens ignobles, marié à Blanche, bastarde de Philippes Marie, duquel Ludovic Sforce heritier empoisonne son nepveu, amene Charles huictiéme en Italie, et fut depuis pris par Louys douziéme, meurt prisonnier à Loches. Le roy Louys douziéme prend le duché de Milan, le reperd apres la bataille de Ravenne par la mort de Gaston de Fois, mescontentement des Suisses assistez du pape Jules de Medicis, liguez avec les Espagnols, Venitiens et Allemans pour chasser les Français d'Italie. Ils en viennent à bout, et establissent Maximiliam Sforce pour leur duc : les Suisses, par le cardinal de Syon leur compatriote, luy en donnent les clefs. Les Suisses lors en leur periode, enorgueillis du combat de Novarre et traicté qu'ils contraignirent de faire devant Dijon, le roy Louys douziéme, prest de retourner à Milan, meurt le premier jour de l'an 1515.

[1515] François, aagé de vingt deux ans, entreprend le voyage, continuë la paix avec le roy d'Angleterre et l'archiduc Philippes, auquel il donne espoir de traicter le mariage avec madame Renée, seconde fille du roy Louys. Le roy François espere en vain de traitter ligue avec le Pape, Empereur et Suisses, qui estoient pour Maximilian Sforce : il la conclud avec les Venitiens, offensez des Espagnols, qui ne leur avoient fait part de la despoüille des Français chassez d'Italie; traicte à Genes avec Fregouse. Les ambassadeurs du roy d'Arragon et du duc de Milan contractent avec les Suisses pour la deffence du duché de Milan; le Pape leur promet assistance. Le Roy laisse madame Louyse de Savoye regente en France, va à Lyon avec deux mil cinq cens lances, dix-huict mille Gascons et Français, dix mil lansquenets, dont la moitié estoient commandez par Jean de Tavannes, oncle de Gaspard de Saulx, sieur de Tavannes (duquel j'escris, nommez les Bandes Noires; il estoit lieutenant du duc de Gueldres : le reste des lansquenets commandé par monsieur de Guise. Les Suisses descendent en l'Estat de Milan; poussez de leur ancienne gloire et inimitié nouvelle des Français, en nombre de quarante mille, croyent pouvoir battre toute l'Europe; dédaignoient la cavalerie du Pape et celle d'Arragon, qui s'approchent de Milan, font halte, feignent que c'est pour conserver leur Estat; au lieu de se joindre aux Suisses, entrent en soupçon l'un de l'autre.

Les Suisses, venus de peu de trois villages, Ondrevald, Suric et Claris, se revoltent contre leurs seigneurs d'Austriche : si l'empereur Albert n'eust esté tué, et ses successeurs en guerre avec les meurtriers, ils eussent esté chastiez ; ils s'accreurent et demeurent impunis par la division des papes, empereurs et princes d'Allemagne. Leur pauvreté estoit en dédain, leur pays de montagnes et le choix de leurs armes advantageuses : ces picques de six bras rendent hardis les moins courageux, qui combattent de vingt pieds de loing ; les fers, triplez au premier rang, mal-aisez à penetrer à la cavallerie. Leurs bataillons quarrez, ressemblant aux phalanges macedoniques, vainquirent les Allemands et Bourguignons en cinquante-cinq batailles, par l'imprudence de leurs ennemis, monstrant la difference du courage de ceux qui combattent pour leur liberté, au parangon de ceux qui s'hazardent par argent. Les deffaictes de Charles de Bourgongne et des Français à Novarre les met en honneur : vont mercenaires servant les princes, s'agguerrissent aux despens d'autruy, s'attribuent la victoire en quelque lieu qu'ils soient, forcent les princes à se servir d'eux, non tant pour utilité que pour empescher que leurs ennemis ne s'en aydent; nommoient les pensions qu'on leur donnoit tribut, se disoient correcteurs des roys, et, sans la deffaicte qui leur advint à Marignan, ils fussent estez imitez des peuples, lesquels ils ne vouloient pour compagnons, ains leur commander sous le tiltre d'associez; se mettent en opinion de conquerir des royaumes, comme les republiques des Romains et de Grece. Ils commencent à Milan, sous tiltre de protection, saisissent les Mont-Cenis et Mont-Genesve.

Le Roy passe où ils n'eussent pensé : arrivé dans le marquisat de Saluces, le mareschal de Chabanes surprend Prosper Colonne et Ville-Franche ; les Suisses se retirent à Novarre, et en vont joindre d'autres à Galleres, laissant Novarre au Roy, où le sieur de Tavannes, colonnel des Bandes Noires, le joint avec dix mille lansquenets marchans à Biagras. La paix fut tellement creuë, que le duc de Gueldres s'en retourne en poste en ses pays, laisse sa charge au comte de

Guise son neveu; mais en effect au sieur de Tavannes, auquel il se fioit, et qui avoit toute puissance sur les lansquenets, pour estre de leur nation. La paix rompuë par l'arrivée d'autres Suisses, tous logez és faux-bourgs de Milan, les troupes du Pape et du roy Catholique ne s'advancent, craignent se mettre entre celles du Roy et des Venitiens. Les Suisses esperent à la surprise, et prendre en chemin l'argent que l'on portoit pour la paix; guidez de la haine contre les Français, qui se servoient de la ligue de Chenaube, composée de lansquenets leurs anciens mal-veüillans, marchent courageusement, treuvent leurs ennemis advertis, les chargent, esbranlent l'avant-garde du Roy, où il avoit un bataillon de lansquenets. Sa Majesté, avec sa gendarmerie, flanqué de Bandes Noires commandez par messieurs de Guise et de Tavannes, arrestent la furie des Suisses, remirent l'honneur de la victoire de leur costé. La nuict arrivée, amis et ennemis pesle mesle, la mort, la victoire, le courage, la peur, parmy les tenebres de la nuit, se represente au silence des Français; les Français et lansquenets se remettent en meilleur ordre, se retranchent, disposent l'artillerie devant eux, qu'ils tirent dés la pointe du jour. Estans plusieurs charges sousteneuës, les Suisses, esbranlez par la cavalerie française qui les chargeoit en flanc, le furent d'avantage par l'arrivée de l'Alviane, qui conduisoit l'armée des Venitiens, se retirent en ordre avec perte de douze mille hommes. Le Roy tesmoigne par bouche et par lettres le service du sieur de Tavannes, colonnel des lansquenets. Les Suisses quittent Milan, perdent la reputation d'invincibles, au profit des princes et gentils-hommes aux subjects desquels ils menaçoient se faire imiter par contagion.

Les Suisses sont de despense et peu utiles, de capitulation si haute qu'ils ne peuvent estre contentez; la faute d'argent, vivres et pluyes, sont autant d'excuses pour ne combattre que quand il leur plaist; au moindre manquement s'arrestent, ou precipitent les generaux au combat, leur font perdre de belles occasions; servent de peu aux batailles, dont la force consiste en cavallerie pirouëttée par le victorieux autour de leurs bataillons; apres, se rendent la corde au col; ne vont aux assaux, ne combattent leur nation, affament les armées, les appesantissent, les retardent par harangues, menaces, plaintes et traictez continuels; inhabiles à conquerir d'eux-mesmes, dix mil seront defaits par deux mil mousquetaires à cheval et cinq cens pistoliers bien montez ; les mousquetaires, escarmouchant cinquante à cinquante, se retirent au galop, estans poursuivis, à la faveur de la cavallerie, avec des moyennes à double attelage, lesquelles ayant tiré, se retirent au grand trot. Quand leurs bataillons s'advancent, ne loger proche d'eux où ils puissent venir en une nuict, si ce n'est és villes, ou estre tousjours en poinct de combattre et en garde, pour eviter la victoire, qu'ils obtindrent contre les Français par l'advis de Motin leur chef : autrement, picquez de necessité, s'hazarderont de marcher toute une nuict au lieu où seront leurs ennemis. Ceux d'Austriche et de Bourgongne imprudemment s'enfoncerent dans leurs piques, les forçant d'obtenir victoire. S'ils valloient en richesses, les Français les pourroient defaire dans leur païs mesme ; mettant la noblesse à pied cuiracée, armez d'halebardes, de pistolets et espées, se meslent parmy eux, flanquez de mousquets et d'harquebusiers, d'autant qu'ils sont desarmez. Il ne se faut servir de plus de trois mil d'iceux en une armée, afin de leur donner la loy, et les faire courre et marcher par force selon la necessité : les roys s'en sont servis, qui ne vouloient armer leurs peuples, et eviter que leurs ennemis ne s'en aydassent : les batailles de La Bicoque, de Marignan et de Pavie, ausquelles ils manquerent de valeur et de fidelité, monstrent quels ils sont ; ils s'allient à la France pour leur interest, estans ennemis communs de la maison d'Austriche : partant, les conditions devroient estre esgales, mesmement puisqu'ils exceptent l'Estat de Milan.

Ils ne peuvent guieres servir aux Français à la conqueste d'Italie ; hors de leur païs sont des ours qui ne luitent si on ne les embrasse, gens fort inutiles, desquels un vaillant roy de France qui ne craindra ses subjects se doit passer. C'est merveille que les voisins des Suisses n'ayent imité leur ambition : la cause est qu'iceux desiroient des subjects et non des compagnons. Le doux traictement qu'avoient ceux du comté de Bourgongne, Savoye et Dauphiné, situez en mesmes lieux de montagnes, les contindrent en leur devoir ; la puissance et la campagne de France, les villes imperialles d'Allemagne vivant en mesme liberté, la ligue de Chevaube, anciens ennemis des Suisses, la bataille de Marignan, empescherent qu'ils ne furent imitez. C'est un bon mestier d'estre Suisse en France : ils ont force argent, ne vont ny aux assaux ny aux escarmouches, la force estant à la cavallerie. Ils ne sont attaquez aux batailles que par les imprudens, ce qu'ils le furent à Dreux; ce fut la perte des Huguenots. La bataille perdue, leur composition est faicte. Ils ne sont offencez en guerre, de peur de perdre le traicté general qu'on a avec eux en France; pareillement ne seront offencez aux guerres estrangeres et batailles perdues, de crainte que le desespoir leur serve d'argent. Pour leur faire gagner leur si haute paye, faudroit mettre la cavallerie en bataille derriere eux, sans aller à la charge, jusques à ce qu'ils fussent defaits ou victorieux : seroit lors qu'ils auroient l'honneur des batailles, et meriteroient le payement qu'ils demandent ; autrement ne servent que pour se rallier derriere eux, ce que l'on pourroit faire derriere deux maisons flanquées d'harquebusiers.

Ceux qui gardent les rivieres, passages et montagnes, sont souvent vaincus pour l'estime en quoy on a ceux qui assaillent. Il vaudroit mieux marcher pour combattre, que de garder lieux foibles, d'autant qu'iceux abandonnez, les courages et la vertu des gardiateurs se perdent.

Les Suisses en fuitte, Maximilian Sforce rend le chasteau de Milan, fait pensionnaire du Roy à soixante mil escus par an. Sa Majesté donne partie de son armée aux Venitiens pour reprendre Veronne; les Espagnols se retirent à Naples; le Pape traicte avec le Roy, luy donne Palme et Plaisance, et reçoit des bienfaits pour ceux de Medicis. Le connestable de Bourbon estably lieutenant à Milan, le Roy retourne en France en apparence par la crainte du roy d'Angleterre, qui estoit fasché de la protection prise du roy d'Escosse, en effect par l'impatience et delices peculiers aux Français. Le cardinal de Sion fuit vers l'empereur

Maximilian; Sforce fait conclurre la ligue entre le Pape, les roys d'Angleterre et d'Arragon, et les cinq petits cantons des Suisses. L'Empereur entre au Milanais avec cinq mille chevaux, dix mille tant Espagnols que lansquenets, quinze mille Suisses des cinq petits cantons : non encore d'accord avec le Roy, ils somment Milan. Les Français estonnez se r'asseurent par l'arrivée de dix mille Suisses des autres cantons, nouveaux alliez du Roy. L'empereur Maximilian, voyant quinze mille de cette nation avec luy et dix mille avec ses ennemis, se souvient de l'ancienne hayne qu'ils ont à la maison d'Austriche, et de la vente par eux faite de Ludovic Sforce à Novarre ; soupçonne pareil traittement, retourne de nuict en Allemagne, suivy tost apres de son armée. Les Venitiens, à l'ayde de Odot de Foix, general à Milan par la demission volontaire de M. de Bourbon, prennent Bresse et Veronne ; le Pape, à l'aide des Français, occupe le duché d'Urbin, en chasse Marie de La Roüere, nepveu du pape Jules, sous querelles inventées.

Un guerrier voluptueux qui vise à deux buts n'en frappe point : tout un ou tout autre. L'ambition et volupté sont contraires, la perfection de ces fruicts ne se gouste ensemble ; le desir d'honneur est en perpetuel travail, celuy de volupté en continuel repos : le premier n'admet plaisirs qu'au deffaut d'affaires ; l'autre n'y pense qu'à faute de plaisirs, fuit tous labeurs tant que la seureté luy permet : le premier acquiert, le second pert : le cœur aux armes d'Italie et aux dames de France, ne reüssit au contentement de l'un ny de l'autre : il ne se fait ny ne se gouste rien de bon. Il faut de bonne heure suivre l'une de ces deux voyes; il n'y a moins d'honneur à garder qu'à conquerir : pour l'un faut des natures d'Alexandre et de Cesar; l'autre, des esprits tranquilles qui n'ont besoin de passer les montagnes. Les preceptes des entrepreneurs et des conservateurs sont differans : les conquerans arment, leurs peuples sont au milieu d'eux comme citadelles du monde; les voluptueux les desarment et regissent par loix et justice severe. Le roy François avoit eu trop d'honneur en ceste bataille pour si peu de fruict que Milan; elle le convioit à se faire roy de Rome et de Naples, combattre les opposans ou mourir, tendre à la monarchie chrestienne et turquesque; ou, sans passer les Monts, devoit se resoudre à l'autre voye conservative, regir son Estat en paix et justice. Il ne luy fust advenu (marchant à deux cœurs) tant de diverses fortunes, et eust quitté la conqueste du monde, que son naturel ne luy permettoit, pour obtenir celle du ciel en tranquillité et plaisir. Sa vie tesmoigne avoir esté eslancée d'autant de voluptez que d'ambition, agissant et faillant selon qu'elles le possedoient à leur tour, plus conduit de ses capitaines qu'il ne les conduisoit. Je remonstrai ces deux voyes au roy Henry quatriesme; en l'an 1595, luy au dessus de la Ligue, qui avoit esté assistée du Pape, des Espagnols et Italiens, son peuple aguerry, les estrangers estonnez, il pouvoit estre monarque ou faire paix avec tous les potentats de l'Europe, exercer justice et se donner du bon temps : il me creut en cette derniere par son inclination naturelle, monstrant avoir eu plus de force à la guerre que de volonté.

Le soupçon, bien ou mal pris, sauve ou ruïne les hommes; ils doivent cognoistre la santé de leur esprit comme celle du corps; si enclins à deffiance, proposer les causes à leurs amis, se resoudre selon leur opinion pour ne se ruiner : aucuns se sont perdus, autres morts pour crainte de mourir, se precepitans pour ce qui ne fust advenu; plusieurs, par presomption, ignorance ou trop de courage, ont negligé des advis, sont esté domptez pour n'avoir douté : la prudence et cognoissance de son naturel y est necessaire.

[1516] Le Pape, ennemy des estrangers, amateur de l'ancienne reputation des Romains, veut chasser ses ennemis par ses ennemis, entretient couvertement l'Empereur, Anglais et Suisses en union contre le Roy. Dequoy advertie, Sa Majesté cherche amitié avec Charles d'Austriche; luy promet Loyse, fille de France, sur l'asseurance qu'il rendroit le royaume de Naples, d'où le roy d'Arragon avoit chassé les Français. Charles yssu des comtes d'Ausbourg, marié à l'heritiere d'Austriche, dont les descendans tirent les noms et armes, desquels fut Leopolde d'Austriche, espoux de Cecile de Milan, pere d'Ernest, d'où sortirent Albert et Federic, empereurs, marié à Eleonor de Portugal, pere et mere de Maximilien, qui eut Marie de Bourgongne, d'où sortit l'archiduc Philippe, lequel espousa Jeane, fille de Ferdinand d'Arragon et d'Elizabet de Castille, duquel mariage est nay Charles d'Austriche, successeur de tant de royaumes par femmes, pour s'y affermir et chastier ses rebelles d'Espagne. Il fit le traicté de Noyons aux conditions susdictes avec le roy François, qui y tira les Suisses et l'empereur Maximilien, lequel meurt en l'an 1518 (1).

---

(1) *En l'an 1518*: Maximilien mourut à Lintz le 15 janvier 1519.

[1519] François et Charles recherchent les sept electeurs qui s'attribuent par coustumes et bulles du Pape l'election de l'Empereur. Charles est choisi par present, pour estre allemand, et pour les forces d'Espagne approchées du lieu où se faisoit l'eslection, où ils refuserent le roy François, par la consideration que ses predecesseurs avoient ruiné tous les ducs et prince de son Estat, et craignans les Allemans le semblable. Charles est esleu le vingthuictieme juin 1519 : jeunesse, ambition, jalousie, soupçon, pretention de Naples, de Navarre, de Bourgongne, de Milan, protection de Gueldres, origine de la guerre. [1521] Le Pape, de naturel broüillon, jette le flambeau de la guerre pour delivrer l'Italie des Barbares (tels appelloient-ils les Espagnols et Français), paye le Roy de froids artifices, se jette à l'Empereur. Martin Luther, Augustin, par incontinences, inobediances, et pour n'avoir part à l'argent de la Croisade, ne pense prescher que contre Jean de Medicis; depuis irrité de l'excommunication donnée à plusieurs fois, donne commencement à une secte qu'il n'avoit premeditée ; son sainct esprit n'eust passé aux autres articles s'il n'eust esté fulminé et mis au desespoir. Le Roy prend le royaume de Navarre par Masparot, frère du sieur de l'Autrec, le reperd par son imprudence, ayant entrepris plus avant sur les Espagnols, qui sert à accorder leur division, et en suitte reconquirent Navarre. Le roy d'Angleterre se declare neutre, est plus amy du Roy pour balancer la puissance de l'Empereur, qui, apres avoir esté defié de Robert de La Marche pour dispute particuliere entre eux, persuasions et asseurance des Français, commence guerre ouverte

en Picardie, et par surprise en Italie. Le comte de
Nansau prend Mouzon, assiege en vain Maizieres, se
retire en pillant Guise; Mouzon est repris par M. de
Vendosme. L'admiral de Bonivet, avec les lansquenets
commandez par le colonel Tavannes, prend Fontarabie; le Roy gagne Bapaume et Landrecy, presente
la bataille à l'Empereur pres Valentiennes, qui la refuse, se retire en Flandres. Le Roy prend Hedin et
separe son armée pour l'hyver : les Imperiaux, ayant
pris Theroüane mal secouru, apres plusieurs entreprises faillies, se declarent en l'Estat de Milan. Le
Pape, l'Empereur et François Sforce, frere de Maximilien mort en France, Prosper Colonne, general de
leur ligue, mettent sur pied douze cens hommes
d'armes, dix mil Italiens qu'Espagnols, quatre mil
lansquenets, trois mil Suisses; la foudre met le feu
aux poudres du chasteau de Milan. M. de l'Autrec,
persuadé du Roy, abusé des femmes et des financiers,
est envoyé, sans argent ny obeïssance des soldats, au
duché de Milan. L'armée de la ligue en vain assiege
Palme pour l'approche des ducs de Ferrare et de
l'Autrec, qui faillent à combattre, ayant receu quinze
mil Suisses, lesquels tumultuans demandent l'argent
que madame la regente avoit diverti et pris; ils donnent
huict jours pour estre payez, s'en retournent, partie
demeurent avec les Imperiaux. Le passage de la riviere d'Alde perdu, M. de l'Autrec se retire à Milan,
assailly et pris par un bastion mal defendu des Venitiens. Le sieur de l'Autrec s'en va avec les Venitiens; Palme et Alexandrie se rendent aux Imperiaux.
Le pape Leon meurt de joye de cette victoire; Adrian
de Louvain, qui avoit esté precepteur de l'Empe-

reur, est creé pape [1522]. François Marie prend le temps, recouvre son duché d'Urbin aydé du duc de Ferrare. A la française le Roy pourvoit aux affaires quand ils sont desesperez, se plaint de l'Autrec, envoye le bastard de Savoye, frere naturel de sa mere, avec de bonnes forces. Prosper Colonne, avec douze mil hommes de pied et quinze cens chevaux, en vain les veut empescher de se joindre aux Français restez en Italie. Les Français s'approchent auprès de Milan, qui ne firent aucun mouvement, assiegent et battent Pavie secouru par Colonne et de six mil lansquenets amenez par François Sforce, campé à La Bicoque; les Suisses, tels que je les ay depeints, demandent argent, congé ou bataille. Les Français choisissent le plus honorable, assaillent les Imperiaux dans un retranchement, d'où les Suisses, apres avoir esté battus, se retirent et emmenent partie des Français avec eux. Le comble du mal fut la deffaite de trois mil hommes de pied de Jean de Medicis, et de trois cens hommes d'armes surpris à Laude. Le grand maistre de Savoye s'en retourne avec les Suisses, le sieur de l'Autrec le suit. Les Français capitulent de rendre dans un temps les chasteaux de Milan, Cremone et Novarre, s'ils n'estoient secourus. Les Imperiaux victorieux prennent Genes en parlementant, dont le duc Fregouse avoit traicté avec les Français. Les Venitiens se refroidissent d'aider au Roy, les forces conduites par M. de Longueville revoquées pour le secours de Fontarabie, d'où le sieur de Chabanes fit lever le siege des Espagnols. Le roy d'Angleterre, fluctuant à l'accoustumée, en l'an 1522 se joinct à la ligue de l'Empereur. Ne restoit que luy pour avoir toute l'Europe contre la

France, excepté les Polonnais, Moscovites et Grecs. Le comte de Suffoch, joint à l'armée de Flandres commandée du comte de Bure, bat et fault Hedim; la moitié d'eux se retire, l'autre assiege Teroüane secouruë par M. de Vendosme. Ainsi, cette ligue faict plus de peur que de mal.

Le Pape et l'Empereur contendent auquel appartient de creer les roys et ducs, l'empire volé par Cesar; l'election des empereurs, qui souloit estre par les soldats, mal-gré le peuple et senat, maintenant est usurpée par la Bulle d'Or faite du Pape; Rome cedée au pape Marcel par Constantin, la perte de l'Empire, dont la puissance, quasi imaginaire, est reduite en Allemagne; Charlemagne, empereur, sacré du Pape, partage l'Empire à ses enfans. Eux faillis, l'Allemagne change l'empire en aristocratie; tous les royaumes de l'Europe s'en separent; l'Italie, occupée des princes, n'obeïssent à pape n'y à empereur, qu'entant que leur conservation et ambition le permet. Les Papes fomentent cette dissipation aux deputez des Saxons et Boëmes. Gregoire cinquiesme, suspect pour estre allemand, permet à sept princes de sa nation d'eslire l'empereur, se reserve l'authorité de le couronner. Les divisions des papes et empereurs sont naissances des Guelfes, Gibelins, et petits tyrans. L'Empire au commencement n'a lieu, au milieu peu, à la fin point du tout, de faire des roys et des ducs; ce n'est celle de Rome, sa puissance est en Allemagne; le Pape n'a peu transporter son droict d'election, de sacrer des roys, ainsi que Samuel. Que les empereurs fassent ce que les Cesars, Severes et tyrans faisoient, rasent toutes les forteresses d'Europe, et se fassent obeyr avec trente legions;

ils seront vrays empereurs; sinon, moins que les roys de France et d'Espagne, et seulement presidens, dependant d'une plus grande puissance, qui est des estats de l'Empire, composez de princes et republiques, de prendre droict sur la possession. Ils ne sont empereurs romains, desquels la puissance est faillie, ainsi que celle des empires des Macedoniens, Gaulois et Assyriens; ils n'ont loix d'investiture, dequoy ils ont besoin eux-mesmes. Les papes ont plus de droit; ils sont successeurs des prophetes, qui sacroient les roys au vieil Testament. Dieu donne les clefs à saint Pierre, puissance de lier et delier. L'empereur Maximilian n'a peu investir de Milan Charles d'Austriche, ny Charles pretendre la confiscation de François Sforce apres sa revolte. L'investiture du Pape en Louys d'Orleans, selon la loy de Dieu, est valable, d'autant que la legitime doit estre preferée à la bastarde, et la puissance ecclesiastique à la seculiere (1).

Les ligues d'esgales puissances sont de peu de fruict, entrent en mefiance l'une de l'autre, se divisent aux partages des conquestes, negligent leurs deffences, aisées à separer par traictez secrets; mesme en presence des ennemis, nul d'eux ne s'hazarde s'il n'en espere seul l'honneur, craint d'estre abandonné; remettant la faute l'un sur l'autre, se contrarient par ambition et méfiance. Pour s'en servir, le general agreé, faudroit lui donner à une fois tout l'argent neces-

(1). *Et la puissance ecclésiastique à la seculière :* voilà une assertion entièrement contraire aux principes que l'église de France avoit constamment professés depuis le règne de saint Louis. On ne dérogea à ces principes que dans les désordres qu'entraînèrent les guerres de religion.

saire pour l'entreprise : un roy bien servi battra plusieurs liguez.

Le general reçoit loy des estrangers de son armée, s'il se sert de grand nombre; il les faut combattre plus que les ennemis; ils ont tué, empoisonné, trahy et vendu leurs chefs, fait perdre les occasions de vaincre, ou precipité à combattre hors le temps, s'attribuent l'honneur, se vengent de leur honte sur leurs amis. Qui est contrainct d'avoir des estrangers, se serve de plusieurs nations, ainsi que l'Espagnol, Vallons, Italiens, lansquenets, Suisses et Bourguignons; au pis, le mescontentement n'est qu'à une nation ou deux; entre toutes lesquelles les plus difficiles et inutiles à ceux qui n'ont des sources inexpuisables d'or et d'argent, sont les Suisses, où il y a à toute heure des harangues et plaintes à faire.

Durant ce temps, le sieur de Tavannes, nourry par son pere selon les preceptes escrits cy dessus, en l'an 1522 le sieur de Tavannes, son oncle, colonnel des lansquenets des Bandes Noires, passant à Dijon, obtint par importunité de M. d'Orrain, de donner son fils au Roy, qui le receut pour sa bonne façon, et pour la faveur et grands services qu'avoit fait sondict oncle, qui luy presentoit; auquel Sa Majesté dit, puis qu'il n'avoit point d'enfans, que, s'il mes-avenoit de luy, il recognoistroit ses services à son neveu; et pour cest effect, le Roy voulut qu'il laissast le nom de son pere, prinst celuy de son oncle, et le nomma Tavannes.

L'Empereur passe en Espagne, pacifie les troubles esmeuz contre luy. Le Roy, sur tant de differents advenuz en Italie, se resoult d'y aller; est retardé par l'advis du mescontentement du connestable de Bourbon, qui ce disoit, pour avoir esté le duc d'Alençon preferé à luy en la conduitte de l'advantgarde en Flandres, que madame la Regente luy querelloit les biens de Pierre de Bourbon, depuis la mort de sa femme, fille dudict Pierre de Bourbon. Il y avoit d'autres causes plus importantes : aucuns ont voulu dire qu'il avoit refusé d'espouser la Royne, qui le desiroit. Le Roy reçoit froidement M. de l'Autrec : il dit n'avoir perdu Milan, que c'estoit trois cens mil escus promis qui ne luy avoient esté envoyez. Sainct Blancard (1), general des finances, est appellé : il se descharge sur madame Loyse de Savoye, qui les avoit pris. Le Roy s'en courrouce aigrement à sa mere, qui accuse Sainct Blancard, luy fait deputer des commissaires, et le faict pendre injustement. L'Empereur promet sa sœur Eleonor à M. de Bourbon, et d'eriger la Provence en royaume, si elle estoit conquise, ou, au defaut, luy donner autre royaume. M. de Bourbon doit faire le malade, pour demeurer en France quand le Roy iroit en Italie ; une armée de douze mil hommes, conduitte par le comte de Fustemberg, devoit passer en Champagne, se joindre à M. de Bourbon, qui s'asseure avec sa faction d'occuper une partie de la France ; deux autres armées devoient donner à Fontarabie et en Picardie. Les apprentifs aux factions ne sont maistres, se perdent à la source. [1523] Le Roy, bien averti, se plaint du connestable à luy-mesme, à Moulins ; il s'excuse, Sa Majesté, plus asseuré de son

(1) *Sainct Blancard :* il s'agit du malheureux Semblançay de Beaune, surintendant des finances, qui, après avoir long-temps gémi dans une prison, fut pendu en 1527.

traité, envoye depuis M. le grand maistre et le mareschal de Chabanes, pour le prendre; il s'enfuit avec deux gentils-hommes vers le cardinal de La Baume à Bezançon, de là à l'Empereur, qui, ayant pris le chasteau de Milan par la capitulation des Français, pour observer les articles de la ligue et gagner le cœur des peuples, le rend à François Sforce. Toute l'Europe fait ligue contre le Roy, jusques aux Venitiens, Anglais et archiduc d'Austriche, pour la conservation d'Italie. L'entreprise de Bourbon retarde le voyage du Roy, qui envoye l'admiral de Bonnivet en l'Estat de Milan, avec dix huict cens lances et trente mil hommes de pied. Il prend Novarre et Vigenne, passe le Tesin mal-gré Prosper Colomne, sejourne mal à propos, dont Milan esbranlé se rasseure. Le pape Adrian meurt; Jules, cardinal de Medicis, est creé pape, nommé Clement septiesme. Le duc de Ferrare prend Rege au vaccant. Les Français, hors d'espoir de Milan, envoyent r'envitailler le chasteau de Cremone : M. de Bonnivet esperant l'incommodité des autres, se treuve en la sienne; son armée diminuë de l'hyver, de manquemens de vivres, et de petites rencontres [1524]; leve le siege de Milan, sans sortie de Prosper Colomne, qui, malade, meurt tost apres. Charles de Launois, vice-roy de Naples, luy succede aux grades, non à l'authorité, rougnée par le marquis de Pesquaire, et depuis par Bourbon. M. de Bonnivet à Biagras, son armée diminuée, celle de l'Empereur renforcée de six mille hommes du Pape, et des Venitiens, campe aupres des Français qui presentent la bataille; les Imperiaux la refusent, prennent Cremone et autres villes, surprennent de nuict Bayard à Laude, à Rebec de jour Montéjan, par contr'entreprise incommodent les Français, partie escoulez en France; vont au devant de treize mil Suisses suivis des Imperiaux. En un combat sur la retraicte est blessé Bonnivet, Bayard et Vaudenesse tuez. Les Suisses refusent de combattre, se retirent avec l'artillerie, et les Français chez eux. Ainsi en prend aux generaux esleus par faveur de Cour. L'armée d'Espagne (pendant ce temps) prend Fontarabie; les lansquenets, qui venoient par l'intelligence du duc de Bourbon, prennent Coiffy, se retirent : M. de Guyse en deffait quelques-uns. L'armée anglaise et flamande, apres avoir bruslé Roye et Mont-Didier jusques à trois lieuës de Paris, s'en retournent, craignant M. de Vendosme. Ainsi le feu de cette conjuration demeure sans effect.

Blasmables sont les faux escrivains de ce temps, qui, de vœux et de serments violez, d'un Luther, moyne defroqué, et d'une religieuse adultere, font des prophetes; qui ostent du ciel les lis, la saincte ampoule, mesurans le pouvoir des miracles à leurs folles creances : imprudens juges, puis qu'ils n'estoient de ce temps là, et n'ont lumiere que par les aucteurs anciens, sans lesquels ils seroient aveuglez. Ils celent les actes genereux de l'Autrec, de Montpensier, de Guise, de Tavannes et Mercure [1], et rejettent les fautes de leurs partisans sur les plus gens de bien; donnent l'honneur à ceux qui meritent la honte, et d'un regne de femme voluptueux en font des gouvernemens de gens prudens et d'Estat. Et au lieu du timon, occupé par Louyse de Savoye, Bonnivet favorise mes dames

[1] *Mercure :* Mercœur.

d'Estampes et Admirale; posent le gouvernail en la main du Roy, qui n'en tient qu'autant que ses favoris et voluptez luy permettent, et d'un juste mescontentement font une trahison exquise. Que n'escrivent-ils sans deguisement (si l'ignorance ou la malice ne les possede) que Louyse de Savoye, mere du roy François, pour ruïner l'Autrec, prend les quatre cens mil escus destinez pour le secours de Milan, duquel elle desire la perte, afin que le bastard de Savoye son frere succede à l'Autrec : vice commun des femmes, de reculer les parens de leurs marys pour advancer les leurs? Que ne descouvrent-ils sa mauvaistie et vengeance en la mort de Sainct Blancard innocent, et qu'apres le decés de la femme de Charles de Bourbon elle le voulut espouser, dont refusée, elle jetta inimitié entre luy et le Roy son fils, qui hausse la main pour donner un soufflet à M. de Bourbon, et, comme ayant converty l'amour en hayne, se dit heretier de la femme dudict Bourbon injustement, de laquelle il estoit donataire, et heritier du fils qu'il avoit eu d'elle; dequoy elle desespere Charles de Bourbon, cause de la prise de son fils à Pavie, mesme par la faveur et ignorance de Bonivet; plus courtisant que capitaine, maintenu par elle, dont procedent tant de pertes et ruines excessives à la France? Semblablement ils n'escrivent, elle morte, que l'Autrec, entré en charge, est laissé sans argent à Naples, pendant que le Roy le despend en volupté à Paris, fleuve d'oubly où se noyent les capitaines engagez en Italie. Cependant les conseillers ambitieux ou ignorans, desirans la charge d'autruy, mescontentent André Dore, perte du royaume de Naples. Leurs escrits sont passionnez, craintifs, ou suivent le bruit commun : vaudroit mieux, imitant les miens, les ensevelir seulement en leur famille, et dire verité, qu'imprimer des mensonges dorées de beau langage, et les faire avaller comme pillules ameres.

La loy Sallique, qui exclud les femmes du regne, aussi les doit-elle oster du gouvernement. Vengeance, colere, amour, inconstance, legereté, impatience, precipice, les rendent incapables du manyment des affaires d'Estat, desplacent les plus braves pour les plus beaux. Valeur, conduitte, sagesse sont postposées aux bonnes graces, beautez et langages fardez, ainsi que si les armes estoient des habits voluptueux, et que les champs armez fussent des salles de bal. Elles tiennent les roys par les pieces qu'ils estiment le plus, leur font oublier les capitaines assiegez en Italie, ayment mieux mil escus en leur bourse qu'une province à leurs Majestez. C'est d'elles d'où viennent ces changemens si divers et soudains en la vie du roy François, à ceste heure en reputation, et aussi-tost sans honneur. Peu sert en France de sçavoir les batailles et assauts, qui ne sçait la Cour et les dames.

Une autre cause revolta Charles de Bourbon : les pauvres demandent du bien, ceux qui en ont, de l'honneur, puis les grandes charges; il avoit les trois. Le naturel des hommes est de desirer d'accroistre: l'on ne peut estre roy ny duc souverain en France; plus de reputation les grands acquierent sous un Estat reglé, plus ils se preparent de ruine; les pauvres doivent travailler pour vaincre la necessité, apres ils peuvent gouster les plaisirs des roys. Nous n'avons deux corps à repaistre ny à vestir; d'hazarder ame, vie et biens, doit estre pour regner ou se faire souverain, non pour

estre connestable, qui, mort, ne tire son nom du chaos
d'oubly en estant le capitaine des roys. Henry IV bien
empesché. Charles de Bourbon va, sans ville, sans argent ny soldats, servir son ennemy, preuve qu'il estoit
certain de son sçavoir et experience, qu'il monstra à
Pavie et à Rome, et se fut fait roy d'Italie sans sa mort.
Les Italiens disent qu'Alexandre et Cesar de peu firent
beaucoup, et Charles de Bourbon de rien fit davantage. L'Empereur entend ceste fois seulement que la
France ne se prend que par la France, gagnant les
plus grands d'icelle, voye suivie du roy Philippe en
M. de Guyse : Henry IV y pourvoit, ne donne charge
à ses parens, abbaisse les princes et gouverneurs, les
divise. Cela est bon contre les ambitieux, et ne reussit
tousjours : les courages extremes se precipiteroient à
la mort ou ruïne de l'Estat, qui se maintient, n'y ayant
plus de tels courages que ceux de Charles de Bourbon,
prince de Condé, de Guyse et de Chastillon. Le nom
de Grand donné à Alexandre, Pompée et Charlemagne, conquerans des deux parts du monde, fait demander pourquoy il est donné au roy François, qui
fut prisonnier à Pavie, et n'accreut son Estat. Ce fut
pour avoir deffait les Suisses, autant redoutables que
les legions romaines, avoir fait renaistre les sciences et
lettres, resisté à l'Allemagne, Italie, Espagne, Angleterre, Flandres, Suisses et rebelles de son Estat tout
à coup, et aussi pour la difference de nom entre le
petit roy François et luy. De nostre temps le nom de
Grand est donné au roy Henry IV. A la verité il a dans
son royaume combattu et vaincu une grande partie
des forces de l'Europe, envoyées du Pape et du roy
d'Espagne, en la presence desquels il a eu tant d'heur,

qu'il a reconquis son royaume, après avoir esté reduict à la ville de Dieppe : vray est-il qu'il en acheta la pluspart, corrompant par argent et par charges ses ennemis. Seroit à souhaiter que, comme ce nom de Grand luy est donné dans son royaume, que semblablement les estrangers le luy donnassent, ainsi que tout d'une voix il a esté donné à Alexandre et Charlemagne, et lequel au semblable meriteroit aussi Charles septiesme, qui vainquit les rebelles et chassa les Anglais de son royaume.

Le Pape propose paix, nul n'y est disposé, persuadé de M. de Bourbon; l'armée, sous le marquis de Pesquaire, va en Provence, prend Toulon, Aix, tente Marseille en vain pour l'approché du Roy. Les revoltes attendues par Bourbon en fumée, il retourne, accuse le marquis de Pesquaire de n'avoir voulu enfoncer en la France, et d'avoir conseillé de descendre en la Provence, pour estre, ce luy sembloit, le plus aisé costé d'entreprendre, pour la proximité de la mer et des Estats du roy d'Espagne, en esperance de joindre le comté de Rossillon et Genes tout à l'Empereur, par la conqueste de Provence et de Languedoc. Le Roy à mesme temps sçait leur retraicte et la mort de sa femme Anne de Bretagne (1), qui luy laissa trois fils; il estoit renforcé des siens revenus d'Italie, des Suisses et lansquenets levez par le colonnel Tavannes, qui mourut le 23 may 1523; son regiment fut mis avec celuy de François de Lorraine, duc de Guise. La retraicte de Bourbon et du marquis de Pesquaire semblant fuitte;

(1) *De sa femme Anne de Bretagne :* l'auteur veut parler de madame Claude de France, fille de Louis XII et d'Anne de Bretagne, femme de François I, laquelle mourut cette année, à l'âge de vingt-cinq ans.

ces grandes forces unies font resoudre le Roy de suivre et passer en Italie. Ce fut à qui seroit le premier à Milan, où arrivez, le marquis de Pesquaire, M. de Bourbon et le vice-roy dom Jean de Launois quittent la ville apres la prise du faux bourg par le Roy, qui met en conseil de les suivre ou d'aller à Pavie, se resout au pire : ils estoient defaits s'il les eust suivis au desordre qu'ils se retiroient. Le Pape s'accorde au Roy, le pensant le plus fort, qui par son conseil envoya mal à propos le duc d'Albanie avec le tiers de ses forces en l'entreprise de Naples. Sa Majesté treuve dans Pavie Antoine de Leve, l'assaut et se retranche, refroidit l'ardeur de l'armée; le long siege la diminue, Antoine de Leve purge la revolte de ses lansquenets dans la ville par l'empoisonnement du colonel. [1525] Bourbon, retourné d'Allemagne, amene douze mil lansquenets ; joinct au vice-roy et à Pesquaire, qui avoient quinze cens chevaux, seize mil hommes de pied espagnols qu'italiens, campent avec vingt-sept mil hommes proche le Roy, qui avoit quatorze cens chevaux, vingt cinq mil payes, non vingt-cinq mil hommes ; resout opiniastrement, par le conseil de Bonivet, contre l'advis des bons capitaines qui disoient que les Imperiaux se romproient dans un mois, de ne lever le siege. Le marquis de Saluces et partie de son armée, qui faisoit besoin au Roy, prennent les quatre galeres de Genes, reçoivent deux mil hommes venans de Marseille trouver Sa Majesté ; les Grisons, la veille du combat, se retirent, mandez de leurs superieurs pour quelques chasteaux perdus en leur païs. Jean de Medicis est tué aux escarmouches. Eout reüssit au desadvantage du Roy : il croit estre fortement logé, ne laisse d'aller à la chasse, prend ses plaisirs, opiniastre, sur le conseil des jeunes Bonnivet, Montmorency et Brion, de ne lever le siege. Les Imperiaux resolvent de passer par le parc, et aller rafraischir la garnison de Pavie, et, si l'occasion se presente advantageuse, ne la laisser perdre. Le jour Sainct Mathias ils se rendent à la minuict aux murailles du parc, marchent en ordre à Mirebel, tirant à la ville à la main gauche du Roy. Sa Majesté eut à l'alarme seulement loisir de prendre sa place de bataille, eut rapport de quelque cavallerie espagnolle desja rompue, et à mesme instant voit que les Imperiaux marchent en desordre pour le dommage que leur faisoit son artillerie, joinct à un bruict de victoire; jeunesse et chaleur l'emportent de sa forte assiete, marche au combat, empesche son artillerie : dequoy les Imperiaux couverts, et voyant le Roy hors de son assiete, laissent le chemin de Mirebel, et marchent à luy; il defait les premiers: iceux soustenus de cavallerie et flanquez de mousquetaires, Sa Majesté est forcée de faire ferme, puis plie et cede avec sa cavallerie aux troupes d'arquebusiers, manches de mousquetaires espars par la campagne. Quelques uns, fuyans de sa cavalerie, desordonnent son infanterie; il haste les Suisses et lansquenets; les Suisses refusent de s'advancer, font alte, à la fin s'en allerent sans combattre. Les lansquenets et Français du Roy, ordonnez en deux bataillons, marchent, et, degarnis des Suisses, sont opprimez et rompus de trois regiments d'Espagnols, Italiens et lansquenets. Tout tombe sur le Roy; il est pris combattant, la pluspart des grands seigneurs de France morts ou prisonniers. M. d'Alençon se sauve sans combattre avec l'arriere-garde, accusé d'avoir rompu les Suisses en se retirant. Sa Majesté se rend au vice-roy; le sieur de Tavannes, un de ses pages, est pris aupres de luy, ayant gagné une espée des ennemis.

Le mareschal de Foix, prisonnier des Espagnols, mourant, dit avoir cherché Bonivet pour le tuer, et venger le malheur de la France advenu par son mauvais conseil. Les Imperiaux, à si riche butin, ne font cas des gentils-hommes ny soldats prisonniers, les congedient. Le sieur de Tavannes, de ce nombre, vint trouver son pere, le sieur d'Orrain, qui s'estoit peu auparavant battu seul contre les sieurs de Grammont et bastard de Couches, ayant estropié le premier et coupé les mains au second, où il acquit de l'honneur; reçoit son fils, et soudain le renvoye comme page du Roy au grand escuyer Galliot, qui eut la place de Sainct Severin mort en la bataille. La regente Loyse, en ce malheur, met le meilleur ordre qu'elle peut; la fidelité de MM. de Vendosme et des seigneurs du royaume luy sert. La crainte que tous les potentaux de l'Europe eurent de l'Empereur, le leur fit quitter et assister la Regente. Le Roy est mené en Espagne par dom Charles de Launois, vice-roy, au desceu et mescontentement du marquis de Pesquaire; qui fut cause qu'il fut recherché et stimulé de toutes les puissances d'Italie, et principalement de François Sforce, à quitter l'Empereur, et se faire roy de Naples: fait semblant d'y entendre, sous main advertit Sa Majesté, de laquelle il reçoit commandement d'y pourvoir selon qu'il adviseroit pour le mieux. Deux advis furent proposez pour la liberté du Roy: l'un de l'obliger, l'autre de l'abbaisser; le dernier est choisi. La souveraineté de Flandres, le duché de Bourgongne, la Provence en royaume pour Bourbon, le mariage d'Eleonor sont proposez au Roy, qui accorde le mariage, et le duché de Bourgongne pour les fils qui en sortiroient, offre deux millions d'or ou sa vie plustost que consentir à autres conditions. Bourbon, cause du gain des batailles, se voyant fraudé du mariage, sage, ne se plaint, monstre se contenter du duché de Milan que l'Empereur luy promet par la faute de François Sforce, l'Empereur craignant que le Roy ne mourust, et voyant une ligue preste à faire pour la liberté d'Italie. [1526] Le Roy, mieux servy en prison qu'en la bataille, ne mesprise aucuns artifices, traicte à son advantage, rend la prise peu fructueuse à l'Empereur; il est delivré, prenant une femme, donnant de l'argent et des promesses de la Bourgongne; quitte la souveraineté de Flandres, donne ses enfans en hostage; aussi-tost delivré, rompt le traicté, dit n'avoir peu donner sa foy prisonnier, ny moins aliener le duché de Bourgongne sans le consentement des estats.

Les princes qui croyent leurs jeunes favoris, non les vieux capitaines experimentez, se perdent; l'amitié ensorcelle, et ce qui en vient semble bon; les conseils des mignons particuliers nocturnes changent ceux du jour pris avec les capitaines, produisent divers evenemens, esbahissement et ruine; les jeunes passionnez precipitent la guerre pour ramener leurs maistres aux voluptez. Celuy seroit à blasmer qui prendroit un chantre pour un medecin, et l'on ne se mocque de ceux qui eslisent des capitaines parce qu'ils sçavent bien danser, et qu'ils sont de bonne grace.

Il ne faut mesurer l'affection des soldats à celle du

general mieux traicté qu'eux; ils n'ont part à l'honneur de la victoire, bien au hazard de la vie, plus chere à eux que tous butins : la bataille perduë, ils se sauvent à peu de perte; le chef et son honneur y demeurent. C'est donner son argent à jouer, qu'hazarder les batailles sous l'asseurance des soldats, s'ils ne sont bien esprouvez.

Obeissance, vaillance, patience, force, disposition, sont necessaires aux soldats. Ces parties se treuvent en des pays plus qu'en d'autres : des pays froids naissent les grands corps et les grandes forces, qui accroissent les courages; le froid envoye le sang à l'entour du cœur, siege de valeur. Aux pays chauds, les esprits dilatez par tout le corps, principalement à la teste, fortifient l'entendement, rendent les hommes plus ingenieux et artificieux au peril. Ce que ceux des pays froids font par hardie brutalité, ceux des pays chauds l'obtiennent par consideration subtile; le premier se precepite au danger pour ne l'aprehender et prevoir, et l'autre y entre par discours. C'est pourquoy les estrangers blasment les Français de n'estre tels à la fin du combat qu'au commencement. Les regions temperées, comme la France, l'Allemagne, moitié de Grece, d'Italie et d'Espagne, portent les meilleurs soldats, qui sont vaillans et spirituels. Ceux qui sont naiz aux pays froids s'allentissent et deviennent malades aux chaleurs; le semblable advient à ceux des pays chauds aux froids. Les armes advantagent quand elles sont choisies selon la force corporelle des nations. Je parierois pour la victoire d'un bataillon de picquiers suisses contre un d'Espagnols, en armes egalles; au contraire, les Espagnols, garnis de mousquetairie, ayant pris l'avantage (comme ils' le sçavent bien faire), auroient du meilleur, entant qu'ils fussent dans quelque païs fort d'avantage, de fossez ou de hayes, là où ils puissent faire jouer ladite mousquetairie fortement avant que venir aux mains : l'assiete et la conduite peuvent beaucoup. Toutes et quantesfois que les Italiens en gros et en armes pareilles, et sans finesse, s'attaqueront aux Français et Allemands, ils le perdront. Des froides regions sont sortis souventesfois plusieurs peuples qui ont envahy l'Empire et les royaumes, Gots, Ostrogots, Huns et Wandalles. Les Affricains sous les Cartaginois, les Asiatiques sous les Parthes, ont eu leur regne, et tous ces deux, non tels que ceux des regions temperées, des Romains, des Macedoniens, Français, Espagnols, et mesme du Turc, qui a son siege principal en lieu temperé, et tous ses meilleurs soldats de l'Europe. Les pays de France, d'Italie, d'Espagne, d'Allemagne sont de si grande estendue, que l'humeur et naturel des soldats ne se ressemble; et encores qu'il s'en treuve par tout des bons, si les estimeroy-je meilleurs en Castille qu'en Portugal, à Milan qu'en la Romagne, en Gascongne, Languedoc, Bourgongne, Champagne, qu'en Bretagne, Normandie, Provence, et aux cinq petits cantons qu'au reste des Suisses. La cavalerie est meilleure en Bourgongne, Champagne et Picardie, et les gens de pied en Gascongne et Languedoc. Les reistres de Pomeranye et Franconye excedent en valeur ceux des autres provinces de l'Allemagne : dequoy il est mal aisé de dire les raisons. Bien a-il esté remarqué que des lieux plus steriles sont sortis souvent les meilleurs soldats : Rome estant en pays maigre, l'Allemagne pleine de forests, Autun scitué en pays sterile, dominoient les autres villes; ce qui advient, parce que ceux qui sont en pays fertiles s'adonnent à volupté, s'amollissent les corps, et ne s'hazardent, craignans de perdre ce qu'ils possedent; au contraire ceux de pays infertiles sont continuellement au travail, sçavent que c'est de patir, et mesprisent leur pauvreté, pour envahir la richesse des autres. Ces maximes ont des exceptions, et s'entendent pour la Bretagne, Provence, Normandie, pour le commun des paysans, non qu'il n'y ait d'aussi brave noblesse qu'en autre lieu.

Pour l'obeissance, le commun des soldats nouveaux sont meilleurs que les vieux en France, parce qu'ils n'ont gousté des desordres passez; et ne faudroit employer temps à les desaprendre, ny se faire haïr par cruauté, pour les remettre en discipline. Les villageois obeyroient plus facilement que les bourgeois, patiroient mieux, supportans le chaut, le froid et le travail, à quoy ils sont accoustumez par leur pauvreté et labeur, qui leur oste le soing et desir de retourner en leurs maisons, treuvant mieux que chez eux, lesquels neantmoins ne peuvent bien servir à l'abordée, s'ils n'ont apris le mestier de la guerre par une espace de temps. Les soldats grands et forts pour picquiers, doivent estre preferez aux autres : les mousquetaires et arquebuziers, pourveu qu'ils ne soient trop gros, ny boiteux, sont bons de toutes tailles; la quarrure, la poictrine large, les bras forts, la taille bien proportionnée, sont requis. La cognoissance qu'ils ont de leur force leur accroist le courage. La subtilité d'esprit n'est point tant requise aux soldats; elle nuit souvent dans le peril et engendre des monopoles et tumultes,

Il se dict que les Italiens ne se jettent au danger lequel ils cognoissent avant que d'y estre trop perilleux; les Français et les Espagnols s'en retirent; les Suisses grossiers sont morts avant qu'ils le cognoissent. Les capitaines experimentez en peu de temps peuvent dresser les soldats, principalement quand ils sont payez, leur imposant par la force les loix de l'aguerriment. Cette grande invention d'exercice pratiquée en Flandre avec leurs demy tours à gauche et à droicte, les anciens qui n'en usoient pas ne laissoient de combattre aussi bien ou mieux que maintenant; le tout gist à l'experience et le respect que les soldats ont aux bons capitaines.

Les gentils-hommes excedent ceux du tiers estat en valeur, joinct à leur honneur, lequel perdu ils ne peuvent plus vivre. L'amour de la patrie, du butin, de la solde n'approchent de ceste passion, redoublée en eux par la nourriture et continuité de generosité de pere en fils. Ils sont imparfaicts, pour ne vouloir patienter dans les armées, attirez des voluptez de chez eux : ils perdent souvent les occasions et reputation de leurs capitaines et general, avec un mal si contagieux, que les uns desbandent les autres, se forment des mescontentemens ou sujets à leur poste. C'est pourquoy les armées françaises aux guerres d'Espagne se rompoient tousjours en hyver, et en ces dernieres guerres les capitaines aymoient mieux des soldats que des gentils-hommes qui se font caresser, honorer et payer à leur mot. Je conseillerois aux capitaines de se contenter de quinze gentils-hommes dans le nombre de cinquante cavaliers : les soldats se peuvent encourager et discipliner en peu de temps : les courbettes, sont inutiles, il suffit de faire trotter et tourner les chevaux dans les charges. De tous aages à la soldade ayans de l'asseurance, ils peuvent s'ayder de trois pistolets, maintenant utiles ; les forts n'y sont pas tant necessaires qu'à rompre des lances, qui ne sont plus en usage. Le marcher, la mine, la parole, apportent quelque jugement de valeur, et neantmoins tel a mauvaise mine qui a bon jeu. Une partie de la montre de la valeur du cavalier gist en la bonté de son cheval : les bons chevaux d'Espagne, d'Italie et barbes sont rares : la vraye monture du soldat sont des chevaux d'Allemagne : les bourguignons, picards et champenois en recouvrent commodement, et deviennent bons estans travaillez moderement : et neantmoins les chevaux des provinces de France de bonne forse se treuveront plus exquis. La cavalerie française est meilleure que toutes les autres. Tant que les reistres feront de leurs valets leurs compagnons, qu'ils tourneront à gauche pour recharger le pistolet sans se mesler, que les Italiens et Espagnols se fieront en leurs lances et caracol, et les Turcs desarmez, ils seront battuz par nostre gendarmerie, qui choquent teste pour teste, fendent les escadrons, percent au travers et y font jour; qui est le meilleur combat que puisse rendre la cavalerie, obtenant les capitaines sur les soldats que du moins chacun respondé de son coup, sans que la frayeur ou l'esbranlement les facent evanouïr en l'air. Quoy que ce soit, il est necessaire que tous lesdits soldats sçachent comme il faut manier, tenir ferme et faciliter leurs combats par exercices qu'ils peuvent faire lors que les compagnies ne marchent pas; et sert que les compagnies soient composées d'hommes de divers païs, à ce qu'une mutinerie ou mescontentement ne les facent abandonner les capitaines tout pour un coup, et lors que l'on en aura plus de besoin ; pareillement l'obeissance en est beaucoup plus grande.

La vaillance est la base sur laquelle il faut fonder le capitaine, dangereuse et peu utile si elle n'est accompagnée de conduite et prudence. Le manquement de courage ne se peut longuement couvrir par artifices : si le capitaine ne charge le premier, sa compagnie tournera; si son lieutenant et enseigne font leur devoir, c'est à sa honte, iceux deviennent chefs, et le chef esclave. La fidelité, obeyssance, vigilance, sagesse, valeur, patience, liberalité, courtoisie et audace, sont parties necessaires et mal-aisées à treuver en une seule personne. Le vaillant est presomptueux, le diligent turbulent, le bon lent, et n'ont le temperament necessaire. Qui ne peut avoir les bons capitaines, il faut choisir les moins mauvais, sur tout amateurs du general et du party; les remedes pris à contretemps sont poisons. Il vaudroit mieux des chefs ignorans et fidelles, que des parfaicts à double cœur. Ces capitaines ne se font en un an comme les soldats; il faut de l'experience et s'estre treuvé aux coups heureux et malheureux ; la lecture sert aux jeunes, qui supplée leur peu d'experience. Ceux de grande maison, riches, égaux en suffisance aux moindres, doivent estre preferez : leur bien est caution de leur fidelité, et survient à leur despence; l'ancienneté de leur race leur fait preposer l'honneur à la mort. Les capitaines doivent faire leurs compagnies de leurs amis, sans permettre aux lieutenans, enseignes ou cornettes de mettre des soldats à leur devotion ; autrement ils rompront la troupe quand il leur plaira, et sera le capitaine subjet à eux. Le chef doit obliger ses soldats, et ne souffrir qu'autre les oblige, soit familier entant que la garde du respect le peut permettre. Doit estre soigneux du bien et salut desdits soldats; qu'il soit des premiers et derniers à cheval, quelques fois en garde cependant que les autres reposent; ne se fier du salut de tous qu'à soy-mesme, ne coucher hors de son quartier, eviter les villes; mettre souvent en ordre ses soldats, à ce qu'ils sçachent leur mestier; prendre garde et visiter exactement leurs armes, chevaux, pistolets; avoir soin de leur logis, vivres, commodité, travail, repos, rafraichissement, santé, maladie, et leur faire croire en avoir pareil interest que de soy-mesme. Et si le capitaine ne sçait son devoir, qu'il ait des gens qui le sçachent, et ne dédaigne d'apprendre ny de recevoir correction des vieux experimentez, sans rebroüer toutes personnes : souvent d'un jeune soldat sort un vieux et meur conseil. Les roys doivent prendre garde à l'election des capitaines, qui prennent en France plus d'authorité sur les soldats que les autres nations. Les capitaines de gendarmes servent en tout aage; ceux de chevaux legers, choisis plus jeunes, supportent mieux le travail; le bon colonnel supplée à leurs fautes, qui se reparent plus aisément que celles des gendarmes. Les arquebuziers à cheval sont necessaires pour couvrir et advertir l'armée et soulager les gardes, estant la perte d'iceux de peu de consideration, au respect de l'utilité de l'advertissement que l'on reçoit par leur attaquement. Le nom de *carabin* a esté apporté de nos predecesseurs de la guerre saincte : *carra* en turc c'est à dire soldat, et *bei*, du seigneur.

Il est dangereux de se fier aux ennemis reconciliez, sans avoir esté bien recogneus et experimentez : le roy François se sert des Suisses à Pavie, et vient de les battre à Marignan ; aussi laisserent-ils M. de l'Autrec, qui perdit Milan ; se sert d'eux malheureusement au combat de La Bicoque : ils font perdre ces batailles par vengeance, manquant autant d'affection que de courage. L'Empereur choisit le pire conseil de trois, delivrant le roy François : il le pouvoit mettre en liberté avec paix, à condition qu'il l'eust assisté, ou M. le Dauphin, avec trente mil hommes à l'entreprise de Constantinople, ou ne le laisser sortir qu'il n'eust rendu la Bourgongne, establi Bourbon en Provence, et en tirer ce qu'il eust peu, sans se fier à luy : ce qui pouvoit estre executé en prison, les estats n'estans qu'excuses. Le troisiesme, d'aller en Italie avec une grande armée, se rendre maistre de Rome et de Florence, razer les forteresses, establir les petits au préjudice des grands, mettre les peuples en liberté, semer des colonies, les fortifier à la forme des legions antiques, demeurer en son armée, payée de l'argent et depoüilles du monde ; ce qui lui estoit facile s'il n'eust demeuré en Espagne. Les Venitiens, estonnez, ne demandoient qu'à traicter, et les Français eussent donné temps sans se remuer, s'il leur eust donné jour de là à dix huict mois pour la delivrance du Roy. Prince n'aura de long temps tant de moyen de remettre l'Empire en sa premiere splendeur : il tenoit l'Allemagne, l'Espagne et l'Italie en subjection, et la France captive ; le tout devoit estre en intention de vaincre les Turcs[1], devenir Alexandre, ou mourir. Il eut depuis autant de peine contre la France, qu'il en eut eu contre toute l'Europe; il n'eut point d'honneur de feindre desirer la paix de la chrestienté, y repugnant son traicté et la spoliation de François Sforce, laschant le Roy pour la crainte de la ligue, laquelle pensant esteindre il l'enflame; et ne luy en resta qu'une ennuyeuse guerre.

Il ne faut lascher les prisonniers sans rançon, et principalement quand il s'agit de reddition de places, parce qu'ils donnent après diverses interpretations à leurs promesses; et neantmoins, ce que les gens d'honneur promettent prisonniers, les oblige de le tenir, ou de retourner en prison. Il y a pareillement faute de rompre en liberté la foy promise, qu'estant captif de s'en aller quand on est mis sur sa foy.

Ceux qui traictent avec les Espagnols, si apres ils sont jugez ignorans et inutiles, n'auront l'effect de ce qu'on leur aura promis; ce qu'ils firent pour Bourbon fut en consideration qu'il estoit capitaine experimenté et de service: si on ne se sentoit tel, c'est quitter le certain pour l'incertain, et suivre le proverbe, de faire des chasteaux en Espagne. Les Imperiaux, trompez en la delivrance du Roy par mariage, le rendirent par alliance à la paix du roy Henry II; en l'année 1559, en laquelle il s'asseurerent des villes à eux cedées par traicté.

Les enfans donnez en la place du Roy, il demeure offensé de son traicté. Le Pape, les Venitiens, le roy d'Angleterre, en crainte de la grandeur de l'Empereur, qui vouloit Milan par confiscation, concurrans en inimitié, ligue est faite à Coignac le 26 mai 1526, la liberté des enfans du Roy, d'Italie, et de Sforce assiegé au chasteau de Milan, jurée à communs fraiz.

Le duc d'Urbin est eleu capitaine general de la ligue; avec de grandes forces et peu de courage prend Laude, donne aux fauxbourgs de Milan, d'où il se retire honteusement, par l'arrivée de Bourbon et des lansquenets imperiaux, s'excuse sur les Suisses non venus. Le Roy, refroidy, voluptueux, pert l'occasion de la domination d'Italie, dit mal à propos qu'il faloit laisser matter les Italiens et l'Empereur l'un par l'autre, interpose lentement ses forces à ce qu'ils ne s'accordent. Marie de la Roüere, duc d'Urbin, joinct aux Suisses, r'approche Milan, et n'y faisant rien, laisse rendre le chasteau par François Sforce: Les confederez, retirez de Milan, prennent Cremone; le marquis de Saluce, general des Français, arrive à eux avec des Suisses et six mil Français, hors de temps. En ceste année, Soliman, par temerité des Hongres, defait et tue leur roy en bataille, qui avoit espousé Marie, sœur de l'Empereur. Le Pape avoit une armée dans la Romagne contre les Colonnes; pour l'attraper, ils proposerent une trefve, acceptée de Sa Saincteté, qui craignant la despense, congedie son armée. Les Colonnes, faussant leur parole, saisissent Rome, capitulent avec le Pape, qui retire les forces qu'il avoit autour de Milan prest d'estre affamé, donne passage à Fronsberg, amenant quatorze mil lansquenets à ses fraiz, au service de l'Empereur, et secours de son fils, enclos à Milan. Le duc d'Urbin, abandonné du Pape, leve le siege, et se retire avec demonstration de vouloir empescher l'entrée de Fronsberg, leur quitte le passage. Le Pape, inconstant, irresolu, traicte paix avec le vice-roy de Naples, esperant se venger des Colonnes, rompt imprudemment toutes ses forces. Bourbon, n'ayant espargné les vies ni l'argent des Milannais pour se maintenir, joinct aux lansquenets, marche vers la Romagne. [1527] Cependant le duc d'Urbin et le marquis de Saluces, sur l'estat des Venitiens, secourent Fassoles assiegé du vice-roy, pensent à la conqueste de Naples. Le marquis de Saluces veut joindre Pierre de Novarre, et M. de Vaudemont qui y avoient pris port. Ceste ligue en confusion et irresolution, le Roy à la chasse et aux dames, vouloit faire plus de peur que de mal pour avoir ses enfans. M. de Vaudemont, proche du Pape, est contraint de le quicter à faute de provision, et retourner en France; ce que voyant Sa Saincteté, acheve son traicté avec le vice-roy; sans considerer que Bourbon soldoyeroit ses forces, casse ses troupes. M. de Bourbon, sans esgard du traicté, marche avec son armée pres Florence, où il trouve le duc d'Urbin, retourne à Rome. Le Pape, cognoissant sa faute, demande secours aux Venitiens, qui le luy refusent, ne se fiant plus en luy. Bourbon est aux portes de Rome, Sa Saincteté n'ayant que Rance de Serre avec deux mil hommes. Bourbon prend le fauxbourg, donne l'assaut, et meurt ; la ville prise et saccagée, le Pape, au chasteau Sainct Ange, traicte. Le Roy tombe des plaisirs en crainte de la monarchie de l'Empereur, rafraichit la ligue avec le roy d'Angleterre et les confederez, pour la liberté du Pape et d'Italie. L'Autrec, general de la ligue, entre en Italie avec vingt-trois mil hommes français que suisses, prend Bosque, Alexandrie et Genes, marche lentement pour delivrer le Pape, sous le commandement du Roy, esperant avoir ses enfans. Les ducs de Ferrare et de Mante en ligue avec les confederez, l'Empereur, necessité des lansquenets pour secourir Naples, resout et ratifie la delivrance du Pape [17 decembre 1527]. Tous articles de paix se rompent; les ambassadeurs des confederez defient l'Empereur, dequoy il fait peu d'estat, ayant les enfans de France en main, pour avoir les conquestes du Roy, duquel il dit qu'il maintiendra à leur maistre de sa personne à la sienne qu'il avoit manqué de parole : à quoy le Roy respond à Paris, que le corps prisonnier ne peut engager l'esprit, et qui diroit le contraire avoit menty; demande lieu et jour pour combattre l'Empereur. Ce ne furent que paroles, les volontez, moyens et lieux n'y correspondirent. [1528] En ce temps, le sieur de Tavannes sort de page du Roy, accepte place d'archer en la compagnie du grand escuyer Galliot, duquel il gagne les cœurs et de tous les capitaines, paroissant le premier, au jugement du Roy, aux exercices usitez en la gendarmerie; va trouver M. de l'Autrec en Italie, auquel tout rit.

L'aage attiedit le sang (1), les adversitez l'esprit, les hazards le courage, et la monarchie desesperée n'espere que volupté. Tel estoit le roy François, blessé des dames au corps et en l'esprit; la petite bande de madame d'Estampes gouverne. Alexandre voit les femmes quand il n'a point d'affaires, François voit les affaires quand il n'a plus de femmes.

Aux religieux les œuvres pieuses, aux capitaines les guerrieres, tout un ou tout autre; c'est se perdre aux

(1) *L'aage attiedit le sang* : cette réflexion s'applique à l'état où se trouva François I en 1538, après sa malheureuse liaison avec la belle Ferronière. (Voyez *Introduction aux Mémoires de Du Bellay*, p. 149, tom. XVII.)

monasteres de penser au monde, c'est se perdre à la guerre d'observer les regles des monasteres; le seul but doit estre de se conserver et vaincre, toutes considerations de pitié ou d'amitié au contraire postposées.

La gendarmerie est creée de nouveau : les roys anciennement estoient eslectifs; la France approchant de l'estat populaire, le dernier arrivé au camp estoit bruslé; par crainte de ces chastimens assembloient soudainement leurs armées. Les roys establis, ils firent des ducs, comtes, marquis, capitaines et juges de provinces, les barons, bannerets (ainsi nommez des bannieres qu'ils portent), sous lesquelles marchoient leurs soldats. Les maires du palais, devenus roys, font les susdicts, au lieu des gouverneurs, juges et capitaines, seigneurs des provinces et des fiefs pour les gagner; la pluspart meurent aux guerres, partie des fiefs tombent en ecclesiastiques et tiers estat, pour leur inutilité aux armes donnent naissance au restablissement de la gendarmerie, que les roys créent avec des ordonnances pour la maintenir et exerciter. Les Romains, et maintenant les Turcs, font exercer leurs soldats, ce qui se doit, parce que vingt experimentez en battront cent qui ne le seront point : tant plus il y a d'hommes desordonnez, plus de honte et de foiblesse; de trente mil non experimentez nul ne veut estre le premier aux coups, se renversent l'un sur l'autre : les armées italiennes, non disciplinées, peuvent estre defaictes de peu de nombre d'ennemis resolus; le duc d'Urbin, qui les cognoist, a quelque raison de n'hazarder telles gens contre des resolus. Il faut de l'artifice pour faire combattre ces grands nombres inexperimentez, ou il advient ainsi qu'en l'armée de Tigrame, qui n'eut le courage d'attendre ses ennemis.

Fortune mal-gré Charles l'appelle à la monarchie de l'Europe par la prise de Rome, ce qu'il eust peu entreprendre sans blasme. M. de Bourbon pouvoit estre accusé de ce mal, dont l'Empereur eust tiré le fruict; allant à Rome, feignant d'y mettre ordre, pouvoit, sous le nom de reformation de l'Eglise, rendre ses soldats citoyens romains, leur donner le bien des vaincuz, et remettre dessus les Aigles et legions romaines. S'il n'eust precipité la liberté du Roy, il le pouvoit avoir avec le Pape prisonnier, et, sous pretexte de reformation (s'estant le Pape mal famé), il se faisoit monarque absolu, eust divisé la ligue faicte contre luy les uns par les autres.

Nostre Seigneur, ses apostres, nuds pieds, jeusnent, donnent aux pauvres, sont aucteurs de la paix; le Pape, leur successeur, est porté vestu de drap d'or, prend ce qu'il peut, fait guerre et bonne chere. A quoy se respond que nul ne peut entierement imiter Dieu; la foy preschée sous les Payens devoit estre plantée par humilité; les Chrestiens estans empereurs ont cedé Rome aux evesques, qui s'y doivent maintenir. Dieu dit : Rendez à Cesar ce qui est à Cesar; puis que les Chrestiens sont au magistrat, ils le doivent conserver: la loy plantée par l'humilité se maintient par force. Les papes sont seigneurs spirituels et temporels, une des vacations n'empesche l'autre conduicte avec equité. Les sacrificateurs ont oingt les roys qui apportent leurs biens aux pieds des apostres, la cognoissance des legitimes leur doit plus appartenir qu'aux autres; leurs armes doivent favoriser les bons contre les meschans;

ce qu'ils peuvent faire chrestiennement. Que si aucuns ont mes-usé, la consequence ne se doit estendre sur les autres; ils peuvent faillir comme hommes, non comme sainct Pierre, en guerre equitable. Heureux sont ceux qui par predications, admonestement et bons exemples se peuvent empescher de faillir au manyment des affaires d'Estat! tres-malheureux ceux qui par ambition, vengeance, aggrandissement de leurs neveux, fils ou bastards, font guerre sans justice.

Qui tue meurt, qui endure pert l'honneur : les loix de justice et d'honneur sont contraires en France. Un jeune escrimeur, faict vaillant par l'art, contraint un viel capitaine d'hazarder tout contre son rien. Faudroit eslire six capitaines, sans la permission desquels nuls duels ne fussent permis; l'accusation de trahison, de fuittes, d'adultere, concussion, se vuideroient à cognoissance de cause par armes, sauf la dedite; les injures vaines, dementis mal fondez, coups mal donnez, seroient reparez, et ne seroient injures si elles n'estoient jugées telles des susdicts capitaines, qui les feroient reparer de coups en leur presence s'il estoit besoin, condamnant les delinquans à mort et degradations; et faudroit declarer tous duels ignominieux sans leur permission. Ceux qui se tueroient, eux ayant accordé le combat, ne pourroient estre repris; l'Eglise meritoirement defend le duel. Celuy pert son ame qui (en l'hazardant) veut perdre celle d'autruy. Le duel, mal entendu en France, empesche les peres d'envoyer leurs enfans jeunes aux guerres ny en Cour, où estans sans conduicte perdent souvent l'honneur avant qu'ils ayent moyen d'en acquerir. Si les roys avoient autant d'envie, comme il seroit utile, de finir leurs querelles.

par le combat de leurs personnes, ils ne manqueroient de seurté, plus aisée à trouver que celle du change du Roy à ses enfans, et d'iceux à de l'argent. Ils ayment mieux conserver leur vie que celle de cent mil hommes; ils ne trouveront jamais seurté valable pour combattre.

En l'an 1528 le Pape se declare neutre, plein de malheur et d'artifices. Pesquaire, Bourbon et Launois morts, manque d'experimentez capitaines aux Imperiaux sortis de Rome sous le prince d'Orange : l'Autrec, par inconsiderez artifices du Roy, n'assiege Milan, craignant d'estre abandonné des confederez, quand ils auroient ce qu'ils demandoient, entre au royaume de Naples. Les armées demeurent en presence, les considerations empeschent la bataille, donnent loisir au prince d'Orange d'entrer à Naples. Les Français, apres avoir pris Melphe, assiegent Naples, victorieux au combat de terre et de mer. André Dore, general du Roy, appointé de trente six mil escus par mois, defaict l'armée navale, tuë Hugues de Montcalde, nouveau vice-roy, prend le marquis du Guast prisonnier, qui l'esmeut à traicter avec l'Empereur. Le Roy adverty, au lieu d'y remedier, le desespere, dont suivit le r'envitaillement de Naples. La maistrise de la mer perduë, les villes qui ne sont assiegées que d'un costé ne se prennent; tout change. Le Roy, aux voluptez accoustumées, se fie sur ce que l'Autrec avoit fait esperer la prise de Naples en peu de jours : adverty du contraire, n'envoye secours ny argent que le prince de Navarre, foible et inutile; à faute dequoy joint les maladies et empoisonnement des eaües : la moitié de l'armée et le general meurent. Le marquis de Saluces, esleu chef, leve le siege, est assiegé, et se rend dans Averse au prince d'Orange; sa personne, artilleries, enseignes et capitaines demeurent aux vainqueurs; les soldats se retirent en France. Le marquis de Saluces meurt à Naples, et la moitié des soldats s'en revenant, André Dore revolte Gennes, prend Savonne. [1529] M. de Sainct Paul, envoyé fraischement à Milan, est defaict par Antoine de Leve. Le Roy demande ses enfans et la paix. Ceste affection accreüe de tant de malheurs, l'Empereur, la voyant honnorable, se contente d'une monarchie imaginaire, pressé du Turc, qui assiegeoit Vienne. Le Pape à l'accoustumée se joint à la bonne fortune de l'Empereur; les Venitiens et Anglais en font de mesme abandonnez des Français. Madame Loyse de Savoye, mere du Roy, Marguerite, sœur de Philippes pere de Charles, s'assemblent à Cambray. La Bourgongne, Naples, Milan, Navarre, et la liberté des enfans sont sur le tapis. Le chancelier de Granvelle demande les lettres de la loy Salique, et les Français celles de l'Empire, anciennement romain, et maintenant allemand. En fin la paix est concluë en may 1530 (1). Le Roy, absous de la promesse de Bourgongne, retire ses enfans pour deux millions d'or, espouse Eleonor d'Austriche; l'Empereur obtint la souveraineté de Flandres et quittances des pretentions du Roy sur Naples et Navarre; François Sforce demeure duc de Milan, dont s'ensuit la paix generale.

Prevoyance sert plus que vaillance; combat ne sert combattu de famine, peste et maladie; opiniastreté est domageable: il falloit changer, ou lever le siege de Naples. S'il est permis parler des fourmis auprés des

(1) *Est concluë en may* 1530: ce fut en juin 1529 que les deux princesses signèrent le traité de Cambray.

éléphans, aux premieres entreprises de la Ligue, ceux d'Auxonne, partie huguenots, me trahirent : je les assiege avec Rosne; ils empoisonnent les puits, y jettent du bled, m'envoyent un pestiferé avec des lettres : je fais boucher et defendre les eaux, et chasse sans ouïr les pestiferez, ne reçois rien de la ville, laquelle nous forçasmes de se rendre apres avoir rompu leur secours, prevenant leur meschanceté.

C'est estre homme de faillir une fois;
C'est estre beste d'en faillir deux ou trois.

Tant d'armées, de vies, de sang, d'argent despendus, ne rendoient plus sages les Français aux conquestes d'Italie, non plus que l'Autrec, trompé des courtisans à Milan, ne se garde d'estre abuzé d'eux à Naples. Les entreprises des Français en Italie sont semblables. Charles huictiesme avoit quitté Naples pour aller voir une fille à Lyon; le roy François l'imite. Les voluptez, les douceurs françaises, la distance des chemins, le temporisement des ennemis, la division des armées, la trahison et revolte des Savoyards et Italiens perdent les Français en Italie. Pour la conquerir, faut mettre toutes les grandes villes qui se prendront en liberté; Rome, Gennes, Milan, Florence, Ferrare, Bolongne, Sienne en estats populaires, se gardant les places fortes voisines; ruiner les grandes puissances, exalter les moindres, changeant les gouvernemens en estats populaires ou aristocraticques, pour interesser les particuliers au general. La crainte, l'esprit, l'avarice, l'inconstance, la fortune, l'ingratitude, rendent ces moyens susdits moins utiles que les suivans. Prendre pied à pied toutes les villes entre les Suisses et la mer, le comté de Bourgongne, la Savoye, le Piedmont, Gennes, Milan ; desarmer tous les habitans, et transporter les deux tiers au milieu de France; habituer en leurs places des Normans, Bretons et Poitevins; razer les places foibles, que rien ne puisse arrester les armées ny les vivres venans de France; faire des citadelles, et fortifier la frontiere, se servir de Genes et Milan, comme servoient les camps fortifiez aux legionnaires romains, tant qu'ils seroient frontiers; se faire fort de cavalerie, faire une grande armée de mer, plus facile aux Français qu'aux Espagnols. Charlemagne transporta les Saxons. Le Turc tue ou esclave les hommes en ses conquestes, raze les places, tient au milieu du païs de grandes garnisons de cavalerie, qui à tout mouvement portent le feu et le sang par tout : ce qui est à detester plus qu'à imiter. Les Chrestiens, gens de bien, doivent demeurer en paix, puis que leur loy ne permet faire la guerre avec les cruautez qui seroient necessaires. Le comté de Bourgongne prins, l'Italie, la Flandre, sont isles pour le roy d'Espagne, qui seroit contrainct passer ses forces par l'Allemagne et Suisses; et quand ils le souffriroient, faudroit un monde d'or, plein d'incommoditez pour passer en Italie, et quoy que les places de Piedmont soient fortes; il se faut opiniastrer jusqu'à la prise d'icelles, sans passer plus avant que Genes et Milan, que tout le Piedmont ne fust reduict, et mener tout d'un front sa conqueste; l'hyver, laisser dix mil hommes en garnison, ainsi que les Romains hyvernoient leurs legions és Gaules. Si les Français imitent leurs predecesseurs aux entreprises d'Italie, ils seront oubliez, trahis, abandonnez, et enterrez, s'ils ne suivent les moyens susescrits. Il seroit mieux qu'ils entreprinssent en Flandres, ou deçà le Rheim, où ils ont soixante lieües de front, et les armées ne seroient qu'à trois journées de la France, sans separation des montagnes : les Français peuvent faire facilement des colonnies pour leur grande multitude, non les Espagnols, habitans les païs infertiles. Ceux qui, aux guerres de la Ligue, faisoient croire à M. du Maine que les Espagnols conquerroient la France et l'en chasseroient, le trompoient, ne pouvant sortir d'Espagne que cinq ou six mil hommes, qui ne peuvent commander à un million, et l'auctorité luy fust tousjours demeurée, à son choix de les en chasser un jour, ou de s'en servir; que si les Espagnols vouloient conquerir et posseder la France, il faudroit qu'ils y vinssent tous, et laissassent conquerir l'Espagne aux Mores.

Les Italiens, qui ont suppedité les deux tiers du monde, sont asservis aux Espagnols : Rome en est cause, parce qu'estans sous les papes en la religion chrestienne en liberté, elle ne se soucie de la captivité de Naples, Florence et Milan, estans les papes qui y commandent, créez par election en extreme vieillesse, leur pontificat de peu de durée, et, ne laissant aucune posterité qui espere en là mesme domination, ils ne se soucient de s'agrandir, ny de mettre en liberté leur pays, les puissances d'Italie estant separées comme elles sont. L'Eglise, les Venitiens, le roy d'Espagne et le duc de Florence ont tous interest que pas un d'eux ne s'agrandisse; c'est pourquoy les petits potentaux de Palme, d'Urbin et de Mantouë se maintiennent, conjurez à empescher l'agrandissement les uns des autres, et principalement parce qu'ils ont quitté l'aguerriment, contraints de se servir de soldats mercenaires, au lieu que leurs predecesseurs combattoient, non pour les princes et tyrans, ains pour leur particuliere franchise et liberté: grande difference de ceux qui combattent pour la paye, à ceux qui s'hazardent pour leur propre interest, superiorité et liberté, ainsi que les anciens Romains.

Lorsque la force au droit la place fait quitté,
Dieu est le seul vengeur de ceste iniquité.

La loy Salique est contraire au droit commun, n'a force sur ceux qui ne sont subjects des Français : mauvaise possession n'acquiert droit. La Bourgongne n'est aux Français par droit de manquement de devoir, de fief, et felonnie, puis que le roy Louys onziesme assaillit le premier son feodal duc de Bourgongne : les feodaux opprimez injustement se peuvent defendre. La Bourgongne est aux heretiers de Maximilian et de Marie, fille de Charles de Bourgongne, de mesme la Bretagne. Le grand roy François espouse la fille du roy Louys douziesme, heritiere de Bretagne, à cause de sa mere; les enfans des Vallois succedent; la Bretagne appartient à Marie d'Austriche, sortie d'Elisabeth, fille aisnée de Henry de Vallois, et ne peuvent les roys infeoder ny joindre à leurs coronnes ce qui appartient aux souverains. Le royaume de Naples et le duché de Milan appartient droittement au roy de France, par l'adoption que Jeanne, royne de Naples, fist de René d'Anjou, et par le mariage du duc d'Orleans avec Valentine, fille legitime de Galeas, duc de Milan. Ny l'investiture, ny la confiscation n'acquierent droict à l'Empereur, dont la puissance est disputée. Pareillement le royaume de Navarre est au roy Loys XIII: puisque les papes pardonnent aux heretiques, l'interdit doit estre levé. Sa Majesté estant catholique, la souveraineté de Flandres est de l'entier appanage des Français. Les pretentions des roys de France et d'Espagne peuvent estre compensées, si le roy d'Espagne rendoit la souveraineté de Flandres et le royaume de Navarre au roy Louys treiziesme, lequel luy donneroit, en recompense du droict de la Bretagne et de Bourgongne, celuy qu'il a sur Naples et sur Milan. Ainsi les Espagnols tiennent la souveraineté de Flandre et le royaume de Navarre, plus que les Français tiennent d'eux, estans compensées les pretentions de Bourgongne et Bretagne à Milan et à Naples : à quoy respondent les Espagnols, qu'eux ont le droict de M. d'Orleans, qui espousa Valentine, fille de Galeas de Milan, de laquelle est sortie Marie d'Austriche, heritiere de Vallois, et que le roy Louys treiziesme, yssu de sainct Louys, est d'une autre branche, à laquelle on a eu recours estant la lignée du duc d'Orleans faillie.

Les manquements remarquez en la loy Sallique sont qu'elle n'est selon Dieu ny le droict des hommes, qui ne desheritent les femmes; l'autheur, le temps qu'elle fut faite, sont incertains; les Estats peuvent deroger aux decrets des precedents : la loy n'est asseurée qui a esté debatuë à tous evenemens. Ce n'est oster la confusion, puisque les meres des roys sont en dispute avec les princes du sang de la regence, dont les uns et les autres ont joüy à leur tour, selon la force et artifice dont ils usoient. Ceste loy laisse indecis si representation a lieu; ceste loy a esté suivie pour la Bourgongne, où il fut allegué que partie du royaume comme le principal ne pouvoient tomber en quenoüille, et nonobstant on ne se servit de ceste raison pour occuper la Bretagne, qu'il fallut asseurer par mariage. Que toutes les loix des autres royaumes de la chrestienté où les filles heritent, faillent : si celle de France a lieu, les Français disent qu'ils peuvent establir loy sur eux, que les voisins ne le doivent ignorer, et ne se doivent allier qu'à condition de l'observation d'icelle, approuvée par tant de siecles.

[1530] Henry, roy d'Angleterre, preste partie de l'argent donné à l'Empereur par le roy François, et par ce moyen gagne l'université de Paris, qui favorise le divorce de l'Anglais contre Catherine d'Austriche, tante de l'Empereur : enhardy et acceleré par les imprudentes promesses du Pape, pour lors mal avec l'Empereur, Henry passe outre en nouvelles nopces. Sa Saincteté, depuis d'accord avec l'Empereur, fulminant contre ce divorce (1), embrase l'heresie en Angleterre. L'Empereur passe en Italie à l'estonnement des confederez abandonnez du Pape et du Roy, il s'assemble avec Sa Saincteté à Bologne, s'unissent ensemble pour se venger des Florentins, qui avoient chassé ceux de Medicis. Les Venitiens s'associent avec le duc de Milan, duquel l'Empereur avoit tiré quatre cens mil escus et les chasteaux de Milan et Cremone en garde pour un an, et luy avoit fait espouser sa

---

(1) *Fulminant contre ce divorce :* le jugement de Clément VII, par lequel il déclara que le premier mariage de Henri VIII ne pouvoit être dissous, ne fut rendu qu'en 1534.

mere, vefve du roy de Dannemarc (1). L'Empereur reçoit la coronne imperialle le jour Sainct Mathias, jour qu'il nasquit, fut esleu et coronné, et prit le Roy à Pavie; ligue est conclue de toutes les puissances d'Italie, pour la conservation d'icelle contre les Français. Les Florentins, contraincts (apres legeres défences où le prince d'Orange meurt) de perdre leur liberté, reçoivent ceux de Medicis apres long discours du Pape et de l'Empereur sur les Turcs, qui avoient assiegé Vienne, et de l'heresie de Martin Luther, commencée dés l'an 1517 : ils se separent. L'Empereur va à la diette à La Ausbourg, espere faire eslire son fils, ou du moins Ferdinand son frere, roy des Romains, restablit les images, ordonne de vivre catholiquement, declare les delinquans justiciables à la chambre imperialle. Le duc de Saxe, le landgrave, Lunebourg, George de Brandebourg, celuy de Anhalte, les deputez des villes lutheriennes, s'offencent de l'election prétendue de roy des Romains, et des priviléges enfraincts; ne veulent plusieurs d'eux respondre à la chambre imperialle, se retirent à Chemalcade, où ils se liguent en effect pour maintenir leur autorité contre la maison d'Austriche, qu'ils presumoient vouloir rendre l'Empire hereditaire, et, en apparence pour la religion lutherienne, les armes se preparent. Les Suisses commencent, les cinq petits cantons battent les autres en ceste confusion; nul ne s'oppose à Soliman, Dieu permet qu'il retourne à Constantinople. [1531] Le roy François, irrité, battu, qui avoit esté prisonnier, mal

(1) *Espouser sa mere vefve du roy de Dannemarc* : ce ne fut point sa mère, mais sa nièce que l'Empereur fit épouser au duc de Milan. Cette princesse étoit fille de Christiern, roi de Dancmarck.

traicté, et en soupçon de la grandeur de l'Empereur allié de nouveau au duc de Savoye, auquel il avoit donné le comté d'Ast, et qui luy practiquoit les Suisses, accroit secrettement la rebellion des Lutheriens, accepte leurs offres de s'unir avec le roy d'Angleterre, leur promet aide et assistance, traicte avec eux, leur donne courage, et de la mesme crainte s'allie au Turc. Loyse de Savoye, mere du Roy, meurt; le gouvernement de la Cour changé par sa mort, MM. de Montmorency et de Brion en eurent le principal credit. Les roys de France et d'Angleterre se voyent, se liguent contre l'Empereur, cherchent querelle avec pretexte [1532]. Le Pape, à son accoustumée irresolution, traicte secrettement avec le Roy, offencé de l'Empereur qui ne l'avoit favorisé contre le duc de Ferrare; luy promet sa niepce Catherine de Medicis pour son second fils. L'Empereur repassant la demande pour François Sforce, elle luy est refusée, ensemble le concile, et de renouveller la ligue d'Italie, n'obtenant qu'un cardinal de trois qu'il demandoit; se separent mal satisfaicts l'un de l'autre, et se retire l'Empereur en Espagne avec une grandeur plus imaginaire qu'effectuelle, se contente d'avoir mis ordre aux affaires en apparence. [1533] Le Pape et le Roy se voyent à Marseille; Henry, second fils de France, espousa Catherine de Medicis, niepce du Pape, avec de beaux projects de guérre en Italie. Sa Saincteté promet Rege, Palme et Plaisance, fit trois cardinaux français (1), Le Veneur, Chastillon et Givry, en faveur

---

(1) *Fit trois cardinaux français* : le Pape en nomma quatre; ce furent Odet de Coligny, fils du maréchal de Châtillon, et neveu du connétable de Montmorency; Claude Givry, parent de l'amiral Chabot;

des mignons et mignonnes. Le roy d'Angleterre n'ayant obtenu permission de divorce du Pape, le publie de son autorité et adveu de l'evesque de Cantorbie. [1534] Sa Saincteté l'excommunie, luy se dispense de son obeyssance, se declare chef de l'Eglise, et embrasse le lutheranisme avec quelques meslanges de ses opinions.

Aucuns disent que la religion catholique prohibe de se remarier à ceux qui se sont separez de leur premier mariage; ce que Dieu conjoint, l'homme ne separe point. Diversité de religions ny parentages ne sont point assez suffisants pour obtenir la separation : sainct Pierre et ses successeurs ont pouvoir de lier et deslier, non de contrevenir au texte de l'Escriture. Qui est ce qui jugera si la sterilité des roys est envoyée de Dieu pour le bien ou punition du peuple, et s'il est licite d'aller au contraire? l'Eglise trenche sans plier, ne doit permettre mal affin qu'utilité en advienne, ains faire bien quand le monde devroit perir. La tolerance des Juifs, le profit des courtisanes pour eviter plus grand peché, ne se devroient permettre.

Les jours ne sont heureux ny malheureux, les rencontres sont fortuites. Henry troisiesme receut deux coronnes, deux victoires, deux entrées en ses royaumes en mesme jour; avoit son jour heureux ainsi que Charles-Quint. Les superstitieux qui ont precipité ou retardé des actions importantes pour eviter les jours malheureux, les ont quelquefois rendues pires, estant de retardement ou advancement, pareillement une observation du jour heureux ou malheureux.

La source d'heresie est violement de vœux, de ser-

Philippe de La Chambre, allié du duc d'Albanie; et Jean Le Veneur, grand-aumônier de France.

ment, inobedience, ambition, avarice; leurs prophetes sont Luther, Calvin, moines reniez, Marot et Beze, qui de mesme main ont rimé les pseaumes qu'ils avoient escrit des sodomies; leurs introductions dans les royaumes, en Allemagne, l'avarice du duc de Saxe, causée du guain qu'il faisoit de l'université de Witemberg, sa crainte de l'establissement absolu de la maison d'Austriche, le desir de gouverner; en France, l'ambition de Catherine de Medicis, celle des princes de Condé et admiral de Chastillon, qui sous ce pretexte vouloient posseder la Cour et le Royaume, et en chasser ceux de Guise, qui les en empeschoient; en Angleterre, la lubricité du Roy repudiant une femme de bien dont il avoit une fille, pour espouser Anne de Boulan, qu'il fist depuis declarer putain et decapiter; en Flandres, l'ambition du prince d'Orange, des comtes d'Aiguemont et d'Orne pour oster le gouvernement au cardinal de Granvelle, et duchesse de Palme : la loy de Dieu n'asservit à tels effets. Leurs fruicts, leurs œuvres, sont spoliation de royaume, pervertissement d'Estats, mespris des puissances superieures, peuples debridez, democratie premeditée contre les monarchies, guerre, sang, feu, violement, rançons, prophanement des choses sacrées, corruption des sainctes, source d'incertitude de la foy et d'atheisme; imitez par Anabaptistes, Zuingliens, Trinitaires, Deistes, Ubiquistes, OEcolampades, sangliers qui sont entrez en la vigne du Seigneur par la breche qu'ils ont faicte par la haye qu'ils ont rompue. Leur creance, leurs escrits sont autant de doute et confusion de religions, et propagation d'une tierce qui croid ce qui luy plaist. Ainsi qu'Adam et Eve nous ont tué pour nous faire trop sçavans de ce dont docte estoit l'ignorance; ainsi ils ont ouvert nos yeux, estendu nos mains pour voir et prendre la pomme de la mort. Leurs griefs sont, que l'on sert trop ceremonieusement Dieu, qui n'est en deux lieux, que les saincts sont sourds et ocieux. La loy de Dieu est de paix, ceste-cy de guerre; elle donne ses biens, ceux-cy les vollent; presche l'obeyssance, ceste-cy la rebellion; l'abstinence, ceux-cy indifferences et permission de viandes: les prophetes, les apostres ont tout à un coup presché leur doctrine, ceux cy ne sont inspirez que par boutades, et selon qu'ils estoient picquez, bannis et fulminez des papes; advoüent qu'ils n'en eussent dit le quart si on les eust laissé sans menaces, mesme qu'ils se fussent desdits, si Sa Saincteté eust voulu corriger quelques abus et ceremonies superflues, leur donner des benefices. L'Eglise de Dieu est perdurable; ils maintiennent qu'elle a esté douze cens ans intermise et fermée, de laquelle ils ont trouvé la clef. La loy des Turcs promet tous plaisirs aux siecles advenir; ceux-cy ostent le purgatoire; meschans medecins, qui, pour oster les taches du visage, y ont planté le chancre homicide des ames : l'Eglise se reforme par bons exemples, non par pistoletades. Leur vocation n'est point par miracles, tradition ny confirmation; se venger à l'exemple de son ennemy par moyens illicites, est se venger de soy-mesme. La faveur portée aux Lutheriens et l'alliance du Turc sont expiées en France par trente cinq ans de guerre; toutes sortes d'armes ne sont permises pour vaincre son ennemy. L'Empereur avoit gagné Bourbon, et le Roy practiqué le duc de Saxe, qui estoit excusable sans l'interest de la religion : les Israëlites alliez aux Philistins perissoient, l'alliance des empereurs de Constantinople et de Trebizonde avec les Turcs, les perdit. Le roy François sera empesché de respondre de vingt mil ames prises et perdues par Ariodan Barberousse, qui vint à son secours à Nice. Reste une tres-grande consolation aux malheurs, lors qu'on croit qu'ils nous sont envoyez pour purgation de nos pechez.

Les cardinaux de Meudon, de Givry et de Sourdy, Le Veneur, Chastillon, sont nommez des rois à Sa Saincteté par la faveur des femmes; les papes ad'herent au mal pour se maintenir aux bonnes graces de leurs Majestez, et les induire à la paix : tels cardinaux n'eslisent les papes, l'esprit de Dieu y agit : il se cognoist au conclave, où tous artifices et ligues des hommes se practiquent, et toutes fois est esleu souvent celuy qu'on n'eust jamais pensé.

Les conseils sages ou imprudens ne se doivent juger selon l'evenement; il fust esté mieux par autre moyen, et iceluy suivy eust apporté des autres inconveniens. Il est aisé de blasmer ou loüer les advis apres le succez et effects d'iceux, qui adviennent par la permission divine ou fortuitement ; et neantmoins, representant aux conseillers le mal provenu de leurs advis, ils respondent que si les affaires estoient en mesme estat que lors qu'ils le donnerent, leurs conseils seroient semblables qu'ils ont esté : nos advis soient selon Dieu, si mal en vient, autant d'expiation de pechez.

L'Empereur, triste des nopces de Marseille, est reconforté de la victoire et decouverte du Peru par François Pizarre, qui avec cinq cens Espagnols défit cinquante mil Indiens. Le Roy, passionné, enflammé de ses favoris, qui veulent pescher en eau trouble, cherche guerre, se plaint de la mort de Merveille, son escuyer et ambassadeur secret, justicié par le commandement du duc de Milan, pour un meurtre, à la suscitation de l'Empereur. Le Roy se couvre du feint achept du comté de Mont-Belliard, pour fournir cent mil escus au landgrave, qui restablit Houllerich, duc de Witemberg, en son duché, que la ligue de Chevaube (1) avoit depossedé, et remis le duché de Witemberg à l'Empereur, qui l'avoit donné à Ferdinand son frere. Cette ligue de Chevaube fut faite contre celle de Suisse, pour maintenir la maison d'Austriche. Ferdinand dissimule, en attendant la venuë de l'Empereur, qui donne la fille de sa sœur, vefve du roy de Dannemarc, au duc de Milan. Le Pape meurt, retarde les esperances du Roy : Alexandre Fernaise, romain, est esleu en sa place. L'Empereur gaigne le duc d'Urbin, confirme André Dore, et prepare ses amis à la guerre [1535]. Sa Majesté remet Muleazar (2) en son royaume de Tunis, que Barberousse, violant l'hospitalité, avoit jetté dehors; fortifie La Goulette, s'en retourne (pouvant conquerir partie de l'Africque) pour resister au Roy, qui faict les legionnaires en France à l'exemple des Romains, et pour n'avoir plus besoin de Suisses fait faire monstre à quatre mil hommes d'armes et huict mille archers; pour recouvrer l'honneur perdu, cherche guerre sans qu'elle luy puisse estre imputée, oste au seigneur de Lunes sa maison, demande partage et passage au duc de Sa-

---

(1) *La ligue de Chevaube :* ligue de Suabe.

(2) *Muleazar :* Muley Assan avoit été détrôné par Chairadin, connu sous le nom de Barberousse.

voye, l'accuse de la praticque des Suisses pour l'Empereur, se plaint qu'il avoit accepté le comté d'Ast appartenant à la maison d'Orleans; sur ce suject favorise les Genevois, qui, à l'aide de ceux de Berne, occupent partie du païs du duc de Savoye. François Sforce meurt; l'Empereur, maistre du duché de Milan, propose des esperances au Roy, qui veut des effects; inimitié, vengeance et ambition pesle-mesle; l'Empereur s'arme, s'allie aux Venitiens [1536]. Le Roy occupe Savoye par M. de Sainct Paul, et en suite Turin et Piemont par M. de Brion, commandant à quinze mil hommes de pied et huict compagnies de gendarmes, desquelles estoit celle du grand escuyer Galliot, conduite par le sieur de Tavannes, guidon d'icelle, qui passe le premier la Doüere, defenduë par Jean Jacques de Medicis mis en fuite. Le Roy revoque M. de Brion, par persuasions du cardinal de Lorraine, qui estoit envoyé à Rome de Sa Majesté lors que tout l'Estat de Milan estoit prest à conquerir, et ce, sous considerations inutiles de ne vouloir commencer la guerre. L'Empereur continuë l'abus de ses traictez, pour donner temps à ses forces de le joindre, monstre de consentir Milan, et une de ses niepces pour M. d'Angoulesme, depuis M. d'Orleans. Le marquis de Saluce commandant en Piemont, l'Empereur se declare; Antoine de Leve en Italie entre en Piemont, gagne le marquis de Saluce persuadé des devins qui l'asseuroient de la ruïne de France et de la monarchie imperiale, degarnit Foussan de vivres, où il avoit mis les sieurs de Montpezat et Tavannes, Castel Paix, Sampetre Corse, et soudain se revolte. Antoine de Leve, qui avoit investy Turin, le quitte et assiege Foussan, pense avoir en trois jours ceux qui estoient dedans, les trouve plus pleins de courage que leurs magazins de bleds, dont la clef ne leur avoit esté donnée que le jour de la revolte du marquis de Saluce. Ils remplissent d'armes et de sang la campagne d'abordée, desesperez de faute de vivres deux jours passez; les sieurs de Tavannes, de Castel-Paix et Sampetre Corse sortent, defont les gardes d'Antoine de Leve, gouteux, emporté caché dans un bled, couvert plus d'espics que d'espées. Cinq cens hommes renversez morts, les assiegez se retirent pour retrancher et defendre la breche faite; l'hardiesse des assiegeans manque, et les vivres aux assiegez: ensuit la capitulation. Ils sortent enseignes et armes desployées, et sont envoyez par le Roy en diligence à Marseille. L'Empereur, apres la venuë de son armée à Foussan, entre en Provence jour Sainct Jaques, le mesme jour qu'il estoit entré l'an passé en Afrique: Antoine de Levé en vain l'avoit voulu retenir en Piemont. Le Roy se place à Valence, advance M. de Montmorency, parvenu par l'alliance de la fille du grand maistre de Savoye, et en la prison de Sa Majesté, comme plusieurs autres; luy resout sagement de ne combattre, fait faire le desgast au païs, se place en camp fortifié à Cavaillon, entre le Rosne et la Durance. Les sieurs de Montejean et de Boissy sont deffaicts allant à la guerre, voulant repaistre à la teste d'une armée. L'Empereur arrivé à Aix, incommodé de vivres, les sieurs de Montluc et de Tavannes bruslerent les moulins de son armée, defont les gardes d'iceux: dequoy fait gloire ledit Montluc en ses Commentaires de l'assistance du sieur de Tavannes, lequel estoit desja plus favorisé des armes que ledit Montluc.

L'Empereur, voyant un bon ordre à Marseille et Arles, l'armée du Roy fortifiée, et cognoissant les maladies de son armée; faute de pain et trop de fruits, se repent de son entreprise, couvre son ignorance sur des intelligences feintes, se presente et se retire en mesme temps de devant Marseille; retraite en laquelle le sieur de Tavannes eut bonne part en l'honneur que les Français y acquirent. M. le Dauphin meurt, empoisonné par un Sebastien de Montercul, qui charge Antoine de Leve de l'avoir corrompu, homme de grande menée et de peu de conscience. Les Suisses, contre la foy promise à l'Empereur, envoyent leurs gens sans congé au service du Roy; Peronne assiegé par le comte de Nanssau, et desassiegé par le mareschal de La Marche. En Piemont, le marquis de Rangon, avec dix mil Italiens, se joint à M. d'Annebault, lieutenant general par faveur de madame d'Estampes, amie du Roy, prend le marquisat de Saluces. La peste emporte Antoine de Leve et partie des soldats de l'Empereur: ne reste de cinquante mil hommes que trente mil. Ces incommoditez retirent l'Empereur avec perte; le comte de Nanssau fait de mesme en Picardie; l'Empereur va voir sa femme en Espagne; le Roy vient à Lyon.

Dieu n'a revelé à ses saincts le Monde Neuf, reservé par miracles en ce temps incredule pour confirmer ses paroles, que la loy devoit estre preschée par tout l'univers avant son avenement, à l'exaltation de la foy catholique, apostolique et romaine; n'a permis que les Français, Allemands, Anglais, infectez d'heresie, fissent cette descouverte, ny moins s'y peussent placer et affermir: preuve que la religion catholique est la vraye, la lutherienne et huguenotte fausse : la vraye religion ne fust esté preschée par tout le monde, si les heretiques y fussent allez. Cette grace a esté octroyée aux seuls Espagnols, pour n'estre meslez d'heresie; le droit de tant de terres leur appartient, ayant fait la premiere descouverte, et principalement l'authorité des papes comme ministres de Dieu et sacrans les roys. Si les Français, qui en sont exclus par negligence, eussent fait semblables descouvertes, Sa Saincteté ne leur pouvoit desnier pareille investiture : neantmoins, puisque les Espagnols ne tiennent le centiesme de tant de terres descouvertes, Sa Saincteté devróit adjuger aux Français une portion d'icelles, et ce, du consentement des Espagnols, puis que les Hollandais infidelles commencent à s'y establir par la force ; dequoy les deux roys de France et d'Espagne les devroient empescher, et vaudroit bien mieux que celuy d'Espagne en fist part aux Français, à ce que par commun accord ils empeschassent le progrez des Hollandais.

La religion, les sciences, les bonnes loix, passent de païs à autre ; la multitude d'hommes qui vont és terres neufves, font douter qu'ils ne les transportent, et que par nos meschancetez nous devenions sauvages. Ce n'est de merveille de tant de pays que possedent les Espagnols, mais bien qu'ils ne sont monarques du monde par l'or trouvé aux Indes, lequel est le nerf de la guerre. Auparavant le vin estoit à un liard la pinte, la journée de trois sols ; maintenant la despense est dix fois doublée, ainsi que l'or trouvé, par lequel ils ont autant de fois peu acheter le monde, avec moyen de retirer leur argent par les espiceries. C'est ignorance de regretter le passé, pensant que la terre produisoit d'avantage en ce temps-là; l'abondance des vivres est semblable, celle de l'or excede, lequel est devenu à bon marché. Il ne s'est trouvé des mines de poulles, ny bleds, draps, ny toiles, mais bien de l'or et de l'argent. La nouvelle de ces descouvertes devoit estonner le conseil des rois, et craindre la monarchie des Espagnols, qui leur estoit facile s'ils eussent eu tant d'hommes et de valeur que d'or; pour y pourvoir, falloit acquerir la superiorité de la mer, et prendre sa part des Indes par force. Les hommes, armes, bois, cordages et toiles, sont plus faciles à recouvrer aux Français qu'aux Espagnols, qui passent devant la France pour aller en Flandres, et les Français passeroient devant l'Espagne pour aller aux Indes : il manque de discretion, obeïssance et patience aux Français pour maintenir leurs conquestes. Le second remede estoit de defendre l'or, et faire monnoye de fer au moulin, telle qu'elle ne se puisse imiter, et trafiquer par eschange. Il y avoit un autre meilleur moyen : les nations n'inondent plus, et n'occupent forcement, par multitude, les païs de leurs voisins: c'est un changement volontaire, prenant la place les uns des autres selon leur proximité; les Espagnols vont aux Indes, les Français en Espagne, les Germains remplissent les places vuides de France, l'Espagne deserte fait peu d'hommes. Il part annuellement dix mil, que Brethons, Gascons et Auvergnats, qui vont labourer et servir en Espagne, puis se naturalisent, donnent moyen aux Espagnols de sortir d'Espagne et ne se mesler que de guerre. Que le Roy empesche la sortie des Français, et que les seigneurs et les villes respondent, inscrivent et marquent leurs subjects, en peu de temps l'Espagne sera tarye d'hommes, et les Indes d'Espagnols, contraints quitter la guèrre et la mer pour labourer les terres de leur païs. Le fer vainc l'or; la republique de Venise, ayant ce metail et non des hommes, ne peut durer long temps en guerre. Les Espagnols n'ont occupé leur domination que par l'or : les Espagnes estoient la proye des Romains, des Gots, des Gaulois et Mores d'Afrique, qui n'en ont esté chassez que depuis l'or des Indes descouvertes. Les Romains, tous de fer et de prudence, eussent esté bien empeschez de conserver tout ce que les Espagnols tiennent : ce qui a esté attribué à l'argent qu'ils ont trouvé, et non à leur vaillance. Ceste conqueste du Monde Neuf, proposée aux Français et mesprisée d'eux, tesmoigne le peu d'affection des conseillers, qui ayment mieux perdre les royaumes pour leur maistre, que si leurs ennemis avoient la charge de les conquerir.

Le peuple français a courage et force, ainsi que les Romains, Macedoniens et Suisses; il ne manque qu'en discipline et aguerriment. Les legionaires estoient bien inventez par le roy François, subjects qui eussent combattu pour leurs souverains, patrie et enfans, mieux que les Suisses, qui viennent tard, combattent par fantaisie, et abandonnent au besoin. Cent mil hommes se peuvent lever en France, et en demeurera dix fois autant; si leurs armes estoient semblables aux phalanges macedoniques et aux Suisses, seroit une trop grande force pour defendre, mais pour assaillir necessaire; ce qui n'a esté suivi des rois, craignant que leurs subjects imitassent les Suisses en desobeissance, et ont mieux aymé donner leur argent aux estrangers que les aguerrir. Un prince vieil et peu genereux doit craindre cest establissement; un jeune, courageux, le desirer. Le pusillanime desarme et taille son peuple, seme dissentions et procez entre eux pour les abuser, commande et permet toutes voluptez et leur en donne exemple, se sert d'estrangers ou de petit nombre des siens, desquels mesmes il est en soupçon; le vertueux, qui ne les craint, les aguerrit, les conduit en personne, empesche toutes rebellions; pour eviter lesquelles, faudroit faire ceste levée és villages non fermez, ne permettre l'aguerriment aux villes, lesquelles joinctes avec le Roy, la noblesse et les forteresses assoupiroient les revoltes; et ne s'aydant que de la moitié des paysans, il seroit mal-aisé qu'ils s'entendissent, ne prenant capitaines que de la main de leurs Majestez. Plusieurs partis en un royaume le maintiennent, et cest aguerriment bien conduit donneroit la monarchie aux Français.

Rarement en un royaume la cavallerie et infanterie sont bonnes; les lansquenets vallent peu depuis que les gentilshommes allemands se sont faits reistres; la cavallerie espagnolle est foible, l'infanterie tres-bonne, où ils ont tout leur cœur. En France, cavallerie et infanterie peuvent estre utiles s'ils sont aguerris, pour la multitude d'hommes qui y sont.

Les Romains en infanterie, les Parthes en cavallerie ont excedé les autres nations. Ceux qui tiennent le party de l'infanterie disent que c'est assez de combattre les hommes sans combattre les bestes, les chevaux ne sont picquez que d'esperons et arrestez de grands fers de picques, que la peur est en deux lieux, aux hommes et aux bestes, les ordres de gens de pied sont mieux observez, les necessitez plus aisées à suporter. Les cavalliers respondent que les chevaux en furie des coups d'esperons se precipitent dans les piques, et n'est en leur puissance de s'arrester, font plus vaillans les hommes qu'ils ne veulent. Une armée sans cavallerie ne peut vivre : l'advantage est aux piques en pays montueux, celuy de la cavallerie aux campagnes. Je concluds que s'il n'y avoit d'un costé que toute cavalerie et de l'autre infanterie, les premiers auroient l'advantage, d'autant qu'ils se peuvent mettre à pied quand ils veulent, et se pourvoir de vivres plus commodément que les gens de pied. La maistrise est ne les faire combattre les premiers ou derniers, selon la cognoissance qu'on a de la valeur d'iceux.

Les compagnies doivent estre de trois cens hommes, composez de huict vingts piques, quarante armes d'Ast, quatre vingts mousquets, et vingt arquebuziers. Les bataillons se forment de trois mil hommes au moins, et de cinq mil au plus : le quarré de terrain et le quarré d'hommes sont différents, en ce qu'en file il y doit avoir sept pas entre les rangs, et en front, suffit de trois entre chasque soldat ; tellement que pour faire le bataillon quarré de terrain à soixante de front il ne faut que trente de file. La largeur du front, pour n'estre enclos, est necessaire, et l'extraordinaire espaisseur des bataillons, qui adviendroit si on les vouloit faire quarrez d'hommes, seroit inutile. Les chiffres, l'aritmetique, n'est tant necessaire au maistre de camp ny au sergent majour d'entendement, que le bon sens. Les compagnies sont inegales, et la levée d'icelles, ou par maladie, mort ou retraicte des soldats. Les projets du logis ne ressemblent ceux de la campagne, où il faut demander le nombre aux maistres de camp et capitaines, et, selon la quantité ou foiblesse de leur compagnie, leur ordonner de les mettre à cinq, à trois, ou à deux par rangs. Les arquebuziers et mousquetaires aux testes, les deux tiers de piques apres, et les enseignes environnées des armes d'Ast, et l'autre tiers des piques derrier, joignant compagnie pres compagnie, le bataillon se forme. Et d'autant que si le maistre de camp (quelque habile qu'il soit) fault, ou par sa supputation, ou par l'ignorance des capitaines, les compagnies n'estant du tout joinctes, et ayant observé quelques espaces entre deux, il corrige sa faute facilement, levant ou adjoustant des rangs dans les troupes d'arquebuziers ou piquiers, selon qu'il voit estre necessaire; et les ayant faict joindre et marcher en avant, il cognoist si toutes les armes, selon leur difference, sont de mesme rang; et là où il treuve du defaut au derrier, il les coupe et les met hors du bataillon, pour les mettre ailleurs. Puis continuant pour achever sa bataille, fait faire halte aux piquiers, marche avec la mousqueterie et arquebuzerie, en fait mettre la moitié cinq à cinq, dequoy il fait deux aisles, que les Espagnols appellent manches de mousquets, pour flanquer le front, le flanc et le dernier; l'arquebuzerie demeure sur les aisles des piquiers; et faut donner à chaque manche de mousquets un capitaine pour chef, et pour leur donner asseurance, faut advancer à la teste desdictes manches de mousquets quatre vingts piques, qui sont escadrons volans, qui se pourront prendre des flancs des bataillons; mettre des arquebusiers à roüet apres le deuxiesme rang de piques; et faut disposer des arquebusiers en petites troupes, et quelque nombre de mousquets pour escarmoucher, et tirer à la faveur de l'assiette du pays devant et à costiere de l'escadron, d'autant que le propre de l'arquebuserie est de combattre par petites troupes quand elle est soustenuë; autrement, estant contrainte de tirer tout ensemble, elle se nuit l'une l'autre et ne fait rien qui vaille. Cecy est une forme pour l'infanterie qui peut subsister sans appuy de cavallerie, differente au combat defectueux de l'infanterie françaiṣe aux guerres civiles, qui n'avoient ny piques ny corcelets.

Les capitaines de ce temps-là ne s'amusoient à dresser des bataillons, lesquels, estans tous d'arquebusiers, fussent esté inutiles et eussent nuit les uns aux autres. Il n'y a pas peu d'art à faire combattre l'arquebuserie, laquelle il faut mettre en plusieurs troupes de cent et six vingts, et les refraichir, les uns succedans aux autres à mesme temps qu'ils ont tiré. A ceste forme de combat d'arquebuserie il faut un advantage de montagnes, de fortes hayes ou fossez, ou estre soustenus de bonne cavallerie, d'autant que ceux qui se sentent piquez font faire des charges par la cavallerie aux troupes escartées. Sera pris garde de ne mettre l'arquebuserie directement devant les piques, ains un peu à costé, à ce que, renversez d'une grande charge, ils ne desordonnent ou espouventent les piquiers, se jettant parmy eux. Aux charges de cavallerie resolue qui vient fondre dans le bataillon, la mousqueterie et arquebuserie, contrainte de tirer en mesme temps et place, estant en bataille à cinq pour rang, les premiers doivent tirer le genoüil en terre, les deuxiesme et troisiesme courbez; autrement ceux qui sont au quatriesme et cinquiesme rangs, la mire leur est empeschée de leurs compagnons, que quelquesfois ils blessent, ou sont contraincts de tirer haut, n'y ayant coup si incertain que celui des arquebuzes à mesche tirées en frayeur et agitation; necessaire ne tirer que par commandement et de proche en proche. Il y a difference aux combats de piquiers à piquiers et de piquiers à cavalerie : au premier, à quinze pas il est bon de prendre sa course, l'eslancement de plusieurs donne force. La cavalerie se doit soustenir de pied ferme, les premiers rangs de picquiers tenans leurs picques à moitié, ayant fiché le bout en terre; le second met le pied sur le bout dernier de leurs picques, et la pointe passée au milieu de la croix des picques des premiers rangs, et le trois et quatriesme donnent des coups de picques. Les arquebusiers à roüet doivent tirer de la longueur des picques. Ceste premiere haye, composée de quatre rangs de picquiers, faussée, il s'en treuve une autre pareille, ainsi jusques aux enseignes environnées d'hallebardes, et là se redouble le combat par les picquiers qui sont derrier les enseignes. Et d'autant que l'advisée cavalerie fait escumer à quelques uns des leurs les manches de mousquets, avant que de charger par le milieu les mousquetaires doivent avoir lieu pour se retirer pres du bataillon, couvert de leur escadron volant, selon la necessité, et ne se trop avancer s'il n'y a fossé ny hayes qui les favorisent. Et faut bien garder de tirer sans commandement ny tout à coup, d'autant que si c'est une fausse charge, à laquelle ils eussent tous deschargé, ils se rendroient inutiles pour l'effort du combat et salut du bataillon; ce qui depend du jugement des capitaines de ne les faire tirer qu'à temps et separement. Et parce qu'apres ces premiers, qui ont chargé les mousquetaires, d'autres s'approchent pour tirer des pistoletades avant que le gros enfonse, coulant du long des rangs des piquiers, les plastrons sont necessaires aux capitaines, assistez de quelques uns qui portent des rondaches. La cavallerie escorne volontiers les bataillons, pour ne s'oser enfoncer dans le milieu; les huict ou dix qui font flanc au premier front de chaque costé, doivent estre de bons hommes, et tousjours couvrir les flancs des arquebusiers, s'il est possible, de chariots. Les armes d'Ast ne doivent estre dedaignées, et se treuvent utiles parmy les piquiers si le bataillon est enfoncé.

Le soleil, la pluye, le vent, la poudre, la fange, l'eminence, les fossez, ruisseaux, hayes, bois, montagnes, vallées, profitent et nuisent, selon que l'on s'en sçait bien ou mal servir; la place de combat bien choisie est la moitié de la victoire. Les mal-advisez qui veulent combattre les scituations avec leurs ennemis, se decouvrent, desordonnent, sont chargez de haut en bas, dans les fossez ou hayes à demy passez, et se defont eux mesmes. La meilleure assiete de la cavalerie est celle où les ennemis ne peuvent venir à la charge sans desordre; celle qui est au dessus d'une coline parée au pendant d'icelle d'un fossé en front, ayant à gauche et à droicte de bois ou buissons garnis de mousquetairie qui la flanque, semble estre bonne. L'infanterie qui ne se fie à la valeur de la cavalerie, ou en assiete forte, joignant leur crainte à l'incertitude de leurs meches, poudre et arquebuses, ne font tel effect que s'ils tiroient appuyez, asseurez de leur retraicte et de leur vie. C'est une outrecuidance qui est promptement chastiée; de ceux qui, voyant leurs ennemis bien placez, vont inconsiderement à eux. Avant que d'hazarder la charge, il faut desplacer l'infanterie ennemie qui flanque la cavalerie, et gagner lèur advantage, s'ils sont en lieu fort, et, s'il est besoin, faire donner en gros l'infanterie, et ne marcher qu'ainsi qu'elle s'advance et que l'advantage se cognoist estre gagné; le plus fort d'infanterie a de l'advantage aux fortes assietes. Et s'il advient à ceux qui sont placez que le fossé à leur teste soit gagné, leur assiete doit estre telle, que depuis le fossé ils ne puissent estre endommagez d'arquebusades : ce qui se peut à une coline, estant placée la cavalerie au dessus d'icelle, non si pres le fossé que l'on soit contrainct par arquebuzades plier et se retirer plus loin, d'autant que le reculement est une grande defaveur. Et si l'infanterie qui a gagné le fossé s'avance en montant la colline, pour avoir moyen de voir la cavalerie, elle peut estre chargée par icelle. Et sera pris garde quand la cavalerie ennemie passe la haye ou fossé, pour les charger à demy passez, et observer de ne recevoir point grand nombre d'arquebuzades dans les flancs, avant qu'estre dans la charge : les soldats et chevaux endurent ces mouches impatiemment quand elles sont en quantité, ce qu'ils tesmoignent, parce qu'ils plient et remuent, tournent le flanc ou se hastent; et estans pris en ceste façon, leur pliement et inconstance se tourne facilement en fuite. La cavalerie foible, n'estant ny eux ny leurs ennemis accompagnez d'infanterie, un fossé à la teste luy sert de grand advantage; les ennemis venans de furie, et sans le bien recognoistre, se desordonnent en le passant, et devant que les chevaux soient raffermis, estans chargez à propos, ils sont incommodez, et les foibles peuvent defaire les forts. Si le fossé est grand, que les ennemis ne le puissent passer, ils seront contraincts d'aller chercher un passage, lequel ayant esté recogneu auparavant de ceux qui les attendent, en le passant ils peuvent estre chargez par flanc.

Aucuns, treuvant de la cavalerie plus forte qu'eux, ont fait paroistre en haut d'une montagne ou proche d'un bois, trente chevaux, lesquels prenant la fuitte et estans suyvis desordonnément, ceux qui pensent estre victorieux se treuvent chargez par flanc, et emportez par ceux qui les attendoient en embuscade impreveuë. Tous escadrons allans à la charge; premier qu'ils y arrivent, s'ils sont rencontrez par flanc de quelque petite troupe que ce soit, sont fort incommodez. Il sert de faire charger devant un escadron trente hommes dont la jeunesse, folie ou ambition, leur cache le danger, tellement qu'iceux, donnant par le milieu, apportent grand advantage ; tout se descharge sur eux, et leur perte est la victoire de l'escadron, qui les suit de cinquante pas pres; et quand bien ils ne chargeroient qu'un coing de l'escadron ennemy, ils ne laissent de profiter beaucoup.

Autres ont envoyé faire un grand tour à trente chevaux, qui chargeoient dans les ennemis par derriere sur le poinct qu'iceux vouloient s'esbranler pour venir au combat. Quelques charrettes ou chevaux de bagage liez ensemble, mis en front de l'escadron, couverts de cavaliers et non apperceuz que quand le premier rang qui les couvre s'oste, desordonnent ceux qui à si grande course viennent à la charge. Les inventions non practiquées estonnent. Vingt hommes montez sur forts roussins peuvent porter de costé et d'autre de petites pieces chargées de trois balles, qui estant attachées et braquées à la juste proportion et hauteur des hommes et chevaux rangez sur le coing de l'escadron, peuvent tirer utilement à trente pas des ennemis; et ceux qui les ont tirées ostant un crochet, se depestrent desdictes pieces, et vont à la charge comme les autres. Des moyennes ou bastardes sur des chariots, qui peuvent tirer sans tourner l'afust, ainsi que je les ay desseignées, peuvent servir, d'autant que l'une et l'autre invention est portative, pour marcher au grand trot s'il est besoin.

Les gens de pied ne doivent, s'il est possible, estre conduicts à jeun au combat; les hayes, les fossez faillent souvent; les chariots qu'ils menent avec eux sont peu asseurez, n'estant assistez de cavalerie: les fronts doivent estre garnis de piques, et les flancs de chariots enchaisnez et attachez par les limons, l'un à l'autre. Des forts composez de douze chariots sembleroient necessaires sur les flancs, à vingt pas de la file des autres, iceux enchainez l'un à l'autre en la forme susdicte, à ce que les files des chariots, et le flanc du bataillon venant à estre attaqué, iceux forts remplis de mousquets flanquassent du long de la courtine d'iceux : et quand il y auroit de ces forts au coin du front des piques des bataillons, il n'en seroit que mieux; les mousquetaires y placez en tireroient plus asseurement, et s'ils se pouvoient maintenir à soixante pas des flancs, ou des fronts des batailles, les coups serviroient plus que ceux qui sont tirez quand les ennemis viennent aux mains, restant assez de courage aux hommes et chevaux blecez pour estre portez dans leurs ennemis, où la furie et l'eslancement les conduit sans qu'ils se puissent retenir: là où s'ils se sentoient blecez plus loing de leurs ennemis, il y a apparence qu'ils s'arresteroient ou s'en retourneroient. D'infanterie à infanterie ces mesmes forts peuvent estre necessaires, pourveu qu'ils ne soient trop advancez, et qu'ils se puissent secourir, à ce que la prinse d'iceux n'apporte estonnement: cecy est dit pour les regimens qui sans escorte de cavalerie sont forcez de passer de grandes campagnes. Il se peut faire des chariots avec des bois entrelassez, et tirant une cheville, les dernieres roües demeurent à trente pas des premieres, restant l'entre-deux en forme d'une haye. J'ay inventé des chaussetrapes de cinq pieds de haut, liées l'une à l'autre, qui se demontent et sont faciles à porter, pour servir à des arquebusiers qui vont à la guerre sans bagage, pour resister à la cavalerie, toutes lesquelles choses ne se peuvent bien entendre que par portraict.

Les grandes offences se dissimulent, n'estans preparez à la guerre; les moindres en donnent ouverture. Si elle est desirée, elle ne se doit qu'avec droict, dont l'apparence neantmoins sert pour estre favorisé des hommes; s'il faut faire mal, il vaut autant violer les loix pour mil villes que pour une. Si les princes croyoient l'immortalité, ils ne feroient la guerre, d'où procedent tant de maux, donneroient le leur plustost qu'entreprendre sur autruy, quitteroient les droits pretenduz sur les païs, si ceux qui les possedent traictent bien leurs peuples. Contre Turcs, tyrans et heretiques, la guerre est licite; entre Chrestiens, toutes autres guerres reprouvées. Si un meurtre, larcin, ou rapt est puny des peines d'enfer, celuy qui est cause d'un million n'aura corps ny ame pour souffrir selon son merite. Si le roy François fust demeuré en paix, il eust sauvé un million d'ames qui perirent sans que pour cela il augmentast ses limites. Si l'Empereur eust rendu Milan, il eust obligé les Français à la guerre du Turc, et en fust esté victorieux.

Les propheties sont accomplies, les revelations rares; les esprits ne devinent que par considerations des choses passées et presentes, dont les rencontres sont fortuites. Antoine de Leve devoit mourir en France, enterré à Sainct Denis; vray, mais c'estoit Sainct Denis de Milan, où il fut porté mort de France. Il n'y a certitude aux dominations, ny par esprits ny par planetes; les conjonctions desquelles, ignées par le beau temps, eschauffent la guerre; les aquatiques les assoupissent: la conjonction des hautes planetes apporte changement d'estat et de religion, par experience qui s'est trouvée faultive en la derniere conjonction; bien qu'il y ait eu plusieurs troubles, la religion et les estats sont restez ainsi qu'ils estoient. L'une des seures devinations est, quand trois hommes d'entendement cognoissent et sçavent l'inclination et naturel des rois, republiques, et de leurs subjects, le rapportant au passé, et discourant pour et contre, forment un jugement de l'advenir, qui quelquefois se trouve vray; et plus vray ceux qui jugent la decadence ou accroissement des empires et royaumes, pour l'amour et crainte de Dieu, vertu ou vice des peuples et des superieurs.

Mal'heureux capitaines, qui militez sous les roys, subjects à plus de soupçon et calomnies que ne sçauriez acquerir de reputation! Il faut lever les bras lors que la victoire est asseurée; et la voulant garder pour son maistre, souvent elle eschappe à tous deux, vaincu et victorieux, en pareille peine d'ennemis et d'amis envieux. Les charges estoient honorables aux Romains, n'y ayant porte ouverte aux grades et à l'honneur que celle de la valeur; en France, celle des dames, des amours, des plaisirs, des mignons effeminez et non auparavant armez, donne la mesme entrée aux offices de la Coronne que les batailles et assaux; lesquels grades seroient marque d'honneur, si les macquereaux, causeurs, flatteurs, possedeurs de la minorité ou stupidité de leur maistre, ne parvenoient aux mesmes estats que les vaillans. Les roys sont si absolus et soupçonneux, que, voulans faire tout, empeschent à un chacun sa charge, et à leur prejudice destournent la vraye fonction d'icelle; et les ignorans, ne pouvant agir d'eux mesmes, font un si malheureux choix de personnes si abjectes et sorties de si bas lieu, qu'ils offencent tous les subjets de leur royaume.

Il n'y a rien à gagner d'aller à la guerre à la teste des armées; c'est imprudence, l'alarme donnée, de repaistre hors de lieu de seureté; et ne faut craindre de travailler les hommes pour la conservation de leur honneur.

Deux millions d'hommes en envoyent combattre trente mil pour eux, obeïssent et commandent selon le succez de la valeur; heur et prudence de si peu de gens! c'est proprement donner sa liberté à joüer à autruy. Les republiques romaines et grecques combattoient tous, sans exception d'aucun, pour maintenir la liberté; les peuples, sous les roys tyrans, l'ayans perduë, ne se soucient qui les domine; moins sont affectionnez à leur devoir. Les roys, à l'exemple des Romains et maintenant des Turcs, devroient contraindre du moins la moitié de leurs subjects de prendre les armes pour eux, et nommément tant d'officiers inutiles qui sont souldoyez des roys, lesquels ont si grand peur des guerres civiles, qu'ils n'osent innover à leur profict ce qui leur seroit utile.

Aucuns escrivent d'eux, parce que les escrivains les oublient par ignorance menterie ou vengeance: il est honteux de se loüer, c'est preuve de peu de courage de se vanter de ce que l'on n'a pas fait : le sieur de Tavannes a mieux aymé faire qu'escrire : il ne sied bien qu'à Cesar d'escrire de soy-mesme.

Toute victoire n'est honnorable, celle qui s'obtient par poison tres-honteuse, semblablement celle contre la foy donnée. L'Empereur, faisant guerre aux extremitez de France, succombe avec cinquante mil hommes; il n'estoit instruit des affaires de ce royaume, ainsi que l'admiral de Chastillon, qui assiegea le Roy et Paris avec trois mil. L'Empereur se pouvoit aider de Bourbon, comme l'Admiral fit du prince de Condé, estans de semblables maisons; la difference estoit en l'intelligence de la Cour, que les Huguenots avoient plus que les estrangers n'eussent peu obtenir, et au pretexte de la religion.

Les sorties sont utiles aux assiegez qui sont en grand nombre, dommageables à ceux qui sont peu; elles ne se doivent permettre aux premieres et secondes personnes qui commandent. Les fossez sans eauë sont commodes aux sorties, prenant garde, aux retraictes, à ce qu'on n'entre pesle-mesle : à trois heures apres minuit et à huict heures du matin sont les meilleures;

elles doivent estre considerées et mesurées ; les reyterées et courageuses estonnent les ennemis ; celles qui sont premeditées aux approches peuvent prendre un general ou un mareschal de camp venant recognoistre. Ceux qui sortent entre deux quartiers, sans marque, peuvent tuer quelque capitaine signalé et se retirer. Par les sorties se peut recognoistre le dessein des ennemis, et dans leurs tranchées peuvent emmener l'artillerie, sans s'amuser d'encloüer ce qui se descloüe aisement. Les sorties ne se doivent permettre au peuple, dont les tuez font revolter leurs parens ; celles qui sont faites d'un costé donnent entrée et rafraischissement de l'autre ; et se doit tousjours retenir des soldats en ordre pour asseurer la retraicte des entrepreneurs.

Dieu est l'ame eternelle, le liberal arbitre certain, la religion chrestienne vraye, le souverain bien est l'asseurance de la vie perdurable ; nostre Seigneur se cognoist par ses œuvres : nous le voyons, sentons et touchons ; les cieux se soustiennent, les astres vollent, la terre est suspendue, la mer limitée ; le feu agit, l'air se meut, la lumiere esclaire, les plantes croissent, les animaux marchent, les hommes comprenent, ratiocinent, jugent, se souviennent ; par effects invisibles, les corps, les nerfs se voyent, les causes des mouvemens sont incomprehensibles : preuve d'un premier moteur, gouvernant, regissant, et disposant par sa providence le tout, par ressorts et actions cachées à nostre infirmité. L'ame est d'essence divine, invisible, corps sans corps transparent, penetrant, meuë de soy par soy en esprit, creée de Dieu pour le glorifier, non comme le monde qui est sans ame, dont les actions sont limitées, mais ainsi que les anges en images vivantes eternelles; autrement le passé seroit songe. Il n'eust esté besoin du monde ny de tant d'ouvrages pour magnifier les œuvres de Dieu, s'il n'y eust eu que luy seul à qui en restast la memoire. C'est l'homme qui le louë à tousjours, et se souvient de tant de merveilles journalieres, pour lequel il semble que tout soit creé : la lumiere luy esclaire, il enclost l'air, esteint le feu, destourne l'eauë, applanit la terre, dispose des animaux ; par consequant il est plus de durée que ce qu'il possede : son eternité est publiée par l'Escriture, par les anges, miracles, bons et mauvais esprits et apparitions d'iceux. Dieu luy a donné le liberal arbitre; autrement, sçachant le futur, il seroit aucteur du mal, qui ne meriteroit punition non plus que le bien salaire : la gloire, le los, la pieté renduë à Dieu ne seroit en estime, si les hommes y estoient destinez. La religion chrestienne est dés le commencement du monde; Dieu a creé, aimé l'homme, l'a mis au terrestre paradis, luy est apparu, demandant tres-petite recognoissance en la prohibition d'une pomme; la tentation luy desnie; a esté contraint par la justice de punir ceste temeraire ingratitude, sa misericorde ne pouvant esteindre sadite justice, pour n'y avoir contrarieté en sa perfection; elle a depuis admonesté par ses apparitions, anges, prophetes, miracles, l'homme pour le remettre au lieu d'où son peché l'avoit tiré : mais le peché infiny ne se pouvoit laver que d'un sang infiny et divin ; c'est pourquoy Dieu, satisfaisant à sa justice, condamne soy-mesme d'envoyer partie de soy en son Fils, incarnant la Divinité pour resoudre l'humanité à la mort, expiant le peché, traça de nouveau de son sang le chemin du ciel perdu par l'inconstance des peres. Ainsi Dieu, possedant le supreme degré, et le plus bas d'humilité, est le premier et dernier incomparable : c'est la base de la religion chrestienne, fondée sur la mort, croix, pauvreté, douleurs, tourmens, flagellations, et neantmoins suivie, lors que les autres religions, pleines de delices, permettent les sensualitez. Pendant que leurs disciples vivoient en plaisirs, les Chrestiens opprimez chantoient dans les flames; les adolescens, les femmes couroient à la mort, se plaisoient, rioyent aux martyres : ce qui ne se pouvoit sans la grace divine. Puis que l'homme est creé de la gloire de Dieu tout bon, quelle religion y a-t-il plus conforme à sa bonté que la chrestienne ? elle ordonne d'aimer non seulement son prochain, ains ses ennemis, et prier Dieu pour eux, souffrir et endurer patiemment tous maux et adversitez, donner son bien aux pauvres et les secourir. Quelle plus remplie de sainctes adorations, pieté, prieres, abstinences et jeusnes? Aussi n'en y eut jamais qui fist de tels miracles, qui a rendu les oracles muets, chassé les diables, de laquelle les prophetes et saincts ont tant parlé et escrit. Semble que de nouveau les terres neufves soient descouvertes pour accomplir les sainctes Escritures, à ce que la vraye pieté soit preschée par tout le monde avant la venuë de Jesus-Christ. Quelle religion non seulement pourrions nous comparer, mais dire qui approchast à la chrestienne? Le judaïsme est dispersé sans domination, temples ny autels, aveuglez d'esperances incertaines; leur eglise a pris fin, celle de Dieu doit durer à jamais. Ce n'estoit ceste premiere religion qu'une mesme avec la chrestienne, et vraye figure d'icelle. L'idolatrie est esteinte, le paganisme n'est plus, la secte mahometiste se confond en fables et voluptez. L'heretique, suscité par le diable, quand il n'a peu treuver à faire mal, est plus digne de moquerie que de dispute; ils ont une eglise invisible, doutent de la puissance divine, mesprisent les venerations. C'est donc la vraye que nous tenons; c'est faillir d'en escrire peu, et d'approcher ce qui en est, l'entendement de l'homme, la langue, ny la plume, ne sçauroient tant penser, dire, ny escrire, pour en exprimer une moindre partie. C'est esclairer le jour d'en parler davantage : puis qu'il n'y a verité qu'en ceste religion chrestienne, il faut obeyr à ses enseignemens, ou estre plus miserables que les Infideles, ausquels l'esperance reste ; au contraire nos fautes nous condamnent. Si la justice de Dieu a livré son Fils à la mort, c'est un enseignement de n'abuser de sa misericorde. Ce n'est chose impossible que l'observation de sa loy : elle n'ordonne le sacrifice des enfans, la prostitution des femmes, se tuer soy-mesme; les honnestes plaisirs ne sont deffendus par le christianisme, seulement d'en mes-user. Les commandemens de Dieu à une ame bien disposée sont pleins de contentements, d'autant plus grands, qu'ils nous asseurent de nostre salut, qui est le supreme plaisir, et sans lequel il n'y en a non plus au monde que ceux qui sont condamnez à la mort en reçoivent : ceux qui ont la conscience nette, tous accidens, perils, mesme la mort, ne leur sont rien, pourveu qu'ils soient asseurez d'estre en la grace de Dieu.

[1537] Le Roy laisse le cardinal de Tournon son

lieutenant à Lyon, envoye sa gendarmerie sur la frontiere de Flandres, passe par Paris, fait l'estat de la maison de ses deux enfans: l'aisné choisit les braves, Dampierre, sainct André, Descars, Andoüin, La Noüe; M. d'Orleans refuse le reste que son frere n'avoit voulu, obtient permission de son pere de dresser son estat des plus galants hommes de France, choisit les sieurs de Tavannes, Castel-Paix, Sampetre Corse, Chastel-Nau, Jarnac, et quelques autres qui avoient reputation dans les provinces, cogneuz par leur valeur. Le Roy, apres avoir marié sa fille au roy d'Escosse, au mescontentement de celuy d'Angleterre, marche avec vingt cinq mil hommes à la frontiere, prend Hedin et Sainct Paul; ne trouvant rien en campagne, licentie son armée; naissance de celle de Flandres conduitte par le comte de Bures, qui reprend Sainct Paul et Montreüil, fut arresté de Theroüane, où les sieurs de Canil, de Dampierre et de Tavannes s'estoient jettez. M. le Dauphin se presente au secours avec vingt cinq mil hommes, suspension d'armes est faicte pour trois mois. Theroüane delivré, les armées se retirent; le naufrage de celle de l'Empereur estoit allé en Piedmont, avoit sous le marquis du Gast secouru Cazal par le chasteau, dont la ville avoit esté prise par les Français; fait prisonnier M. de Burye, assiege Carmagnolle. Le marquis de Saluces ayant esté tué assiegeant Ravel, le marquisat fut donné du Roy à Gabriel, evesque de Saluces, lequel mourant Sa Majesté succede comme seigneur du fief. Humieres, envoyé en Piedmont, apres avoir pris et failly quelques places, espreuve la difference du gouvernement d'un prince enfant et d'une armée dont les chefs ne veulent obeïr.

Les lansquenets de Fedric de Fustemberg se joignent au marquis du Gast, qui tient la campagne, renvoye Humieres en France. Alexandre de Medicis, usurpateur de la principauté de Florence, est attiré et tué nuictamment par Laurens son cousin, à qui le cœur fault apres le coup principal faict, et s'enfuit au lieu de crier liberté ; donne temps à Cosme de Medicis de s'establir et renouer la tyrannie. Mahomet, sangaque de Belgrade, pendant la trefve prend des chasteaux et fortifie Sechio. Ferdinand arme huict mil chevaux et seize mil hommes de pied sous Casjanal, qui se retire de nuict à la premiere veüe des ennemis, laisse la moitié de l'armée, sous le colonel Landeron, en proye aux Turcs (1), qui en tuent douze mil. Les Venitiens combattent malheureusement en Albanie, qui leur fit faire ligue avec le Pape et l'Empereur contre le Turc, de peu d'effect. Le marquis du Gast prend Quiers, Albe, Queyrace, fault l'entreprise de Thurin. Le Roy vint à Lyon, advance MM. le Dauphin et connestable, qui forcent le pas de Suze, et six mil hommes commandez par Cesar de Naples. L'armée de M. le Dauphin en Piedmont fait lever le siege de Carmagnolle : le marquis du Gast donne une riviere pour une bataille (2); le Roy arrive à Carignan pour assieger Quiers, la trefve est faicte. L'Empereur craignant pour Italie, et le Roy espuisé de deniers, travaillé de volupté autant que d'ambition, assemblée se fit à Laucaste pour la paix [1538]. Le Pape fait

---

(1) *En proie aux Turcs* : il s'agit, à ce qu'il paroît, de la victoire que Mahmet remporta sur les Allemands à Esseck, près de la Drave.
(2) *Donne une riviere pour une bataille* : c'est-à-dire se retranche sur les bords du Pô.

venir l'Empereur et le Roy à Nice, où, ne pouvans s'accorder de paix, trefve se fist pour dix ans : chacun possede ce qu'il tient. Separez, ils se revoyent sans Sa Saincteté à Aiguemorte. Le Roy premier entra dans la galere de l'Empereur, qui fust apres dans la ville d'Aiguemorte, se festinerent en divers buts : l'Empereur, pour avoir temps de faire guerre au Turc, et mettre ordre au Païs Bas qui se broüilloit; le Roy, en esperance d'obtenir l'Estat de Milan, qui luy est promis pour M. d'Orleans. L'Empereur en trompe trois, M. de Savoye, le connestable et le Roy : sa Majesté croit le connestable, qui croit M. de Savoye, et M. de Savoye l'Empereur; le Roy ne se fust laissé tromper sans la caution dudit connestable. L'Empereur avoit gaigné le Pape, promettant sa niepce, vefve d'Alexandre, à Octave Farnaise, nepveu de Sa Saincteté, retourné en Espagne pour preparer sa descente en Allemagne. Le Roy (ce luy semble), asseuré de paix et de Milan, se donne du bon temps, regarde des tournois de ses enfans, où le sieur de Tavannes emporte l'honneur, s'insinuë aux bonnes graces de M. d'Orleans, auquel il fait plus aimer la guerre que la chasse.

Les Medicis pareils en l'an 1450 aux Strossi, Serviati et Sodeline, usurpateurs de la liberté de leurs villes, desquels sont yssues deux roynes meres de deux roys de France, monstre que le sang des races nobles n'est exclus des coronnes, qui se donnent par la benediction de Dieu.

La justiste des actes se juge selon les evenemens : Epaminondas tuë son frere [1], Brutus son fils, pour

---

[1] *Epaminondas tuë son frere :* l'auteur veut parler ici de Timoléon.

conserver la liberté de leurs citoyens; l'heureux succez de leur entreprise leur donne l'honneur de tyrannicides; et le malheureux de Laurens le declare traistre et meurtrier.

Les Chrestiens obeïssent aux empereurs payens, ils n'approuvent d'entreprendre sur les roys tyrans; c'est regimber contre l'esperon d'attenter sur eux, si ce n'est par oraisons, jeusnes et amandement; ne sçachant s'ils sont donnez au peuple pour penitence, et que celuy est malheureux par lequel le scandale advient. Les meurtres, forcements, pilleries, bruslement, suivent ces entreprises : quelque bien qui en advienne, on est contrainct commencer par mal. Il y a trois perils, devant, en et apres l'exécution : l'un est subject à estre oprimé sans effect, les autres dangers sont supportables en mourant les armes à la main : l'entreprise d'un seul est la plus certaine, la communiquée dangereuse, si ce n'est pour l'executer à l'instant qu'elle est proposée. Les conjurez ont des amis qui en ont d'autres ausquels ils se decouvrent; ayant le moyen en main de s'accorder ou se faire grands sans peril, le revellent, ce qu'ils font aussi par timidité ou indiscretion. Epaminondas tua son frere aspirant à la tyrannie de Thebes (1); il luy fut dict : « Si tu formes « l'Estat et descharges le peuple, tu as tué un tyran; « sinon, tu es le meurtrier de ton frere »; exemple qui se peut adapter de nostre temps.

La guerre entre les Chrestiens est injuste, principalement fondée sur de vieilles querelles des païs que les souverains ont autrefois possedé. Les Assyriens, Perses,

---

(1) *A la tyrannie de Thebes* : il s'agit encore de Timoléon, qui tua Timophanes, son frère, lequel vouloit asservir Corinthe.

Grecs, Romains, auroient droict sur les deux tiers du monde qu'ils ont possedé en divers temps; les Gaulois sur l'Allemagne, Italie, Flandres et Pannonye, que leurs predecesseurs, heritiers de Charlemagne, ont tenu. Les Anglais pretendroient la moitié de la France: soit que ces droicts soient vieux ou nouveaux, depuis que la paix est intervenue, ils ne se doivent plus quereler, autrement ce seroit un sujet de nourrir le feu et le sang perpetuel. Non plus ont droict les princes qui disent n'estre subjects aux accords, loix et paix de leurs peres, qui n'ont peu aliener ce qui leur appartient par longue succession precedente: alleguent qu'ils ne sont heretiers de leurs dits peres, ains que la coronne leur appartient par les loix du royaume; neantmoins, si est-il bien considerable de tenir partie des accords qui sont esté faits en la necessité, sans lesquels leur succession fust esté en peril. Bien ont les princes plus de raison de secourir ceux qui leur ont esté subjects il y a trente et quarante ans, et qui sont oprimez des Turcs, heretiques ou tyrans : leur ancien droit fortifie le nouveau, et semble que c'est plustost à eux qu'à autres de secourir les affligez qui leur ont esté subjects. La guerre contre les Turcs, heretiques ou tyrans est permise; de la premiere la porte est ouverte à toutes sortes de Chrestiens. Ceux qui ont dit que c'est le fleau de Dieu, que c'est regimber contre l'esperon, que les Infideles se doivent combattre par amandement, prieres, aumosnes, jeusnes, armes par lesquelles Dieu permettra leur ruyne, pour laquelle il n'a besoin de causes secondes; qu'à un seul clin d'œil il peut changer les cœurs et les empyres, et rendre son nom celebre et adoré à Constantinople comme il est à Rome, sans qu'il soit besoin assembler des armées; que quand nous serons bons il les abbaissera, et les exhaltera si nous sommes mauvais. A ceux-là, du nombre desquels sont les Lutheriens, qui alleguent ce que dessus pour contrarier les papes, sous l'autorité desquels se faisoient les croisades et assemblées contre les Infideles, se respond, que nous croyons la toute puissance de Dieu, lequel, pour nous rendre plus de merite, nous a donné nostre liberal arbitre, a voulu que nous agissions par nous mesmes; s'est contenté de nous envoyer des prophetes et des saincts, et nous admonester de nostre devoir, departant rarement ses miracles en ces grandes conversions, lesquelles il veut estre faictes par l'aide et pouvoir des humains, soit par les predications, exemples ou armes. Pour les premieres, elles ne peuvent estre entendues, dautant qu'ils tueroient ceux qui les voudroient convertir: pour conduire les predicateurs, il faut l'assistance des armes, non seulement pour convertir tant d'ames perdues, mais aussi pour ceux qui sont à naistre, et qui seront nourris en l'obscurité de leurs peres, pour remedier à six mil enfans chrestiens qui sont pris annuellement entre les bras des meres pour estre faits turcs et janissaires, et à huict et dix mil autres qui journellement sont enlevez, et sont autant d'ames perdues. Je laisse les bruslemens, forcemens, cruautez que les Infideles exercent; outre ce, le danger qui menace la chrestienté voisine de ce grand et fleurissant empire. Où en fust l'Allemagne, et peut estre la France, si la valeur de Charles-Quint ne les eust empeschez de prendre Vienne qu'ils avoient assiégée? et où fust l'Italie, si le grand maistre Valleté eust perdu Malthe? N'est-il pas à craindre qu'à l'advenir il se trouve des chefs moins genereux, qui par la perte des frontieres engagent le milieu du christianisme?

Le second lieu auquel il semble aux Chrestiens de pouvoir employer les armes, est contre l'heresie, qui devoye les creances, source d'atheisme : les conciles, les papes en sont juges; et n'y a point de difficulté qu'il ne soit utile d'employer, et recercher tous moyens pour maintenir l'union de l'Eglise catholique. Si les conciles et les gardiateurs d'iceux, qui sont les papes, resolvent qu'il faut faire la guerre aux heretiques, il est sans doute qu'il faut suivre leurs ordonnances, puis qu'ils representent l'Eglise, et qu'elle ne peut errer; et pour descharger les princes de la prise de ces armes, sembleroit necessaire d'avoir le commandement, non seulement de Sa Saincteté, mais aussi suivre les decrets des conciles. La guerre contre les tyrans a trois considerations; la premiere, s'ils sont tels; la seconde, qu'il n'est permis aux subjects et hommes privez d'entreprendre sur leurs superieurs; et la troisiesme, que les princes voisins n'ont l'auctorité de corriger leurs semblables. Pour declarer juste de faire la guerre à un tyran, faudroit que le Pape, l'Eglise et tous les roys chrestiens s'assemblassent pour le juger tel et mettre son païs en proye. Les marques d'un tyran sont le meurtre, forcement, exaction de ses subjects, l'injustice, l'impieté, le changement de la vraye religion, exaltation de personnes indignes et incapables, et l'oppression des gens de bien; et parce que toutes ces meschantes qualitez sont aux Turcs, la guerre s'en trouvera plus juste que toute autre.

Les roys de France et d'Espagne sçavent par l'experience d'eux et de leurs predecesseurs, qu'ils ne se peuvent ruïner l'un l'autre, ny establir une monarchie generale en l'Europe, par ce qu'elle est separée sous la domination de plusieurs princes et republiques, qui ont interest à ce qu'il ne se fasse un si grand monarque qui les puisse engloutir, et parce balanceront tousjours le plus foible des deux pour l'egaler au plus fort. La disposition, l'estat et places fortes de l'Europe sont entierement contraires à la monarchie : il a fallu trois ans pour prendre Ostande; pour en prendre trois semblables, c'est le quart de la vie : huict ou dix villes prises ne rendent plus pauvre ou plus riche celuy des deux qui les gagne ou qui les pert; c'est un jeu de barre souvent rebattu par leurs devanciers : ce qui se conqueroit en un esté se perdoit en un autre, et en suitte la paix avec les hommes; à sçavoir si elle estoit avec Dieu, apres tant de meurtres, desordre, perte de sang, et levées de deniers si mal employez. Ja, Dieu graces, ny l'un ny l'autre de ces deux rois ne sont heretique ny tyran (qualitez qui peuvent esmouvoir la guerre l'un sur l'autre ; restent les anciennes querelles et pretentions qui ne siezent plus bien de repeter, ou bien celuy qui les demande blasme son predecesseur d'ignorance ou de faute de courage d'avoir fait la paix à sa perte, et avoir quicté le droict qui luy appartenoit.

Le roy de France demande Naples, Milan, la souveraineté de Flandres, celle du Rossillon, le royaume de Navarre; le roy d'Espagne veut la Bourgongne, la Bretagne et partie de la Picardie, en toutes lesquelles ils n'ont droict que pour les avoir possedez; et il se trouvera plusieurs vivans, dont les predecesseurs ont tenu partie de ces provinces, et en effet leurs demandes se peuvent quasi equipoller l'une à l'autre. Le mieux seroit de s'unir à la ruïne de l'ennemy general de toute la chrestienté; les volontez de leurs Majestez semblables feroient marcher tout le reste de l'Europe, et peuvent declarer ennemis ceux qui ne les voudroient assister, ayant pouvoir de donner loy à tout le reste quand ils seront unis.

L'Italie ne se peut defendre de l'Espagne, ny l'Angleterre de la France, et l'Allemagne facilement se porteroit à ceste guerre pour son propre interest. Les Polonais et Moscovites seroient aussi aisement persuadez par argent : la pieté sans ambition est ce qui peut faire resoudre aux deux roys ceste entreprise; la premiere est rare en ce temps, la seconde trop commune : la seule devotion suffiroit. Ils sçavent que Dieu et nostre religion est sans doute, et que les armes sont justes pour sa manutention et accroissement; la creance et le baptesme, portez par l'assistance des armes, sauveroient deux millions d'ames. Si la seule devotion nous y portoit, Dieu favoriseroit, et n'y auroit ny contention ny querelle, sans crainte que l'un fist entreprise sur l'autre ny sur leurs royaumes, et sans besoin aucun de partager la possession des vaincus, puisque ce sont ceux qui sont les plus advancez en nostre creance, que ceux qui ont le moins de bien et d'ambition. Le seul zele osteroit toutes difficultez, tant par l'aide de nostre Seigneur, que des hommes, qui patiroient toutes les incommoditez, ainsi que la conqueste de Godefroy de Boüillon fut conduite.

J'advoue que l'entreprise n'en seroit si facile, s'il y avoit de l'ambition, encore qu'il y ait des remedes, dont le meilleur seroit de s'accorder des conquestes avant que d'entreprendre. Et s'il estoit impossible de tenir les deux nations ensemble, il faudroit (les desseins separez) que le roy d'Espagne, l'Italie, les Venitiens entreprinssent par mer, et à l'ayde de Preste-Jean et des Indes, occupées par la Majesté Catholique, entreprendre sur Alexandrie, sur le Quaire et sur l'Afrique, royaume reputé de telle importance, et si facile à revolte et à maintenir, que les Romains ont tousjours défendu à leurs senateurs d'y aller sans commandement, de crainte qu'ils s'en fissent seigneurs. Les Europiens ont tousjours vaincu les Asiatiques, d'où procede la plus grande force du Turc. N'aurons-nous point autant de cœur de voir les murs de Constantinople, que Solyman a eu de courage de regarder et assieger ceux de Vienne? Seront-ce leurs armes qui nous en empescheront, qui ne sont que d'arcs, de fleches, de lances, de cymeterres, et pour defences, des cotonines et turbans? contre quoy nous avons nos pistolets, nos espées trenchantes, nos casques et cuiraces, tellement que dix Chrestiens en battent tousjours cinquante. Sera-ce leur grand nombre qui nous estonnera? si avec une poignée de gens Alexandre a subjugué l'empire de Darius, et Lucullus Tigrame; si les Romains avec la seule Italie ont vaincu partie de l'Asie et Afrique, et donné la loy aux Persans, c'est de l'Europe d'où sont sorties les victoires et les beaux effects, et non de l'Asie : craindrons-nous celuy que Jean, roy d'Hongrie, a combattu avec douze mil hommes, et que Ladislaos avec Jean Uniade defaisoient, s'ils ne fussent esté transportez de trop de chaleur, que Scanderbeig a si genereusement tant de fois combattu, et que nos braves predecesseurs français de fraiche memoire ont si peu estimé, qu'à la journée de Nicopoly huict mil d'eux ne voulurent pas que le reste des Chrestiens participast à leur gloire; s'avancerent, pensant avoir assez de courage pour defaire toute la force du Turc, et par trop de vertu perdirent la victoire. Et qu'à ceste heure que l'experience nous a fait sages, que nous nous corrigions par tant de fautes passées, il n'y a point de doute qu'avec l'aide de Dieu on n'en vienne facilement à bout. N'aurons-nous point de honte d'oüir dire que ces infideles publient qu'ils vivent pour accroistre et maintenir leur folle creance, et que nostre foy veritable ne nous affectionne point plus qu'eux? Estimerons-nous tant la possession des royaumes terrestres, que nous ne les hazardions pour les celestes?

Si l'alliance des deux coronnes, par mariages ou par successions, les mettoit sous une mesme volonté, il seroit aisé de venir à bout de ceste entreprise. S'il est difficile que les deux roys concurrent en mesme opinion, autant est-il mal-aisé (si ce n'est par grande pieté) que l'ambition et l'envie permettent que l'un demeure oysif pendant que son voisin s'accroist, d'autant que de la monarchie de l'un depend l'interest de l'autre; et par ce point seul il faudroit que tous deux participassent à l'entreprise, et si ce n'estoit conjoinctement en mesme lieu, mesme temps et province, que ce fust en lieu separé, ce que l'extreme grandeur du païs turc permet. Et encores que les deux roys n'entreprinssent si utilement que s'ils estoient ensemble, si est-ce qu'il en reüssiroit le divertissement et division des forces turquesques, et qu'estans occupez les deux rois contre un mesme ennemy, ils ne se feroient de mauvais offices, et n'entreprendroient sur les seigneuries l'un de l'autre. Et pourroit, comme il est dit, le roy d'Espagne avec l'Italie entreprendre facilement sur l'Afrique, qui ne pourroit estre secouruë, pour estre le Turc occupé à defendre l'Europe. Et semble ceste entreprise facile, estant barré le chemin du secours au Turc par la riviere du Nil et autres, et les Espagnols pouvans estre aydez du Preste-Jean et de toutes leurs Indes Orientales : et faudroit entreprendre en mesme temps que le roy de France passeroit en Grece. Et quand bien le roy d'Espagne ne seroit de ce dessein, pourveu que l'Allemagne et les Suisses fussent joincts avec le roy de France, ceste entreprise se pourroit executer, et faudroit tirer parole du roy d'Espagne de demeurer en paix, laissant des forces en France pour la garder sous un lieutenant general. Le Roy en pourroit encore tirer six mil chevaux et vingt mil hommes de pied, lesquels joincts aux forces d'Allemagne, d'Hongrie, de Pologne, Causaques et Moscovites, estans bien conduits, emporteroient la victoire; et resteroit assez de gens en France pour resister au roy Catholique, en attendant (s'il manquoit à sa foy) que le roy de France revinst de son entreprise.

Roy Tres-Chrestien (1), fils aisné de l'Eglise, ce nom est acquis par vos predecesseurs en plusieurs voyages d'outre mer, defaicte des Sarrazins, defence des saincts Peres et protection de la foy catholique, pour ne s'estre ensevelis aux voluptez oisives. Heureux ceux qui ont preferé la pieté à l'ambition, et par icelle acquis

---

(1) *Roy tres-chrestien* : l'auteur s'adresse à Henri IV.

reputation! La victoire que vous avez euë des deux tiers de l'Europe joincts aux subjects de vostre Majesté; le soudain changement de conducteur de deux cens chevaux aux grandes armées du prince de Bear, à la monarchie de France; le salut de tant de dangers, n'est point advenu sans miracles et sans l'œuvre de Dieu, qui a beny vos entreprises, non pour s'amuser à vos plaisirs, mais pour establir une base pour asseoir une plus grande colomne, un dessein, une entreprise plus genereuse, qu'elle pourroit estre plus au bien de la chrestienté que celle du Turc. Dieu vous a donné des moyens, des bonnes fortunes, des victoires: que sçauriez vous mieux faire que d'employer le tout pour l'exaltation de son nom? Que craindez vous? l'entreprise est juste: si c'est la revolte de vos subjects, laissant la Royne regente en France et emmenant les plus remuants, nul n'entreprendra, et vostre armée estant sur pied (quoy qu'eslognée) serviroit de citadelles à tout vostre royaume. Si la vieillesse vous entre en consideration, le peu de temps qui vous reste à posseder ceste vie la doit faire mespriser et bien employer. En deux ans ce dessein se peut parachever : c'est là où gist la perfection de la gloire, c'est là où est le comble de la reputation de vostre vie, à ce que la fin en soit esgale au commencement et au milieu, et que vous n'ayez rien de semblable avec tant de roys qui, comme vous, ont chassé les estrangers de leurs royaumes. Et quand ceste resolution ne viendroit à vostre Majesté, M. le Dauphin la doit embrasser, ainsi qu'Alexandre se pleignoit que Philippe son pere ne luy laissoit rien plus à conquerir. Comme un nouveau Hercules, vous avez vaincu tous les monstres de l'Europe, il n'y a plus rien à faire à un prince chrestien comme vous: peut il vous imiter, suivre ou surpasser, si ce n'est à ceste grande entreprise, jusques à ce qu'il soit favorisé par l'alliance de toute l'Italie ? Et puis qu'il a pleu à Dieu faire sa volonté de ce genereux prince avant qu'effectuer ce courageux dessein, qu'il semble avoir laissé preparé à vous roy Louys XIII, vostre Majesté considere les graces receües de Dieu, la paix generale obtenuë en vostre enfance sans exemple pareil, la puissance redoutable que Dieu vous a concedée sur tous vos subjects, plus grande en l'aage de seize ans que tous les belliqueux roys vos predecesseurs n'ont eu durant leur vie. Meritez la grace de Dieu par ceste belle entreprise contre les Infideles, de laquelle vous serez esclaircy par un plus grand discours et moyens plus certains à vostre gloire et salut de vostre ame.

Roy veritablement catholique, puis que jusques à cest'heure vous n'endurez l'heretique en vos royaumes ny ne traictez avec luy ny avec les Turcs, ce n'est sans mysteres que Dieu a permis la reünion des Espagnes sous vostre sceptre, sous lequel obeïssent toutes les Indes, orientales et occidentales, et que par vous est advenu l'accomplissement de la saincte Escriture, où Jesus-Christ asseure qu'avant sa venuë sa religion sera publiée par tout le monde. Tant de royaumes si esloignez ne sont assemblés sous une seule domination que pour donner force et moyens de ruiner celle des Turcs, lesquels vous pouvez assaillir du costé des Indes, Afrique et Grece, et par tant d'autres lieux où vous leur estes voisin, traitter avec le Perse pour assaillir le Quaire et Alexandrie. Dieu n'a point sans dessein permis en mesme temps l'union de toutes les

Espagnes avec celle de toutes les Indes, ny la paisible monarchie des Gaules et des isles du Nort sous trois puissans roys, sinon que, les fortifiant en mesme temps à l'égal, il leur ait voulu oster l'esperance de pouvoir entreprendre l'un sur l'autre, et les ait exalté, pour le dessein qu'il a de ruiner les Turcs, à ce que deux joints ensemble puissent equipoller les forces des Infideles.

J'ay veu, j'ay sceu le gouvernement des Turcs; je n'escris par livres et oüy dire, ainsi que plusieurs. Je servis Henry troisiesme, esleu roy de Pologne, en son voyage, coronnement et establissement; lesquels parachevez, je partis pour aller à Constantinople, passay par l'Hongrie, Transilvanie et Vallaquie, où je me trouvay en une bataille gagnée par le Moldave chrestien revolté contre le Turc, faisant guerre au Vallac son allié, vaincu, et depuis victorieux par l'assistance de cinquante mil Turcs conduits par le jeune Sigale, que je vis, leur ayant donné les Chrestiens revoltez la teste du Moldave leur chef. Poursuivant mon voyage, moy cinquiesme assailly par deux cens, la maison où j'estois brûslée, sortismes l'espée à la main, un des nostres blessé d'onze coups d'espieux; depuis nous fusmes pris et mis en liberté par le commandement du Valac, allié du Turc, et victorieux par leur aide. J'arrive à Constantinople: je vis l'armée de trois cens galleres et quinze gallias, qui allerent prendre La Goulette. Ainsi j'ay veu leur armée de terre et de mer, leurs forteresses, aguerriment et police. Je croy un roy chrestien ne pouvoir estre monarque que par l'entreprise sur le Turc. Pour battre et gagner les villes de l'Europe, trois vies ne suffisent:

il n'y a point de forteresses en Turquie; tout consiste au gain de deux batailles, ainsi que l'empire de Crœsus et Darius, conquis par Cyrus et Alexandre. La vaillance, obeïssance et patience donnent l'advantage; trente mil hommes aguerris en vainquent deux cens mil : les Gaulois, Tigrame et Darius vaincuz en font foy.

Les Turcs mieux armez et aguerris que les susdits, non egaux à la valeur chrestienne, Jean Uniade leur a donné des batailles, Scanderbey leur a resisté; le sophi les a battus, Tamburlan les a subjuguez. Leurs forces sont seize mil janissaires, cent mil bons chevaux, cent cinquante mil de peu de valeur, partie tartares; ils ont trois cens mil payes, ausquelles leurs juges et religieux sont compris. La premiere bataille perduë, ils leveront encores cent mil hommes d'Egypte, des derniers confins d'Asie, peu valeureux, lesquels defaits, tout est perdu pour eux. Leurs chevaux ne volent, ny l'acier de Damas ne couppe le fer, comme aucuns croyent. Ils se rangent en bataille en trois croissans, les plus foibles au millieu, les plus forts aux pointes, s'estendent pour enclorre les Chrestiens, les charger par flanc et par derriere; les pistolets, espées, cuiraces, casques, mailles des Chrestiens ont l'advantage. Leurs pointes rompues, ils les reçoivent au milieu du prochain croissant, dont les pointes, se pliant, chargent par flanc les victorieux qui suivent : au milieu du dernier croissant est un fort composé de pallis enchaisnez, flanqué de plusieurs pieces d'artillerie, capable de tenir trois mil hommes; estant proches d'ennemis, les janissaires portent et plantent les palis, se fessoyent à la façon romaine; les croissans rompus se r'allient derrier le fort pour dernier refuge ; ils reprennent vigueur et retournent à la charge.

Toutes les batailles des Chrestiens se sont perduës par mesmes fautes; ils ont defaict les premiers et plus foibles des Turcs; inconsiderement suivoient les fuyars, et, se trouvant chargez de leurs meilleurs escadrons par flancs, estoient rompus : le victorieux d'une charge se rend inhabile de bien resister à une seconde; les Turcs, qui ont plus d'escadrons, le gagnent ; si les Chrestiens s'enfoncent dans eux et s'opiniastrent à les suivre, ils se precipitent : les pertes passées fournissent l'experience, et ostent l'excuse des capitaines de maintenant. La guerre de l'Empereur, de garnison à autre, n'est que pour defendre, non pour conquerir : il vaudroit mieux hazarder une bataille pour ruïner l'empire des Turcs; ce qui se fait de garnison à autre est inutile et de peu d'honneur. Semblablement les petits sieges des Chrestiens avec trente mil hommes en hyver, ceux des Turcs avec cinquante mil en esté, sont de peu d'effect; l'Empereur n'a ny assez d'autorité ny de puissance. Il seroit necessaire que le roy de France ou d'Espagne fussent empereur : l'Italie assisteroit contre le Turc par le moyen du Pape ; les Polonais ou Moscovites se peuvent gagner par argent; il y auroit des Tartares d'Europe comme les Turcs: les ligues ne durent plus d'un an ; la derniere apres la bataille de Lépante le tesmoigne, où ils entrerent en defiance les uns des autres.

Ceux qui disent qu'il faut mettre quatre ans à vaincre cest empyre n'ont consideré ceste incommodité: si l'empyre de Constantinople n'est subjugué dans dix huict mois; il ne le sera jamais. Si l'Empereur estoit absolu, joinct l'Hongrie avec la Pologne, il ne seroit du tout impossible qu'il ne vinst à bout de ceste entreprise : pour defaire trois cens mil Turcs, quatre vingts mil Chrestiens suffisent, douze mil chevaux reistres, cinquante mil polonais ou moscovites, dix mil tartares, quatre mil italiens, quatre mil hongres et quatre mil espagnols, qui sont quatre vingts et quatre mil chevaux : quand il en manqueroit vingt mil, le reste est suffisant avec l'infanterie pour en venir à bout; laquelle seroit de vingt mil Suisses, dix mil Italiens, huict mil Espagnols, vingt mil lansquenets et deux mil Valons; qui sont soixante mil hommes de pied. Et si le roy de France est empereur sans que l'Espagne s'en meslast, et qu'il eust asseurance certaine que le roy Catholique ne l'empeschast, il mettra dix mil chevaux et dix mil hommes de pied davantage. Et si on armoit les ecclesiastiques, gens de justice et leurs valets, comme les Turcs qui font tout combattre, il se leveroit trois fois autant de gens en l'Europe que les Infideles en levent en Asie, Afrique, et partie d'Europe.

Une armée de mer seroit necessaire, de pareille force que la turquesque, ce qui ne se peut sans les Venitiens. Les armées prestes à la fin d'avril, sans s'amuser en Hongrie, costoyant le Danube, faire suivre les vivres par iceluy; prendre une place ou faire un fort pour mettre les magazins, fortifiant quelque petite place de six en six lieuës, arriver à la recolte à Andrinopoli, qui est à trois journées de Constantinople, laquelle n'est forte, donner la bataille si elle se presente. Il n'y doit avoir nul bagage dans l'armée, ny homme qui ne combatte; patir, ne boire à un besoin que peu de vin, pour deux mois porter de farines et biscuit, suivy de grande quantité de bestail, comme les Turcs; les vivres diminuant, il faut haster les exploicts, marcher à bonnes journées pour combattre, et empescher le gast que font les Tartares, par gens de leurs mesmes armes, Polonais et Tartares d'Europe.

La force des Turcs consiste en cavallerie; celle des Romains consistoit en gens de pied, qui les eussent entrepris et vaincus, s'ils eussent esté de leur temps, plus aisément qu'ils ne firent les Parthes, n'estant ceux-cy de pareille valeur ny en plus grande quantité. Le gain de cette bataille depend d'une grande partie des gens de pied. La façon de combattre trois fois, se recevant les croissans les uns dans les autres, se peut imiter à deux croissans des Chrestiens, avec un ost de vingt-cinq mil des meilleurs chevaux de reserve. Le premier croissant doit estre des nations qui combattent en pareilles armes que les Turcs; s'y pourroient mesler quelques escadrons de pistoliers flanquez d'arquebuziers à cheval ou à pied, avec serment tiré d'eux de ne suivre point la victoire plus de cent pas, et se remettre en leur ordre; que s'ils estoient pressez de plus grandes forces qu'eux, se retireroient en bataille dans les espaces vuides du dernier croissant, qui seroient de grandes estenduës afin qu'en se retirant ils ne se rompissent les uns les autres. Et pour empescher d'estre enclos, au premier croissant seroient placez quarante mil chevaux et quatre mil arquebusiers moitié à pied et moitié à cheval, qui flanqueroient les escadrons; au second croissant il y faudroit avoir trois forts, celuy du milieu pareil ou plus fort que celuy des Turcs, où il y auroit vingt-cinq mil hommes de pied, et aux deux autres forts à chacun dix mil, avec reserve de mil pour servir d'enfans perdus devant toutes les troupes. En ce second croissant seroient soixante mil chevaux en bataille en quatre escadrons; entre les forts et la cavalerie seroient les piquiers, et y auroit huict mil chevaux tout derrier le grand fort de l'armée. Et si on voyoit que les Turcs mal-menassent les pointes du premier croissant, les chefs qui commanderoient sur les pointes droictes et gauches du second, pourroient charger par flanc les escadrons des Turcs, sans suivre les fuyards plus de deux cens pas; encores qu'il semblast que tout leur camp fust en route, revenir tousjours en ordre pres des forts et bataillons de gens de pied. La place d'artillerie seroit près du plus advancé fort; et ce, d'autant que, s'amusant à faire des tranchées à l'entour des forts, seroit pour s'arrester là, et qu'estant dans le païs des Turcs, ils sont plus aptes à rompre les vivres; faut chercher le combat sans s'amuser aux tranchées, et que les forts soient portatifs; ce qui se peut faire de plusieurs pallis rangez sur des pieces portées sur des roues marchant en avant; et si on voyoit le desordre dans le fort du Turc, et un grand ralliement derrier iceluy, on pourroit fortifier de tranchées le fort des Chrestiens, entreprendre et approcher selon la necessité du combat; sans doute l'infanterie armée de piques seroit bastante pour soustenir leur cavalerie qui n'est point armée; et ne doute point que les Français et Allemands, armez de pistolets et d'estoc, ne fissent de grands effects dans ces gens nuds, lesquels ne se meslent point, et ne font que piroüeter avec des hurlements pour espouventer des sots. Ces deux forts s'avanceroient à droicte et à gauche du grand fort des Turcs, sans que la cavalerie les abandonnast; et advenant desordre, à toute extremité, les vingt mil chevaux qui sont derrier le grand fort remettroient le combat. Le fort du Grand Seigneur, où le gain de la bataille consiste, canonné et attaqué par ces deux forts, avec ceste bonne infanterie approchant en ordre et marchant tousjours en avant, ne pourra pas durer, veu mesme qu'il est croyable que la cavalerie l'ayant abandonné, la victoire est sans doute, pourveu qu'on ne la poursuive pas mal à propos: quatre vingts mil hommes de pied aguerris la pourroient seuls obtenir, comme les Romains contre les Parthes, ou comme les phalanges macedoniques contre Darius; et la cavallerie meilleure que la leur, quand elle ne seroit que de cinquante mil chevaux, se meslant, et ne tombant point en la faute accoustumée de les suivre, obtiendroit la victoire; laquelle obtenuë du tout entiere, seroient suivis des mal armez Polonais et Tartares en ordre, au grand pas, par les reistres, Français et Espagnols, sans abandonner leur infanterie que le fort du Grand Seigneur et toute leur artillerie ne fussent pris. Faudroit observer qu'y ayant en chasque croissant des Chrestiens, que l'on peut qualifier advant-garde, bataille et arriere-garde, un fort en chacune garny d'infanterie, que la cavalerie se tinst sur les costez desdicts forts, sans se mettre devant les gens de pied et artillerie dont depend la principale execution, ains, se rangeant en aisle d'un costé et d'autre sans les outre passer; ce seroit le mieux, puis s'en aller assieger Constantinople : si le bonheur dit, on s'en peut faire possesseur en quatre mois : il consiste beaucoup en l'armée de mer, laquelle pareille à la leur ou meilleure, il n'y a plus de doute de la victoire ; tout gist à faire l'un des roys de France ou d'Espagne empereur, ou d'accorder l'Empereur avec un d'eux, tellement que ce ne fust qu'une mesme chose : le plus difficile seroit à persuader, par devotion ou par artifice, au Roy, qui n'iroit point en ceste guerre, de demeurer en paix, et n'entreprendre point sur les païs de celuy qui y ira.

Les Turcs ne permettront, non plus qu'ils ont permis au passé, d'entrer cinquante lieües en leurs consquestes sans hazarder la bataille ; ils sçavent que leur importe la perte de reputation, de reculer et laisser prendre leur païs devant eux, pour l'innombrable nombre de Chrestiens qui y sont, lesquels, sur l'opinion que les nostres seroient les plus forts, se joindroient à eux. Ils donneront la bataille, et s'ils la perdent, ainsi qu'il est à croire, l'ordre y estant mis comme nous escrivons, outre les heureux progrez qui suivent les victoires, souvent plus grands qu'ils ne se fussent osé promettre, tous les plus genereux et plus braves des Turcs y mourront ; qui apportera un grand descouragement à leur armée de mer, contre laquelle il se faut preparer, d'autant qu'il semble que Constantinople ne peut estre pris que les Chrestiens ne soient maistres de la mer, parce que le secours viendroit de l'Asie et de Scutarie à Constantinople, n'y ayant qu'une lieüe de mer à passer ; et faudroit observer de n'advancer l'armée navalle jusques à ce que la bataille de terre fust gagnée, et lors sans marchander il faudroit que l'armée navalle tirast droit aux deux chasteaux, si cela n'estoit que la bonne fortune des Chrestiens jetast tellement l'espouvente aux vaincus, qu'il y eust un grand desordre dans Constantinople; ce qui ne seroit nouveau, parce que moy y arrivant quelque temps apres que la bataille de Lépante avoit esté donnée, j'apris que les soldanes du serrail et les principaux seigneurs et bachatz transportoient toutes leurs richesses en Asie, ne tenant pour bien asseuré qu'ils se peussent garder à Constantinople si les Chrestiens suivoient leurs pointes pour la grande rebellion qui suivroit par l'aide des Grecs. En ce cas, dy-je, il seroit necessaire de soudainement tenter ce qu'Annibal faillit apres la victoire de Canes, laquelle s'il eust suivie luy eust mis Rome entre les mains. Si on ne voyoit rien de pareil, faudroit aller rencontrer avec l'armée de terre victorieuse la navalle chrestienne auprès de la Morée, et à cinquante mil des deux chasteaux les deux armées chrestiennes: tenant le dessein et le rendez-vous secret, qui empescheroit la rencontre de l'armée navalle des Turcs? Il est certain que l'armée victorieuse renforceroit d'hommes et de courage celle de la marine, qui, se costoyant tout ensemble, marcheroient droit aux Dardanelles : ou l'armée turquesque viendroit au combat, ou elle se retireroit par delà les deux chasteaux à la mer de Marmorat, proche Gallipoli. Si elle venoit à la bataille apres avoir receu une si grande bastonnade que la perte de leur armée de terre, où seroient esté ensevelis leurs meilleurs hommes, malaisément resisteroient-ils ; et s'ils passoient les deux chasteaux et se mettoient dans ladite mer de Marmorat, le chasteau d'Europe, qui ne vaut rien, seroit pris en un jour; et se trouvera plusieurs ports du long la coste de Thrace, pour mettre l'armée navalle en seurté. Et quant au chasteau d'Asie, qui est plus fort, il se pourra aussi prendre, n'estant assisté de leur armée marine; et quand bien il demeureroit, il ne peut endommager qu'elle ne passe du long du bord de l'Europe pour aller chercher à combattre celle des Turcs, s'ils se retirent au port de Constantinople (ce qui n'est croyable qu'ils facent, ains hazarderoient plustost le combat). Mais s'ils se retirent ayans mis l'armée de mer au port de Gallipoli, toute l'armée terrestre peut aller au siege de Constantinople et se separer en deux : la moitié, passant les deux petites rivieres qui entrent dans le port au dessus, se peut venir loger à Peyre, laquelle est toute ouverte, et n'y a point de muraille; et aussi il faut que l'armée de mer des Turcs soit perduë et desloge du port, lequel port est pris tenant Peyre, et demeure Constantinople assiegé, ne pouvant leur armée de-mer demeurer qu'entre leur Scutari et le serrail, là où elle ne peut estre en seurté à cause du courant et des orages; ainsi il faudra qu'elle cherche combat ou qu'elle se retire en la Mer Noire. Le principal consiste à rendre l'armée de mer forte d'hommes et de bons mariniers, et de vaisseaux, d'autant qu'il est fort necessaire d'estre maistre de la mer, ce qui se pourra à la faveur de la grande victoire obtenuë par terre; et d'autant que je sçay la fortification de Constantinople, l'ayant fort consideré, elle me semble facile à prendre. Il n'est point besoin d'assaillir les chasteaux des Sept Tours separez de la ville, et plus bas que le serrail, qui ne commande point :

faut attaquer les murailles de ladite ville en deux lieux, du costé du port, là où il y a des faulxbourgs jusques tout contre, et du costé de la venuë d'Andrinopoli. Il n'y a nuls bastions, c'est un fossé à fonds de cuve, revestu de pierre de taille, lequel passé se treuve une fausse-braye de la hauteur de douze pieds, flanquée de tours de la mesme hauteur; la fausse-braye est pleine de terrain de seize pieds de large, à la fin duquel s'esleve une muraille de vingt pieds de haut, flanquée de tours quarrées de trente pieds de carrure, et de mesme hauteur; puis un autre terrain sur lequel s'esleve la troisiesme muraille, remparée de la mesme forme que celle du milieu, excepté que les tours sont rondes; toutes lesquelles fortifications je mesprise fort, parce que les ruïnes d'une des murailles et terrains servent de pont pour gagner l'autre, et que ce ne sont que tours : et qui y auroit mis vingt canons français, battant avec la diligence qui nous est maintenant usitée, l'on y verroit promptement une grande bresche. La difficulté seroit à faire soudainement des tranchées pour gagner le pied des murailles du fossé pour les couper, à ce que les canons puissent estre logez en lieu qu'ils puissent voir le pied de la fauce-braye; et ne sçay comme ces gens pourroient soustenir ces assaux tels que les Chrestiens les donnent, eux qui ne sont armez ny usitez à les soustenir; et croy qu'il ne seroit besoin de se peiner beaucoup à ceste prise, et qu'apres une bataille perduë ils ne s'opiniastreroient à garder Constantinople, et adviendroit de leur empire ainsi qu'il advint de celuy de Darius; d'autant qu'eux n'ont jamais mis leurs forces qu'en leurs bras, et qu'ils ont tenu pour forteresses et citadelles de leur empyre leurs janissaires et leur cavalerie. Icelle defaicte, les forteresses prises, se jugeroient perdus, et n'auroient recours qu'à redresser une autre armée en Asie, revenir tenter la bataille, et au bruit de ceste victoire, et à ce siege, l'armée chrestienne seroit renforcée de deux fois autant qu'elle estoit, et sur la prosperité seroit assistée de plus de cent mil Grecs, Moldaves et Vallaques.

Le diable parle dans les Lutheriens, les faisant prescher qu'il ne faut faire la guerre au Turc, le souffrir comme chastiment et verge de Dieu; s'y opposer par la force, disent que c'est combattre contre la premiere puissance, qu'il les faut vaincre par bonnes vies et oraisons; cependant ils entrent dans l'Hongrie, bruslent, saccagent, emmenent trente mil ames ausquelles ils font renier Jesus-Christ : sans doute Dieu les convertira quand il luy plaira; si avons nous nostre liberal arbitre. Sa parole ne peut estre entenduë des Turcs, il y faut faire escorte par les armes : qui ne croit et n'est baptisé, est condamné; plus de croyans nous pouvons faire, plus d'ames nous sauvons; empeschant la prise des Chrestiens, c'est empescher la perte des ames. Les Lutheriens trouvent mauvais tout ce qui vient du Pape, et comme les mauvais soldats voudroient la guerre aisée et à leur porte pour piller, la diversité de secte des Chrestiens garde les Turcs de suivre nostre foy; chacun leur fait entendre que, s'ils ne sont de la leur, ils seront damnez; trouvant de l'incertitude à leur conversion, ils ayment mieux demeurer en la leur.

Les diables, pour troubler la religion, s'adressent premierement aux Allemans, plus grossiers qu'autres nations, crainte d'estre descouverts à l'abordée, estant certain que les Espagnols et Italiens ont plus d'esprit que les Allemands ny les Anglais. C'est pourquoy ils n'ont changé leur religion, et ont descouvert la piperie des heretiques. Plusieurs meschantes inventions sortent d'Allemagne, la poudre à canon, le lutheranisme et autres; la froidure du païs les reclut sept mois dans les poisles, où ils ont loisir de mediter ces fantaisies, l'esprit n'ayant object ny divertissement.

Ceux qui sans grand sujet n'ayment leurs freres et parens, ny font pour eux, ne doivent estre recherchez d'amitié; mal feroient ils pour ceux qui ne leur sont rien.

Le Roy, se mettant le premier au pouvoir de son ennemy en sa gallere, monstra le moins de deffiance; ce n'est pas moindre honneur à l'Empereur de ne l'avoir prins. Ce qu'il se mist entre ses mains à Aiguemorte n'est qu'une suitte du premier effect : estrange changement! ceux qui publient les Français sans foy, sans creance, et qui avoient fait et dit le pis qu'ils pouvoient d'invectives et libelles, estoient soupçonnez d'avoir fait empoisonner le Dauphin, dont les seurtez avoient esté cherchées pour se battre, se fient l'un de l'autre, ayant tous deux occasions de se prendre prisonniers, pour s'estre desja tous deux plusieurs fois trompez et manqué de foy. L'Empereur avoit esprouvé que la prise d'un roy de France n'est pas la ruïne de son Estat; au contraire la retention de l'Empereur eust apporté une grande faveur au roy François : ce fust esté injustice de le retenir, et eust produict beaucoup de mauvais bruits. Il faudroit estre aussi religieux en l'observation de n'entreprendre guerre injuste, que l'on est à ne les finir point par actes extraordinaires; s'il faut perdre son ame, vaut autant pour beaucoup que pour peu; il faut chercher la fin de la guerre par tous moyens. Le Roy obtint l'honneur de ceste fiance, pour s'estre mis le premier entre les mains de son ennemy; et encores que depuis l'Empereur passast par la France, ce n'estoit que suivre le chemin qui luy avoit esté tracé, et n'estoit sagesse ny à l'un ny à l'autre, et en effect les Français eurent l'honneur de tenir leur parole et acquiter leur foy.

Selon l'entendement des maistres, leurs serviteurs peuvent appuyer leur fortune apres leur mort : dangereuse action, pour laquelle se faut entendre quelquesfois avec les ennemis de son seigneur, reveler le secret à ses amis, faire advancer les siens, reculer ceux du Roy qui, sage, patiente suffoque tout d'un coup telle entreprise.

M. de Montmorency pense que l'Empereur quittera Milan, veut obliger M. de Savoye par la reddition de son païs, et s'appuyer apres la mort de son maistre; pert sa faveur et soy-mesme, ne restant de ceste action, sinon que le duc de Savoye favorisa depuis M. d'Ampville, revolté contre le roy Henry troisiesme.

Fols jeunes sont quelquesfois les plus sages vieux; d'une bande enragée suivant les enfans de France, s'en fist une de grands capitaines : les folies honnestes non dommageables sont tolerables en jeunesse : au lieu des mesdisances, desguisement et fait de maintenant, le temps estoit employé en l'exercice, saulter, ruer la barre, luitter, combattre, esprouver les perils en paix pour ne les craindre en guerre; ils ne s'amusoient à la chasse. Les tiercelets d'autour apportez à M. d'Orleans luy sont mis par le sieur de Tavannes sous la couverte de son lict, s'en battent et les deschirent en mespris d'icelle. Ils avoient promis un temps de ne marcher aux villes que par dessus les maisons, sautant de toict à autre les ruës estroites, se precipitent dans les puits, font passer les chevaux au travers des flames. Le sieur de Tavannes à Fontainebleau fait sauter un cheval d'une roche à autre de la largeur de vingt huict pieds, accompagne son maistre où l'ardeur de jeunesse le porte, à se battre à coups d'espées incogneus, faisant embuscades aux siens propres pour s'esprouver; blesse et est blessé se joüant; faillent à estrangler Jarnac, sans qu'on luy coupa la corde; se mocquent des dames, mesprisent l'amour; laissent un pendu couché avec madame de Cursol, faignant l'entretenir. Pour faire soixante lieües tout en un jour, ils disposoient tous les chevaux de M. d'Orleans jusques en Bourgongne : incogneuz dans une hostellerie, dix hommes voulans prendre le haut bout, il met la main à l'espée contre tous surpris, les fait disner avec leurs gands; eux regaignant leurs espées ils se deffendent, les blesse, et en sort sans estre blessé. Cecy est escrit, non pour loüange, ains pour cognoistre les folies de ce temps-là, duquel sortit tant de gens valeureux : ces chaleurs de jeunesse, qui ne font mal qu'à eux-mesmes, tournent ordinairement en valeur.

Les tournois, spectacles, jeux publics, est une usance ancienne des Grecs, Romains et Gaulois, inventez pour le contentement, occupation et flaterie du peuple : exercice des soldats divertit les premiers des mauvaises pensées, duit les autres à la guerre; les comedies, masques, balets, servent pour plaisir, et les combats de disciplines. La forme de la guerre est changée de lances inutiles aux pistolets : au lieu de bagues, faudroit s'ajuster à en tirer, et au combat de l'espée faire des escadrons, charger par flanc, par derriere, se rallier, flanquer d'arquebusiers tirans à propos et par troupes, rompre et refaire soudain les bataillons de piques, en tirer manches et escadrons vollans, et faire faire l'exercice de gens de pied usité en Flandres et ailleurs nouvellement, monstrant l'advantage qu'obtiennent les gens de conduitte; cela ne lairroit d'estre plaisant à l'œil, et plus utile aux chefs et aux soldats que les couremens de bagues. En ces tournois, les Allemands font ostentation de leurs races, les Français de leurs devises, les Italiens de leurs enigmes, les Anglais de leurs amours et propheties ; honte et honneur sont en ces exercices approchant de la guerre.

Les exercices accroissent les forces, adextrent le corps, augmentent l'esprit et la santé, apprennent l'ordre, obeïssance, ostent la crainte. Les Turcs, frapans de masses sur des boucliers, renforcent leurs bras ; les Italiens par tournois adextrent leurs corps, les Espagnols aux garnisons leurs esprits. Les montres en armes de la gendarmerie estoient les escoles des Français : la jeunesse à l'envy sautant, courant, jettant la barre, s'aprenoient : maintenant tout est à mepris, pour avoir les guerres civiles mis en soupçon les superieurs, qui ne desirent l'aguerriment de leurs subjects. Aussi les exercices n'estoient si necessaires durant la guerre, la praticque y supleoit : en agissant les hommes se faisoient. Au temps de paix, les peuples sans exercices, venans neufs aux armées, sont facilement battus; ainsi que les Français l'estoient par les Italiens anciennement, et iceux Italiens maintenant le sont par les Français, qui aux premiers troubles d'Huguenots fuyoient les reistres, à ceste heure les cherchent pour les butiner, tant peut la practique des armes.

Les Perses, les Grecs, les Romains commandoient au reste du monde : de leurs escolles et exercices sortoient les Cyrus, Alexandres et Scipions, qui à vingt cinq ans sçavoient conduire les armées; les jeunes soldats avant qu'avoir veu leurs ennemis entendoient leurs ordres, leurs places, et ce qu'ils devoient faire, sans que la necessité ou quelque desastre leur aprist leur mestier. C'est avec le bras que s'acquierent et defendent les royaumes, les ouvriers par continuel travail y envoyent la force. Fraper sur des quintaines, combattre à la barriere, jetter la barre et escrimer, rendent les bras plus robustes : le tirer de l'arc, le combat de la hache, la course de bague ne sont plus necessaires. Sçavoir justement tirer du pistolet, donner de coup d'espée à propos, manier un cheval à la soldate, sans courbettes, caracol ni molinet, artifices trop frequens parmy les estrangers à leur dam; au contraire il faut estre duicts et dressez à percer les escadrons. Deux cens cinquante hommes de cheval, de deux ou trois garnisons assemblées, se peuvent mettre en escadrons, se rompre, se rallier, tirer des coureurs pour charger en flanc, marcher au pas, au trot, au galop, se separer, filer, se rallier, faire front, en flanc, derrier, aller d'un costé et d'autre, retourner en un mot, en un signal, tout d'un temps, faisant qu'il semble que l'escadron soit meu par ressorts.

Les Romains portoient leurs armes, leur bagage, des vivres pour quatre jours, et souvent de pallis pour fermer le camp, lequel ils fossoyoient ; et en temps de paix, pour ne se rallentir, ils travailloient incessamment aux fermetures des forts des legions, et jusques à faire des levées dans les grands chemins. L'oysiveté ruyne l'aguerriment, les maistres de camp peuvent assembler souvent leurs regiments, les mettre en bataillons quarrez d'hommes ou de terrain, monstrer la place des piquiers, celle des arquebusiers, tirer les manches et troupes de mousquets pour flanquer les picques, trier les bons, les moindres, les mauvais sans confusion d'ordre ; sortir des escadrons vollans garnis de piques, selon la necessité des assietes, se faire faire des charges de cavalerie, se rompre, et se rallier par troupes et en gros, et faire front de toutes parts en un besoin ; monstrer et consulter avec les capitaines l'advantage des montagnes, rivieres, bois, se couvrir de fossez, de hayes, faire combattre l'arquebuserie par troupes, comme s'ayder des chariots, pour se parer en marchant aux passages des plaines ; quels moyens de soustenir à la pointe des piques le grand choc de la cavalerie, redoubler, renouveller le combat proche des enseignes. Les Romains estoient heureux, qui tenoient six mil soldats en un fort : il estoit aisé de les discipliner tout à un coup. Ces exercices serviroient aux jeunes seigneurs qui pretendent estre generaux d'armées, qui tournans escadrons contre escadrons, bataillons contre bataillons, apprendroient à choisir l'eminence d'une coline, l'advantage d'un fossé, d'une haye, d'un passage, de la poudre, du soleil, d'un ruisseau, d'un bois ; et considerant les assietes differentes, disputant entre eux la force ou foiblesse d'icelles, le lieu où placer l'artillerie, moyens de desloger les ennemis, de s'empescher de l'estre, couper les rivieres par forts, par tranchées; comme il faut ordonner une escarmouche; tenter, retirer, donner chaleur, et r'allentir les soldats selon le besoin; s'empescher d'estre combattu, et moyens de contraindre son ennemy de venir au combat; prendre l'occasion, sans perdre temps, des advantages, des forteresses, des tranchées et camps fortifiez: par ces moyens feints, se feroient les soldats et generaux.

Je ne puis assez m'esmerveiller de l'ignorance de ceux qui disent qu'il faut peu de temps pour faire un bon capitaine, et que le commandement donne l'esprit. Cela est une folie et presomption extraordinaire, dont la punition suit le peché: de là viennent les fautes qui se font ordinairement, et que tout à coup se perdent l'honneur, vie et biens, qui se peuvent garder par science et exercices. Que si Spinola a reussi, sera un entre cinq cens, à quoy sa grande richesse et l'argent d'Espagne ont du tout aydé à ce miracle. Les medecins aprennent leur art par la mort et aux despens d'autruy, les advocats par la perte des procez, et les capitaines à l'hasard de leur vie; c'est pourquoy le nombre est moindre des capitaines que des docteurs.

La chasse ny le jeu ne doivent estre permis aux jeunes; l'un leur fait aymer la maison avant temps, l'autre perdre de belles occasions, et demeurer en necessité. Bien que la chasse est une espece de guerre, pour l'exercice qu'il y a, si est-ce que s'y addonner trop est un tesmoignage de volupté et d'oisiveté, sans compter le temps perdu, qui seroit mieux employé aux lectures, mathematiques et bonnes mœurs. Et quant au jeu, il ne peut estre assez blasmé : de là viennent les querelles, les disputes, et toutes sortes de maux, se portans ceux qui ont perdu beaucoup du leur quelquefois au desespoir, outre les fraudes qui s'y commettent, estant tres-honteux de piper et de se laisser piper. Aucuns peres apprennent leurs enfans jeunes à jouer, à ce, disent-ils, qu'adolescens ils ne se laissent tromper; il vaudroit beaucoup mieux qu'ils leur en fissent perdre la volonté, en leur monstrant les malheurs qui adviennent de ceste desbauche, et les en exclurre tellement, qu'ils ne les prinssent en habitude, au contraire en degoust et mespris.

Pour en tromper un il en faut tromper deux; celuy qui persuade a plus de force quand il est abusé luymesme, et qu'il ne sçait le but de celuy qui l'employe, duquel il croit le cœur estre comme la parole, nommement quand celuy qui employe fortifie sa persuasion par raisons, lesquelles en apparence sont utiles à l'un et à l'autre.

Les Français, Espagnols, Italiens, Allemands, sont incapables de conquerir la monarchie des Turcs, s'ils ne changent, parce qu'ils ne combattent tous, et en demeure de douze parties les dix en leur maison, et que ceux qui y vont menent une, et plusieurs d'eux trois personnes inutiles, ne servans qu'à les habiller et les soulager, pour la delicatesse des vivres, licts et viandes qu'il leur faut; qui multiplie tellement le bagage, qu'outre la confusion et embarras qu'ils apportent aux armées, ils empeschent de faire de grandes cavalcades, entreprises et retraictes, necessitent de combattre hors temps, parce qu'ils les affament. Le meilleur seroit de brusler tous ces bagages, reduire les soldats à patir comme les Turcs, et coucher à descouvert, boire de l'eau en un besoin : ce qui ne se pourroit que par grande autorité, ou une supreme vertu. Les Suisses, Pollaques, Moscovites, sont duicts à estre sans bagage : Les Français et Allemands se sont de jeunesse eslargis l'estomac par trop manger, gouffre insatiable, source de maladies, malaisé à retraissir par jeusnes. Ce qui a faict triompher victorieusement les Romains, a esté que depuis qu'ils estoient enrollez dans les legions il y alloit de leur vie d'abandonner leurs enseignes, nonobstant qu'ils demeurassent les trois et quatre années dans les armées, et en si grand nombre, qu'il s'est veu en diverses d'icelles vingt et cinq legions, chacune de six mil hommes. Suyvant cet exemple, faudroit lever, tant de la noblesse que des villes, une grande quantité d'hommes non volontaires, mais forcez, contraincts d'aller à la guerre, avec punition exemplaire s'ils retournoient dans leurs païs. Et quand il se leveroit un tiers, ou une moitié des habitans des villes, à la façon romaine, il seroit utile. La difference de ceux de ce temps aux Romains, est la quantité des femmes que nous avons, desquelles lesdicts Romains se passoient. A ce defaut, il faudroit choisir un grand nombre de non mariez et de veufs ; mais il faudroit une supreme autorité pour exiger ces gens des villes, sinon de bonne volonté, du moins par tribut.

Les devises portées en batailles et tournois, pour guerre, pour amour, ont esté practiquées aux siecles passez, lesquelles expriment le desir d'honneur, autres les plus secrets desseins obscurement interpretez à divers sens, intelligibles ou couverts, selon la fantasie des autheurs. Les uns ont adapté leurs armes à leurs devises, autres leurs devises à leurs armes, ainsi que mes quatre lignées se blasonnent, selon le corps des armoiries, Saulx, Tavannes, Vienne, La Baume : cœur de lion, vigilance de coq, entreprise d'aigle, eschelle du ciel.

En ce temps les devises sont separées des armoiries, composées de corps, d'ame et d'esprit : le corps est la peinture, l'esprit invention, l'ame est le mot. Il faut prendre garde qu'elle ne se puisse tourner en moquerie ou en autre intelligence ; les histoires, les emblemes, les fables des poëtes servent à ce suject. Aux tournois le sieur de Tavannes portoit le chef d'un vent dont le souffle circulairement le poussoit par le derrier de la teste, avec ceste ame : JE ME POUSSE DE MOI-MESME, inferant qu'il n'estoit aidé de personne que de sa propre vertu, desirant honneur ou mort. A l'entreprise de Luxemburg il prit Perseus sur le Pegase sans bride, avec le mot : *Quò fata trahunt* Perseus, fils de Jupiter, signifie les gens d'honneur estre enfans de Dieu : du sang de la teste de Meduse, coupée par luy, nasquit le Pegase aislé, le pied duquel fait sortir la fontaine des sciences. Celuy qui couppe la teste au vice et luxure est capable de produire vertus et sciences. Les commissions hazardeuses données à Perseus, le pensant perdre, furent departies par envie à ceste fin au sieur de Tavannes, et au lieu de mort leur donna vie à tous deux. Aprés la mort de M. d'Orleans et faveur du cardinal de Tournon, joinct au souvenir de la mort de son oncle de Tavannes, ayant beaucoup de grands envieux et ennemis, bravant la fortune, peint un homme avec un coutelas enfonçant un vent orageux, avec ce mot : MALGRÉ VOUS. Heureux à Ranty, où il defit les quatre mil reistres, dont le colonnel comte de Chevatzembourg portoit un renard mangeant un coq, qui vouloit signifier les Français devoir estre devorez des renards allemands. Ce coq estoit les armes de Tavannes, dont estoit la mere dudict sieur de Tavannes, lequel ayant gagné l'enseigne, il sauva le coq des renards allemands qu'il defit. Le roy Henry IV portoit une espée entre deux sceptres, avec le mot : *Duo protegit unus ;* laquelle n'a esté exempte de calomnie, interpretant qu'une espée defend deux religions, non seulement deux coronnes, qui estoit le sens de Sa Majesté. Il pouvoit prendre son bras tenant son espée, forçant les Parques de renoüer le filet fatal de la France, qui sembloit estre tranché par le nombre clymatherique des roys, haute conjonction des planettes, manquement de lieu pour sa statue au palais de Paris, durée nompareille du royaume de France, avec le mot : J'AY FORCÉ LE DESTIN ; monstrant que sa vertu seule a empesché la France d'estre divisée et separée : embleme que je luy avois inventé, et en avois pris un pour moy ; estant non seulement sorty par force de deux de ses prisons, blessé en plusieurs lieux, et de celles des traistres d'Auxonne et des batailles de Vallaque, joinct à plusieurs assaux et combats où je me suis trouvé, je pris pour devise un lion d'or, qui sont mes armoiries, entre deux brides, mords et fers qu'il met en pieces, avec ce mot italien : *Non tollera briglia ;* tesmoignant qu'il n'avoit esté en la puissance des roys ny des peuples de m'oster ma liberté, et moins de me tenir dans leurs prisons. Et en ces derniers temps que les nuées obscurcissent le soleil, estoit peincte une espée flambante pour les dissiper et fortifier les rayons d'iceluy.

Les Gantois tyrannisez se revoltent de l'Empereur, recourent au Roy leur souverain, luy offrent la conqueste de Flandres [1539]. Sous esperance de l'execution de la promesse de Milan, Sa Majesté les reffuse, accorde passage à l'Empereur par la France pour les chastier, lequel avoit promis verbalement de donner sa niepce et le duché de Milan à M. d'Orleans. [1541] Il y manque; le Roy s'en venge sur le connestable, qui en estoit caution, lequel, defavorisé, se retire sagement en sa maison. M. d'Annebaut, par faveur de madame d'Estampes, empiete le mesme credit. Le Roy, sous ces esperances et promesses, avoit envoyé à Venise faire ligue contre le Turc (1), s'estoit mis en soupçon de luy, du roy d'Angleterre et de ses alliez, dont il se repent. Se fit le mariage de la fille du roy de Navarre, aagée de douze ans, despuis mere du roy Henry quatriesme, avec le duc de Claives. Il se fait de grands tournois, le sieur de Tavannes emporte l'honneur, et la teste traversée d'un coup de lance, il se tire courageusement, mal-gré les medecins, le tronçon. La Cour le vint voir, il sort l'espée à la main, blessé, au devant de M. d'Orleans, tesmoignant son courage, proche de perdre l'œil qui estoit hors de sa

(1) *Le Roy avoit envoyé à Venise faire ligue contre le Turc*: le Pape, l'Empereur, les Vénitiens s'étoient ligués contre les Turcs; mais François I avoit refusé d'entrer dans cette ligue. Charles-Quint ne négligea rien pour faire croire qu'il y avoit adhéré.

teste, se rit, et depuis fut guery tost apres par un excellent chirurgien. Le Roy sort de la prison du bois de Vincennes Philippes Chabot, admiral de France, confiné par commissaires, non par justice. Les dames avoient aidé à sa faveur, par les dames elle se pert, contendant madame d'Estampes avec madame l'admirale de Brion. Le connestable luy avoit nuit : la faveur n'admet de compagnon ; il s'estoit roidy contre son maistre, et demande justice sans faveur. Sa liberté fut l'appointement de madame d'Estampes, laquelle establie ne craignoit plus madame l'admirale. Les conditions furent (1) le mariage du fils aisné de monsieur l'Admiral avec la niepce de madame d'Estampes. M. de Guise, qui avoit aidé à sa ruïne, favorise son eslargissement, et en eut le gouvernement de Bourgongne, la tapisserie à fond d'or de Ginville, estimée trente mil escus. Madame d'Estampes fait son frere cardinal (2), troisiesme de ce temps creé par amour des femmes. Les Gantois abandonnez s'accordent à l'Empereur, qui leur fait une citadelle ; va en Allemagne travaillé des Lutheriens, tient diette à Ratisbonne. Tout est remis au concile sans forcer les consciences ; en ceste consideratiom luy est accordé secours contre le Turc, qui avoit esté attiré par l'entreprise de Ferdinand, se disant heritier de Loys, roy d'Hongrie, son beaufrere, deffait par Soliman, dont voicy le droit. Cepen-

---

(1) *Les conditions furent :* ce fut Guy Chabot, neveu de l'amiral, qui épousa la nièce de la duchesse d'Etampes.

(2) *Madame d'Estampes fait son frere cardinal :* Tavannes veut parler ici d'Antoine Sanguin, parent de la duchesse, qui obtint la pourpre, et qui prit le nom de cardinal de Meudon. Il étoit alors évêque d'Orléans.

dant que les parentelles et droict de succession estoient debatuës entre l'empereur Federic et Mathieu Corbin, Ladislaos, sorty de Jean Spux (1), gouverneur de Transsilvanie, avoit esté esleu roy d'Hongrie par la noblesse, comme le plus apparent en l'absence de Estienne Battori. Ferdinand succede au droict de Federic, prit Budes, vainquit Jean Spux. Solyman, en l'an 1528, assiege et desassiege Vienne, revient en Hongrie, aux prieres dudit Jean Spux, non par les menées des Français comme les Allemands disoient : il est repoussé de Linx ; huict mil Turcs, separez de son armée, furent deffaicts ; il treuve l'Empereur en un camp fermé pres Vienne, avec quatre vingts mil hommes de pied et dix mil à cheval. Le Turc s'en retourne ayant r'establi Jean Spux, les armées se rompent. Ferdinand entreprend, dont suivit la defaite de Cazjanal son lieutenant. S'estoit fait un traicté entre Ferdinand et Jean Spux, que la coronne seroit au dernier survivant : ledit Spux meurt, laisse son fils Estienne, aagé de deux ans, en la protection de Soliman et tutelle de George Moine (2), evesque de Varradin, qui gouverne avec la mere du Roy, nommée Isabelle, fille du roy de Polongne. Ferdinand prend cette occasion pour se faire roy de toute la Hongrie, gagne des forteresses, assiege Budes par Roquendolf, devenu de maistre d'hostel general ; il l'assaut et le fault. Soliman, requis de secours par sa mere et tuteur de l'enfant Estienne, leve le siege et defait les Chrestiens par Mahomet bachat, son lieutenant. Luy, arrivé en son armée, se rend maistre de la ville, de

(1) *Jean Spux* : Jean Zapol Scepus.
(2) *George Moine* : Georges Martinuzzi. Il fut depuis cardinal.

l'enfant et du royaume, cependant que l'Empereur assiege malheureusement Argiers (1), où il rompt son entreprise et armée par la tourmente, laissant brusler sa maison pour embraser les autres.

- Le Roy sçavoit comme il avoit trompé l'Empereur, ne luy ayant ratifié ses promesses à la sortie d'Espagne, ainsi qu'il estoit obligé; est si inconsideré, que sur une semblable fausse promesse de Milan pert l'occasion de la conqueste de Flandres, laisse passer l'Empereur par ses païs, qui semblablement, se souvenant du passé, luy refuse de ratifier la parole donnée dudit Milan pour son fils, qu'il devoit faire à la premiere ville de son obeïssance.

Il n'est loisible de tromper les trompeurs; la méchanceté seroit contagieuse et infinie, les gens de bien ne doivent prendre exemple sur les meschans : Dieu est vengeur des parjures. L'observation de la parole au maniement des affaires sert; nul ne veut traicter avec un homme sans foy; les villes, les provinces, ne le croyent, ne se rendent à luy; ses gens s'en défient. Les promesses sont differentes : celles qui sont extorquées par persuasions, artifices et abus, sans suject, le manquement est excusable; le menteur treuve le menteur contraire : les parfaictement gens d'honneur et advisez ne doivent promettre en quelque façon que ce soit ce qu'ils ne veulent tenir. C'est pusillanimité ou infidelité de rompre la foy, et vaudroit mieux encourir de tres-grands perils que de perdre la creance parmy les hommes.

Les papes et roys ne peuvent donner absolution de la foy violée, ainsi qu'ils ne peuvent donner la repu-

(1) *Argiers* : Alger.

tation. Pour la conscience, Sa Saincteté peut absoudre les parjures, non que pour cela l'honneur soit rendu : s'il faut fausser sa foy, ce doit estre pour regner, disent les impies; puisque le peché est égal, il vaudroit mieux se perdre à bonnes enseignes. Les Turcs (comme infidelles), ne l'observent en ce qui touche l'accroissement et manutention de leur Estat, auquel ils disent avoir le premier serment.

Il est dangereux de donner conseil à son maistre, dont souvent le sinistre evenement cause la ruïne du conseiller appellé à garent de son advis : les sages n'en donnent point, debattent les raisons pour et contre, dont ils laissent le choix à leur maistre, se contentant de dire que si c'estoit à eux ils feroient ainsi, non sans protestation que le mal advenir ne leur puisse estre imputé. Les grands en sont incommodez; n'estant secondez franchement, leurs resolutions n'en sont si entieres. Aucuns conseillers rendent les raisons plus fortes où ils inclinent; mauvais serviteurs qui les plient selon leur affection, non selon l'interest de leur maistre, qu'ils devroient preferer au leur et vaincre leur pusillanimité par la valeur et honneur de ceux qu'ils conseillent. Le connestable estant defavorisé, ses ennemis l'accusent d'avoir cherché le restablissement du duc de Savoye, pour l'alliance qu'il avoit en sa maison, et pour s'en prevaloir apres la mort de son maistre. Les evenemens des conseils dont les actions sont subjectes à la punition des pechez des souverains, ne doivent estre imputez à ceux qui les donnent de bonne foy; les parfaicts princes prennent conseil d'eux mesmes, comme Cesar : ils les doivent avoir esprouvé à ce qui leur en est reüssi au passé de s'estre creu. Les autres, font election d'hommes, sçavent choisir le meilleur advis; les moins habiles suivent les conseils par amitié et faveur; les ignorans se croyent et se perdent par opiniastreté. La cognoissance de soy-mesme est difficile: chacun se flatte et a bonne opinion de soy, il ne manque de presomption; l'esprit est le plus esgal partage que Dieu ait fait; chacun en pense avoir en suffisance, et ne voudroit changer au plus parfaict du monde, flattent leurs fautes, accusent la fortune ou leurs amis : deux voyent mieux qu'un, la difficulté est au choix des conseillers. Les grands capitaines en credit sont perilleux, l'instinct des hommes est desireux de monter; ne pouvant estre plus qu'ils sont en l'Estat monarchique, ils aspirent à estre souverains, vivant ou mourant leur maistre. Le conseil des financiers, secretaires, sert pour maintenir, non pour conquerir; leurs advis ne sont genereux, plustost machiavelistes de croire ceux que l'on aime. Tel persuade une femme qui ne persuade une ville; qui s'habille bien s'arme mal; qui dispose bien la chasse, les festins, n'ordonne pas bien les batailles : c'est ainsi que si on appelloit des excellens joüeurs de flutes pour medecins, parce qu'ils sont parfaits en leur art. Plusieurs conseillent selon leur utilité, cupidité, amour, coüardise, inclinations, dessein particulier, paix ou guerre desirée, qu'ils colorent de raisons selon leur interest, pour se rendre necessaires et pescher en eauë trouble, couvrant leur pusillanimité et inexpertise du bien de paix, qu'ils fortifient de l'interest du maistre, duquel quelquesfois ils desirent la ruïne, ou le tenir bas pour s'en prevaloir, postposant la peine d'une veille, d'une courvée hazardeuse à l'honneur d'iceux;

n'ayant les recompenses de leurs travaux et perils esgales à celles de leur prince, qui en a°tout le profit et l'honneur, et eux souvent la perte et le peril; à ces fins sement des irresolutions, et principalement aux heures du combat, lequel mis en deliberation, de la pluralité de tels conseils est retardé ou faillie l'entreprise. La premiere perfection d'un conseiller c'est l'amitié de son maistre. Vaudroit mieux avoir un ignorant amy pour conseil, qu'un habile qui ne fust affectionné : faut qu'il soit interessé à la perte ou gain, considerer s'il n'y a point en ses conseils de son particulier, soupçonnant son naturel, son inclination; s'il desire la guerre, il allegue la generosité, l'honneur, la memoire eternelle, mesprise l'oisiveté: s'il aime les femmes, les plaisirs, fait Dieu auteur de paix, la guerre le plus grand mal des autres; si ambitieux, dissipe les bons advis par crainte que ses compagnons ne soient employez, ou que l'on l'y employe mal à propos : persuaderont, adhereront à une entreprise pour ruïner leurs compagnons, les lairront embarquer sans secours, feront semblant d'adherer à un dessein pour estre ouïs et le ruïner; apres, ne manquera de ligues des uns avec les autres. Ainsi le choix de conseil est la plus difficile action des princes. Ceux qui ont manqué par l'advis des gens d'espée sont plus genereux et excusables que ceux qui ont failly par le conseil de la plume. La petite noblesse n'est si propre que les gentils-hommes de race mediocre, dont la ruïne et defaveur (pour leur peu d'alliance) ne frappe coup à l'Estat, qu'ils se peuvent chasser sans peril : qu'ils ayment le prince, soyent vaillans, gens de bien. Et si le prince ne les peut choisir pour ne les cognoistre, doit s'enquerir de ses amis et du peuple, de la suffisance d'iceux; les conseils ne se doivent conclurre par pluralité de voix; mieux en vaut un que cent, et cent n'en vallent un.

Les resolutions ne se doivent changer sans accident, sans lequel il ne les faut remettre sur le tapis en nouvelle deliberation; autrement l'on ne se souvient des raisons debatues, d'où procede que tout se tourne en irresolutions.

Les magnanimes ne reçoivent plaisir si ce n'est en intention de le rendre; les effects obligent non les paroles, qui se recompensent par semblables, et les princes ne peuvent bonnement reprocher les manquemens des services qui leur sont promis s'ils n'ont obligé les hommes, ayant eu recompense du vent de leurs offres et soubmission en pareille monnoye.

La medecine a des incertitudes, la chirurgie en est plus exempte; ils ont des autheurs qu'ils suivent de poinct à autre, comme si les regions, les naturels, le temps, n'avoient changé les corps; infinis sont morts avant que les maladies et complexions soient cogneües : ces docteurs ont plusieurs fois changé leurs drogues et metodes. Peu guerissoient au commencement des arquebusades; de mon temps ils faisoient de grandes incisions, dilatoient la playe pour donner voye à la postume avant qu'elle apparust; mal sur mal pire que les coups, le rasoir amy estoit plus dangereux que la balle ennemie. Ils appliquent des unguens chauds pour provoquer le pus, qui ne peut estre sans extreme douleur, attrition et accidents, dont ensuit la gangrene et la mort, ainsi que si on ne pouvoit guerir un mal sans en faire un plus grand.

J'en ay veu penser de charpie et d'eauë fraiche, qui, tenant la playe nette, en guerissoient plus que les chirurgiens, ne faisant douleur par sonde, attraction d'unguents, laissoient faire nature; l'incision de la peau ne sert, puisque la postume n'est encore formée au dedans, et quand elle se monstre au dehors qu'ils nomment absez, c'est le temps de l'inciser. Ils tuent la nature la voulant prevenir, et luy ostent son secours par trop de secours. Les chirurgiens les plus excellents empeschent la postume, et n'ont à combattre que le coup originel et non l'accidental. Ils diront qu'il en mourra beaucoup par ceste practique, on respond qu'ils en sauvent fort peu des grandes blesseures. J'en parle par experience, pour avoir esté dix fois blessé, et, Dieu graces, jamais par derriere, pensé des meilleurs chirurgiens des roys et des princes. J'eus une arquebusade en la jambe, où j'avois une balle ramée qu'ils medicamenterent dix jours, comme s'il n'y eust rien eu d'estrange dedans: au dixiesme, mon chirurgien vint de Bourgongne, qui me tira la balle, me sauva vie et jambe preste à coupper. Croyez les chirurgiens, ils vous tuent; ne les croyez point, ils vous accusent : s'ils vouloient bien estre creuz, il faudroit qu'ils donnassent caution, et qu'ils fussent punis de mort s'ils manquoient à guerir. Aucuns de ce temps guerissent les grandes playes n'y mettant qu'une feuille de choux, et les Turcs ne les pensent qu'avec de l'herbe et racines, desquelles ils font les unguents et les tentes. De tels medicamens fut guery le sieur Destaix en Vallaquie, estant avec moy blessé de neuf coups, tant d'epieux que d'espée.

Qui entre libre en la cour des roys, devient serf

(dit trop tard Pompée); la moitié des genereux anciens sont morts pour la liberté. Estre assubjecty aux voluptez, plaisirs, imperfections d'autruy, lever, coucher, disner, marcher, chasser, se tenir debout, n'est avoir son corps à soy : non plus que l'ame est libre qui flatte, mesdit, se plie, desguise, farde, cache le vray, publie le faux, rapporte, dissimule, s'offre à ses ennemis, trompe ses amis, conseille guerre, mort, subsides, se ligue avec les meschans sans salut; faisant au contraire il ne peut subsister en la Cour. Pourquoy engagerons-nous corps et ame, puisque l'honneur depend de nous ? Si les roys donnent des grades sans merite, c'est autant de honte; le nain n'est plus grand au dessus du clocher. Le sieur de Tavannes ne regardoit pas au parement des femmes, mais à la beauté du visage : nous regardons les hommes et non leurs estats; les braves ayment mieux conquerir une ville que la faveur des roys; les hommes honorent les estats, non les estats les hommes. Bien peuvent les princes donner moyen de faire de beaux effets aux vertueux, et aux vitieux de recevoir de la honte : aux grandes charges l'honneur est subject à ceux que l'on conduit et commande; celuy qui est conducteur de soy-mesme, le sien ne depend que de luy : monter au lieu d'où l'on ne peut descendre sans se rompre le col, ne se doit desirer.

Prenant charge aux cours des princes, adieu plaisirs; pressé, importuné, ennuyé, en crainte, plein de contraires, en soupçon ; un songe, un rapport, une femme, ruïnent la faveur, qui ne se peut souvent perdre sans la vie et l'honneur. C'est folie de travailler pour ce qui se perd si facilement, s'acquiert avec tant de labeurs, et se conserve avec tant de peines : les genereux ne peuvent estre courtisans, dont les regles se peuvent observer des pusillanimes. Aymer ce que son maistre ayme, loüer, flater à propos, prevoir les desirs, desseins, et s'y conformer, se faire aymer des favoris, courtiser sans importunité, demander, donner, parler, escouter artificiellement, sont conditions propres aux ames basses et non relevées. Si l'ambition nous jette en Cour, et que la faveur des roys serve de chariot pour acquerir honneur, il en est de deux sortes : defendre la patrie, la restaurer, en chasser les ennemis, c'est chose desirable : l'honneur qui n'est honneur que par faveur, doit estre à mespris ; si c'est pour acquerir des estats aux enfans, qui sçait s'ils seront cause de leur perte ?

Ceux qui sont naiz coüeffez se ruïnent par presomption ; la faveur de leur pere leur acquiert autant d'envie que de bien veuillance : si c'est pour laisser memoire de nous, faudroit acquerir des royaumes, gagner cinquante batailles, encores demeurent-elles ensevelies dans les livres, en la cognoissance de peu de gens lettrez. De plus, il faut estre roy ou souverain soy mesme pour obtenir ces gloires immortelles, non courtisant des autres ; le vulgaire ayme autant les fables que les histoires. On respond aux livres de cent ans que le papier se laisse escrire ; passé ce terme tout est mis en doute : les charges sans actes genereux apportent moins de loüanges que les richesses possedées dès avaricieux. « Je les ay veu (dit la saincte
« Escriture) vestus d'or, entourez de gens, dans les
« voluptez, applaudissemens, gloire et honneur ; et
« repassant, je n'ay plus trouvé que la poudre. »

Toutes ces grandeurs ne servent que pour tresbucher les ames : les plaisirs reïterez deviennent fades. Darius, en sa defaicte, trouva l'eau d'un bourbier meilleure que l'eau succrée d'Aiguebatane. Henri III possedoit la France, souhaitoit d'estre gentilhomme possedant dix mil livres de rente, et vivre en repos : les diademes cogneus sont poussez du pied. Combien de soupçon, de crainte, de bourreaux de conscience, leur attachent l'espée à un filet de soye sur la teste? Les grandes compagnies nuisent, les affaires tourmentent, les vivres delicieux inquietent, tuent le corps, et le maniement des affaires, l'ame. S'il y eut jamais temps pour mespriser la Cour, c'est celuy auquel nous avons vescu. Les anciens rois guerissoient des escroüelles, autres du mal de Sainct Jean, et ceux-cy de l'ambition, donnant les charges et estats à gens de peu de merite ; n'estant plus ces grades marque d'honneur, ains seulement de faveur, les genereux ne les recherchent, croyant, par la multitude de ceux qui les possedent indignement, qu'il y a plus d'honte que d'honneur de les avoir. Et puis que ceste seule porte de faveur est ouverte, c'est la pierre de chopement pour la posterité, qui ne cherchera experience, vertu, aguerriment, esprit ny valeur, estant en ce temps ces parties les plus grands ennemis que les genereux ayent pour parvenir, soupçonnez des favoris.

Les Europiens avoient tousjours vaincu les Asiatiques, les Turcs d'Asie vainquent les Chrestiens d'Europe ; les empereurs romains faisoient miracles en Afrique, avec les armes (hors le feu) pareilles aux nostres, contre gens nuds, ainsi que sont encore les Mores ; nos Empereurs de ce temps s'y perdent. L'observation des loix militaires estoit plus exacte, les princes, les republiques plus absolues, et n'estoit licite au soldat de faire autre mestier jusques en l'an sexagenaire; qui les rendoit tous experimentez. Ceux de maintenant, au contraire, aprés un voyage, un butin, se mettent à autre vacation; tellement que ce sont tousjours soldats nouveaux : ils devroient estre contraincts, ayant une fois pris la solde, de finir leur vie à cest exercice, si ce n'est par excuses legitimes. Les Turcs continuellement sont aux armées, s'y rendent experts : tout va à la guerre, tout combat pour la patrie à peine de mort. Les Chrestiens ne vont à la guerre s'ils ne veulent : d'un royaume d'où il peut sortir cent mil hommes il n'en sort dix mil. Les Romains avoient cest advantage sur les peuples de ce temps; la moitié d'eux alloient à la guerre et se faisoient soldats par amour ou par force. Que si cela estoit imité des Europiens, ou d'une tierce partie d'iceux, ils feroient des armées trois fois aussi grandes que celles des Infideles.

Faillir est commun aux hommes : le Turc en Hongrie menace Vienne, Charles cherche guerre en Afrique, l'ayant à sa porte; semblable diversion profita aux Romains, Scipion assiegeant Carthage; et celle de l'Empereur fut heureuse. Le Turc ne se soucie d'Argeres : bien eust peu faire l'Empereur la diversion à la façon des Romains, assiegeant Constantinople : ce que n'estant en son pouvoir, il semble que celuy qui tire les bons hommes de l'Europe en sa necessité soit en intelligence avec Solyman. L'Empereur juge ne pouvoir resister en bataille, et prend excuse de ne s'y hazarder sur les Lutheriens, ausquels il ne se pouvoit fier les ayant subjuguez et mal traictez; chercha commodement ceste excuse d'aller en Barbarie, craignant qu'ils le trahissent.

L'esprit ne demeure en mesme assiette, il change en sept ans comme le corps, les prosperitez l'augmentent, les adversitez l'amoindrissent :

> Pas ne demeure aux affligez seigneurs
> Le mesme esprit qu'ils avoyent aux bonheurs,

dict Plutarque.

Il vieillit aux uns plus qu'aux autres : les temeraires, ardens, bilieux, choleriques, l'aage les meurit; les mornes et flegmatiques en jeunesse ont du desavantage en vieillesse. Rien n'est où l'entendement soit si necessaire qu'aux armes, où l'on hazarde à toute heure vie, bien et honneur; il se pert en un quart d'heure ce qui s'est acquis en toute la vie. Cedez, astrologues, legislateurs, medecins et longue robe, aux armes : deviner le cœur de son ennemy, le contraindre au combat et s'en defendre, loger advantageusement, se garder des stratagemes, en faire, commander, obeyr, cognoistre les fautes, vaincre soy-mesme, les siens et les ennemis, eviter les traistres, pourvoir aux vivres, finances, gagner le cœur d'amis et d'ennemis, estre doux, juste, craintif, audacieux, respondre à cinquante personnes, pourvoir à vingt evenements; il y faut d'autres livres que ceux d'Aristote, Barthole et Galien. Le sens vif et net, sans trouble, y est recommandable, avec un aage florissant, et encores faut-il du bon-heurs. Tel a pourveu à tout qui pert la victoire; elle gist au ciel et non en la multitude des soldats, qui, surpris de terreurs paniques, de l'ardeur ou tardiveté particuliere, ne suivent l'ordre qui leur auroit esté sagement donné par leur general, lequel ils perdent avec eux; leurs dispositions ou affections changent de jour à autre; l'Anglais dit : Bon homme pour le jour. L'Empereur ne se doit excuser sur le grand exercice de ses ennemis; il y a certain nombre jusques où sont limitées les armées, le reste est superflu. Tous les deux freres ont manqué, l'un feignant d'aller combattre pour ne combattre point, chercher guerre loingtaine en Asie, et la fuir chez soy en Hongrie; l'autre, Ferdinand, par ambition, sous couverture de religion, cause la perte d'Hongrie par le secours du Turc attiré à Budes par l'enfant royal duquel Ferdinand vouloit l'Estat.

Peu de serviteurs veulent mourir pour leur maistre : si les capitaines ne vont aux charges, les soldats n'y vont point; si Ferdinand eust marché au lieu de Roquendolf, Budes estoit pris. Ce n'est pas tant d'honneur de posseder les royaumes que de les acquerir; il vaut mieux gagner une ville en personne, que douze par les lieutenans. L'excuse de l'Empereur est qu'il ne se pouvoit fier aux Lutheriens allemands, et que, allant à Argier et Tunis, il estoit proche des Estats d'Italie que le Roy menaçoit : s'il fust esté bien conseillé, il devoit vaincre le soupçon, donner Milan au Roy pour prendre Constantinople; il faut advoüer la debte, il craignoit les Turcs.

La plus part des hommes ont fait leurs plus beaux actes de vingt à quarante ans, tant pour l'incommodité de la vieillesse que par le sang qui se refroidit, et que l'on craint les perils esprouvez où l'on ne veut plus retourner, aussi que l'experimentée vieillesse void d'une seule veüe tous perils qui embarrassent ses irresolutions.

Les Roys nous doivent la justice, nos juges sont les cours souveraines : c'est mal fait de faire faire le proces des hommes par commissaires, vraye marque de tyrannie, sortans leurs subjects de leurs juges ordinaires, sans que les protestations et taciturnité leur puissent servir, puis qu'il leur est commandé de respondre à peine de conviction ; ce qui est violer les loix, et dequoy les souverains sont responsables devant Dieu, ces commissaires estant un tesmoignage qu'il n'y a preuve suffisante contre ceux qu'ils veulent perdre.

Le Pape et le conclave des cardinaux devroyent prendre garde aux prieres et nominations que les roys font des cardinaux, puis qu'il est indecent que les hommes montent en ceste qualité de pouvoir estre chef de l'Eglise, par voye inditecte et amour des femmes, ainsi que les cardinaux Le Veneur, de Givry, de Meudon, de Joyeuse, de Sourdis et autres de nostre temps.

Le Roy, trompé de l'Empereur, ou plustost du connestable, pour rabiller ses fautes, s'asseurer ses amis, envoye Fregouze à Venise, Rangon à Constantinople : ils sont tuez sur le Pau, par le commandement de l'Empereur qui en refuse justice au Roy, lequel, resolvant la guerre, craint le roy d'Angleterre offencé par la premiere alliance d'Escosse, et pour la seconde de la fille de Guise, vefve du duc de Longueville, mariée au roy d'Escosse. Les surprises d'Italie proposées et negligées par la soudaineté des Français, le Roy entreprend sur Rossillon et Luxembourg [1542]. Le premier avoit esté rendu à Ferdinand d'Arragon par le roy Louys, persuadé par conscience et scrupule d'Olivier Maillard, cordelier, son confesseur; le second, pour avoir le roy François le droict des heritiers de Luxembourg, spoliez par Charles de Bourgongne. La conqueste de Rossillon fut commise à M. le Dauphin, assisté de M. d'Annebault, sous l'intelligence de M. de Montpezat, gouverneur de Languedoc. A Luxembourg fut employé M. d'Orleans, assisté de M. de Guise; se fie au sieur de Tavannes, qui luy esleve le cœur aux honneurs et couronnes; l'emulation de M. le Dauphin luy sert d'aiguillon; son naturel ouvert à la françaipse surpassoit celuy de son frere : tous courent se preparer. Le sieur de Tavannes prend l'occasion de voir son pere; arrivé avec vingt chevaux d'Espagne et d'Italie, d'abordée ses gens indiscrets deslogent les chevaux du vieillard, qui depuis, en l'absence de son fils, couppe les licols et les chasse dehors, apprenant aux enfans que la faveur et grandeur de la Cour ne dispense de la reverence paternelle; et sur la priere qu'il luy fit de luy aider d'argent pour poursuivre sa fortune, luy donne la clef de son cabinet de Dijon, l'admoneste de n'y prendre tout; où arrivé, il trouve cent sols en liarts, qu'il jette par la fenestre, s'en va trouver son maistre prest à partir pour Luxembourg, reçoit la lieutenance de sa compagnie. M. le Dauphin, avec les susnommez, Suisses, vieilles bandes, legionaires, la plus part des princes et noblesse de France, partent. Le Roy suit avec le reste des forces; M. d'Orleans eut six cens hommes d'armes, huict mil lansquenets, six mil Français, assiegent Dampuilley (1), où se joignent six mil lansquenets, sous la charge de Reycrotte et du Reintgrave. M. de Guise veut commander, comme tuteur de la jeunesse de M. d'Orleans; il se met hors de page et s'y oppose, donne des conseils meurs et resolus: M. de Guise en recherche la source, la treuve au sieur de Tavannes : les voila ennemis secrets. La garnison de Dampuilley se rend; ledit sieur de Tavannes mene M. d'Orleans à la grande eglise, pour sauver le peuple, les femmes et les enfans. M. de Guise veut que les soldats soient prisonniers, le general dit leur avoir promis liberté, mande secrettement au sieur de Tavannes, qui gardoit une porte, qu'il les laisse sortir: il est obey. M. de Guyse luy demande s'il ignoroit sa charge, et par quel commandement il avoit laissé aller les prisonniers; il respond, par celuy de son maistre, apres luy qu'il luy obeyroit. M. d'Orleans embrasse M. de Guise, et appaise tout.

Apres le demantelement de Montmedy, La Ferté, Challencey, Vireton pris, Yvoy est assiegé; deux mille, commandez par le bastard de Sombressel et Gilles de Levant, la deffendent. Les approches estoient difficiles, et les tranchées mal faites, l'artillerie posée trop pres, la batterie precipitée, le canon, mal couvert, est abandonné; les assiegez, à la faveur des harquebuzades des courtines, le gaignent, soudain sont repoussez. Cest accident, force de la place, bonne mine des assiegez, en desespere la prise. Les pieces changées du costé des Ardenes, la breche non raisonnable, non attaquée, les munitions faillent; quinze jours s'escoulent pour en amener de Sedan et Mouzon. Le Roy, adverty, craint

(1) *Dampuilley* : Damvilliers.

l'armée de la royne Marie, commande de lever le siege; M. de Guyse y conclud, disant que l'on ne peut faillir d'obeyr à son maistre. M. d'Orleans fluctuë, le sieur de Tavannes le resout à part, luy dit : « Le Roy « pert une ville, vous l'honneur; le cours de vostre « vie suivra vos premieres entreprises ; vostre frere « prendra Perpignan, et vous la honte : M. de Guise « n'y a tel interest que vous. » M. d'Orleans retourne au conseil, proteste qu'il y demeureroit mort ou victorieux. Les difficultez diminuent, les poudres arrivent : M. de Guise continuoit la batterie au mesme lieu. Le sieur de Tavannes avoit recogneu à l'opposite l'entre-deux d'un rampart non continué de terrain, flanqué d'une seule cazematte, le monstre à M. d'Orleans, juge la breche facile, objecte que M. de Guise l'empescheroit, resolvent de placer l'artillerie avant que luy dire : pendant qu'il reposoit, ayant veillé la nuict, à la pointe du jour M. d'Orleans mene quatre canons au lieu susdit, couverts d'un chemin creux et de quelques gabions. M. de Guise aborde, treuve M. d'Orleans qui portoit le sieur de Tavannes en crouppe, blasme cest acte, offre de quitter sa qualité de prince pour combattre et maintenir que c'estoit mal entrepris. Ledit sieur de Tavannes recognoist qu'il en veut à luy, se voit en peril de perdre sa faveur à faute de courage, ou d'avoir un puissant ennemy, se jette à bas, s'excuse sur ce qu'il a pensé estre le bien de son maistre et le service du Roy, dit estre le serviteur de M. de Guise, que s'il luy plaisoit de quitter sa qualité pour le combattre, qu'il luy feroit un grand honneur, et le trouveroit fort homme de bien. M. d'Orleans impose silence d'auctorité, supplie M. de Guise d'appaiser son courroux, car s'attaquer au sieur de Tavannes c'estoit en vouloir à luy, et avec grand peine les repatria. L'artillerie demeure où le sieur de Tavannes l'a placée, bat de huict à une heure apres midy. Les assiegez, voyans une grande bresche, se rendent à l'honneur de M. d'Orleans et establissement entier du sieur de Tavannes. Yvoy donné en garde à M. de Cedan, Arlon et Luxembourg se rendent apres bresche faite; il en sort trois mil hommes de guerre: Thionville demeure seule à l'Empereur, tant a de forces le bon succez des premieres entreprises. La difficulté d'argent, mais plustot la jeunesse de M. d'Orleans et les piques de ses gouverneurs, mal-gré le sieur de Tavannes, l'emportent treuver le Roy, sur le bruit de bataille qui se devoit donner en Languedoc; pert l'occasion de faire de beaux effects, cause la perte de partie de sa conqueste, où il met ordre precipitamment. Celuy qui plaist est en opinion d'estre le plus sage : le sieur d'Annebault, allié de madame d'Estampes, du cardinal de Meudon, sur entreprises imaginaires du sieur de Montpezat, assiege Perpignan, apres avoir perdu l'occasion par l'attente des Suisses et longueurs ordinaires aux plus courtisans que capitaines, avec la proximité de l'hyver, contrainct de lever le siege avec quarante mil hommes de pied et deux mil hommes d'armes, qui eussent esté plus utiles à l'entreprise de Milan. L'hyver sonne la retraicte aux armées royales.

Par trop de severité ou douceur les peres faillent; la premiere oste l'audace ; la communication, les bons conseils, et les reprehensions douces sont plus necessaires : la seconde, de trop de douceur, plus dangereuse, naissance de mespris, de presomption, d'incorrection et imprudence. La voye du milieu, tirant plus à douceur que severité, se doit suivre, selon la cognoissance de la disposition des enfans : les enseignemens des vertus valent mieux que les heritages qu'on leur laisse : par l'imprudence se perd l'ame, l'honneur et les richesses, par sagesse elles se conservent et s'accroissent. Les enfans doivent estre poussez aux cours des roys et aux guerres cinq ans durant, cognoistre si leur esprit est capable de grande fortune, leur aider entierement. Au contraire, s'ils sont voluptueux, joüeurs, chasseurs, n'aymans la cour que pour estre en liberté, il les faut retirer, s'ils ne peuvent ou veulent parvenir. Il est plus juste que les peres vieux dependent à leurs plaisirs, que les jeunes qui s'en mocquent et n'en sçavent gré ; et comme pere faut porter cette injure du temps, que l'amitié ne monte envers les peres avec telle force qu'elle descend aux enfans, desquels s'en treuve plusieurs qui tacitement souhaittent le decez de leur pere, et ne se soucient de leurs commodités, pourveu qu'à quelque prix que ce soit ils obtiennent la leur : ce qui est tolerable quand ils ont de la vertu et de la valeur en esperance d'advancement ; si au contraire, il est plus raisonnable que les peres employent leur bien à leur plaisir, que leur en donner pour le leur s'ils l'employent en effects inutils.

Le nom de prince vient de premier commandant à la jeunesse de Rome, ou de president au senat en l'absence des empereurs ; anciennement les fils et parens d'iceux prenoient cette qualité. Si les roys estoient electifs, ainsi que ceux de France ont esté et qu'ils sont encor en Pologne, l'election, sautant de race en autre, empliroit de princes toute l'Europe, s'ils pouvoient donner ce grade à toute leur parenté. Il y a apparence que ceux qui sont parens des roys dont les couronnes s'obtiennent par succession se pourroient dire princes; mais, pour avoir eu des souverains en leur race, et n'ayant plus de souveraineté en icelle à quoy ils puissent pretendre, ceste qualité doit estre perduë. En Espagne, ils ne tiennent princes que ceux d'Austriche, encores que plusieurs soient sortis de maisons royales, se contentans du nom de LOS GRANDES, comme qui diroit en France, illustre. Les maisons de Nevers, de Lorraine, de Longueville, de Nemours, retiennent ceste qualité de prince en France, à quoy les Français adjoustent le surnom d'estranger, sans que les souverainetez auxquelles ils peuvent pretendre, de Lorraine, de Savoye et de Mantoüe, puissent acquerir ce titre franc. Combien de banquiers en Italie, de gentil-hommes en Allemagne, parens de leurs ducs, se disent princes sans suject! En France, ceux de la maison de Luxembourg, Courtenay, de Guymenet, de Foix, de Lautrec, le seroient semblablement s'ils avoient des parens souverains: les seuls de Bourbon sont recogneus pour princes en France. A Rome, les empereurs se contentoient de nommer leurs enfans princes du senat ou de la jeunesse, n'honoroient freres ny cousins de ce titre. En Pologne, en Hongrie, en Turquie, ils n'usurpent ce titre et preeminence, qu'ils ont seulement par les grades qu'ils obtiennent de leurs souverains. Les roys ne peuvent faire ny princes ny gentils-hommes : plus ils en donnent des lettres, et plus aneantissent ce nom, qui se forme par la grande ancienneté et approbation du peuple, continuation des charges, et reïterez beaux actes des predecesseurs de ceux qui possedent cette qualité. Les roys peuvent bien abbaisser et obscurcir les rangs des gens de qualité aux ceremonies, non que leurs ordonnances empeschent la verité des races que tous cognoissent : eux et les princes sont sortis et faits des gentils-hommes, pour et à l'aide desquels ils ont esté creez ; la seule qualité de roy et de prince du sang est exempte de combattre en duel pour l'interest public ; ceux qui ont le nom de prince, qui sont de maison illustre, ne s'en peuvent parer contre les gentils-hommes, qui sont du bois dequoy ils sont faits, quand les querelles sont jugées justes, et dont le droict est remis au sort des armes par les superieurs, puis que la coustume du combat n'a peu encores estre ostée en France, et qu'il y a tant de familles venuës de grandes maisons et mesmes des rois, qu'iceux se peuvent esgaler à tous ceux qui ne sont du sang royal.

Victoires, prises de places suivies soudainement, apportent des progrez que l'on n'eust pensé ny s'osé promettre. Il ne se peut estimer combien un succez heureux donne de moyens d'en acquerir davantage, quelque petit qu'il soit : le courage croist aux amis et l'estonnement aux ennemis ; le repentir demeure à ceux qui n'ont suivy leur bon-heur ; estant à reprendre la commune des hommes, qui, n'ayant pas le courage assez eslevé, se contentent de peu lors que la fortune leur met beaucoup entre les mains.

Les capitaines chargez de guerre et d'un prince de quinze ans sont en grande peine : aage sans conduite, ambitieux outrecuidé, qui se laisse flater, posseder, empesche plus que l'armée ; eschappé de la veüe de son gouverneur, s'il ne se pert il en pert d'autres, met confusion, attire combat qu'il ne peut demesler; s'il fuit, la honte en est au chef; s'il vainc, il gagne de l'outrecuidance, mesprise le conseil, se prepare à lourde cheute. Ses mignons luy preschent la liberté, vice, voluptez, haine de celuy qui le tient subject, qui est accusé de larcin, de faire pour les siens, de manque d'amitié. Cependant que les capitaines veillent contre les ennemis, le pupil et ses mignons veillent contre eux; les lions prisonniers n'offencent point, on s'en garde; les princes assubjectis estranglent à l'improviste, sans bride, ils prodiguent l'argent, menent à la boucherie, blasment les actions, et font perdre leur conducteur, et quelquefois eux-mesmes de despit. Rarement s'est veu un grand prince aymer ceux qui l'ont tenu subject : il ne s'en faut charger qu'à douze ans; s'ils en ont seize ou dixhuict, protester au pere de leur obeyr et conseiller, sans s'obliger à la garentie des evenemens : ne s'en charger en façon que ce soit, c'est le mieux; j'escrits d'experience. En l'an 1594, au declin de la guerre pour la religion en France, M. du Maine me donna son fils aagé de dixsept ans, avec une petite armée en Bourgongne : je me trouvay plus empesché de luy que des ennemis. M. de Guise l'estoit moins; les mignons de M. d'Orleans estoient capitaines, et ceux de M. le prince du Maine ne l'estoient pas; si ne me peurent-ils empescher de prendre de places, tenir six mois la campagne, presenter le combat à toute heure; et m'ose promettre que, sans eux et la trefve qui porta le grand coup de la ruïne de la Ligue, nous eussions mis nos ennemis hors de Bourgongne.

[1543] Au sortir de Perpignan, La Rochelle se mutine pour la gabelle; eux et le sieur de Jarnac leur gouverneur vont en differentes plaintes au Roy: le sieur de Tavannes, avec la compagnie de monsieur d'Orleans, est envoyé pour y entrer en garnison: ils le refusent en gros, non la communication des siens, qui entrent par diverses portes en divers temps. Les gendarmes se glissent dans les hosteleries, s'assemblent en un logis où le sieur de Jarnac avoit coulé des armes, lequel prie ceux de la ville de laisser entrer la garnison: sur leur refus, le sieur de Tavannes sort en la ruë avec cent cuiraces, monstre qu'il estoit dedans sans leur sceu: à mesme temps s'approchent de la ville huict cens arquebusiers; l'alarme sonne, il déclare que vif ou mort il demeureroit dans la ville, ou qu'il brusleroit tout et s'enseveliroit dans les cendres. Le combat douteux et la crainte du Roy fit accorder que les Rochelois poseroient les armes entre les mains du sieur de Jarnac, entretiendroient la compagnie de gendarmes et quatre cens arquebusiers jusques à la venue du Roy, lequel arrivé, leur remit leurs privileges, pardonna leurs fautes et osta la garnison. Sa Majesté loüe le sieur de Tavannes de ce qu'il avoit fait. MM. de Langez et marquis du Guast prenoient et reprenoient l'un sur l'autre Carignan et autres petites villes en Piedmont; le sieur d'Annebault y est envoyé, par mauvaise intelligence des chefs n'y fait rien qui vaille, fault Cosny, retourne en France; M. de Langez meurt. Thurin, sous Boutieres, fault à estre prins par des soldats cachez dans des chariots de foing; en may fut le camp de Marolles. Le Roy, avec huict mil chevaux et vingt cinq mil hommes de pied, fortifie Landrecy, court devant Monts et Maubeuge. Ferdinand, par le marquis de Brandebourg, assiege Peste en Hongrie sans fruict; Soliman le secourt, et en suitte prend Albe et Strigon par la faute des Chrestiens. Le Turc peu devant avoit accordé au Poulin, depuis baron de La Garde, ambassadeur de France, l'armée de mer hors temps, sans fruict que la prise de Nice, reprise apres par le chasteau. L'Empereur retourne d'Espagne contre le duc de Claives, qu'il avoit quitté pour ne luy avoir voulu permettre la qualité de duc de Gueldres pretenduë par Sa Majesté; le Roy luy avoit donné la fille de sa sœur mariée au roy de Navarre; sur l'appuy de quoy ledict duc de Claives en l'an 1541 envahit la Flandres. Le Pape, à Plaisance, veut en vain divertir l'Empereur de la vengeance sur ce duc, monstre que Soliman descend en Hongrie, et l'armée de Barberousse sur les costes d'Italie : la vengeance emporte l'Empereur, qui laisse le Pape mal-content, fait reveüe à Bonne de trente mil hommes de pied et seize mil chevaux de toutes nations, prend d'assaut Dure, estonne le reste du duché de Claives, qui se rend et son duc à la misericorde de Sa Majesté, qui luy oste ses deux meilleures places, change la qualité de duc en celle de gouverneur. Le Roy, contant de garnir ses frontieres, laisse perdre son amy le duc de Gueldres à sa veuë, depesche M. d'Orleans à Luxembourg, qui demande le sieur d'Annebault au lieu de M. de Guise, suivant le conseil du sieur de Tavannes, pour monstrer que sa precedente victoire dependoit de luy seul. Il prend Arlon et Luxembourg pour la deuxiesme fois; le Roy y arrive, et fut adverty du siege de Landrecy, s'approche de l'Empereur, qui avoit quarante mil hommes de pied et quatorze mil chevaux, avec lesquels, ayant tenté les batteries, se resout de l'avoir par famine. Le Roy s'approche à la faveur des bois et des ruisseaux, envitaille et change la garnison de Landrecy, pour n'avoir l'Empereur pris là place de bataille entre ses ennemis et la place qu'il assiegeoit. Le Roy, paré d'un ruisseau, apres quelques escarmouches, se retire de nuict sans honte, avec honneur d'avoir sauvé Landrecy, congedie son armée à Guise : l'Empereur fait le semblable à cause de l'hyver. [1544] En ce temps nasquit le petit roy François.

Les secours des princes esloignez arrivent hors temps et sont inutiles : tel estoit celuy du Turc au roy François, celuy du roy d'Espagne aux Catholiques liguez en France. L'assistance demandée ne s'accorde quatre mois apres : avant que les nouvelles soient sceües de l'un à l'autre, la necessité est passée ou le party opprimé, et n'est plus question de ce qui estoit lors ; les entreprises se treuvent faillies, les parties ruinées, l'argent sans soldat, le soldat sans argent, venus mal à propos, se despend et se desbandent. Faut des sources de deniers et d'hommes proches, avec agent qui puisse resoudre les affaires comme le souverain, et ce à six journées au plus du gros de la guerre, pour l'Espagne à Milan, pour le Turc en Barbarie, si ce n'estoit que dés le commencement de la guerre fust donné pouvoir et fourniture de tout ce qui seroit necessaire, ce qui est mal-aisé.

Les petites troupes peuvent capituler à temps dans une foible ville : nul ne veut aller le premier à la mort ; les generaux d'armées ont d'autres affaires, ne demandent que gagner du temps et hazarder l'honneur des mal-advisez; les foibles sont fort empeschez à se resoudre, et, quelque defence qu'ils facent, tousjours la perte de la place leur donne du blasme.

Les foibles potentats et usurpateurs courent fortune, sont subjets à de grands perils : le mieux est de se liguer avec leurs semblables ; ils sont contraincts de mandier le secours qui les opprime; s'ils donnent des villes ils en sont depossedez, s'ils n'en donnent point ils sont secouruz par acquit. Il vaudroit mieux endurer de leurs empereurs, ou mettre dés le lendemain partie de leur Estat entre les mains de celuy qui les secourt, lequel, interessé, les defendroit comme siens ; et resteroit l'esperance au foible prince d'y r'entrer, ou d'en avoir recompense, laquelle il faudroit traicter auparavant, et mettre au choix de son superieur de la donner ou de luy rendre le païs, sans monstrer aucun regret ny defiance; reigle de laquelle sont exceptez ceux qui peuvent subsister avec peu de secours qui ne les puisse opprimer.

Les Turcs n'ayment ny ne secourent les Français que par interest commun, qu'ils ont guerre au roy d'Espagne ; quand il y a paix avec le roy Catholique, les ambassadeurs de France ont peu de credit à Constantinople.

La vengeance et inimitié n'ont lieu à l'endroit des grands capitaines, qui doivent estre conduits d'honneur et d'utilité.

Il ne faut regarder à faire une retraicte de nuict qui apporte l'honneur de la victoire, ayant fait ce que l'on desiroit : qui a le profict de la guerre en a la gloire ; et ne faut oüyr les jeunes et ambitieux qui contrarient ceste seurté, laquelle ils disent honteuse si elle n'est recherchée de plein jour, et seroient les premiers peut estre à se desordonner au peril.

Il est difficile de se retirer devant des capitaines qui ont volonté de combattre; la crainte, le malheur, le mespris des chefs mal-fortunez, fait desdaigner le commandement; le souvenir de la honte oste le respect des soldats, lesquels, desordonnez et une fois tournez, abandonnent le salut public pour penser au leur particulier : pressez en ceste confusion, un leur semble plusieurs, et les esprits des communs soldats, portez par la terreur hors de leur siege, duquel elle a jetté la raison, ne leur permet de se recognoistre; l'imagination frappée ne leur concede autre pensée que de retraicte; le gallop, quelque petit qu'il soit, se convertit en fuitte, et malaisement s'en peut-on desdire, si quelque chef (duquel l'accoustumance des perils les fait mespriser) ne fait quelques charges à la faveur d'un fossé ou d'une haye. Les chevaux de ceux qui suivent ne sont d'egale force; les plus vistes, mal secondez, voyant faire ferme à quelques uns, sont contraints d'attendre leurs compagnons ou estre chargez foibles : neuf ou dix d'iceux renversez à propos est le salut de la retraicte.

Telles charges ne se doivent faire en gros par cent ou six vingts, qui ne se peuvent depestrer commodement : trente chevaux suffisent en ce desordre pour faire faire halte aux plus pressans. En ces hastives retraictes les soldats, se sentans les pistoletades et les arquebusades dans le doz, les mots de : *Tournons, faisons ferme,* sont proferez de la bouche, et les cœurs affoiblis piquent les chevaux au contraire. Plusieurs avec ces beaux mots et de mauvais effects, sont comme les putains dont la bouche refuse ce que le reste du corps concede : ainsi ceux qui ont trop attendu et qui sont tombez en cet inconvenient, malaisement retournent à la charge. Autres sont les retraictes qui se font en ordre et en gros, et quoy qu'elles se facent partie au trot, ne perdent le commandement, ayant quelque peu d'advantage : ceux qui les veulent attaindre se desordonnent autant que ceux qui se retirent, lesquels à tous fossez, à toutes hayes, tournent, et, estans trop pressez, laissent des gros derrier un bois ou au couvert d'un chemin ou vallon, pour (non apperceuz) charger en flanc ceux qui poursuivent trop chaudement. Tel gros doit estre laissé pour charger dans le flanc gauche des ennemis, et faire leurs charges en se retirant demy tournez; et d'autant qu'ils ne profondent dans les victorieux, ils se peuvent retirer, et est necessaire qu'ils soient soudainement soustenus d'un autre gros qui face la charge de mesme que celle qui a esté faicte, s'il est besoin, ou en face la mine. Infailliblement ils rompront ou arresteront les testes de ceux qui suyvent ceux de la retraicte qui auront les premiers chargé, selon le succez doubleront le trot pour regagner les grandes troupes qui auront fait un peu de halte à la faveur d'une haye ou chemin, pour favoriser ces charges. Les histoires sont pleines de ceux qui, pour avoir trop suivy la victoire, l'ont perduë : les retraictes precipitées se doivent eviter ; ceux qui sçavent comme il faut forcer ceux qui se retirent, hazardent cinquante cavaliers avec commandement expres de se mesler, les suyvent en gros et soustiennent ordre. Il est tres-malaisé de se garentir de honte, si on n'est fort experimenté. Cela soit dit pour les troupes particulieres et non pour la retraicte d'une armée, pour laquelle il faut autre prudence dicte en autre lieu.

La haine des Français rompt les beaux desseins de Charles-Quint. Il sçait que Scanderbey a vaincu, et Jean Uniade resisté aux Turcs, contre lesquels il pouvoit mener cent mil hommes aguerris, ruiner au premier bon succez leur monarchie. La vengeance le porte en France, en Gueldres et par tout ailleurs que contre les Infideles; n'ayant raison que la defiance des Lutheriens, disoit les entreprises turquesques imaginaires. Le maintien de sa maison, dont la Flandre est le cœur et la France la peur, porte sa resolution ailleurs : il ne peut eviter blasme de vindication contre les Français, et de crainte des Turcs : il n'avoit courage pareil aux Cesars, qui croyoient se preserver des foibles assaillans les plus forts.

L'Empereur, sans avoir esgard à l'offence ancienne de sa tante, excommunication du Pape, changement de religion, recherche le roy d'Angleterre, qui luy promet passer en France en haine de l'alliance practiquée des Français en Escosse ; partissent l'Estat de France avant que l'avoir assailli, practiquent en vain les Suisses, defendent la sortie de Germanie aux Allemands, assiegent Luxembourg par le comte de Fustemberg, desassiégé par le prince de Melphe. Le marquis du Guast prend Montdevis sur des lettres contrefaites du sieur de Boutieres portans ne le pouvoir secourir, prend et fortifie Carignan. M. de Boutieres renforcé assiege Yvraye, lequel prest à prendre le quitte ; offencé de l'arrivée de M. d'Anguien creé nouveau lieutenant en Piedmont, se retire en sa maison.

M. d'Anguien prend Cresantin, assiege Carignan, nouvelles conquestes et fortifications, et cinq boulevarts du marquis du Guast, garnis de quatre mil Espagnols que lansquenets; l'impossibilité de la forcer resout à la famine, et les Imperiaux au secours s'approchent avec grand nombre de lansquenets nouvellement armez. M. d'Anguien se place à Carmagnolle entre les assiegez et ses ennemis, demande au Roy congé de donner la bataille et argent pour payer ses soldats : le premier est accordé, et le second selon la necessité de sa Majesté. Au bruict du congé de la bataille partent de la Cour en poste pour s'y trouver les sieurs de Tavannes, de Dampierre, Sainct André, Bonivet, Jarnac, Colligny, Descars, de Rochefort, de La Hunaudaye; à leur arrivée le general leur depart des charges. Le sieur de Dampierre, en faveur du Dauphin, eut l'arriere-garde avec les guidons; le sieur de Tavannes, pour son experience, est retenu pres de luy avec le sieur de Sainct André. Le marquis du Guast logé à Cerizolles, resolu de combattre ou d'envitailler Carignan, marche entre Cerizolles et Sommerive, pour, se parant d'un ruisseau, couler à Carignan. M. d'Anguien marche pour recognoistre avec sa cavalerie, descouvre le flanc des ennemis, reprend ceux qui l'avoient empesché d'amener toute l'armée, branle d'envoyer querir ses gens de pied. Le Guast descouvrant l'ennemy, revient loger à Cerizolles. M. d'Anguien, considerant que les troupes, dés la pointe du jour en campagne, fussent esté trop fatiguées de loger sur le champ, les fit retourner à Carmagnolle, d'où le matin il partit pour s'aller mettre au devant dudict Carignan et couvrir le pont du Pô, d'où venoient les vivres au marquis; lequel encouragé, luy semblant que les Français tournoient le doz, laisse le grand circuit, marche sur la piste du jour passé. Rapporté à M. d'Anguien, il retourne pour donner la bataille, qui fut le lendemain de Pasques, treiziesme avril 1544.

Les Imperiaux estoient dix mil Allemands, neuf mil Italiens, six mil Espagnols; ainsi, plus forts de huict mil hommes de pied que les Français, se rangerent en trois bataillons; sa cavalerie, de huict cens chevaux inférieure à celle du Roy, estoit sur les aisles. M. d'Anguien se met quasi en pareil ordre: M. de Boutieres, revenu au bruict de la bataille, conduit l'avant-garde, composée de trois mil hommes de pied français, à leur droicte trois cens chevaux legers, à la gauche M. de Boutieres avec quatre vingts hommes d'armes. De mesme front marchoit la bataille, de trois mil Suisses flanquez de M. d'Anguien avec deux cens hommes d'armes; à sa gauche les gens de pied italiens, Gruiers flanquez du sieur de Dampierre, avec le reste de la cavalerie. Le nombre de tout estoit de cinq mil hommes de pied gascons, huict cens hommes d'armes, cinq cens chevaux legers, quatre mil Suisses; trois mil Gruyers, Provençaux qu'Italiens. Se tire des rangs huict cens enfans perdus sous Montluc, l'artillerie à la teste des bataillons; l'escarmouche s'eschaufe, desirant chacun des enfans perdus gagner les flancs des bataillons ennemis : l'artillerie endommage des deux parts. Ce que ne pouvant endurer les capitaines français du regiment de M. de Tetz colonnel, le contraignent d'aller au combat, ne descouvrant seulement que le bataillon des Italiens conduicts par le prince de Salerne, où ils s'acheminoient. Pareille contraincte avoient faicte les lansquenets du Guast à leur capitaine, ennuyez de l'artillerie, et venoient charger le bataillon de M. de Tetz par flanc : dequoy adverty, cognoissant sa faute, s'arreste et fait mettre le ventre en terre à ses soldats pour se parer de l'artillerie, donnant temps au bataillon de dix mil lansquenets ses ennemis de venir à luy et couvrir ses Italiens, qui, pour ce sujet, ne combattirent point. Les Suisses de la bataille s'estoient advancez de mesme front que les Français ; chargent ensemble et partie par flanc pour estre leur front grand. Les lansquenets avoient esté contraincts au passage du marets se mettre aucunement en desordre, furent tirez d'un nombre d'arquebusiers à roüet cachez derrier le premier rang des piquiers français, qui chargerent tous ensemble aidez des Suisses qui donnoient par flanc, tenant leurs piques par la moitié si courageusement, qu'ils rompirent le grand bataillon de lansquenets, aidez de M. de Boutieres, qui charge à un coing du bataillon avec cent hommes d'armes devant les Suisses, en mesme lieu où avoit desja passé quelque cavalerie des ennemis fuyant.

Le marquis du Guast, voyant le desordre advenu par l'impatience des lansquenets, s'estoit confié en cinq mil soldats espagnols esleuz, destinez pour combattre les Gascons, lesquels Espagnols avoient esté contraincts suivre les lansquenets au combat, et, voyant leur desordre, tournent à gauche, pensant avoir les Gascons, chargent les Italiens et Gruyers, qui ne soustindrent seulement leur regard; ils suivent la victoire. Sur ceste grande incertitude, M. d'Anguien est conseillé de faire ferme; le sieur de Tavannes dit : « Chargeons, monsieur, commandez à « Dampierre et Termes qu'ils donnent à ceste cava- « lerie du duc de Florence, et choquons ce bataillon « de vieux soldats, en quoy consiste le gain de la ba- « taille. » M. d'Anguien croit le sieur de Tavannes, et l'envoye faire charger le sieur de Dampierre, avec lequel, estant victorieux de ceste mauvaise cavalerie, il revient, disant : « Monsieur, il faut boire ce calice. » Mene mondict sieur d'Anguien à la charge avec tout ce qu'il avoit de cavalerie, contre les cinq mil vieux soldats, qui retournoient de la victoire des Italiens et Gruyers : la charge fut grande, il s'y perdit beaucoup de gens de bien. Les Espagnols perdirent beaucoup de courage appercevans revenir les Français et Suisses victorieux des lansquenets : M. d'Anguien passe trois fois parmi eux, à la troisiesme ils jettent les armes. La victoire fut douteuse, et n'estoit pas demeuré cinquante hommes à M. d'Anguien, où tout se r'allie. Le Guast se sauve, laisse quatorze pieces d'artillerie, douze mil morts, trois mil prisonniers. M. d'Anguien loüe trois hommes, les sieurs de Montluc, Dampierre et de Tavannes, lequel nous laissa ceste bataille peincte de sa main. Il se vantoit peu; je luy ay oüy dire qu'il servit beaucoup en ce combat, qui fut gagné par faute d'ordre des ennemis, pour avoir trop tost et sans commandement commencé la bataille : la fortune y eut sa bonne part.

C'est peu de lire du succez des batailles, qui ne remarque les fautes d'icelles pour en profiter. Celle de

Crecy aprend de ne laisser desbander les volontaires, qui pour leur honneur particulier hazardent le general ; que l'infanterie mal ordonnée mise devant la cavalerie, au moindre desordre l'empesche d'aller au combat, s'il n'y a des places laissées entre les bataillons pour y aller ; qu'il ne faut hazarder à jeun les hommes lassez contre des frais et bien repeuz, et qu'une avant-garde bien renforcée est souvent utile, servant la bataille et arriere-garde d'ost de reserve, sans se mouvoir qu'ils ne voyent le commencement du bon succez de leur avant-garde, sert quelquesfois de beaucoup.

Le roy Jean aprit à ses depens qu'un petit nombre placé avantageusement peut estre victorieux d'un grand qui assaut en desordre, et qu'un petit front bien defendu, flanqué d'archers ou d'arquebuziers, et qu'en mesme temps sortent d'autres endroits des troupes chargeant en flanc les assaillans, dont l'ardeur est r'allentie par les traicts, souvent emportent la victoire ; et a apris que ceux qui sont si mal advisez d'attaquer tout ensemble queüe à queüe ceux qui sont placez, au moindre desordre se perdent et se renversent les uns sur les autres, et qu'il seroit mieux les attaquer avec pareil nombre qu'ils sont, esloignant ce que l'on a de plus, tellement qu'ils ne se puissent ressentir du desordre qui pourroit advenir aux premiers attaquans.

Le roy Edoüart, genereux, se servoit des grands sans les contraindre ; son royaume d'Angleterre estant depuis sa mort tombé en quenoüille et en enfance, iceux eurent peur de leurs subjects, justiciant les meilleurs et principaux capitaines : ils restraignirent le moyen de leurs conquestes par le sang des seigneurs de leur pays, ruynant les gentils-hommes, et eslevant la populace, dont la pluspart est inutile à la guerre.

La Bicoque tesmoigne que malheureux est le general dont la force consiste en estrangers, qui demandent argent, combat ou congé, selon leur fantaisie : ces requestes mal affectionnées meritent congé, pour eviter la defaveur d'une bataille, où il y a apparence qu'ils ne feront leur devoir, pour leur injuste requeste. Il y a difference de la defaveur de perdre des places par faute d'hommes, ou les perdre par la perte d'une bataille : c'est folie de donner, suyvant l'humeur des soldats, de la teste contre un rempart fortifié; les assaillans, quand bien ils entreroient dedans, peuvent estre chargez en flanc. Le commencement de ceste guerre, en laquelle fut donnée la bataille de La Bicoque, enseigne qu'il ne se doit entreprendre une guerre sur l'esperance de prises de villes, qu'il faut compter pour rien : elles sont fautives, et faillant, elles descouragent entierement toute l'entreprise.

La bataille de Ravenne apprend que c'est faute de se tenir en un camp à demy rempare, duquel les canonades font sortir en desordre; qu'il faut estre resolu par où sortir, et comme se feront les charges, d'autant que si le camp est tout environné de fossé et rampart bien fortifié, semble qu'il doit estre defendu par les gens de pied. Que si le fossé est petit, et que le dessein soit d'attendre que la cavalerie ennemie le passe pour la charger en flanc, ou, à demy passée, s'ils ont de l'infanterie qui gagne le haut du rempart, ils peuvent faire plier la cavalerie de ceux du fort, et à leur faveur faire passage à la cavalerie qui assaut, au grand desavantage de ceux du camp fortifié, d'autant qu'il y a tousjours plus de courage en ceux qui assaillent qu'en ceux qui defendent. Ainsi faut que le fossé et rempart soit bon et defendu de gens de pied, ou bien ne vaillant guieres, n'attendre point qu'ils soient forcez de sortir en desordre par les canonades ou arquebuzerie ennemie; au contraire, apres les salves de l'infanterie, sortir par les grandes espaces vuides bien recogneües, qui seront esté reservées pour l'issue de la cavalerie. Semblables issues doivent estre observées, encore que les camps soient bien fortifiez, pour, apres la premiere impetuosité de l'ennemy perdue dans le fossé et proche du rempart, les pouvoir charger en flanc; et telles issues, qui servent aussi de retraicte à un besoin, doivent estre si bien flanquées, que les ennemis, voulans suivre les troupes qui se retireroient, soient battuz d'artillerie et mousqueterie, et chargez en flanc de piques et de cavalerie.

C'est inexpertise de se penser parer d'un fossé et petit rempart faict à la haste : que l'artillerie voye par dessus dans le camp, ou batte en courtine, parce qu'il en faudra sortir et le quitter, en danger que ce ne soit en desordre.

En la bataille de Nicopoli, donnée la veille Sainct Michel, l'an 1395, par Sigismond, roy d'Hongrie, contre toutes les forces turquesques commandées par Bajazet, par mauvaise emulation des Hongres et des Français ambitieux, croyans les Français pouvoir obtenir la victoire sans en faire part aux Hongres, huict mil d'iceux Français passerent au travers de toute l'armée turquesque, mal suivis et secondez, par envie des Hongres qui firent halte, furent defaicts au prejudice desdits Hongres, qui portèrent la peine de ceux qui ont plus d'ambition que de zele à la religion. La mauvaise intelligence perdit tout : que si quarante mil hommes qu'ils estoient se fussent bien entenduz, secourus et chargé à temps, sans separement s'enferrer dans les croissans des Turcs, sans doute la victoire estoit à eux. Ils ont appris que quand les nations sont de differens langages et pays, de ne s'y fier qu'à propos, et aller à la charge l'un quand l'autre, et vaincre la vanité et l'ambition pour sauver l'honneur et la vie.

A la bataille de Varne, donnée le dixiesme d'octobre 1444 par Ladislaos, roy d'Hongrie, et Jean Uniade, assistez de cinquante mil Hongres, Polonais et Vallaques, contre Amurat commandant à deux cens mil Turcs, Tartares et Asiatiques, Jean Uniade defit toute l'aisle des Asiatiques, et ayant admonnesté Ladislaos de tenir ferme et servir d'ost de reserve, chargea encores, et eut l'advantage de l'autre aisle composée des Europiens, et Amurat fut prest de fuyr et de tout quitter, quand le malheur de la chrestienté poussa par ambition Ladislaos, pour avoir part à la victoire de Jean Uniade, de se precipiter dans les bataillons de janissaires, et par sa mort rendit le courage à ceux qui l'avoient perdu ; joinct à la faute des Vallaques, qui, au lieu de poursuivre la victoire, donnerent aux bagages, et pillerent les tresors d'Amurat, avec quoy ils se retirerent, et sans lesquels desordres la victoire estoit tellement asseurée, que tout estoit rompu: et Jean Uniade, se retirant en gros et au pas, fit foy du peu de courage qui estoit aux Turcs apres la victoire qui estoit retournée de leur costé.

Ce qui monstre que ces deux aisles et pointes d'armée de la cavalerie turquesque d'Europe et d'Asie peuvent estre rompues; et si le fort roulant d'infanterie chrestienne approchoit celuy des Turcs, et que leur cavalerie fust beaucoup meilleure et la plaine large, apres avoir deffaict la cavalerie turquesque, ils pourroient defaire leur infanterie et gagner leur fort; et d'autant que les Chrestiens sont plus inexpers à ceste poursuitte, et qu'ils peuvent estre encloz par des Tartares et Turcs, il seroit mieux qu'ils ne poursuivissent point la victoire plus de deux cens pas, et se tinssent proches de leur infanterie. En ceste bataille, Jean Uniade s'aida des chariots ou carrosses, qui portoient chacune trois moyennes, bastardes, ou gros mousquets : invention qui n'est point à rejetter. La faute de Ladislaos prend aux vieux capitaines, qui sont contraincts d'aller à la charge et se separer des jeunes princes, qu'ils commandent de laisser aupres d'iceux de vieux capitaines leurs amis, qui forcent par autorité ceste chaleur de jeunesse, et par remonstrances, à suyvre l'ordre qui a esté donné des plus vieux et plus sages.

Ce fut une grande brutalité aux Suisses à la bataille de Marignan, donnée en l'an 1515, de s'y estre portez par presomption tumultueusement, mal conseillez de ceux qui les pensoient invincibles, et de n'avoir fait un logis hors de Milan, tant pour se reposer que pour donner loisir aux forces papales et espagnolles d'oster la mefiance en laquelle ils estoient entrez, et se venir joindre à eux, encores plus, de n'avoir consideré que, ne commençant la bataille qu'à deux heures, s'il y avoit resistance, ils ne pourroient parachever, et que de sejourner la nuict sans vivres il leur seroit incommode; aussi que donnant temps de la nuict aux Français de se recognoistre, ils se reordonneroient mieux, experimentant qu'il est peu seur d'attaquer une armée qui est placée, et la trouvant à une forte poste, ils se doivent camper aupres, pour considerer les meilleurs moyens de les attaquer, en tournant sur le flanc de l'armée, sans les assaillir par la teste, qui est tousjours la mieux fortifiée.

Les fautes ne se reprochent aux victorieux; neantmoins le Roy n'avoit assez fortifié la teste, que les Suisses esbranlerent, et est croyable qu'ils eussent mieux gardé le fossé qu'ils perdirent, si, pour diminuer la premiere furie, ils eussent fait charger quelque troupe de la bataille par flanc. Il ne fust esté loüable que le Roy eust suivi la victoire en desordre; mais s'il avoit son armée encore ordonnée, et qu'il eust fait faire de vives charges à la cavalerie, la victoire eust esté peut-estre toute entiere. Ce combat apprend que la vaillance ne suffit pour gagner les batailles, que l'ordre et entendement y sont autant ou plus necessaires, d'autant que ceux qui en sont defavorisez changent souvent le pas au trot, la crainte en peur, et l'ordre en desordre.

Pour sauver une ville il ne faut hazarder un royaume: ce que mil chevaux peuvent faire il n'est pas besoin d'y mener une armée, par ostentation ou ambition du general de vouloir presenter une bataille sous l'esperance de retraicte, ou du moins faut aller en resolution de combattre si l'on y est forcé.

Il ne faut faire recognoistre l'avenuë par laquelle l'ennemy peut venir par gens inexpers.

Qu'il ne faut estre aheurté, et resoudre de ne changer rien de l'opinion et resolution que l'on a prise au logis devant que partir, laquelle deliberation il faut changer selon l'evenement : ce n'est pas tout de dire qu'il se faut retirer sans combattre, mais sçavoir si on le peut faire.

Voyant que l'on ne se peut retirer sans desordre, il faut de bonne heure se resoudre au combat, et vaut mieux estre tué par devant, avec quelque esperance de victoire, qu'honteusement par derriere. Des petites troupes sont assez aisées à retirer, mais les armées entieres sont difficiles, principalement en presence. Toutes et quantesfois que l'on fait retirer les vallets et le bagage, encore que l'on face bonne mine à la teste, si les ennemis s'en apperçoivent, c'est leur donner un grand courage et diminuer celuy de ceux qui sont en opinion de retraicte. Il seroit besoin de les avoir fait en aller de bonne heure, et encor meilleur de ne les avoir approchez.

C'est grande faute de mener une armée en un renvitaillement de là ou l'on se veut retirer sans combattre, ou de se charger de l'artillerie, qui ne peut manquer d'engager à la bataille.

La presomption et vanité du general d'avoir fait une belle retraicte, ne le doit porter à mener une armée pour un effect qui se peut faire par partie d'icelle avec moins d'hazard.

Ceux qui menent des troupes et qui voyent un desordre des plus advancez qu'eux, se doivent mettre hors du chemin des fuyards, ou ils seront en danger d'estre renversez par les leurs mesmes, qui portent dans eux l'effroy et le desordre, dont ensuit la fuite generale.

La bataille de Pavie apprend à ne diviser ses forces quand on est proche des ennemis et que l'on attend la bataille, pour quelque belle entreprise que ce soit, d'autant que le general et le gros estans ruïnez, tous les membres separez le sont; qui a la victoire, toutes entreprises apres sont faciles.

Eviter la bataille, puisque sans icelle les ennemis se minent par faute d'argent ou de vivres; et pour ce sujet reculer, desloger, se mettre en lieu seur et hors de combat, est honnorable.

C'est folie de vouloir conserver les ombres d'honneur, et hazarder l'honneur par effect : il vaut mieux reculer pour mieux sauter, et ceder quelque peu pour gagner tout avec le temps.

Que l'amitié ne nous transporte et aveugle le jugement, nous faisant croire que ceux que nous aymons sont les plus sages, et que pour iceux (bien souvent jeunes et inexperts) nous mesprisons les conseils des vieux capitaines; et se garder de s'opiniastrer sur l'advis d'un seul, croyant qu'en plusieurs advis unis au contraire il y doit avoir fondement de raison plus entiere.

Ne s'opiniastrer par honte à ne se dedire d'un advis, lequel, bien repensé et consideré, se doit quicter et ceder aux conseils plus fortifiez de raison. Que la chaleur, la valeur, les branlements des ennemis, les rapports, les nouvelles de ceux qui disent qu'ils s'enfuyent ou qu'ils sont defaits, ne facent perdre les avantages, ny les lieux où l'on aura placé l'armée, et encor moins marcher tellement en avant, que l'on vienne à couvrir son artillerie et empescher, pour s'estre mis entre deux, qu'elle ne fasse effect sur les ennemis. Et doit-on fort considerer de ne changer l'ordre qui a esté pris au logis, qu'avec grande consideration et que l'on ait grand loisir, attendu que ce changement en presence des ennemis apporte ordinairement confusion.

Que c'est une grande folie d'asseoir la principale force de la bataille sur des amis reconciliez, mais bien d'avantage de se fier, se servir et payer ceux que l'on avoit battu et defait trois ans auparavant, lesquels ont encore la vengeance dans le cœur; inconsideration du roy François de s'estre servi des Suisses battus à Marignan, qui s'en vengerent en l'abandonnant à Pavie.

Les forces de cavalerie et infanterie doivent estre tellement disposées, que deux escadrons ou bataillons ennemis ne se jettent sur un : ce qui advient principalement aux grands bataillons de gens de pied, là où le trop d'ardeur des uns et la coüardise des autres les font marcher de pas inegal; et souvent par crainte, et quelquefois par trahison, un bataillon fera ost et laissera engager son compagnon se tenant en pied, pour avoir moyen de se retirer si la bataille est perdue, et pour laisser abattre la rosée; et lors qu'ils voyent quelque prosperité au combat, ils s'avancent. Autres, enflez de vanité, feront halte, pour (apres avoir veu leurs compagnons vaincus) avoir le loz d'avoir remis la victoire de leur costé : à quoy ils peuvent estre souvent trompez. C'est pourquoy le sage general et mareschal de camp les fera marcher tout d'un front et à pas mesurez, et plustost avancera de quelque peu devant ceux qu'il soupçonne vouloir faire ce mauvais traict, que l'on appelle proprement joüer à la fausse compagnie. C'est ce qui fait loüer l'advis des Espagnols, de mesler un bataillon de toutes nations, Espagnols, Vallons et lansquenets, desquels l'obeissance est plus grande, ne pouvant tant de diverses nations de differens langages prendre autre resolution entre eux que celle que leur donne le general.

C'est grande imprudence de faire naistre aux ennemis l'occasion de combattre par desordre et desavantage que l'on se donne, lesquels ennemis n'avoient dessein de donner bataille que celuy que l'occasion leur en donne; que s'ils ne l'eussent donnée advantageuse, ils se fussent retirez.

A la resolution de la bataille, qui se fait sur la cognoissance de la valeur et du nombre des soldats, le general ne s'en doit fier qu'en soy-mesme; les capitaines, maistres de camp et commissaires, n'y doivent estre creuz; les reveües faites aux alarmes à l'improviste, doivent apporter certitude. C'est une excuse impertinente, après la bataille, de dire : Les commissaires, les colonels et les maistres de camp m'ont trompé et desrobé : les soigneux de leur estat et de leur honneur ne s'en fient qu'en eux-mesmes.

Le marquis du Guast ne se peut excuser d'avoir mis le regiment d'Espagnols routiers pour combattre des Grisons sans valeur, et avoir opposé les Italiens de peu de courage pour seconder son bon bataillon de lansquenets; l'un foible et l'autre fort eurent en teste deux forts bataillons de Français et de Suisses, et les Italiens faisans halte, tant à cause de leur naturel, que pour avoir esté renversée sur eux la cavalerie italienne, le grand bataillon de lansquenets imperiaux en eut à combattre deux forts, qui estoient les Suisses et Gascons, et fut aisement rompu, et la victoire que les Espagnols eurent des Grisons ne servit de rien, parce qu'estant les Espagnols occupez à la chasse, à leur retour ils trouverent les lansquenets et Italiens (enquoy consistoit la force de leur armée) defaits; et tous les victorieux leur tombant dessus, ils ne peurent resister, et se perdit la bataille.

Le Guast pouvoit avoir leu que les Romains ont quelquefois mis leurs soldats plus foibles à l'opposite des plus forts ennemis, et les plus forts au droit des plus foibles. Ceste ruse se practiquoit parce que lesdicts Romains commandoient à leurs foibles alliez de faire halte, et de ne s'advancer point que les plus forts n'eussent rompu les plus foibles de leurs ennemis; et neantmoins ne devoient estre si esloignez les plus foibles, qu'ils ne fissent tenir en halte les plus forts des ennemis, à ce qu'ils ne chargeassent en flanc ceux qui poursuivroient les plus foibles des leurs; lesquelles poursuittes ne se faisoient loing, et les forts victorieux, et les foibles qui n'avoient combattu, chargeoient les plus forts de leurs ennemis, qui demeuroient en estat et en avoient le dessus : mais tout exemple ne se rencontre utile.

Je croy que de ceste bataille les Espagnols ont appris à mesler leurs bataillons de Suisses, lansquenets, Espagnols et Vallons, comme ils font aujourd'huy, se parant de cet inconvenient des bataillons composez d'une nation, qui sont trop vaillans, ou trop lents, ou coüards, sans vont s'en combattre; mais composé de toutes ces nations, fait un temperament dans le bataillon, une obeissance plus grande, et les uns sont encouragez des autres, et ne peuvent prendre party ny faire refus ainsi que s'ils estoient divisez, et marchent tout d'un mesme temps.

Soit que la force consiste à la cavalerie ou à l'infanterie, il faut tousjours ranger le premier rang de l'escadron de cavalerie, au dernier rang des bataillons de gens de pied : que si la cavalerie ennemie charge la teste des piques, les escadrons se peuvent avancer pour les charger en flanc : et si les bataillons de gens de pied affrontent des bataillons plus foibles d'infanterie, quand ils sont aux mains la plus forte cavalerie peut aller charger l'autre. Et pour eviter inconvenient de troubler (advenant un malheur) les bataillons d'infanterie, faut expressement que le general plus fort de cavalerie, aye laissé de grands et larges espaces vuides entre les bataillons de gens de pied ; et jamais ne faut avancer la cavalerie entierement au front des bataillons, ny au milieu d'eux, si ce n'estoit par le desordre de la cavalerie ennemie, qui auroit donné dans les testes des piquiers. Infailliblement, si la cavalerie s'advance trop, et qu'elle vienne à estre rompue, la peurs les charges, le danger, les coups troublent le jugement ; et tout ainsi que ceux qui se noyent empoigneroient des trenchans d'espées, et ainsi que ceux qui, pour eviter les poignards, se jettent par tout où ils pensent leur salut, il ne faut esperer que ces gens, qui ont par la fuitte perdu le sens, qu'il leur demeure la consideration de glisser le long des bataillons, et se r'allier derrier eux, si les espaces d'entre iceux ne sont de grande distance. Au contraire, pour se mettre à sauveté, ne pensant jamais y estre, ne faudront pas de se jetter dans le bataillon ou escadrons amis, ainsi que les enfans dans les bras de leurs nourrices pour se sauver du foüet; et ne leur reste plus en teste le salut general, ny ne leur demeure la consideration qu'ils desordonnent et qu'ils rompent ceux qui pourroient remettre l'honneur de la victoire de leur costé. Les miracles de la peur de ce sang perverty sont extremes; les fuittes de vingt lieües, les noyez, les precipitez en font foy, qui, pour se sauver d'une estincelle de feu, se sont jettez dans les flammes.

Que voyant une armée qui desire passer, monstrant le flanc, ou estant en quelque desordre, il ne faut que la chaleur de prendre l'occasion nous haste ou precipite, à ce que nous n'encourions en la mesme faute que nous voyons aux autres, sortant de nostre advantage, et nous rompant par trop de haste.

Il se doit penser que les armées bien conduites, encores qu'elles monstrent le flanc, peuvent estre soudainement remises en bataille, et tourner le front à leurs ennemis. C'est pourquoy, sans se promettre de l'advantage où il y en a peu, il faut tousjours estre et marcher en bon ordre.

Les generaux doivent prendre garde à qui ils donnent leur avant-garde ou partie de l'armée à conduire, si ce n'est point un amy feint ou reconcilié, lequel, pourveu qu'il puisse sortir à son honneur du danger, ne se soucie de son general. Et faut que ledict general face tousjours combattre son avant-garde devant luy, afin de l'engager, et qu'elle ne s'en puisse dédire; autrement, faisant ferme, celuy qui mene la dicte avant garde, ou il veut garder les gages, ou du moins avoir tout l'honneur de la victoire.

Que c'est grande folie d'employer la vigueur de la

cavalerie à faire des charges dans les Suisses ou gens de pied ennemis aux campagnes de France, d'autant qu'il est aisé à juger que la cavalerie estant defaicte, il faut que l'infanterie se perde. Il fait grand bien à un qui mene quatre ou cinq cens chevaux, d'en faire charger cent devant luy, lesquels abattent la rosée : les pistolets ennemis sont tirez, et leur escadron en quelque desordre, et venant apres ceux qui suyvent, qui ne se sont point meslez, ont bon marché aux despens de la peau des autres, qu'ils ont fait charger devant eux, desquels n'en eschape la moitié. Mais il ne s'en treuve guieres qui veulent faire ceste charge par le milieu, ou il faut qu'ils ne soient pas bien sages, ou qu'il y ait un grand amour et devoir au chef, et une ambition particuliere qui aveugle leur sens. Communement, les rusez capitaines que l'on employe à charger les premiers dans un escadron, n'en prennent qu'un petit coing, ou chargent dans le flanc proche des derniers rangs ennemis, pour eviter la reprehension qui leur pourroit estre faicte s'ils n'avoient obey, et laissent le gros en son entier, pour rendre à ceux qui les suivent ce qu'ils leur auroient voulu prester.

Sont de mauvais associez pour resoudre une armée au combat, qu'estre chargé du butin et s'estre mis en opinion de retraicte ; ceux qui viennent chercher le combat ont l'advantage dans le cœur.

Quand le chef est malade, les membres ne peuvent bien agir ; lors qu'un general tombe en infirmité il faut mettre l'armée en seurté : quoy que trois cens chevaux ayent rompu et mis en fuitte partie des ennemis, s'ils se sont meslez ils ne le peuvent avoir fait sans s'estre desordonnez; la premiere charge qui leur vient apres les emporte. C'est pourquoy il les faut soustenir, et doivent estre suivis de pres, du moins pour charger en flanc les ennemis qui arrivent, qui n'ont point encore combattu et viennent charger les victorieux.

Que la vaine gloire et le vouloir faire ostentation de nous ne nous portent à presenter la bataille quand nous ne la voulons point donner, se souvenant que ce sont les effects qui emportent les victoires et non les apparences, et considerer que promptement les ponts rompus se peuvent refaire, et que ceux qui en charrient de bateaux en peuvent construire, et que les mediocres rivieres n'empeschent le combat à ceux qui les cherchent.

Que pour veiller au passage où l'on craint que nostre ennemy ne passe, la seconde personne de l'armée n'est pas trop bonne pour y estre la nuict en garde: il ne se faut fier en une seule compagnie, ains y employer deux ou trois capitaines des plus experimentez, et souvent les visiter.

Qu'il se faut de bonne heure resoudre au combat ou à la retraicte dez les premieres alarmes et apparences des ennemis, sans attendre qu'ils soient en presence; car lors il y a peu de remede, sinon le combat à quitte ou à double.

Que les petits ruisseaux guayables en plusieurs lieux, le defenseur estant plus foible que l'assaillant et ne pouvant faire teste tout du long, les plus forts cherchant le passage plus haut ou plus bas, estans divisez, contraignent le deffendant à monter ou descendre le long du ruisseau et quicter les premieres places, où passans les escadrons des ennemis, ils se trouvent en queüe desdicts descendans, dont la teste court le long du ruisseau ou fossé pour empescher le passage, lequel une fois passé apporte plus de terreur aux defendans que s'ils n'en eussent entrepris la garde : aussi faut-il bien que les assaillans prenent garde qu'ils ne soient pris à demy passez, et qu'ils ne puissent estre chargez en flanc par les plus foibles.

C'est folie de penser se descharger de l'infanterie, qui ne se descharge aussi des vallets et bagages, pour rendre les troupes plus legeres à faire une retraicte, laquelle est d'autant plus malaisée, que les escadrons sont en plus grand nombre ; le principal est de la faire de bonne heure, sans faire des haltes inutiles par ostentation, laissant approcher les ennemis, desquels apres on ne se peut defaire.

Depuis que l'on a mis en deliberation (1) la retraicte, qu'il y a plus de raisons pour icelle que pour le combat, il la faut executer promptement, d'autant que ceste opinion, prenant place dans les cœurs des capitaines, glisse soudain par conference dans celuy des soldats, leve le courage des uns et des autres. C'est imprudence, quand la retraicte est resoluë, et que l'on la peut faire la nuict ou gagner un avantage, de vouloir attendre le jour, pour faire dire : Un tel ne s'en voulut aller la nuict pour se faire defaire au poinct du jour : defaicte qui est la defaveur et ruyne de tout, pour eviter laquelle il faut estouffer toute autre consideration. Qui a l'utilité de la guerre il en a l'honneur : il est profitable d'eviter le combat, si l'on n'a quelque

---

(1) *Depuis que l'on a mis en deliberation* : l'auteur relève ici une faute que fit l'amiral de Coligny avant la bataille de Montcontour.

advantage : il ne faut adviser aux dependances et particularitez de la reputation, où il est question de la sauver en gros.

Il n'est honorable de partir de nuict, cela fait perdre le courage aux soldats : nos gens, voyant que nous fuyons le combat, se debanderont; cela apportera defaveur au party: nos partisans, les villes, nous laisseront, il y aura un grand embarras, tout sera en confusion. Voila de beaux mots en apparence, et en effect c'est perdre tout et prendre l'ombre pour le corps : il vaut bien mieux partir de bonne heure que se perdre, et pourvoir tant qu'on peut à tous ces petits inconveniens des retraictes nocturnes.

A la guerre il faut tousjours vouloir le contraire de ses ennemis; s'ils veulent le combat, l'eviter; s'ils esquivent, les y contraindre; ne tomber jamais sur ces termes : Nos estrangers nous laisseront ou trahiront dans un mois par faute d'argent; combattant, nous ne perdrons que ce que nous devions perdre. C'est un très-mauvais mot; il vaut bien mieux estre abandonné et quasi (si j'ose dire) trahy; que de perdre une bataille qui porte la ruïne de tout avec soy.

Il ne couste guieres aux jeunes, qui, par advis et magnifiques paroles, se veulent faire croire vaillans, de conseiller le combat; et peut-estre le lendemain, au lieu d'y aller, seroient cachez dans le bagage, ou bien voudroient avoir changé d'opinion et treuver quelque remede à la veüe des ennemis, alors qu'il n'est plus temps d'y penser, et qu'il se faut sauver avec les mains non avec les pieds. Il y a aucunefois des conseillers du general qui luy portent envie ou à leurs compagnons, qui voudroient que tout se perdist, esperant se bien demesler des charges en tenant bride, et d'autres qui sont si saouls de la guerre pour leurs incommoditez, qu'à quelque prix que ce soit ils en voudroient voir la fin, mesmes au peril et perte du party. La bataille ne se doit conclurre par pluralité de voix, et moins encores par passion; il faut que ce soit par experience et par affection au party : et si le general est habile homme, apres avoir eu le conseil de tous, il se doit resoudre soy-mesme, à qui il touche plus particulierement ; l'honneur et la honte sont seuls à luy, et le danger commun à tous. Les capitaines n'y ont pareil interest; ils ne perdent leur pays ny tant de reputation, et treuvent tousjours moyen de composer; mais la teste du general est en danger des ennemis, et d'autre costé du roy ou de la republique qui luy commande. Faut aprendre par cela au general de faire combattre son avant-garde devant luy, ou du moins l'un quant et l'autre, sans oublier les artifices necessaires de s'esbranler pour faire marcher les autres, à ce que personne ne joüe à la fausse compagnie.

C'est grande imprudence d'avancer des escadrons et bataillons de gens de pied et artillerie pour gagner un avantage, si l'on n'est du tout resolu de les soustenir et hazarder la bataille, avenant qu'ils fussent chargez. Encore est-ce plus grande faute de les avancer et les separer de l'armée par quelque vallon, fossé ou bois, qui retarde la bataille et l'empesche de les secourir. Et de dire que l'on le fait à ruse, pour taster les ennemis et, selon leur contenance, marcher et suyvre la victoire, ou se retenir, selon que les troupes avancées feront bien ou mal, cest essay pourroit sembler bon à d'aucuns par sept ou huict cens arquebuziers, soustenus de quelque deux cens chevaux en pays fort, mais non de la quatriéme partie de l'armée, d'autant que la desconfiture d'iceux apporte une telle defaveur, que si les vainqueurs suyvoient leur victoire ils seroient en chemin de gagner la bataille entiere.

Quand l'une des armées defait trois mil hommes à la teste de l'autre, c'est sa faute si elle n'a la victoire entiere, si ses ennemis ne sont dans un bon fort, d'autant qu'une telle defaicte apporte un si grand esbranlement et mauvaise opinion au reste de l'armée qui a souffert ceste perte, que la victoire poursuivie peut amener la totalle ruyne d'icelle.

Le sage capitaine se doit treuver des premiers au rendez-vous general, pour estre employé devant les autres aux occasions et evenements fortuits qui arrivent d'heure à heure à la guerre; selon la diligence et promptitude le mareschal de camp donne les places honnorables où s'acquiert l'honneur.

L'armée ou les escadrons et troupes qui veulent fuyr le combat, lesquels sont beaucoup plus foibles que ceux qui le desirent, se doivent descharger de leur bagage et marcher à grande traicte, sans endurer d'estre veuz en presence; autrement ceux qui suivent, debandans des gros de cavalerie, qui marchent plus legerement que ceux qui sont empestrez de bagage, contraignent les commis à la retraicte par pistoletades et arquebuzades de tourner teste et s'engager au combat, sur peine d'estre defaicts et mis en desordre.

Ceux qui se retirent devant une armée qui n'est de guieres plus forte qu'eux, s'ils marchent à grande traicte, sans doute ceux qui les suyvent (audacieux de leur retraicte) s'avanceront, n'attendants les uns les autres, suyvront en desordre; et lors se peut presenter une belle occasion, se resolvants tous ceux qui se retiroient au combat et chargeans resolument : il y a apparence, ou que ceux qui suivent n'y seront pas tous, ou que, voyans ce qu'ils n'eussent pensé, leur outrecuidance tournera en crainte : ce qui adviendroit mieux, si ceux qui sont suivis prenoient une poste forte, pour à l'improviste charger ceux qui les poursuivent en flanc.

Ceux qui commandent les volontaires et autres doivent avoir leurs armes et grands chevaux proches d'eux, qu'ils ne tournent pas pour les aller chercher. Tel a tourné pour prendre son casque et son meilleur cheval, que ceux qui l'ont apperceu (ou par envie ou parce qu'il leur sembloit ainsi) luy ont imputé à fuitte : que si l'on est pressé, il vaut bien mieux combattre sans casque et comme l'on se treuve, que laisser passer l'occasion pendant que l'on cherche ses vallets.

Il a esté disputé des anciens et de ceux de ce temps, s'il estoit meilleur d'aller au trot au combat, ou d'attendre de pied coy les ennemis : il semble que l'esbranlement et le gallop accroissent la force des hommes et des chevaux pour faucer les escadrons; mais aussi elle donne beaucoup plus de moyen à ceux qui n'ont volonté de se mesler parmy cet eslancement, de faire halte, tenir bride et se depestrer de la charge : tellement que soldats nouveaux et desquels le capitaine ne se fieroit, il semble qu'il feroit mieux de les faire attendre en ordre et de pied ferme, du moins ne prendre le trot ou le gallop que de vingt pas, parce que l'on cognoistroit ceux qui se desbanderoient, et les coüards auroient trop de honte de demarcher et quitter leur place à l'abordée des ennemis, d'autant qu'ils seroient plus aisément veuz et recogneuz de leurs capitaines, qui les forceroient d'estre vaillans mal-gré qu'ils en eussent.

Tous escadrons, combien qu'ils fussent de mil ou douze cens chevaux, si avant que se mesler ils sont chargez par soixante ou quatre vingts par flanc, sans doute cela les desordonne; tellement que venant puis apres à la charge contre ceux qui leur sont en teste, ils sont plus facilement emportez.

Ceux qui se retirent en gros et en ordre ont souventesfois de beaux moyens de faire des charges à ceux qui les suyvent et qui les pressent trop, et peut advenir telle occasion qu'ils changent les pertes en victoires, ou du moins rendent celle des ennemis sanglante et non honorable.

Jamais le general ne doit estre à la teste de ceux qui poursuyvent ses ennemis, d'autant que s'il advient un desordre, et qu'il soit contrainct de se retirer, toute son armée en prent un tres mauvais exemple: aussi n'est-il pas au lieu ny en l'estat pour remettre l'ordre et faire soustenir ceux qui sont renversez. Et encores est ce pis de faire comme M. de Guise, qui par trop d'ambition se meslant parmy les ennemis fuyants, se fit blesser et renverser de telle sorte, que s'il n'y eust eu de bons capitaines, on eust eu de la honte au lieu de la victoire, qu'ils acheverent d'obtenir apres sa blecceure, en contraignant les deux mil reistres de se rendre.

Avant que prendre party de retraicte, il faut estre bien adverty de la resolution des ennemis. Deux mil hommes de cheval venoient ce sembloit à la charge à Dormans, et depuis ils se rendirent à cent chevaux, qui n'avoient rien qui les soustinst à quatre lieuës d'eux; et si ces cent chevaux eussent pris party, M. de Guise blessé estoit pris, eux defaicts, et leur victoire retournée du costé des reistres.

Ceux qui par desespoir de leurs affaires se veulent rendre y doivent bien penser : faut considerer que le trop de peur de la mort ne leur tourne le sens, d'autant que bien souvent ceux à qui l'on se rend se contenteroient de ne rien entreprendre les uns sur les autres.

Il faut considerer si les remedes d'un peu de mal present apportent point plus d'incommodité et d'hazard que la chose nuisible n'apportoit d'empeschement.

C'est faute de vouloir entreprendre de lever un advantage des ennemis et de n'y mener toutes les forces entieres, parce qu'il est croyable qu'iceux voulans maintenir ce qu'ils ont gagné, ils y porteront toutes les leurs.

C'est mauvais ordre (1) en lieu estroict de séparer trois cens chevaux en quatre ou cinq troupes; l'ennemy venant serré avec deux cens, renversant ces petites troupes les unes sur les autres, porte estonnement et desordre. Bien peut-on faire charger trente chevaux devant, quand on est en plaine, pourveu que l'on les suive de pres, parce qu'il y a assez large pour les retirer et les empescher qu'ils ne nuisent à ceux qui vont à la charge; mais cela n'est permis en lieu

---

(1) *C'est mauvais ordre :* faute que commit Mayenne au combat d'Arques.

estroict, autrement ils apportent plus de mal que de
bien.

Tous lieux estroicts, serrez de rivieres et de montagnes, rendent les plus foibles egaux aux plus forts, et leur donnent encore plus d'avantage, d'autant que si le bon heur les accompagne et qu'ils renversent les premieres troupes, les plus forts estans placez entre la coline et les rivieres en lieu estroict, ceux qui s'en fuyent sont contraincts de se sauver dans ceux qui les soustenoient, chargent les leurs, tombent l'un sur l'autre et les renversent ; les victorieux entrent par les trous que les fuyards font dans les escadrons des leurs qui n'avoient encore combattu, et les bouleversent les uns sur les autres à la perte de tous.

C'est pourquoy l'on perd entierement en lieu estroict l'avantage que la campagne donne aux forts pour faire arrester les victorieux d'un escadron, lesquels, chargez par un autre qui leur est posé en flanc, n'osent poursuivre, ou sont chargez par ledict flanc de ceux qui, n'ayant encore combattu, les emportent facilement.

Que si on est contrainct d'aller chercher le combat en lieu si estroict, il faut trouver moyen à demy de la coline de placer des troupes de cavalerie ou d'infanterie, pour charger par flanc les victorieux ; et s'il ne se pouvoit, il vaudroit mieux s'aider de l'infanterie en ces lieux si estroicts, ou ranger la cavalerie à fort peu de front, et empescher, par quelques chariots qui marcheroient devant eux, que les fuyards des leurs ne se jettassent dedans eux, et qu'ils fussent contraincts de couler du long, à ce que, s'ils estoient poursuivis, les troupes qui les soustiendroient eussent moyen de charger en flanc, ou du moins d'aller au combat sans empeschement.

Les escadrons ou regiments d'infanterie ou cavalerie, qui, pour se treuver trop engagez ou abandonnez des leurs, se rendent, doivent estre soudain desarmez ou defaits; autrement, si, demeurans en gros, la victoire change de nom, sans doute ils reprendront le party des leurs avec la victoire.

Lors que l'on juge à la fin du combat que les ennemis font ferme par leur retraicte aupres ou derriere leur infanterie, tesmoignent qu'ils n'ont pas la mesme ardeur qu'auparavant les charges, il se faut resoudre à en passer plus outre et hazarder, parce que sans doute ceste froideur et mauvaise mine sont les voisins de la perte des ennemis.

Il est fascheux d'attaquer ses ennemis en lieu là où l'on ne les peut totalement defaire, comme lors qu'ils ont recogneu une place par laquelle ils se peuvent retirer, s'il leur advient un desastre, dans un passage ou lieu fortifié où la victoire ne peut estre suivie pour le peu de cognoissance que l'on a de l'assiete.

Il y a bien difference entre ceux qui se servent d'estrangers pour subvertir un Estat, et ceux qui se servent de ceux du pays pour le maintenir; les cœurs de ceux qui combattent pour la solde et de ceux qui combattent pour leurs biens, femmes, enfans, ne sont semblables.

Quand un grand se treuve empesché et qu'il crie qu'il se rend, sa prise n'est asseurée qu'il ne soit demonté, desarmé et hors de la place, parce qu'au moindre changement un coup d'esperon le peut sauver.

Les conquerans doivent chercher de combattre:

il s'en faut beaucoup que ceste maxime soit generale, laquelle peut servir à ceux qui sont les plus forts d'hommes et d'aguerriment. Nonobstant que la coronne n'appartienne de droict à l'entrepreneur, s'il est receu par la plus grand part des villes du royaume, il n'est plus conquerant, mais bien celuy à qui la succession de l'Estat appartient, et auquel n'en reste qu'une petite partie. Celuy qui a le gros de l'Estat, les villes, l'argent, la faveur des estrangers, peut mieux subsister que celuy auquel ne reste qu'une portion du royaume.

Les clercs qui donnent conseil de donner la bataille ne doivent estre creuz; ce n'est ny leur mestier ny leur profession de cognoistre en quoy consiste la force des armées : ceux qui participent à l'honneur et à la honte, au danger et au salut, doivent estre plustost creuz que les robes longues, qui bien souvent, pour se fascher de la guerre ou pour autre dessein particulier, conseillent d'hazarder le general du party.

Quand en un conseil de combattre il se treuve un capitaine de mediocre reputation, proposant, s'il y a cent raisons qui suadent la bataille, qu'il y en a deux cens contraires qui la defendent, il faut considerer, peser, repasser son advis, parce que la perte d'une bataille traisne apres soy une telle ruïne, que, quand mesmes les raisons se balanceroient, il faudroit choisir celles où il y a moins d'hazard.

La difference est escrite en ce discours, du courage des estrangers qui combattent pour l'argent, à celuy de ceux du païs qui defendent le leur : la fortune appuyée sur les mercenaires et auxiliaires est perilleuse. Les arriere-gardes ou osts de reserve, qui ne combattent qu'à toute extremité, font le gain des batailles; ceux qui n'en ont point ont un grand desadvantage. Quand les ennemis font halte, si on ne se sent un grand advantage d'hommes ou de courage, ce n'est pas sagesse de sortir de sa poste pour l'aller chercher.

Que sert-il d'avoir donné un bel ordre que la cavalerie ne marchera point devant les piques, que l'on attendra les ennemis, si à la veüe d'iceux la chaleur ou imprudence transporte les osts de cavalerie, et leur fait couvrir leur infanterie, empeschent l'arquebuzerie de les favoriser, estant contrainte toute l'armée, par le commencement du desordre, de s'estre trop avancé, de prendre une autre forme à sa perte?

Nonobstant que l'ennemy semble monstrer le flanc pour gagner un village ou un petit advantage, il ne faut que le desir de prendre l'occasion ou de l'empescher face sortir les troupes de l'ordre qui leur sera esté donné.

L'artillerie doit estre placée à l'eminence devant, et au lieu qu'elle puisse offencer les ennemis; celle qui tire la premiere a l'advantage, depuis que par mutuel consentement l'on s'est approché aux canonnades, et qu'elles portent dans les troupes avec beaucoup de dommage, qu'il semble estre force d'aller aux charges : l'on y peut aller, avec ceste exception que, quelque danger des canonnades qu'il y ait, il ne faut rompre l'ordre prescript, et ceux qui sont ordonnez de combattre premiers, les laisser faire et les seconder ainsi qu'il a esté conclud.

Il est necessaire de prendre une telle place, que

l'on ne puisse estre contrainct de la laisser par l'offence des canonnades : que si l'on est forcé de l'abandonner pour aller aux ennemis, que la plaine soit egalle, pour tousjours advancer l'infanterie et les piques devant, ou avoir bien projetté si encor entre deux il y a une assiete forte pour la reprendre avant le combat.

Ceux qui mettront les reistres sur le flanc droict d'une bataille, sans doute ils la mettront en desordre, parce que leur aguerriment n'est pas de passer au travers des escadrons, mais bien, ayans tiré leurs pistoletades, de tourner à gauche et faire le limaçon pour se mettre en seurté, et aux lieux où ils puissent recharger leurs pistolets ; ce qu'advenant, tournant sur la gauche, ils rencontrent l'ordonnance de leur bataille et la rompent. Au contraire, s'ils sont en ordre sur la pointe gauche de l'armée, ils ne peuvent rien rompre, faisant leur limaçon à gauche.

Ce n'est pas bien fait de faire aller les reistres et personnes de peu de valeur les premiers à la charge ; leur route touche au cœur de tous ceux de leur party : au contraire, si les premices du combat sont heureuses, elles animent le reste à bien faire.

Certainement l'advantage est tres-grand de la part de la cavalerie qui est assistée d'arquebuzerie, lesquels bien conduits font tresbucher les plus beaux des ennemis devant qu'ils puissent estre meslez.

Le general est par dessus le mareschal de camp : c'est un coup de chef de changer l'ordre à la veüe des ennemis, et si apres l'avoir fait il en prend mal, il s'en doit prendre à soy-mesme qui n'a voulu croire, et non pas aux autres.

C'est en vain que l'on se travaille de se r'allier, apres une roultte, sur l'asseurance des bataillons de Suisses qui ne sont esté chargez, s'il n'a esté fait dez le commencement un grand ost de reserve, lequel, n'ayant point combattu et faisant teste devant les Suisses, donne temps à ceux qui s'enfuyent de se remettre en bataille aupres d'eux. Autrement, s'il n'y a ost de reserve lors que l'on se pense r'allier, les victorieux font le tour des bataillons des gens de pied, n'en donnent le loisir, et defont facilement ceux qui se veulent r'allier.

Si jamais l'advis estoit à rejetter de ceux qui disent qu'il faut donner la bataille, d'autant que les estrangers par faute de payement se veulent retirer, et qu'eux s'en allant l'armée est rompuë et la campagne perduë, qu'aussi bien l'on ne perdra que ce que l'on devoit perdre, c'est à ceste bataille icy que ce conseil devoit estre rejetté, qui estoit donné par des clercs et gens de robe longue, qui ne sçavoient pas que ce n'est pas beaucoup de perdre les estrangers, mais que c'est beaucoup, et mesmes le tout, de perdre l'honneur d'une bataille, qui emporte la piece et faveur des villes, des soldats et des intelligences.

C'est grande habileté d'avec mil chevaux se depestrer de deux mil et de quantité d'infanterie, ce qui n'est esmerveillable à ceux qui font practique du mestier de la guerre, lors que l'on a une ville pour retraicte asseurée telle que Sainct Denis. Jetter de l'infanterie dans des villages retranchez, coucher et hazarder deux cens chevaux pour faire mine de combat au front des ennemis, cependant prendre la gauche d'iceux sans se mesler avec eux ny les charger, et, ayant gagné le derrier des escadrons et bataillons, tourner et monstrer la ville de retraicte à ses compagnons, n'y ayant salut qu'à la regagner; iceux vont à la charge devant mesme que les ennemis ayent quasi tourné visage à eux, et gaillardement passent à travers pour gagner leur retraicte et le derrier de leur infanterie, qu'ils avoient laissé dans les villages. Certainement qui pourroit faire charger deux cens chevaux par le derrier des escadrons ennemis avant qu'aller au combat, seroit un grand advantage, et faut confesser que l'admiral de Coligny estoit capitaine.

Ceux qui ont assiegé une ville doivent lever le siege pour combattre les ennemis s'ils sont forts, ou pour se retirer, et y employer tout sans separer ses forces. Les armées l'une devant l'autre, il faut estre resolu de se battre, et marcher contre les ennemis si la plaine est esgalle et que la situation soit aussi advantageuse d'un costé que d'autre; mais si l'on veut attendre devant les ennemis qui viennent au combat, il faut donc mettre la cavalerie en lieu que l'artillerie ennemie ne donne dans eux; autrement les soldats contraindront leur chef de les mener desordonnement au combat, ou y voudront aller eux-mesmes forcément, qui causera la perte. Il faut juger et prendre garde quelles gens sont ceux qui viennent au combat, pour ne prendre point de pistoliers bien montez et armez pour arquebuziers à cheval, comme fit Balagny, bastard de l'evesque de Valence, qui fut cause de la perte de la bataille que M. de Longueville gagna (1).

Les corcelets usitez aux compagnies françaises, com-

---

(1) *De la perte de la bataille*: bataille de Senlis, 17 mai 1589. La Noue commandoit sous le duc de Longueville.

posées de bourguignotes ou sallades et brassarts, avec des larges espaulieres et longues tassetes, sont empeschantes, mal-aisées à porter, et ne parent des pistoliers, qui coulent du long des rangs; aussi les soldats s'en defont et en jettent une piece apres l'autre. Il seroit mieux avoir un plastron à l'espreuve, du moins ceux du premier rang, garny de moignons et tassetes de mailles, une coiffe ou secrette de fer sous le chapeau. Un liston de fer au bras gauche suffiroit pour armer les piquiers, sans qu'il soit necessaire leur armer le doz, lequel estant veu par les ennemis, ils sont defaicts; et eux se souvenans n'estre armez que par le devant, tourneront tousjours le visage. Les morions, avec leurs larges bords et grandes oreilles, empeschent les arquebuziers; les crestes, les poinctes, ne sont qu'ornemens; une secrette de fer, avec un petit orle pour empescher que le coup ne glisse sur le visage, leur serviroit mieux. Ils se peuvent parer de leurs arquebuzes, et ne sont tuez le plus souvent par la teste, ains par le ventre, où les cavaliers portent plus ordinairement leurs coups. Les piques sont les meilleures armes des gens de pied, lesquelles ne doivent estre empeschantes ny rompantes, non si grosses aux Français et Espagnols qu'aux Suisses et lansquenets; entre lesquelles celles des premiers rangs doivent estre les plus renforcées, celles des troisieme et quatrieme les plus legeres, parce que les unes soustiennent et les autres frappent. Les halebardes, pertuysanes et demy piques de six en six rangs de piquiers sont utiles à la meslée, d'autant que les piques ne se tournent si facilement : que si la force des combats estoit aux gens de pied comme au passé, il y a apparence qu'elles serviroient beaucoup, d'autant qu'il se faut approcher et venir aux mains, et depuis que l'infanterie à l'infanterie est meslée, et les premiers coups donnez, les piques ne se manient pas facilement. Les Romains, ayans combattu et vaincu les phalanges macedoniques contre le roy Perseus, ne changerent pour cela leurs dards, plus legers que nos pertuisanes, d'autant qu'ils en jettoient aucunes contre les ennemis. C'est pourquoy a esté proposé que les gentils-hommes ou soldats cuirassez avec l'espée et le pistolet, venans aux mains, pourroient vaincre estans meslez un bataillon de Suisses, et au change de leurs coups de taille et d'espées à deux mains, donner des coups d'estoc et pistoletades. Le plus de mousquets qu'il y peut avoir aux regimens, c'est le meilleur; peu de cuyraces au premier coup y resistent; appuyez ils tirent justement. Quelques arquebuziers à roüet sont necessaires pour tirer derrier les premiers rangs, et pour un temps de pluye : les montures des arquebuzes des Espagnols et Italiens sont plus utiles que les courtes inventées par les Français, qui sont fautives.

Dieu est seigneur des batailles : preud'hommie y peut plus que prudence. Les sages n'hazardent que par force; c'est donner son honneur, vie et bien, à joüer à autruy. Nos pechez, inimitiez, inexpertises, desordres, peur, terreur panique, marché tost, tard, bruit, poudres, confusions, emulation et envie, peuvent perdre une bataille. La multitude est mal-aisée de mettre en ordre, et plus de l'y maintenir; le chef n'est en tous les escadrons pour l'observation de ses ordonnances, tout se change par divers accidents non preveus. Rarement, en tant d'agitations, de crainte de mort, d'arquebuzades, de bruits, de coups, de cris, de son de trompetes et tambours, l'esprit peut demeurer en son assiette, ni les communs capitaines en leur bon sens. L'hardiesse des soldats n'esgale celle d'un general, l'interest n'est semblable, le peril est commun, la perte ne leur est importante, leur but est de se tirer et depestrer du danger.

Les soldats romains, participans au gouvernement de la republique, estoient plus interessez à la perte ou à la victoire, que ceux qui n'y sont obligez que par la solde : celuy qui s'hazarde doit estre asseuré de l'advantage, de valeur, nombre, ordre, conduite, affection des siens. Plusieurs sans argent ont dit : Nous ne perdons que ce que nous devons perdre, aussi bien les soldats non payez nous laisseront : il vaudroit mieux estre abandonné cinquante fois, et se retirer, que de perdre une bataille. Il est aisé à un capitaine de s'empescher de combattre : un ruisseau, un fossé, haye ou coutau, servent de barrieres à ceux qui ne se veulent precipiter desavantageusement. Le bien placé ne peut estre assailly sans perte ; la mousqueterie dans les lieux forts, maisons, bois ou fossez, empesche de venir au combat sans recevoir toutes les salves. Tirer par troupes et à propos, avant que la cavalerie puisse venir aux mains, treuvant d'estroictes adveniies pleines d'arquebusiers, empesche de charger. Ceste infanterie fortifiée d'assiete, un coup en vaudroit quatre de ceux que l'on tire en peur devant les escadrons en la campagne ; la bataille ne se doit donner que ceste infanterie ennemie ne soit desplacée. Reste l'invention de faire venir au combat à coups de canon : le remede est de choisir une place eslevée en front ; un doux pendant en arriere met l'armée à couvert ; les canonnades ne peuvent offencer que le premier rang, ne laissant montagne proche qui puisse estre occupée.

Si la force est en la cavalerie, que l'armée se place en campagne, en despit de celle qui est plus forte de gens de pied ; si elle la vient chercher, la plus forte cavalerie fera piroüeter l'autre à l'entour des bataillons de gens de pied ennemis, qui les verront defaire en leur presence sans les pouvoir secourir ; puis, cavalerie et infanterie joinctes ensemble, deferont la forte et meilleure infanterie. Reste un moyen à la mauvaise cavalerie, d'estre placée derriere tous les bataillons d'infanterie, si ce n'est en plaine ; et que la bonne cavalerie face le tout de l'armée, elle la mettra en semblable peine. La mauvaise cavalerie doit estre cachée derriere les gens de pied, fortifiez de chariots, de hayes ou fossez, avec quelques espaces estroictes et vuides, pour aller aux charges, lorsque la cavalerie ennemie pliera aux mousquetades ; et faudroit qu'elle sceust le lieu apres les avoir chargez, pour se retirer et se recouvrir de piques sans apporter desordre. Si les forts de cavalerie approchent leur artillerie, l'infanterie la peut gagner par entreprises à l'improviste, temporisant, couvert du pendant du coutau, de retranchemens ou fossez ; jusques à ce que la cavalerie ennemie s'esloigne à l'entrée de la nuict pour aller loger, pourront considerer s'il sera bon d'entreprendre. Les forts de cavalerie desirent les plaines ; voyant leurs ennemis placez fortement, tournent pour couper les vivres ; les advisez les empeschent, se placent sur une riviere, ou proche d'une ville d'où ils peuvent avoir vivres : celuy qui a le dernier escu et pain, par retranchemens, a la victoire.

Ceux qui ont eu de grandes infortunes, qui ont perdu des batailles, sont plus experimentez que les victorieux; la prosperité fait sortir les hommes d'eux-mesmes, et leurs esprits ne pensent qu'à recevoir le fruict de leurs labeurs, et se donner du plaisir, au contraire des infortunez, qui gravent en leurs esprits leurs malheurs, par qui commencez, pourquoy, et comment ils sont arrivez, recevant autant d'admonestemens que de fois ils y pensent : tellement, que, se trouvant en pareil hazard qu'ils ont esté, ils ont tant de crainte de tomber aux mesmes fautes et malheurs, qu'ils soupçonnent et pourvoyent à tous les evenemens fortuits qui peuvent arriver. Celuy que la prosperité a accompagné croit qu'elle ne le laissera jamais, et que elle luy en doit de reste : sans soin, consideration, ny prevoyance, se porte aux hazards et affaires, dont l'issue, differente à celle du passé, luy fait cognoistre l'instabilité de cette vie. Pourveu que ceux qui ont perdu et ceux qui ont gagné soient de mesme sens et prudence, il vaudroit mieux prendre l'advis des malheureux que des heureux, parce que les accidens qui arrivent ne viennent coustumierement de la faute de prudence et prevoyance du chef, ains de quelque chose que les payens ont attribué à la fortune, et que nous recognoissons venir de Dieu, pour la punition des pechez des hommes ou autre cause secrette, et faute des capitaines et soldats qui sont sous les generaux; quoy que bien commandez, ne suyvent l'ordre qui leur a esté donné, subjects aux passions, ostentations, crainte et ardeur, comme hommes. Et les fautes ne peuvent estre attribuées au sage general qui avoit pourveu à tout : mais il ne peut tenir les cœurs, les brides, ny les esperons de tous les bataillons et escadrons, ne pouvant estre par tout.

Les Espagnols blasment les Français des traictez qu'ils ont avec les Turcs et heretiques; eux sont tombez en mesme faute par les traictez faicts avec les Hollandais et autres, et n'a pas tenu à eux qu'ils n'ayent eu un ambassadeur à Constantinople : ce qu'ils n'ont peu obtenir.

Desseigner un successeur à un general d'armée ou gouverneur de place, est quelquefois perilleux, et qu'ils ne laissent tout en desordre, à ce que celuy qui leur succede n'acquiere plus de reputation qu'eux, et que par ses fautes il monstre le prejudice du changement. Il faut donc prevenir ces desseins, qu'ils soient plutost hors de charge qu'ils n'en soient menacez, soit les envoyant querir à la cour du prince, ou les employant en quelques autres effects où ils ne puissent nuire.

Ceux qui ne se fient en leur cavalerie par manquement de courage ou de nombre, ne la doivent mettre en lieu où elle puisse estre chargée ; le mieux est de les placer derriere les gens de pied, tellement qu'il ne se puisse aller à eux que l'infanterie n'ait combattu : ce que connoissans les forts de cavalerie, doivent tenter par canonades de deloger l'infanterie de son assiete, avec discretion de n'engager leurs canons trop proche : les moyennes coulouvrines avec double attelage sont propres, se peuvent mener et retirer au trot selon la necessité. Et d'autant que le devoir de l'infanterie est de se placer sur une coline, dont le pendant derriere les premiers rangs oste le dommage de l'artillerie, qui fait tousjours haut et n'attaint que ceux qui sont aux premiers rangs; ceux qui sont plus forts de cavalerie doivent tourner avec leurs moyennes coulouvrines sur le flanc de l'assiete des ennemis, lesquels les endommageront et contraindront de deplacer en presence, s'ils ne sont couverts de bois, ou que la coline ne soit en pendant de tous costez. Pour ne rendre les foibles de cavalerie inutiles, faut observer des espaces entre les bataillons et chariots, pour (apres que les ennemis temeraires, ayant trop approché, tirez par l'infanterie, plieront aux mousquetades), sortant la cavalerie par ces espaces vuides, faire leurs charges, et suivront, s'ils le connoissent necessaire; sinon, faisant le caracol, se retireront par les lieux et espaces vuides qui leur seront esté monstrez pour retraite, repassant entre les mesmes bataillons, là où si les ennemis sont si fols que de les suivre, ils se trouveront chargez d'une autre cavalerie, et par flanc combattus de mousquets et de piques, et trouveront encor un autre espace ou barriere de chariots, qui les gardera d'enfoncer dans le cœur du camp, ainsi que monstrent les portraits que j'en ay faits. Ceux qui sont plus forts de cavalerie doivent chercher de combattre en campagne : les escadrons ne doivent estre placez l'un apres l'autre; s'ils sont huict en advancer quatre, les autres placez plus en arriere, au droit des grandes espaces vuides qui demeurent entre les quatre premiers. Et pour empescher confusion que les uns ne se renversent sur les autres, quelque quantité qu'il y ait d'escadrons, il les faut mettre en deux rangs, si esloignez les uns des autres, que la defaicte de l'un ne nuise à son plus proche, et ceux qui se retirent puissent prendre la gauche ou la droicte sans apporter confusion, donnant commodité à ceux qui les soustiennent de charger en flanc ceux qui les poursuivent, sans rencontrer les leurs qui se retirent. La vaillance de la cavalerie estant creüe fermement par les arquebusiers, il n'est pas tant necessaire de les placer en lieu fort ; la bonne opinion qu'ils ont d'icelle les fait tirer dans la plaine asseurément; laquelle cavalerie par sa seule force se peut exempter d'inconveniens, observant de ne loger incommodement si pres de leurs ennemis, que par l'entreprise d'une nuict ils puissent estre deffaicts; moins se porter dans les charges avant que desloger la mousqueterie, qui dans lieux forts flanque les ennemis, lesquels, ne pouvant aller à eux la cavalerie, il faut deplacer par l'infanterie.

Desloger en presence c'est hazarder la bataille, oster le courage et l'ordre aux siens; si ce n'est de nuict, les ordres ne se changent sans peril en presence : il se peut donner divers preceptes. Il faut mesestimer ses ennemis devant ses soldats sans les mespriser en son cœur, ne croire au premier bruit qui vient, considerer les personnes, d'où ils sont, et leur naturel, faire reconnoistre par gens experimentez amis du chef, soupçonner leurs rapports selon leur tardiveté ou chaleur, ne se laisser persuader sur le bruict des capitaines, faire taire les chefs et soldats qui donnent leur advis mal à propos, resoudre les affaires à trente pas des escadrons avec peu de choisis, ne se laisser porter à l'hastiveté, aux bruicts, aux bonnes nouvelles ny aux coups de canon, prendre temps de se resoudre rassisement, considerer si son esprit est en bonne assiete, si le desir de combat, la crainte d'iceluy, la colere, les diverses paroles des chefs ne l'ont point esbranlé. La pluralité des voix n'est la meilleure; peu concluent à l'hazard, participans au danger et non à la gloire du chef. Ne soient jamais mis les escadrons l'un derriere l'autre, ou autrement un deffaict en rompt plusieurs. Tout escadron qui charge, quoy que victorieux, se rompt en chargeant : qui le charge par flanc l'emporte. Celuy qui a plus d'escadrons a l'advantage : ils ne doivent estre de plus de trois cens chevaux, qui peuvent faire dix rangs; mettre douze des mieux montez au premier rang, doublez et triplez de semblables derrier eux aux autres rangs, et les placer dans le milieu ou sur un costé de l'escadron; cela fend et ouvre comme un coin fait l'arbre. A chaque rang un chef, au derrier, des mareschaux de logis frappans les poltrons. Les soldats se doivent mener au pas, ou bien au petit trot, à la charge, ou ils s'en dispensent; faut s'arrester souvent pour voir si tout marche, les chefs les écriant par leurs noms. En ces haltes, à quarante pas des ennemis, se doit laisser tirer les enfans perdus et arquebuziers à pied. La cavalerie ne doit estre chargée d'armes, le devant du casque, trois lames des tacettes, moignons et devant de cuirace à l'espreuve, et non par derrier, pour n'estre combattus de ces armes. Les pistoliers sont les meilleurs, et s'il y a quelques lanciers italiens, il les faut mettre sur les flancs droicts pour charger aux gauches ses ennemis. Sera assez de soixante lances à un escadron, et seroit mieux qu'il n'y en eust point du tout : icelles lances doivent charger sur le flanc proche des derniers rangs des ennemis. Il faut un ost de reserve, qui jamais ne combatte que la victoire ne soit asseurée; l'artillerie ne soit placée en lieu trop haut, autrement elle tire à plomb et ne tuë qu'un homme; il faut qu'elle raze. Il n'est que les coups chargez au logis, ou des arquebuziers asseurez d'un fossé, ou des piques. Le duc de Palme, voulant faire combattre ses lanciers, les mettoit par cent chevaux en croix, croyant que, donnant dans un ost de trois cens pistoliers, les premiers seroient battus, les seconds desordonneroient, et les troisiesme et quatriesme emporteroient : quoy qu'ils disent, l'advantage est de ceux qui vont en gros de trois cens. Soient mis les meilleurs hommes aux fronts, c'est un prejugé; les premieres charges ostent ou donnent le cœur. Regarder que les meilleurs ne chargent pas les pires, d'autant que les meilleurs du costé des ennemis demeurans sans estre occupez et chargeant les plus foibles, la victoire demeure en doute; faudroit encores debattre un coup comme à Cerizolles. Dans les charges il ne faut aller qu'au petit trot et se r'allier; la charge en flanc est la ruïne des escadrons. Il est necessaire d'avoir cinquante chevaux tirez pour soustenir ses ennemis s'ils en avoient autant pour charger en flanc; et s'ils n'y pretendent, faut faire ce qu'ils devoient faire, les embarrassent fort et diminuent leurs forces. Certainement un regiment de mil chevaux, s'il est chargé de cent par flanc avant que se mesler, diminue fort de sa force; de mesme ceux qui chargent cent pas devant les escadrons donnent grand advantage à ceux qui les suivent. Il ne se faut point fier que la cavalerie soit hors de combat, qui est entre des regimens de gens de pied, parce qu'il n'y a pas plus de peril d'aller à eux, que s'ils estoient en campagne flanquez d'harquebuziers; et pour la mettre hors de combat il la faut mettre directement derriere les bataillons de gens de pied, dont ils peuvent sortir quand les ennemis plieront aux mousquetades, ou affoiblis de charger dans les piques.

Des coureurs forts reüssit souvent de bons effects, et n'engagent s'ils sont reversez : le sage capitaine au combat qui tient sa troupe esloignée, les reçoit, et se retirent ensemble avec prudence. Les escadrons incommodez d'artillerie, ou tentez de belles occasions, ou desirans d'eux mesmes reparer un desordre, ne doivent se mouvoir sans commandement du general ou du mareschal de camp : pensans bien faire pour leur salut, ou de quelques particuliers, ils hazardent le gros des batailles dont ils ne sçavent le nœud : ardeur, crainte, hayes, fossez, rompent l'ordre des combats. Il est mieux de souffrir les canonnades et mousquetades des ennemis, que, pour se trop tost advancer, couvrir les siennes et les empescher de faire effect. Marcher au pas, et par consideration petit trot, faisant halte, par fois retient le commandement; la confusion se glisse aisement parmy les trop hastifs. Quelque fort que l'on soit de cavalerie, il ne faut attaquer ses ennemis flanquez d'infanterie sans y en mener, et les deloger, si ce n'est que la victoire soit toute apparente. Ceux qui sont bien placez ne doivent de chaleur abandonner leurs postes, mesmement voyant les ennemis venir à eux, qu'il vaut mieux recevoir en son assiete favorable, qu'en sortir pour les aller chercher : la routte des premiers escadrons porte malheur et mauvais exemple au reste, qui juge l'issue du combat par les premiers evenemens. Les fronts doivent estre de bons hommes, les osts de reserve sont necessaires conduicts par bons capitaines et qui ne s'estonnent de voir leur armée en route : ils ont plusieurs fois donné la victoire aux vaincus; c'est pourquoy les victorieux doivent suivre sans debandement. Plusieurs ont opposé les plus foibles aux plus forts, à ce qu'iceux forts, s'eschaufans à les suivre, se desordonnent, soient chargez en flanc et defaicts. Aucuns, par grandes escarmouches souvent rafraischies, ont tenté l'evenement du combat, qu'ils ont pris à heure et à temps, et sur les mouvemens ou demarche de leurs ennemis ont changé l'escarmouche en bataille. Le general ne peut estre par tout, il doit avoir des mareschaux de camp et vieux capitaines qui le soulagent, sçachent son but, son intention, et courent de costé et d'autre. La multitude de ceux qui demandent ce qu'ils ont à faire, les divers evenemens parmy tant de cris, de bruits de trompetes, de tambours, ne se peuvent pourvoir ny remedier par un seul : de tant plus il est necessaire que l'ordre soit dit et escrit avant le combat, qui apporte tant de confusion, meslant l'ordre prescrit et celuy qui seroit necessaire en presence, que la fortune y a bonne part. Infinis autres preceptes se peuvent donner qui ne sont icy.

Inimitié ancienne ny offence nouvelle n'empeschent les princes de se reconcilier et s'associer avec leurs ennemis; ils ne se ressentent du passé au respect de leur utilité.

L'interest est le maistre de tout, et ne faut faire aucun fondement (principalement en France) sur ces divorces, lesquelles finiront lors que l'un ou l'autre aura moyen de contenter son ennemy, ou de le faire craindre.

Toutes lettres portans reddition aux assiegez doivent estre suspectes ; l'artifice est commun aux assiegeans d'en contrefaire, et ne sçay comme les anciens ont esté si grossiers que d'y adjouster foy, et encore pis de les faire voir et publier parmy les soldats.

Ceste victoire fut importante, le marquis du Gast devoit entrer au Lyonnois s'il n'eust esté defaict. M. d'Anguien offre de prendre Milan à l'aide de Strosse et de ceux de La Mirande sus pied en Italie pour le Roy. Sa Majesté commande de prendre Carignan, et de luy renvoyer ses forces ; il est obey à l'un et à l'autre. Strosse, au bruict de ceste bataille, pense aller au siege de Milan, court à sa defaicte par le manquement de cavalerie que M. d'Anguien luy devoit envoyer, de sorte qu'il fut rompu à deux journées du camp des Français, où plusieurs se sauverent. L'alarme de l'entrée de l'Empereur retire les forces de Piedmont en France ; apres qu'elles eurent pris Albe joincts à Strosse, ils firent suspension d'armes et vont au secours de France. Quatre vingt mil hommes et dixhuict mil chevaux doivent assieger Paris. L'Anglais, ayant pensé à faire les affaires, assiege Boulogne au lieu de Paris ; Guillaume de Fustemberg gagne par famine Luxembourg, l'Empereur joint à luy prend Commercy et Ligny. Le Roy, sans estranger (1), est blasmé des siens, à quoy il respond qu'il n'en veut qu'au declin de l'armée imperiale. L'Empereur assiege Sainct Dixier, au lieu qu'il devoit assieger Paris, huictiesme juillet 1544, esmousse les pointes de ses feux. M. le Dauphin et le sieur d'Annebault viennent à Jaillon, mettent la riviere de Marne entre leurs en-

(1) *Le roy sans estranger* : sans secours étrangers.

nemis et eux, jettent M. de Brissac à Vitry, avec des gens de pied et des chevaux legers. Il en est deslogé, et son infanterie defaicte; apprenant qu'il ne se doit garder un logis que l'on ne veut secourir à la teste d'une armée ennemie. Deux coups de canon tuent La Lande, premier des assiegez, et le prince d'Orange, seconde personne des assiegeans. L'Empereur donne l'assault redoublé de toutes les nations, et est repoussé, tant parce que la bresche avoit laissé des flancs, que pour ceux qui estoient couverts.

L'Empereur, la sappe tentée, desespere de la prise, invité à parlement sur lettres contrefaictes de M. de Guise, contenant aux assiegez que le Roy ne les pouvoit secourir. Ces escrits, le peu de vivres, le devoir qu'avoient fait les assiegez, fait rendre le comte de Sanserre, apres avoir adverty le Roy qu'il attendroit huict jours secours. Il avoit donné temps aux Suisses et forces de Piedmont d'arriver; le Dauphin menace de bataille l'Empereur, ayant despendu temps et argent devant une bicoque; l'Anglais, ne voulant quitter Bologne, manquant à la promesse d'assieger Paris, l'Empereur entend à la paix. Il avoit premedité de tenter le chemin de Paris, et, s'il trouvoit grand obstacle, resolu à la retraicte par Soissons, se parant de rivieres, comme il fit. Les deputez furent messire Ferrand de Gonzague et Granvelle, l'admiral d'Annebault et le garde des seaux de France. Ils ne font rien au premier parlement; les armées se voyent pres Chalon, la riviere entre-deux: le comte de Fustemberg la veut sonder de nuict, il est pris. L'Empereur prend Esparnay, passe la Marne à tous evenements, feignant vouloir aller en Brye, où le Dauphin se retire; couvre Paris, dont l'espouvante des habitans, qui se sauvoient en Normandie en despit du cardinal de Meudon (1), fait croire que si l'Empereur eust marché droict à Charenton, que l'armée du Dauphin déplaçant eust mis Paris en branle. Le Dauphin prend le temps, requiert au roy François que le connestable soit r'appellé; la faction de madame d'Estampes et d'Annebaut contrarie ceste proposition, envoyent querir M. d'Orleans; tout est en mesfiance. Si les Anglais et l'Empereur se fussent bien entendus, ils mettoient en mauvais estat la France. L'Empereur à Chasteau Thierry, sur les deux chemins, resout sa retraicte par Soissons, lieu par luy dés long temps premedité. Le Roy, sçachant la prise de Bolongne par l'Anglais, envoye M. d'Annebault à l'Empereur pour la paix desirée des deux parts; Sa Majesté pensoit avoir beaucoup fait de sauver son royaume, et l'Empereur son armée ruinée. Le Roy en fut adverty; mais son sang estoit refroidy de vieillesse et fortune passée. La paix se fait : l'un se contente de paroles, l'autre d'en donner. L'Empereur continuë ses artifices, promet Milan, sa fille ou sa niepce à M. d'Orleans, dans huict mois, se reserve les chasteaux du duché jusques à ce qu'il y eust enfans de ce mariage, et le Roy devoit rendre le Piedmont. Incontinent Sa Majesté donne sept villes, partie de Luxembourg; l'Empereur en rend un tiers moins, resolu de tromper de Milan. Le Roy feint ne le cognoistre, estant saoul de la guerre, se contente d'estre trompé.

(1) *En despit du cardinal de Meudon* : ce ne fut pas le cardinal de Meudon, parent de la duchesse d'Etampes, qui mit Paris en état de défense, ce fut le cardinal Du Bellay.

Lettre de M. de Villefrancon, frere du sieur de Tavannes, à un de ses amis, sur la sortie de l'Empereur, par laquelle paroist la peur de ceux de Paris.

« Monsieur mon compagnon, pour satisfaire à vostr
« desir, je vous diray qu'au partir du camp de Jail-
« lon, voyant que l'Empereur s'en alloit le chemin de
« Paris, nous dressames la teste de nostre camp droict
« à Brye contre Robert, pour estre au devant de luy.
« Et estoit nostre deliberation (s'il fust marché plus
« avant) que nous allions camper au pont de Cha-
« renton, et de là au marché aux porceaux, où l'on
« s'estoit fortifié un camp. Et estoit la ville si espou-
« vantée, qu'il n'y avoit demeuré que bien peu de
« gens, et sans ce que le Roy y alla, je croy qu'il n'y
« fust demeuré personne. Selon qu'il se disoit que
« l'Empereur venoit à Paris, M. le Dauphin manda
« au Roy qu'il seroit bon d'envoyer querir M. le con-
« nestable pour mettre dans Paris : le Roy le trouva
« fort mauvais, et envoya querir M. d'Orleans pour
« aller audict Paris, lequel y alla en poste, et je de-
« meuray au camp. Pendant cela l'Empereur marcha
« droict à Chasteau Thierry, où ses gens ont beaucoup
« gagné, car l'on n'avoit rien retiré; et en faisant ce
« chemin l'on traictoit tousjours la paix, et estoit à
« accorder des ostages. Et ce qui differoit de passer
« outre, estoit à ce que ses gens fissent leur profict :
« toutesfois il fut defendu de ne rien brusler, et n'a-
« on pas bruslé en tout six ou sept villages. De Chas-
« teau-Thierry il dressa son chemin droict à Soissons,
« où il a sejourné trois jours, et là fut faicte la reso-

« lution de la paix, la ville ayant esté auparavant
« pillée, et n'avoit le peuple rien tiré; ils ont fait de
« grands butins. Et fut mandé M. d'Orleans pour ve-
« nir trouver l'Empereur audict Soissons, et partit le-
« dict seigneur de Paris en poste, et me manda au
« camp que je l'allasse trouver à Villiers Couterests ;
« et y arrivasmes jeudy au soir; et le lundy, en poste,
« nous vinsmes disner audict Soissons, et en estoit dés-
« logé l'Empereur, et estoit à Nicy : passasmes nos
« chevaux de poste fort las et vinsmes audit Nicy, où
« le vice-roy nous vint au devant avec un roy d'armes
« et environ vingt et cinq chevaux, et dit à Monsieur
« que l'Empereur estoit delogé, et qu'il alloit coucher
« à Crepy en Launois, à trois lieuës de là. L'Admiral
« vint aussi au devant, et presta une haquenée à Mon-
« sieur. Et nous sur nos aridelles par les chemins ren-
« contrasmes l'arriere garde de l'Empereur, et y avoit
« trois fois plus de bagage que nous n'en avions, en
« grand desordre. Si nous eussions rien valu, nous en
« avions grand marché, car son armée estoit fort di-
« minuée, et n'y avoit pas en tout vingt mil hommes,
« accompagnez de quatre à cinq mil chevaux. A nostre
« arrivée à Crepy, l'Empereur vint au devant de
« M. d'Orleans jusques à la porte de son logis, et luy
« fit un grand bon recueil, et le mena en sa chambre,
« où ils parlerent longuement ensemble, et le logea
« en une chambre pres de la sienne, et emmena mon-
« dict seigneur jusques en sa chambre pour le faire
« dehouzer, et fut servy de la cuisine de l'Empereur
« ce soir là, comme il a tousjours esté jusques à
« maintenant.

DE VILLEFRANCON. »

Lès bourgs fossoyez se peuvent en trois sepmaines accommoder, pour s'empecher d'estre emportez d'emblée et contraindre leurs ennemis de faire un logis sur la bresche, faisant des retranchements au dedans, s'aydant des murailles des jardins et maisons percées, et petits fossez devant icelles hastivement faicts, lesquels, ne se pouvans voir de la premiere batterie, forcent à loger le canon sur les ruïnes de la bresche, pour batre le retranchement. Le siege en sera plus long, et principalement s'il y a temps de faire des logis et flanquer la contrescarpe du premier fossé, où les cazemates et traverses sont necessaires; lesquelles se peuvent faire en un moment avec des bois et tonneaux, qui ne peuvent estre veuz si le canon n'est logé sur le fossé, ou la contrescarpe percée. A ces forteresses foibles et nouvellement construictes ces defenses sont inutiles si la place est veüe en courtine : à quoy l'on seroit contrainct de faire plusieurs petites espaules ou traverses, où seroit employé le temps qu'il faudroit mettre à fortifier les lieux susdicts plus necessaires. Toutes encogneures s'ouvrant font voir en courtine quand un cavalier a esté eslevé, à quoy ne sont subjectes les places qui ont un peu d'eminence, et à ce moyen empeschent l'artillerie posée sur un cavalier nouvellement construict de voir dans la ville. A ces places foibles faudra un peu remparer les cogneures, ou du moins à cest endroit hausser la contrescarpe, qui empeschera que la batterie faicte en la courtine, ne tirant qu'à moitié muraille, elle fera haut et passera sur la teste de ceux qui sont à la defence de la bresche.

Paris, reduict en extreme necessité par vingt mil

hommes en l'an 1570, monstre que si les Anglais et Imperiaux ne se fussent amusez à Bologne et Sainct-Dixier, qu'ils eussent esbranlé la France par le siege de Paris, ou contrainct les Français à un combat desadvantageux. C'est par là qu'une grande puissance avec intelligence peut faire beaucoup de mal, estant fort facile de jetter la timidité parmy les peuples.

Roys, princes, conseillers d'Estat, resolvez, repensez ; Dieu se reserve tout, se mocque des prudences humaines : ceux qui tombent en la faute d'autruy se vantoient peu auparavant d'avoir esté faits sages par icelle. Cessez, peuples, d'admirer leurs conseils : plus ils y pensent, et plus de confusion, presomption, inimitié et injustice cause des pertes irreparables. Celles de l'Empereur et du Roy estoient innombrables, celles du premier luy sont attribuées, et celles de l'autre à ses conseillers. Celuy qui a accoustumé d'estre soulagé, soit aux faits ou au conseil, devenu paresseux par coustume mauvaise, ne peut plus rien faire sans l'aide d'autruy. Loyse, mere du roy François, et le grand maistre de Savoye, le connestable son beau fils, madame d'Estampes, M. d'Annebault, sont responsables des erreurs de leurs maistres; les admiraux de Bonivet et de Brion y ont leur part, et par tout les dames eurent trop de pouvoir : tous conseilloient mal, il falloit ou du tout la guerre ou du tout la paix ; le milieu se nomme brouillerie et confusion. Les païs du roy d'Espagne sont en Europe divisez en trois, Espagne, Flandres, Italie : l'entreprise d'Espagne, malheureuse à Charlemagne, bien fortunée au connestable du Guelquelin par les intelligences qu'il y eut ; il en faudroit rechercher en Portugal, attaquer pied à pied Navarre : premierement, couper les aisles de ce corps, Flandres et Italie ; l'une et l'autre est isle pour le roy d'Espagne, qui n'y peut aller que par mer, occupant le comté de Bourgongne et se rendans les Français plus forts sur la mer : les hommes, les bois, les cordes, ferrements abondent plus en France qu'en Espagne. Les Espagnols ne peuvent passer en Flandres ny Italie que par la France, autrement il faut qu'ils navigent. Si au lieu de Perpignan et Luxembourg on eust attaqué l'Italie, favorisé de Barberousse, on eust emporté Milan ou Naples, et peut estre tous les deux : autant est on damné de s'aider du Turc pour prendre une ville que pour prendre un païs. Les premieres barrieres de la conscience faussées, les autres se rompent ; il ne s'en falloit aider, ou que ce fust à bon escient : autant de blasme eut le Roy d'avoir fait venir le Turc que s'il s'en fust bien servy. L'Empereur lors seulement avoit bien cogneu, quand il gaigna Bourbon, que France ne se vainc que par France, l'imprudente conduitte de ses desseins les fist avorter à leur naissance. Et à la descente des Anglais, l'Empereur sçavoit que ses predecesseurs ducs de Bourgongne ne s'estoient jamais peu servir de l'Anglais à propos, ou pource qu'ils failloient à jour nommé, ou qu'ils arrivoient ou trop tost ou trop tard ; il devoit, au lieu de leur envoyer le comte de Bures, les aller querir à Bologne, et les amener à Paris sans attaquer Sainct Dixier. Il est admirable que ces grands secours d'Anglais, de Turcs, pratiquez avec grande peine, ont esté si inutiles. L'exemple du duc Charles de Bourgongne devant Nuce, de l'empereur Charles devant Sainct Dixier, et du roy François à Perpignan, rend inutiles ces secours. Ce n'est pas tout de les obtenir, mais de s'en bien aider; le premier dessein des armées doit estre grand et utile; s'il ne reüssist, il ne laisse d'estre honnorable.

Voulant entreprendre sur diverses nations, il faut lire les livres, pour eviter les fautes ausquelles les anciens sont tombez. Les Français ne sont changez de la description qu'en fait Cesar : vaillans à l'abordée, moindres en continuant le combat, prennent resolution sur les premieres nouvelles, subjects à se repentir; les Genevois et Florentins, mouvans, de foy suspecte. De mesme se doivent regarder les entreprises faictes et faillies par plusieurs : les histoires bien leües nous feront eviter infinis perils, pourvoir à plusieurs accidents, nous garder de beaucoup de malheurs, et reüssir nos desseins ou les rompre avant que de les mal entreprendre.

Voyant les entreprises si bien projettées tourner à neant, fait croire qu'il y a de l'ouvrage de Dieu, semble qu'il a mis des barrieres qu'il ne veut estre passées legerement : à l'Espagne les monts Pirenées et la mer; à la France, la mer, les Pirenées, le Rhein, les montagnes de Suisse et de Piedmont : l'Italie a la mer et les Alpes. Et neantmoins il y a des exceptions à l'empire des Turcs, qui possedent la Grece et ont passé le Bosphore de Constantinople : les Espagnols en la Flandre et dominent en Italie; vray qu'il y a peu de temps et est mal aisé que la possession de païs si escartez dure. C'est autant d'honneur au roy d'Espagne d'avoir acquis Portugal, que de blasme à la France de n'avoir gagné l'Alemagne et la Flandre jusques au Rhein, dont la conqueste eust esté plus aisée que l'entreprise d'Italie, tant de fois en vain tentée.

Dieu fit voir sa volonté, qui n'estoit que les limites susdicts fussent faussez, ny qu'il se fist un monarque, ayant de mesme temps fait naistre de grands capitaines, l'empereur Charles-Quint, le roy François premier, Solyman, seigneur des Turcs, Henry, roy d'Angleterre, à ce que l'insuffisance de l'un ne donnast toute la puissance à l'autre. Ausquels il fit succeder quatre autres princes de mediocre valeur, les roys Henry de France, Philippe d'Espagne, Selim de Turquie, et Elizabeth d'Angleterre. Que s'il y eust eu un de ces grands princes sus-nommez du temps de ces mediocres, il les eust opprimez. De nouveau il semble que Dieu continuë en ceste mesme volonté que la France, l'Espagne et l'Angleterre soient si esgalement puissantes, qu'ils ne puissent accroistre au prejudice les uns des autres : ayant rendu le royaume de France par la paix uny, puissant et formidable, d'autre part a joinct le Portugal à l'Espagne, et l'Escosse à l'Angleterre, à ce qu'ils ayent force et moyens de se garder esgalement les uns des autres, empescher la monarchie et conserver leur Estat.

C'est merveille que l'Italie se laisse suppediter par chasteaux, et que deux mil Espagnols la tiennent en subjection : la multitude de potentats interessez à leur conservation particuliere, estans ennemis d'une seule puissance, en maintient en egalité quatre grandes, le Pape, l'Espagnol, les Venitiens et Florentins, lesquels, pour ne rien alterer et ne souffrir agrandir les uns au prejudice des autres, maintiennent les moindres puissances d'Urbin, de Luques, de Mantoue. L'Espagnol n'en peut estre absolu, pour estre estranger et n'avoir guiere d'hommes, les Venitiens pour avoir de l'argent sans soldats, les papes pour estre eslectifs et ecclesiastiques, excepté les Espagnols : celle de ces puissances qui se sent opprimée appelle les Français, desquels ils se defont quand ils n'ont plus de peur. Et à cela ayde fort que les habitans ne sont aguerris, et unanimement plongez dans la volupté, en laquelle les souverains les poussent et maintiennent, joinct à la crainte de la justice.

L'indiscretion des Français ruine leurs affaires. Le roy Charles VIII donne à ses mignons les vivres des chasteaux de Naples qu'il vouloit garder, aussi-tost un voyage de mer faict ou rompu. Vaisseaux, armes, vivres, poudres, artilleries, sont données aux femmes et aux mignons au lieu de les conserver, comme ont de coustume les roys d'Angleterre; leur imprudence, la douceur de leur pays, auquel ils desirent retourner promptement, les rend incapables de tous bons desseins, et le peu de secours d'hommes et d'argent qui leur devroit estre envoyé de France, fait naistre et sert d'excuse de leurs capitulations et traictez honteux qu'ils font.

Il est admirable que la lecture des livres, l'exemple des vivans, la prevoyance tant de fois repensée, le conseil des amis et la prudence ne peuvent empescher que l'on ne tombe aux resolutions pernicieuses que l'on a blasmé auparavant en autruy avec des risées et serments que l'on se garderoit bien de pareils inconveniens. Neantmoins, persuadez et scillez, je ne sçay quoy conduit à faire ce qu'on disoit qu'on ne feroit jamais, lequel, une fois fait, le considerant à loisir, plein de merveille, l'on s'interroge s'il est possible qu'on ait fait une telle faute, si on ne s'estoit pas bien proposé de ne la pas faire. Il ne s'en peut rendre autre raison, sinon que la sagesse de Dieu renverse les conseils humains et les fait marcher au contraire de leurs resolutions, pour magnifier sa gloire. Pour ne tomber en ces fautes et prendre un bon advis, il faut se mettre en bon estat, pureté de conscience, et prier nostre Seigneur qu'il nous assiste; mais la principale assistance est que les desseins et resolutions soient vertueuses et telles que doivent estre celles des gens d'honneur.

Souvent il advient que lors que nous avons crainte de nos ennemis ils l'ont pareille ou plus grande ; les occasions passées de part et d'autre, ce mot se dit : « Si nous fussions esté advertis. » C'est pourquoy il ne faut tant considerer nostre foiblesse que celles des contraires, lesquels sont souvent plus incommodez que nous et plus en estat d'entreprendre sur eux.

La paix se traicte, l'Empereur, en crainte de la misere de son armée, veut avoir ostages pour sortir seulement de France ; le Dauphin, les capitaines français blasment ses traictez : ainsi va fortune à la guerre. Ceux qui se mesfioient il y a huict jours de pouvoir garder Paris, disent, maintenant que l'on est sur le traicté, qu'ils prendront l'Empereur si on leur veut permettre ; tant sont ces grands princes vains et mal advertis. M. d'Orleans, envoyé du Roy, arrive en poste à Crespy vers l'Empereur, assisté du sieur de Tavannes son conseiller et son lieutenant de gendarmes, auquel estat il avoit pourveu par la mort du comte de Sanserre, resolvent plier aux volontez de l'Empereur. Le sieur de Tavannes conseille à M. d'Orleans de demander la Bourgongne, remettant au dessus le nom de la plus grande maison de la chrestienté, par l'intermission de l'Empereur; l'accueil ouvert de Sa Majesté faict croire les traictez sans fraude. M. d'Orleans en asseure le Roy à son retour, ce qui est confirmé par les sieurs de La Hunaudaye et Laval, qui avoient esté donnez pour ostages de seurté à l'Empereur, lesquels apporterent de Bruxelles la ratification du traicté et lettres d'asseurance du duché de Milan et de la fille de l'Empereur, duquel le dessein estoit de diviser la France par les enfans d'icelle, recevoir le fruict de Piedmont qui luy devoit estre rendu dans huict mois, et, si la partialité et inimitié ne se mettoit entre les enfans de France, rechasser les Français par les chasteaux qu'il retenoit de Milan, à l'aide des Milanais, qui se saouleroient des Français et desireroient nouvelleté. M. d'Orleans dresse son equipage, demande la Bourgongne d'appennage; l'inimitié du Roy et du Dauphin en demeure sur le sieur de Tavannes, conseil de M. d'Orleans. Le roy d'Angleterre, abandonné de l'Empereur pour n'estre venu à Paris comme il luy avoit escrit, prend Bologne, rendu legerement par le sieur de Vervin; il assiege Montreüil, s'en retire à Calais, et de là en Angleterre. L'armée de M. le Dauphin donne par entreprise à la basse Bolongne, où les munitions des Anglais estoient, et par desordre en est repoussé avec perte; l'hyver et la faute des vivres font licentier l'armée de M. le Dauphin, qui laisse le mareschal de Biez en Picardie, lequel entreprend des forts près Bolongne.

Le roy Jaques d'Escosse [1] meurt, laisse une fille de la fille de M. de Guise au berceau : il s'estoit du

---

[1] *Le roy Jaques d'Escosse* : Jacques V étoit mort en 1542.

tout allié avec le Roy avant sa mort, qui avoit envoyé le comte de Lenox, sur la declaration qu'il fit contre l'Anglais : le sieur de La Brosse est envoyé en Escosse avec le sieur de Lorges. [1545] Au commencement de l'année 1545 est faicte une armée de mer par le Roy, joinct les galleres de Marseille par le conseil du sieur d'Annebault, pour se rendre le plus fort sur mer et affamer Bologne : l'armée de mer anglaise se met sur la defensive, en lieu où les bancs empeschent le combat maritime. Le sieur d'Annebault, general de l'armée de mer, n'estant resolu de faire entiere descente en Angleterre, en tente deux ou trois, où il est repoussé, en diverses resolutions de se battre ou fortifier l'isle d'Aix, en fin se retire sans combat ny utilité au fort de M. de Biez, lequel ne l'avoit rendu en defence comme il avoit promis. Le Roy en l'abbaye de Foresmontier pres Bolongne, les enfans de France s'exerçoient à toute sorte de tournois; M. d'Orleans en sens, fleur de jeunesse et valeur, surpassoit tous les autres, lors que, revenant tard de la chasse, il monstre une comete au sieur de Tavannes, qui luy respond en riant que c'estoit peut-estre la sienne; M. d'Orleans s'en mocque, n'y ayant rien qui luy puisse faire penser à la mort, laquelle luy advint tost apres.

Il n'est licite à un gentilhomme français de se donner entierement aux princes, seigneurs ny freres des roys, au prejudice du service de sa Majesté, moins en prendre pension : les grands veulent leurs serviteurs tous à eux, desirent d'iceux assistance et conseil pour et contre l'Estat, autrement les mesprisent. Ceux qui ont bonne conscience ne s'y engagent, principalement à ceux qui aspirent à troubler l'Estat : bien peuvent-ils assister leurs maistres de conseil pour faire leurs conditions meilleures envers le Roy. Estant jeune, le sieur de Tavannes conseille M. d'Orleans de demander la Bourgongue au prejudice de la France, et vieux ne veut prendre pension de M. d'Anjou, qui fut depuis Henry III, sans permission du roy Charles IX : tant sont diverses et changeantes les opinions selon les aages. Je conseillerois d'estre esclaircy de l'intention des princes auparavant que se donner tout à eux, à ce que pour peu de gratification ils ne peussent engager la vie, l'honneur et le bien de ceux qui les suivent dans les rebellions de l'Estat.

La guerre est plus incertaine que toute autre science : theologiens, medecins et advocats, n'asseureront la conversion, la guerison ny le gain. C'est imprudence aux capitaines de promettre une victoire, la prise d'une ville, la reputation et construction d'une forteresse dans un temps limité, parce qu'aux moindres accidens tous desseins se rompent qui dependent de la puissance d'autruy. Si l'on en vient au bout, les maistres disent seulement que l'on a fait ce qu'on avoit promis : s'il y a faute, c'est plus grande perte d'honneur et reputation que si on ne l'avoit promis. Il faut faire comme les medecins, mettre tout en doute ; les affaires reüssissans il y aura plus de gloire, et les princes et generaux doivent plus de secours et provisions necessaires, n'estant si asseurez de l'execution de leurs commandements.

Les roys, les princes ne sont tels que le ciel face demonstration de leur mort par cometes, la multitude des mourans rempliroit les cieux de signes ; à peine s'en voit-i en vingt ans une. Sont exaltations chaudes et seiches enflammées en la moyenne region de l'air : ceux qui leur donnent signification le preuvent par experience, s'estant rencontrez semblables signes aux morts des princes, famine et guerre. Ces superstitions restent de l'ancienneté des Gaulois : les Siciliens craignoient les eclypses, jusques à ce qu'ils en eussent apris les raisons. Les sainctes Escritures portent que ne devons esperer aucuns signes jusques au dernier jour. Il est difficile, au lieu où nous ne touchons que de l'esprit, d'asseoir jugement certain de ce qui s'y agit. Les astrologues ont donné leur opinion pour loy, laquelle ils ne peuvent prouver leur niant les principes. Ils maintiennent que le soleil est septante fois plus grand que la terre, qu'il y a unze cieux invisibles, preuvez par autant de differents mouvemens, y attachant les astres comme les clous dans les roües tournantes, et qu'un ciel est meu par l'autre jusques au dernier moteur ; accommodent les qualitez des cieux selon leurs foibles opinions, les font froids, ardents, pour en former leurs neiges, leurs flames, font du ciel un orloge dont l'une des roües dentelées tourne l'autre par mouvemens contraires. Ils ne sçavent rendre raison d'eux-mesmes, et en veulent donner du ciel ; qui seroit supportable s'ils vouloient confesser leur doute. Ils ne sçavent l'estre, l'essence de l'ange dernier moteur, ny de son laborieux travail, comme la terre se tient suspenduë sans tomber au ciel, d'où vient le flus et reflus de la mer, pourquoy elle ne passe ses limites, quelles roües sont dans les corps qui font marcher les hommes, quel cabinet dans leur entendement qui contient memoire de cent volumes. Ils disent que la terre est suspenduë, parce qu'elle titre au centre ; que c'est la puissance de Dieu qui a mis un definit poinct où toutes choses graves tirent. Qu'ils disent donc de mesmes de tout le reste, que c'est l'ordonnance du Tout-Puissant, et laissent nos opinions libres puis qu'il n'y a certitude aux leurs, et ne facent de leur fantaisie des arrests, et qu'ils ne nous empeschent de dire que le soleil est chaud parce que nous le sentons, le ciel de la couleur d'azur comme nous le voyons, les neiges, les gresles levées par les vents des regions glacées ; qu'il n'y a pluralité de cieux, puis qu'il ne s'en voit qu'un ; qu'il n'est besoin de figurer quantité de roües ou instruments pour mouvoir les estoiles. La puissance qui tient la terre en l'air est celle qui fait marcher les astres en leur rang lentement ou rapidement. Ceste parole n'a besoin de causes secondes, d'instruments, roües ny orloges : il est plus aisé de les regir que de les avoir creé de rien, comme le corps d'un flegme, l'ame d'un souffle. Il est aussi permis de dire que la nature n'ayant rien fait de vuide, les corps celestes sont habitez d'innombrables esprits heureux ou malheureux ; qu'à iceux la terre ne semble qu'une estoile, que la mer est ce qui reluit, la terre ce qui est obscur en la partie des estoiles que nous regardons. Au commencement du Genese Dieu separa l'estenduë des eaux ; celles qu'il mit au ciel furent nommées ciel, et celles de la terre mer. Qui sçait si les estoiles nagent dans les eaux celestes ou si les astres ont des ames, des aisles, se mouvans par eux-mesmes, ou si les esprits heureux ou penitents les roulent ? Tout doit estre referé à la puissance divine, à quoy les imaginations humaines ne peuvent atteindre ; c'est sçavoir de sçavoir ne sçavoir rien.

Les Anglais, impatiens de voir faire le fort pres Bolongne, sortent dixhuict cens de Calais, nommez les Moutons Blancs, pour leurs casaques blanches; costoyant leur terre d'Oye, saccagerent les frontieres. Le sieur de Dampierre, en garnison à Ardres, advertit le Roy; qui envoye le sieur de Tavannes avec la compagnie de M. d'Orleans; s'assemblent à Ardres en nombre de deux cens maistres, ont advis que les ennemis marchent, incertains du chemin; se separent en deux, les Anglais de mesme. La plus forte troupe, de douze cens piques, rencontrée par le sieur de Tavannes en bataillon quarré, le flanc gauche couvert d'une forte haye, ledict sieur de Tavannes, sans demander conseil, marche moitié pas et trot, s'arreste, s'advance en ordre, fait charger trente chevaux sur la droicte des ennemis, qui les met en quelque desordre. Leurs arquebusiers et archers tirerent, les piquiers de la teste tournent au secours du flanc. Au mesme temps le sieur de Tavannes avec quatre vingts lanciers charge moitié teste, moitié flanc, passe à travers de coing à autre sans s'arrester à combattre, perd quinze gentilshommes, rompt ce bataillon par trois charges, r'allie trois fois; huict cens morts demeurent sur la place, quatre cens prisonniers emmenez, et quatre enseignes sont emportées. Le sieur de Dampierre malheureux en trouve six cens proche un village, charge en lieu fort à deux cœurs, tastant il fut blecé, contrainct de se retirer sans effect. Le sieur de Tavannes arrive victorieux à M. d'Orleans son maistre, qu'il trouve à l'extremité de maladie, change son ris en pleurs, entre en sa chambre, luy monstre les enseignes, nomme les prisonniers : M. d'Orleans l'embrasse avec ces mots :

Mon amy, je suis mort, tous nos desseins rompus, mon regret de ne pouvoir recompenser vos merites. Il mourut le huictiesme septembre 1545, emporte la vertu et l'honneur de la France, meurt en quatre jours, prest d'entrer en grande fortune entre dans le cercueil. Le sieur de Tavannes cognoist son travail, temps et espoir perdus, craint l'inimitié du Roy et du Dauphin, dont il fut esclaircy aussi-tost : esperant de luy les mesmes services qu'il avoit fait à feu son maistre, le reçoivent, le pourvoyent de l'estat de chamberlan et luy donnent la charge de la moitié de la compagnie de M. d'Orleans. Le Roy va à La Fere, craignant une levée de lansquenets faicte par les Anglais, qui se rompt d'elle mesme. Sa Majesté, ennuyée de la longueur du fort que faisoit le marechal de Biez, luy commande de prendre la terre d'Oye : sont trois lieuës de pays entre Calais et Gravelines, remparée de mer et de marets, à la teste fortifiée de Guignes et Ardres, d'un grand fossé flanqué de ravalins faicts par les Anglais. Le sieur de Tavannes, desirant prompte mort ou honneur, conduit par la permission du Roy à ceste entreprise la compagnie de feu M. d'Orleans ; par son advis est attaqué le premier fort, où il donne à pied avec l'infanterie : iceluy emporté, il remonte à cheval avec M. de Brissac, charge deux mil Anglais à une lieüe de là, les defait par son advis et assistance de la compagnie du sieur de Boizy. Le sieur de Tavannes n'a laissé que ce combat, celuy de Montcontour et Cerizolles desseignez de sa main. La terre d'Oye conquise, demy bruslée, l'hyver retire les armes. [1546] Le Roy envoye le sieur d'Annebault à l'Empereur sur la mort de M. d'Orleans, remonstre la promesse de Milan faicte en sa consideration et non en celle de son fils deffunct. L'Empereur remercie Dieu de luy avoir donné moyen de rompre honnestement ce qu'il n'estoit pas bien resolu de tenir : sa responce le fit cognoistre. Le Roy dissimule de crainte et de vieillesse : son conseiller le sieur d'Annebault fait de mesme; craignant les armées és mains du Dauphin, et par consequent du connestable, fait une paix honteuse : Bologne et Guignes doivent estre rendus au bout de huict ans, dans lesquels Sa Majesté devoit payer huict cens mil escus. Advint une revolte à Naples pour l'Inquisition, contre Pierre de Tollede, lieutenant de l'Empereur : la voulant establir, les Espagnols sont r'encloz par le peuple dans les chasteaux; eux, assistez de galleres, battent la ville de plusieurs endroits, se couvrans de tranchées. Ce feu estoit soufflé, non nourry de matieres suffisantes, par le Pape et Roy, qui n'envoyerent le secours promis; le vice-roy ayant quatre mil hommes au chasteau, ne vouloit sortir pour ne ruiner la ville. Trefves se font, tout est remis à l'Empereur, qui commande que le peuple, avant tout œuvre, donne les armes au vice-roy. Obey, il pardonne à tous, horsmis à huict ou dix, se contentant de monstrer au reste l'impossibilité et injustice de leur entreprise.

Les septentrionaux sont vaillans, les meridionaux spirituels; le froid serre les esprits pres du cœur, la chaleur les dilate et attire à la teste, où est le jugement. Les regions temperées meslent vaillance et prudence ensemble : les Français, Romains, Allemands, Macedoniens, qui habitent en païs temperé, ont fait de plus grandes conquestes que tous autres, pour avoir esprit et force joints ensemble. Il est plusieurs sortes de vaillances: les jeunes, en sang boüillant, non experimentez, s'hazardant plus que les vieux; les vieux devroient estre plus hazardeux, pour n'avoir pas tant d'années à perdre que les jeunes. La hardiesse naturelle naist avec nous; l'acquise, par discipline, celle du vin ou de l'opion, par transports d'esprit; autre s'accroist par son de trompettes et armes reluisantes. La valeur de la noblesse, qui ayme l'honneur plus que la vie, est à estimer plus que celle qui s'obtient par art, ou chastiments exemplaires de ceux du tiers estat; celle des gentil-hommes d'autant plus asseurée que fuir c'est mourir parmi eux: aucuns se sont tuez pour avoir fuy. L'hardiesse croist aussi par disposition et force corporelle, la vaillance se peut donner et accroistre par ordre et discipline : par icelle les Romains et les Grecs ont vaincu le monde, et les Espagnols se maintiennent. Le coüard, par bon ordre prend courage; la bonne opinion qu'il a de son capitaine et de ses compagnons le fortifie, n'esperant se sauver qu'au fort des piques, et par ses bras. Il sert de leur monstrer qu'il n'y a tant de peril aux charges comme ils pensent, que les corps ne se coupent comme des courdes, que de cent il n'en demeure un; faut mespriser les ennemis, prevenir les cœurs des siens avant l'apprehension du danger, à ce qu'ils ne treuvent rien de nouveau, n'estans les premiers mouvemens nostres. Les yeux, les oreilles, s'ils ne sont premiers advertis par l'entendement, le sang brutal les gagne, et apres l'esprit troublé les jette en confusion, sans loisir de se recognoistre, et ne sont plus à eux mesmes. Le jugement hors de son assiete ne se peut mettre; le sage en soupçon de ses sens n'obeït ny à la veüe ny à l'oüie, les appelle à compte, et s'en rend victorieux, considerant que c'est raison de preferer la mort à une vie deshonorée. Partie de la vaillance des soldats depend de la discretion du chef; il ne doit mener au combat ceux qui sont en crainte, les asseurer par petites defaictes des ennemis, les faire despiter des injures et paroles picquantes receües d'iceux, monstrer ceux qui ont chassé l'ennemy, magnifier les moindres actes, à un besoin mentir, ou faire mentir par fois discrettement; ne permettre aux prisonniers de loüer leur party, esclaircir les soldats de ce que les capitaines croyent qu'ils pourroient ou penser ou douter, avec visage asseuré, lire dedans le cœur, accuser les poltrons et loüer les braves. Le vin, la bonne chere peuvent sur plusieurs; les opinions à jeun ne ressemblent celles de l'apresdisnée; souvent une entreprise faicte apres souper, dilayée de la longueur du chemin, proche les ennemis mise au conseil, se change à ne combattre, encores qu'il ne soit rien advenu de nouveau. La vraye vaillance doit avoir premedité la honte, l'honneur, la mort, et la vie considerée, resoudre ce qui se fera à tous evenements, avoir signal avec ses sens, et les picquer, qu'au danger ils se ressouviennent des resolutions prises par l'entendement en repos. Les capitaines ne meneront leurs soldats au combat s'ils ne chargent les premiers. La vertu est accreüe par l'opinion : les reistres, craints en France, y sont à mespris; les Huguenots, au commencement redoutez, à la fin battuz; la Ligue avant la bataille de Sanlis menoit tout fuyant devant elle, à son tour fuyoit de mesme. C'est pourquoy les Anglais disent:

Bon homme pour le jour; la valeur ne demeure en mesme estat : tel est vaillant en duel pour sa force, science et escrime, qui craint l'arquebuzade; tel asseuré aux arquebuzades, qui ne veut aller sur le pré. Aucuns veulent estre veuz dans la nuict, ou seuls ne font rien qui vaille. La vaillance à toute heure, en tout temps est extremement rare et doit estre prisée, pouveu qu'elle ne soit par brutalité, ains par discours et prevoyance. Les anciens devoient estre plus vaillans que nous; ils croyoient la predestination, et que ceux qui mouroient pour leur patrie alloient en paradis : le christianisme defend le sang et les armes, promet paradis à ceux qui endurent coups et injures. La vaillance a ses artifices comme les autres arts : j'ay veu des generaux estimez, qui n'estoient vaillans qu'en apparence; bien montez font charger devant eux, se demesient, tiennent bride à dix pas des charges; s'il reüssit bien, ils suivent; sinon, ils sont les premiers à prendre party. Il est plus facile à un general qu'à un capitaine de couvrir son jeu, lequel, une fois descouvert, ne mene plus gueres de soldats dans le combat. Ces feints vaillans cognoissent les hommes quand ils branlent pour les charger, et s'ils voyent le desordre de leur costé, font ferme ou se retirent; ils sçavent que peu de gens veulent mourir, et qu'allans determinement aux combats, peu les soustiennent.

Les soldats d'Ariovistus, par longs cheveux, teintures, soüilleures et balafres, se rendoient affreux; les reistres par leur noircissement vouloient sembler des diables; et les Français aux armes reluisantes de flames, s'accroissant par pennaches, desiroient porter la crainte dans les yeux ennemis devant que la raison eust temps de la mespriser : cecy peut servir contre soldats non advertis ny aguerris. Les bons chefs, haranguans leurs compagnons, tournent ces appareils en risée ou en espoir de butin, et les font cognoistre ainsi que les fantosmes, qui d'abord apportent quelque crainte, et apres sont renversez et moquez. Ces remedes tesmoignent que ceux qui les inventent ne se sentent assez de courage en eux-mesmes pour faire peur, cherchant des adjonctions exterieures. Les armées et espées reluisantes, les pennaches qui font paroistre les personnes plus grandes qu'elles ne sont, se peuvent user avec discretion, sans que la dorure des armes, la profileure et bordure des escharpes et casaques puissent accroistre la cupidité, qui excite la hardiesse des ennemis. Ces ornemens sont seulement necessaires pour servir aux gens de guerre de ce que les beaux habits servent aux courtisans, pour les faire plus entrans, s'estimer davantage, et avoir horreur de soüiller ces beaux ornemens par une fuitte honteuse, et d'estre recogneu en lieu indecent à la valeur. Plusieurs nations, allans aux charges, crient et font un grand bruict, disent qu'ils s'encouragent l'un l'autre et intimident leurs ennemis; autres vont au combat avec silence, qui est une marque de resolution, de l'opinion desquels je suis, car parmy les criailleries les commandements ne peuvent estre oüys; les soldats sont subjects à se desordonner, et aucuns sous ce bruict s'en veulent faire accroire et faire les capitaines. Par ce bruict ils exalent partie du vent de leurs forces, qui doit estre enclos et retenu pour les affermir, et eslever les coups en plus de disposition de frapper. Ces voix ne peuvent servir qu'aux surprises nocturnes, encore en faut il user tellement qu'elles n'embarrassent l'ordre ny le commandement. Ces paroles de tuer, reiterées, au premier mouvement estonnent les endormis, et ne nuisent à ceux qui sont accoustumez dans les allarmes.

Les terreurs paniques viennent de l'ire de Dieu, et en causes secondes elles sont attachées à la mauvaise opinion que les soldats ont des chefs, ou d'eux-mesmes, ou de la crainte de leurs ennemis, la cognoissance d'estre mal ordonnez, de n'estre en garde ny en devoir, et n'avoir les capitaines preoccupé les sens par discours dans les cambrades ou en campagne, pour avoir ouy dire que l'on vouloit lever les sieges, faire une retraicte en campagne, ce qu'il vaut mieux faire que dire. De nostre temps des armées entieres s'en sont fuyes : en l'année 1602, à Canize, toute l'armée s'enfuit; en l'année 1572, à La Rochelle, où il y avoit mil hommes d'armes ayant pied à terre avec des piques, dix mil arquebusiers prests de donner l'assaut à une bresche, l'alarme se donne en teste des soldats, d'aucuns qui estoient sortis de la ville pour aller querir un mort dans le fossé; en mesme temps une autre alarme donne en queüe d'un des assiegeans, qui vouloit tuer un soldat indiscret qui approchoit avec une mesche des poudres : ces deux bruicts se rencontrerent dans le milieu de nos tranchées, sans que personne les chargeast; la pluspart de nos soldats, et mesme de la noblesse, s'enfuyent et se jettent dans un marets: nous qui estions en teste, n'en voyans aucun sujet; croyons que cela se fist par enchantement ou par gageure. Pour eviter ces peurs, il faut que chaque capitaine demeure en sa troupe, en son devoir, sans laisser mesler ses soldats parmy les autres, s'ils ne sont commandez; et qu'il joüe de l'espée, et parle audacieusement assisté de quelques amis, force les soldats à se recognoistre et rentrer en eux-mesmes. Grandement sert de mespriser ses ennemis devant les soldats, et estimer ses propres forces, et ne permettre qu'il se parle à l'advantage des contraires, et penetrer dans le courage des siens, pour par exhortations et harangues, en un besoin, leur chasser la peur, pour empescher ce desastre qui est si contagieux.

Les sons mesurez, la musique ravit les esprits. Les Spartiates usoient de flustes en leurs guerres, avec son grave et lent, qui faisoit marcher considerement et resolument leurs gens au combat. Les Turcs usent de cornemuses, de haubois, et semble que les sons soient plus propres pour danser que pour combattre, monstrant par ceste resjouissance le mespris qu'ils font du danger, et r'alentissent le trop d'ardeur, dont naist souvent le desordre. Les Chrestiens usent de trompettes, de tambours, aucuns de cimbales de cuyvre en sons aiguz et bruyans, tendans à mettre l'entendement hors de son assiette, pour n'aprehender le danger, et, par une gaillardise ou furie, les priver de la pensée de la mort et du peril : ainsi se trompent les fantasies des aprehensifs. Au boute-selle, au monter à cheval, à la retraicte, et au son de la charge des trompettes, s'en devroit joindre et inventer pour aller au pas, au trot, faire halte, se mettre trois à trois ou en escadron, tourner à gauche et à droicte, de differens tons. La plus belle batterie des tambours est celle des Espagnols, qui laisse les personnes en leur sens; celle des Français est trop prompte, mesmement pour gens qui ont le naturel bouillant et actif, lesquels elle semble precipiter. Que s'il ne la faloit changer, du moins faudroit demeurer trois fois autant aux poses, que l'on demeure à battre les cinq coups de la batterie, les Français estans subjects de se mettre en desordre et en confusion. Ny les trompettes des uns ny les tambours des autres n'ont assez de sortes de sons differens pour faire entendre et signifier la diversité des changemens necessaires à la guerre; il faudroit qu'au seul bruict de l'un et de l'autre chacun sçeut ce qu'il doit faire, pour marcher, se haster, au pas, au trot, separer les arquebusiers, tirer les enfans perdus, avancer, reculer, marcher à droicte et à gauche; tout cela peut estre signifié par plusieurs divers tons de trompettes et tambours; à quoy estans une fois accoustumez, les soldats feroient incontinent ce qu'ils doivent, sans qu'il falust que le general se fiast de faire courir de tous costez gens qui negligent, ou embarassez de bagages, ne peuvent aller si viste que le son, ny rapporter ce qui leur est commandé; l'incommodité seroit que les ennemis proches l'entendroient comme les amis. Les sons se pourroient diversifier par fois, et charger en signals qui s'esleveroient au-dessus d'une cornette, ainsi qu'aux batailles navales tout se commande par signes faicts de la generalle. Je loüe les signals qui se donnent au dessus de grandes lances ou piques, denonçant à la generalité des troupes la proximité des ennemis, à ce que sans ces criailleries d'armées quelquefois effroyables, chacun se mette en son devoir aussi-tost le signal de l'alarme apperceu.

Les marques des Chrestiens ont esté les croix; elles

ne sont changées en escharpes en France, que depuis que les Huguenots se sont meslez parmy les Catholiques : ce signe faisoit penser de n'entreprendre des guerres injustes, de ne faillir à son devoir, ny faire extorsions ou meschancetez ; et quand ce ne seroit que ces escharpes sont imitations des Huguenots rebelles, seroit utile de les laisser pour reprendre la croix. Les anciens portoient des cottes d'armes, il y a vingt ans que l'on portoit des casaques, et depuis des mandilles; maintenant l'on s'arme à cru : cela, disent-ils, estonne plus les ennemis, et contraint les soldats de s'armer entierement, leur ostant les moyens de couvrir leur paresse de leurs casaques. Les armes blanches du temps passé faisoient encore plus d'ostentation, laquelle profite contre les gens non aguerris, et de quoy les experimentez se mocquent ; plus de pennaches, plus d'armes dorées, plus d'espoir de butin et de bons prisonniers. Les cottes d'armes du passé et mandilles estoient utiles, elles empeschoient les pistoliers de choisir et attéindre facilement le corps de ceux qui les portoient. Les nations ont un cry, ou un mot par lequel elles s'encouragent, se reunissent et reprennent cœur au peril, qui ne se doit prononcer que dans les charges ou en quelques dangereux accidents. Les Français crient *Saint Denis!* les Espagnols *Saint Jacques!* les Bourguignons *Saint George!* puis *France, Bourgongne, Espagne* : il leur semble que ces cris, souvent redoublez, accroissent leurs forces et les mettent hors du danger ; ce qui advenoit, non seulement par la puissance de ces saincts, mais parce que, ce mot generalement prononcé, chacun entendoit qu'il faloit redoubler ses forces, et que cela leur remettoit en memoire les vertueux actes passez de ceux de leur nation, pour ne degenerer et perdre la reputation acquise, mesmement quand ils prononçoient le nom de leur patrie, France, Espagne et Bourgongne.

Qui sert, qui negocie fidelement et prudemment, se rend recommandable pour ne manquer de maistre ny de fortune : perdant l'un, il en trouve un autre par sa bonne reputation; mesme les ennemis de ceux qu'il a servy conjecturent qu'il fera le semblable pour eux qu'il a fait pour leurs contraires.

Tout traicté de reddition de places à terme entre les grands d'un ou de deux ans, ne reüssit pour les evenements et changemens fortuits; mieux en vaut une possedée que trente promises. Il ne manque d'eschapatoires, d'interpretations des promesses, et de couvertures pour rompre la foy promise, dont le mieux qui se peut esperer est d'entrer en autre paction et composition dommageable.

La valeur des Anglais n'a causé leurs conquestes; la division des Français en Guyenne, Bourgongne et autres lieux, en est la source, joint au mespris, ignorance, connivence ou trahison de leurs contraires. Ils doutoient tout, marchoient en ordre sagement, pleins de defiance quand ils estoient en France; s'ils l'assailloient maintenant sans intelligence, ils se perdroient. Les Anglais avoient de l'advantage aux guerres civiles de France sur les Espagnols, qui ne peurent gagner que les ligueux prinssent la croix rouge et se fissent espagnols; mais les Anglais firent prendre la rose blanche et quitter le nom français à ceux qui les assistoient, honteux apres de s'en desdire. De plus il y avoit plusieurs ducs partialisez contre les roys, chacun desquels travailloit à diminuer leur puissance ; et les seigneurs particuliers dans les provinces retiroient beaucoup plus d'avantage des estrangers que de leurs souverains, qui croyoient que leurs subjects estoient obligez par devoir de les servir sans recompense. Les Cimbres, les Suisses, les Gaulois, multipliez par longue paix, inonderent l'Italie et autres païs. Ainsi firent les Anglais en France, ce qu'ils ne peuvent maintenant, pour avoir participé en nos guerres de Flandres et de France, où ils ont perdu autant d'hommes à peu pres que nous : ces inondations ne sont à craindre, parce que la saignée est universelle. Guillaume conquist l'Angleterre, le comte de Richemont s'en fist roy, la sœur de Philippes le Bel, à l'aide des Normands, suppedita le roy son mary ; l'intelligence anglaise leur servit, et la religion catholique, dont ils sont le quart, nous fourniroit d'avantage de practique : leur païs, sans forteresse, se peut subjuguer par batailles en peu de temps. Cyrus, Alexandre et les Romains vainquirent les Assyriens, les Asiatiques et Macedoniens, apres une ou deux batailles. Les guerres entre les maisons d'Yorques et de l'Anclastre se terminoient en une journée, les vaincus jettoient les armes bas sans resourse, n'ayant r'alliement aux places fortes. La conqueste d'Angleterre est facile à une armée arrivée à bon port ; ce que cognoissant, les Anglais se sont fortifiez sur mer, où ils sont invincibles, si les Français ne remettent leur equipage de mer, ou que les Espagnols ne regagnent la Flandres, Zelande et Olande, qui peuvent faire autant de navires que les Anglais. Ce qu'ils n'oserent se presenter à l'admiral d'Annebaut faisant descente en Angleterre, fait penser que les Français se peuvent esgaller à eux en mer. Leur armée de mer est inutile, puis qu'il y a differents ports en Angleterre; facilement on y peut entrer par l'Escosse et plusieurs autres lieux de l'isle, et faudroit qu'il y eust six armées pour empescher la descente. Calais et Dieppe sont propres pour y entreprendre : vingt mil hommes aguerriz abordez, leur armée de mer est inutile; tel nombre se peut rendre maistre de l'isle apres une bataille gagnée, n'estant leurs communes aguerries ny armées. Si l'armée du duc de Palme y eust prins port, il en estoit maistre; son mescontentement pour n'avoir esté esleu general de terre fit retarder et rompre ceste entreprise, d'où sourdit sa defaveur en Espagne. M. de Guise avoit entreprins d'y faire une descente avec douze mil hommes, composez le tiers de lansquenets et les deux tiers français. J'estois un des douze chefs qu'il avoit nommez pour mener les troupes. L'intelligence que nous y avions avec les Catholiques me fait croire qu'il se fust faict roy d'Angleterre et eust delivré sa parente la royne d'Escosse, n'y ayant forteresse qui vaille. Les Anglais se sont conservez en troublant leurs voisins : il y a trente ans qu'ils entretiennent la guerre civile en France et en Flandres, desirans espuiser l'argent de l'un et les hommes de l'autre, à ce qu'ils ne puissent entreprendre sur eux; esmeuvent les guerres entre les Espagnols et Français, sement, dilatent, embrasent le feu et le sang en la maison d'autruy pour sauver la leur. Ainsi meurent les Français, ainsi l'argent d'Espagne se depend, ainsi les ames se perdent en l'heresie par le moyen et pour le profict de la paix des Anglais. Leur royne estoit souveraine, et nonobstant liguée avec des rebelles des souverains dont elle ne vouloit que ses subjects suivissent l'exemple, faisant trancher la teste aux plus grands, ayant la faveur et bienveüillance du peuple pour seurté de ces meurtres contre la noblesse. Avant les guerres civiles elle tint les roys de France et d'Espagne en guerre, à la forme des Venitiens et foibles potentats, se jettant tousjours du costé des plus foibles : ainsi fit Edoüart VIII apres la prise du roy François. Merveilleux secret de Dieu, qui a maintenu cette femme en prosperité, née en inceste, adultere et heresie ! qui doit faire esperer par ses deportements sa punition en l'autre monde, puis qu'elle n'a peu estre en terre. Sa manutention estoit l'impossibilité qu'il y a d'accorder les roys de France et d'Espagne à l'entreprise qu'ils devroient d'eux mesmes, également offencez, resoudre pour la conqueste de cette isle : c'est la manutention de la religion catholique, leur utilité et vengeance ; il n'y auroit pour trois mois d'occupation, eux unis, ce qu'il ne faut esperer : l'un d'eux tiendroit trop grand l'autre fortifié de ce royaume ; et encore moins de ce temps, que le roy de France est dés sa jeunesse aucunement obligé aux Anglais, et que le roy d'Escosse est roy d'Angleterre. Si n'y a-il personne au monde qui en puisse mieux venir à bout que Sa Majesté, pour sa grande valeur et hardiesse. Les Huguenots n'ont raison d'y contrarier par leurs articles de paix ; ils doivent renoncer à toutes ligues, puis qu'ils ont liberté de conscience et que les Catholiques ont abjuré leur intelligence estrangere. Sa Majesté seule est assez puissante pour faire cette entreprise et s'opposer à eux, pourveu qu'ils la tiennent secrette : un seigneur de son royaume l'a voulu faire.

26.

Le dessein est plus difficile au roy d'Espagne; neantmoins ce qu'il avoit entrepris peut encore renaistre. Il luy faut vingt mille hommes, dix mille lansquenets, six mille Espagnols et quatre mille Vallons; la plus grande difficulté est que c'est le prince le plus desrobé de tous les autres, et luy faudroit (s'il ne pourvoit mieux à ses finances) des puits d'or pour mettre sus cette entreprise. Mal-aisément l'archiduc en pourroit venir à bout; il faut un courage extrêmement relevé pour cest effect: si Dieu luy avoit fait la grace d'estre maistre des Païs Bas par la force, son entreprise seroit facile. Ces roys se pourroient accorder que celuy de France laissast le secours qu'il donne aux rebelles Flamands, les permist subjuguer au roy d'Espagne, qui en recompense le favorisast à la conqueste d'Angleterre. Le principal seroit de trouver des asseurances, puisque les serments n'obligent les princes, et de plus le roy d'Espagne croiroit l'Angleterre joincte à la France ne pourvoir tenir le Païs Bas, de quoy il luy faudroit donner seurté par quelques ports à luy asseurez en Angleterre, ou bien s'accorder d'un roy anglais qui fust catholique. Il est vray qu'au passé les partages des conquestes des Français et Espagnols ont esté mal fortunées aux Français au royaume de Naples; c'est de l'ouvrage de Dieu, qui donnera la victoire aux Catholiques lors qu'ils auront plus de religion que d'ambition.

Ferdinand et Isabelle, par le conseil du Pape, inventerent l'Inquisition contre les Mores nouvellement chassez d'Espagne; elle servit depuis contre les Lutheriens. Les formes sont cruelles, les accusateurs dangereux, recompensez du tiers des confiscations, les autres deux tiers au Roy et aux pauvres ; les juges et les tesmoins sont parties ; les prisons sont fort longues, là où elle est il n'y a point d'heresie. C'est mal, mais mal necessaire qui sauve les ames, les empesche d'estre infectées de paroles, garde les Estats, honneurs, vies et biens, qui, sous couverture de religion, sont envahis : les disputes, les libres paroles prophanes (source des doutes) y sont taryés; l'Inquisition, disent les heretiques, est perte de liberté et pleine de cruauté. Ces peines ne s'adressent qu'au corps, le travail en est heureux pour le salut de l'ame ; elle est advoüée de Dieu, puisque son Eglise l'apreuve. Aucuns disent qu'elle oste le merite, faisant aller à l'eglise par force ; y allant sans y estre contrainct le merite en seroit plus grand ; que ceux qui doutent ne se peuvent esclaircir, n'osant disputer ny faire des questions ; qu'elle sert de vengeance et d'avarice. La response est que les sermons, les livres leur peuvent lever toute mauvaise opinion, avec les prieres de Dieu qu'il nous fasse la grace de prendre le royaume des cieux, comme les petits enfans, en innocence et pureté de cœur, et ne desirer comme Adam de mourir pour estre trop sçavans ; que l'avarice, la vengeance ne sont frequents, puisque les juges sont ecclesiastiques et esleus des plus gens de bien ; que les exemples de la multitude forcez à leur devoir est suivie de tant plus grand nombre de peuple. Non que les royaumes et republiques qui peuvent maintenir et conserver la religion catholique sans ladicte Inquisition, ne soient beaucoup plus heureux, et sont excusables ceux qui craignent ceste grande subjection, laquelle n'est point pesante à ceux qui veulent bien faire.

Les gens de guerre hors de leur pays, lesquels n'ont place, forts ny retraicte, et qui souvent ne se fient en leur general, n'ayant pour toute seurté que l'ombre de leurs enseignes, combattent mieux que dans leur patrie, cognoissant l'hazard auquel sont leurs vies, et qu'une fois rompus, non seulement leurs ennemis les courent, mais aussi sont massacrez de la populace, n'ayant aucun salut qu'en leurs armes.

La paix, la mort de M. d'Orleans perdent l'esperance et changent les desseins du sieur de Tavannes; se resout à se marier : le cardinal de Tournon, gouvernant la Cour avec M. d'Annebaut, qui cognoissoit sa valeur, luy propose la fille du comte de Morver son beau-frere, qui avoit deux filles d'un premier mariage, dont la mere estoit de Vienne, issuë des anciens roys de Bourgongne, et ledict comte de Morver de La Baulme sorty de la maison illustre de Grece, qui fait le quinziesme comte de ceste maison. Ces deux filles (heritieres de leur oncle de Listenois tué en Piedmont, dont la succession se partagea entre mes dames de Sombernon, de La Fayette, et premiere femme dudict comte de Morver; les filles representant leur mere, qui furent sœurs et heritieres dudict sieur de Listenois) obtindrent le tiers de la susdicte succession. Le comte de Morver avoit une fille de Tournon, qu'il donna à un de ses cousins de son mesme nom de La Baulme avec tout son bien, et desherita les filles de son premier lict, qui resterent avec le bien de leur mere. Le sieur de Tavannes, accompagné de valeur, faveur et bonne grace, eut le choix de ces deux filles, prit la plus jeune, laissa l'aisnée au marquis de La Chambre; s'espousent en mesme jour, sans perdre la resolution de suivre la fortune, ayant choisi une retraicte pour tous evenemens. [1547] Le roy d'Angleterre Henry VIII meurt, laissant la coronne à Edoüart, aagé de huict ans. Ce prince avoit eu toute autorité sur ses subjects, rompt les barrieres de preudhommie, par luxure repudie Catherine d'Aragon, dont il avoit une fille, pour Anne de Boulan, qu'il fit mourir depuis, convaincue d'adultere. Ce divorce n'ayant esté approuvé, il se fit heretique, se declare chef de l'Eglise : ainsi un peché est naissance d'un plus grand. Le roy François meurt à Ramboüillet, aagé de cinquante six ans : les dames plus que les ans luy causerent la mort ; il eut quelque bonne fortune et beaucoup de mauvaises. Il eslevoit les gens sans sujet, s'en servoit sans consideration, leur laissoit mener la guerre et la paix pour se descharger. Les femmes faisoient tout, mesmes les generaux et capitaines, d'où vint la varieté des evenements de sa vie, meslée de generosité qui le poussoit à de grandes entreprises, d'où les voluptez le retiroient au milieu d'icelles. Il aymoit les sciences et les bastiments. Trois actes honorables luy donnerent le nom de Grand, non la difference du petit roy François : la bataille de Marignan, la restauration des lettres, la resistance qu'il fit seul à toute l'Europe. Se releva courageusement d'un grand malheur et prison : l'excellence de l'empereur Charles-Quint luy donne gloire ; le vainqueur d'Allemagne, d'Asie, d'Afrique, de Gueldres, des Turcs, a borné son plus-outre aux rivieres de Marne et Durance, et fait naufrage en France avec deux grandes armées. Si du temps du roy François la division que trouva Charles VIII en Italie eust esté, il y eust fait de grandes conquestes. Et tous ces beaux faicts n'estoient suffisans pour luy acquerir le nom de Grand, n'y ayant rien d'egal à Alexandre, Pompée et Charlemagne, honorez de ce tiltre : plusieurs roys de France qui ont fait plus que luy, Clovis et autres, n'ont pris ce nom de Grand. Mourant, il descharge sa conscience : l'alliance des Turcs, confederation des Lutheriens allemands estoient les plus grands faits d'icelle, ce qu'il n'estimoit pour les torts que l'Empereur luy avoit faits; il recommande l'admiral d'Annebaut à son fils.

RÈGNE DE HENRY II.

Le Roy enterré, la Cour, la faveur change; le connestable de Montmorancy est mandé du roy Henry, se souvenant des honneurs acquis par son moyen au camp d'Avignon et au pas de Suze, et de la honte qu'il eut à Perpignan, assisté de M. d'Annebaut. Le connestable luy avoit donné plusieurs prudents conseils secrets, cependant qu'il se contenoit sagement relegué en sa maison. À son arrivée il renvoye MM. d'Annebault et de Tournon chez eux, lesquels suivirent le chemin du connestable par luy tracé en sa defaveur; se retirent sans contestation. Restoit le mareschal de Biez en credit; le connestable le ruïne par son nepveu de Vervin, dit qu'il ne se faut fier à l'oncle duquel on a tranché la teste au nepveu, suscite des accusateurs; le mareschal est pris, sort avec un arrest ignominieux, depuis cassé à la requeste de son fils. Madame d'Estampes donne les bagues du roy François à madame

de Valentinois, et sort avec son frere le cardinal de
Meudon (¹) par la porte Dorée; se retire en sa maison.
Le Poulin, Longueval d'Escars, d'Antibes, Grignon,
recherchez pour n'avoir fait cas du connestable en ses
infortunes, eurent besoin d'argent et d'amis pour sortir de la leur. Le comte de Morver participe à la defaveur du cardinal de Tournon son beau frere; le
connestable luy oste son gouvernement de Bresse, le
donne à La Guiche, lieutenant de sa compagnie. Le
comte, parlant au Roy la main sur l'espée, se justifie,
blasme ses ennemis et n'obtint rien : la raison n'a lieu
là où la faveur gouverne. L'on comprend le sieur de
Tavannes en la defaveur de M. de Tournon, par son
alliance; il s'en mocque, dit avoir sa fortune en sa
teste et en son bras, s'addresse au Roy, qui luy maintient sa compagnie de gendarmes, promet l'accroistre
d'honneur continuant son service. Le connestable,
nocher et patron de la navire dont madame de Valentinois tenoit le timon, consent que le duc Claude
de Guise ait le gouvernement de Bourgongne, pour
avoir aydé à defavoriser M. l'admiral de Brion, et
pour ce sujet avoit esté favorisé de madame d'Estampes. A ce nouveau regne ledit sieur de Guise se maintient doucement avec le connestable, couvertement
gagne Diane de Poictiers sur la proposition du mariage de sa fille aisnée à monsieur d'Aumale, asseure
son credit, dont la confirmation fut le mariage de
Marie Stuard, royne d'Escosse, aagée de dix ans, fille
de sa fille, que Sa Majesté desiroit pour le dauphin

(¹) *Avec son frere le cardinal de Meudon* : la sœur de ce cardinal
avoit épousé Jacques de Heilly, frère de madame d'Etampes. (Voyez la
deuxième note de la page 297.)

François II. En cette consideration, le Roy donne l'archevesché de Rheims à Charles de Lorraine son frere puisné, favorise le mariage du fils aisné de Guise avec la fille du duc de Ferrare, sortie de la seconde fille du roy Louys XII. M. de Guise balance la faveur du connestable, excepté l'inclination naturelle que Sa Majesté avoit à son compere, duquel nom il l'honnoroit.

Le roy Henry eut les mesmes defauts de son predecesseur, l'esprit plus foible, et se peut dire le regne du connestable, de madame de Valentinois et de M. de Guise, non le sien. Il est source des malheurs de France, donnant à deux seules maisons les charges, honneurs, finances et gouvernemens de son royaume. Il s'est veu en l'une d'icelles maisons en mesme temps un connestable, un grand maistre de France, un admiral, un colonnel de l'infanterie, les gouvernemens de Guienne, Languedoc, de l'Isle de France et de Provence, capitaineries de La Bastille, les bois de Vincennes, les places de Bologne, trente compagnies de gendarmes possedées par ses amis, et en l'autre maison les gouvernements de Bourgongne, de Champagne, generalité de galeres, colonnel de la cavallerie legere, plusieurs lieutenances de Roy faites de leurs mains, vingt compagnies de gendarmes. Nul ne peut approcher du Roy que par l'une de ces deux maisons; tout se donne et oste par eux, recompenses et chastiments demandent tous les jours, estant maxime que les roys, eslevant des personnes en telle grandeur, ne leur peuvent plus rien refuser, pour la crainte qu'ils ont d'eux, et de peur de perdre ce qu'ils y ont mis et le bien qu'ils leur ont fait. Et sembloit que le Roy eust conjuré avec eux de leur partir la France, à la ruine de ses enfans et de son royaume, qui devoit advenir, sinon de son regne, tost apres, l'inimitié d'icelles maisons venant à esclater; il en veid les preparatifs de son vivant.

La moitié du monde est medecin, qui donne advis aux malades; il est autant de gens se disans d'Estat qui veulent donner conseil; c'est beaucoup d'en avoir un en un royaume, et cinq ou six en un siecle: il faut le sens naturel, l'acquis et l'experience des affaires. J'en cognois jaloux de cette qualité, qui n'advoüent qu'eux au monde; je les ay veus sur la fin de la Ligue, où ils n'ont fait des miracles, je les vois gouverner heureusement le roy Henry quatriéme en ces années 1602 et 1603 : le bien qui en reüssit ne leur doit estre attribué, ains à Dieu, qui donne la paix pour la pitié du peuple. C'est par luy que tout ce qu'ils font ou conseillent mal retourne à bien; leur maistre ny eux n'ont d'avantage de loüange que celuy qui ne se precipite au fossé où il a veu tomber les autres. Tant de fautes commises monstreroient le chemin aux aveugles, encores que les plus habiles d'eux ne laissent de faillir. Les vaillans, fins, experimentez, ou bien alliez, n'ont charge, de crainte qu'ils n'entreprennent; mettent divisions entre les grands, monstrent qu'ils les veulent abbaisser; eslevent le peuple, dont ils gagnent les principaux par pensions, qu'ils reçoivent sous le nom d'officiers royaux; favorisent les rebelles des souverains, endurent un party dans l'Estat, pour y recourir au besoin, tiennent les subsides hauts pour appauvrir le peuple, à ce qu'il pense, disent-ils, plustost à vivre qu'à se revolter : ils ne donnent rien à personne, ne payent les gendarmes. Le Roy, ses enfans, ont les charges, les gouvernements, les compagnies, et nul autre; caressent peu de gens sans se contraindre : les finances et partie des armes sont maniées par gens de peu : ils offensent plusieurs de paroles, sans se souvenir de ce qu'ils ont promis : en mesme temps, mescontentent tous les princes et les bravent, sous la seurté de la division qu'ils y ont engravée ; esperent de forcer les gentils hommes d'aller à la guerre, par l'arriere-ban et non par la solde; et n'y a gouvernements ny grades que pour les enfans de Sa Majesté; divisent toutes les charges, nul ne fait la sienne. Le Roy fait et prend tout, laisse le reste sans argent ny authorité, desesperant les soldats, qui se vont faire tuër au pays estranger.

Cette forme de gouverner en autre temps seroit dangereuse, et en cestuy-cy tout reüssit, et de tout en vient bien : Dieu maintient la paix au peuple, pour la misere qu'il en a soufferte. J'ay veu que si les gens de valeur eussent cogneu ne pouvoir parvenir, ils n'eussent retardé leur entreprise que du temps qu'il faut pour la bastir : plus de division semée, plus fut esté d'amitié preparée parmy eux ; les peuples se fussent rebellez pour les subsides, les gens-d'armes pour n'estre payez, les courtisans de n'avoir rien, et generalement les Français d'estre offensez au lieu de caressez : le party huguenot enorgueilly d'estre maintenu et stimulé à desirer de plus en plus, les gouverneurs eussent entrepris pour s'asseurer des places de leurs gouvernemens, divisé en temps de paix, ne pouvant esperer d'ailleurs, et craignant leur ruine : les Espagnols eussent semé les doublons pour moissonner les hommes en la guerre civile, rendant ce qu'on leur preste sous main, et en mesme forme. Tout s'endure, se soustient, s'estouffe par l'arrest de la supreme puissance; ceux qui voudront suivre les preceptes d'Estat du roy Henry IV, n'ayant son heur ny sa reputation, periront. Ce qui la favorise est que tous les braves de son royaume sont enterrez, les peuples ayment autant la mort que la guerre, s'estans faits sages des ruines passées; les capitaines et soldats sont morts aux voyages estrangers, ou habitent les maisons et labourent les terres des trespassez qui leur ont fait place; et les courageux, voyant les gens de peu de valeur pourveus aux charges, les mesprisent et se bannissent chez eux de toutes affaires : les rebellions des rebelles luy ont donné la victoire.

Il y a des livres de preceptes d'Estat; j'en mets peu, pour n'y estre savant : les princes ne doivent avoir gouvernement, principalement de frontieres; s'ils en ont, ne leur donner les places, et que les lieutenans de Roy dependent de Sa Majesté, et plus ennemis qu'amis des gouverneurs. Le Roy ne doit donner à la priere des grands, à ce qu'ils n'acquierent des serviteurs à ses despens pour s'en prevaloir contre luy; doit commander que tout s'addresse à Sa Majesté : les conseils des gentils-hommes mediocres, peu alliez, sans desseins, vaillent mieux pour se maintenir que ceux des grands. Deux gouvernements, deux compagnies de gendarmes, deux regimens ne doivent estre donnez en mesme race; les regiments ny les places ne se donnent à des jeunes gens de bonnes maisons, plustost à vieux estropiés.

Un roy puissant ne se doit soucier de places fortes

qu'aux frontieres, diviser les puissances, princes, ecclesiastiques, noblesse, gens de justice, financiers, bourgeois, marchands, laboureurs; chacun sert Sa Majesté en son estat : empescher les intelligences, separer chasque estat, gagner les plus puissans d'iceluy : il ne peut que les roys n'en ayent tousjours la meilleure part, qui esbranle le reste avec la qualité de roy ; empescher leur alliance, continuer les subsides sans augmentation, pour ne suggerer le desespoir ; faire punir les grands par la justice et forme ordinaire, avoir les entrées de France fortifiées, et non autres, Lyon, le Havre, Abeville, Nante, Marseille, Tholose, Bourdeaux, Calais; et s'il ne peut estre maistre dans ses villes, fortifier des bonnes places fortes, y mettre de vieilles gens parens de ses enfans, et laisser les autres villes libres, lesquelles ont cogneu par les dernieres guerres ne se pouvoir mettre en liberté, et qu'il leur faut un roy pour en eviter cinquante, que la noblesse, plus grande qu'en Allemagne et Suisse, les fera tousjours venir à raison. Les places fortes en quelques endroicts sont necessaires, parce que, n'y en ayant du tout point, la France seroit subjecte à estre vaincue en deux batailles, comme l'Angleterre et Pologne; aussi n'y en faut-il tant qu'elles donnent moyen de guerres civiles. Entretenir l'amitié des Suisses est necessaire à un prince qui ne se veut que conserver; rompre toutes societez, ligues et confrairies, gagner ceux qui peuvent au party huguenot, mettre la justice en force, oster les armes aux soldats, ce sont regles pour se maintenir, differentes de celles d'un conquerant, toutes inutiles sans la premiere, qui est servir et exalter l'honneur de Dieu, exercer justice, ne faire à autruy que ce qu'on voudroit luy estre fait, ne favoriser les rebelles des souverains, et ne faire guerre injuste; faire grand amas de deniers et de munitions dans les places asseurées; l'experience monstre la force de l'argent dans les guerres, tant civiles qu'estrangeres.

Ceux qui entrent en faveur ne ruinent ceux qui y estoient, craignans qu'estans en pareil estat le semblable leur advienne; l'habile courtisan met autant en reserve qu'il acquiert, la moitié pour sauver le reste advenant naufrage : tout se garentit par argent; c'est pourquoy il ne craint les recherches advenir, espere de passer là où sont passez les autres; la suitte des favoris participe plus en leur ruïne qu'eux mesmes. Et de ce temps ils ont cherché de seurté à avoir grande quantité de gouvernements et places fortes, à ce que leur maistre mesme ne les puisse defaire, lesquels, maladvisez, par ce moyen donnent naissance aux partis, dont la division de l'Estat est souvent suscitée.

Soixante compagnies de gendarmes prirent party avec ceux de Guise, de Chastillon et de Montmorancy; les capitaines menent les compagnies entieres aux rebellions; les soldats, creez par les chefs, oublient le Roy, la multitude d'aguerris n'estans payez s'adonne aux guerres civiles : l'experience est contraire à ceux qui disent que, pour eviter ce peril, ne faut point de gendarmes; il vaut mieux enseigner le moyen d'y remedier. L'Anglais a occupé la France, les Bourguignons assiegé Paris, plusieurs batailles perduës par faute d'aguerriment; vingt ans de paix sans entretenement de gendarmes, il n'y aura ny capitaines ny soldats qui sçachent leur devoir, dont le pays sera en proye, et la moitié conquis avant qu'avoir r'apris le mestier des armes. L'Estat doit estre soustenu par force du païs ou estrangers, l'assistance auxiliaire est peu utile et de grande despence; armer son peuple est dangereux, la noblesse seule peut bien servir, estant entretenue en la gendarmerie. Aux années 1603 et 1604, la gendarmerie est reduitte à quatre compagnies du Roy et de ses enfans, et deux autres compagnies payées à moitié au connestable et duc de Mayenne. Le Roy fait estat (si la guerre vient) de donner quarante compagnies de chevaux legers à autant de seigneurs choisis de deux cens gentils-hommes pensionaires qu'il entretient, espere de s'ayder de l'arriere-ban par saisie des terres de gentils-hommes, advenant la guerre. Cest entretenement est foible; les soldats nouvellement levez seroient peu aguerris : les ennemis du Roy auront, avec argent d'Angleterre ou d'Espagne, plustost fait des levées que luy, et de meilleurs hommes; les soldats y courront, ne croyant point estre obligez, ny avoir de serment ailleurs, n'ayant en France que leur corps. Et quant à l'arriere-ban, si le Roy force encore deux fois les gentils-hommes d'aller à la guerre (ainsi qu'on fit au dernier siege d'Amiens), il en adviendra quelque revolte. De plus, il ne s'en peut servir que trois mois, et, s'ils ne sont nullement aguerris, Sa Majesté ne peut r'establir la gendarmerie sans donner des gendarmes à soixante personnes, dont il se defie de cinquante, qui se joindront aux factions pour relever les maisons affoiblies et les partis ruynez. Le remede est que le Roy continue les pensions à soixante des plus fideles experimentez des siens, et employez aux gouvernements des compagnies de gendarmes, par commissions seulement en temps de guerre, laquelle finie, ils demeureront sans charge, pensionnaires ou capitaines entretenus qu'ils estoient. Et pour créer les gendarmes sans capitaines, que le Roy commande aux baillifs d'envoyer des roolles de tous les gentils-hommes et signalez soldats de leurs bailliages aux cours de parlement, et maires des villes le semblable; Sa Majesté choisisse en chaque province cent cinquante hommes, qui sont aux seize provinces deux mil quatre cens hommes d'armes, des commissaires qui leur feront faire montre, et non les capitaines pensionnaires, qui ne s'y trouveront. Advenant la mort des soldats, le Roy y pourvoira luy-mesme sur les roolles qui luy seront envoyez : vaut mieux qu'ils soient moins vaillans que recommandez par autruy de qui ils dependroient. Ces soldats ne se pourront dire estre d'autre compagnie que de celle de Sa Majesté, ne recognoissant leur capitaine qu'à la guerre. Pour un voyage qui se passe en six mois, si un soldat se met en la suitte d'un prince ou seigneur, le baillif ou la cour en advertira le Roy, pour le casser. Les garnisons doivent estre meslées des gendarmes de toutes les provinces, sous l'obeissance d'un chef, dont le commandement ne durera que pour un quartier en temps de paix.

Qui se marie perd sa fortune entiere ou la moitié d'icelle : les femmes, les enfans, le mesnage, l'avarice, le repos, le plaisir, la crainte du hazard, occupent, empeschent, rompent et accourcissent les voyages, entreprises et desseins. Le meilleur aage de se marier est à trente ans, ayant partie de la fortune qu'on peut avoir, et n'est trop tard pour laisser ses enfans en estat de manier ce qu'on leur laisse, ny trop tost pour en estre incommodé; c'est paradis d'y estre bien, enfer d'y estre mal. Il y a plus de mal que de bien au monde, plustost se rencontre desplaisir que plaisir. Il y a cinq choses requises et difficiles à treuver ensemblement : extraction de sages meres, et de maisons signalées de preud'hommie, honneur, richesse, beauté et prudence; manque une, le reste est imparfaict; tout y estant, l'orgueil tourmente les mariez, ces maux sont communs : si riche, plein de reproche; si illustre, serviteur de ses alliez; si belle, la jalousie; si pauvre, necessité; tellement que commodité et incommodité s'y balancent. C'est espouser des querelles, des maladies hereditaires, des procez, et souvent des debtes. L'on se doit marier, non pour ce qui s'escoule en deux ans, beauté, bonne grace, ains pour ce qui s'augmente en vieillesse, sagesse et richesse; sur tout regarder aux imperfections naturelles et hereditaires, tant du corps que de l'esprit, sans se marier à la fantasie d'autruy, puis qu'on se marie pour soy-mesme; y estant, supporter les incommoditez qui n'attouchent à l'honneur, comme le froid, le chaud, les vermines, et les vaincre par prudence, resolution et patience. Et ne faut chercher en ce monde des contentements parfaicts, ains s'accoustumer aux incommoditez, soupçonnant son naturel, et se garder d'estre offensé ou s'attrister au moindre sujet qui se presente.

Les vivans se soucient peu des ordonnances des morts; ce qui ne s'execute de nostre temps, n'esperons qu'il se fasse apres, si ce n'est par bons contracts, qui encores ne sont sans dispute. Donations, fondations, restitutions par mort, ressemblent à celuy qui commandoit que son corps fust foüetté apres son trespas pour l'expiation de ses pechez; c'est ordonner de ce qui n'est plus nostre, et estre liberal de ce qu'on ne peut emporter. L'obligation des parens et serviteurs n'est pareille que si les biens leur estoient faicts du vivant des donataires, estant assubjectis de passer par la main d'autruy : ils sont plus obligez aux executeurs des testamens qu'aux deffuncts. Les petites fondations se perdent, les grandes sont decimées et amoindries, et souvent ne s'en fait rien, si ce n'est qu'au deffaut de l'execution l'on ne donne les biens à gens puissans, qui, pour la crainte que l'on a d'eux, soient cause qu'elles s'observent.

Ce n'est rien de gagner des batailles, de garder les provinces, ny bien servir, qui n'entend la Cour. L'Estat est lamentable qui est sans certitude, là où recompense et punition se donnent sans raison et par faveur, où les subjects ont moyen de gagner l'une et eviter l'autre, en fraudant et forçant les loix. Miserable le regne des enfans, et plus malheureux celuy des ignorans, subjects à estre possedez et gouvernez au prejudice de leur reputation, et malheur de leur Estat! Là où les particuliers font leur maison, s'enrichissent et font pour leurs amis contre tout ordre, n'ayant pour droict que la force et la puissance royale, de laquelle ils s'aident à leurs plaisirs; bannissant la valeur et la vertu, ayant pour suspects ceux qui ont ces bonnes parties, et reduisant tous les hommes au mespris d'icelles, puis qu'elles sont inutiles, et qu'il n'y a que la porte de la faveur ouverte : les grades reduits à non-valeur, profanez et donnez à personnes indignes, mesprisez des gens de cœur et de courage, les inventions, les exactions infinies appliquées au seul advantage des favorits; et le sang du peuple ny la voix d'iceluy n'a aucun recours qu'à Dieu, qui est celuy seul de qui il faut espérer le bien des royaumes.

Voulant escrire des Lutheriens, pour plus d'intelligence d'iceux, je repete leur commencement, dont j'ay dit partie cy-dessus. [1507] Martin Luther presche contre la croisade et argent levé pour aller à la Terre Saincte, diverty et employé aux sœurs, courtisanes et cuisiniers de quelques grands. La reformation de ces abus, avec quelque present de benefice, eust arresté cette heresie : Luther a confessé n'avoir pensé en venir si avant. [1518] Il escrit à Sa Saincteté la faute de ses questeurs, le tient pour chef de l'Eglise, met à ses pieds sa teste et ses écrits. La doctrine des prophetes et des apostres est née du Sainct Esprit, tout à un coup, non par piece comme les Lutheriens, selon qu'ils estoient piquez ou desesperez de salut. Luther est banny du Pape et de l'Empereur [1521] en la diette de Vormes : se voyant sans remede, se soustrait de leur obeyssance, blaspheme contre eux, ce qu'il n'eust fait si, apres quelque reformation, on luy eust donné absolution et conferé des benefices. Il rencontre le duc Federic de Saxe en crainte de l'Empereur pour sa grandeur, et inimitié du Pape pour ses exactions de la croisade et entreprise sur son duché et université de Vitemberg. Ce duc resout de s'opposer à eux par ligues et armes, faute de leur Saincteté et Majesté de ne l'avoir asseuré et deschargé son peuple des exactions ecclesiastiques, et contenté luy et les docteurs de son université.

Ce duc, source de la mort éternelle et humaine de

cent mil hommes, pallia et endura au commencement lentement ceste religion, craignant de perdre le gain que luy apportoit sadite université; ce schisme, sans luy, estoit aisé à opprimer à sa naissance [1529]. Cette religion s'accreut par la liberté qu'elle donne de mal faire; les ecclesiastiques se marient, les princes se soustrayent de l'obeïssance de l'Empereur, les gentils-hommes jouyssent des biens d'Eglise, les villes imperiales en dessein de se mettre en estat populaire, vivre sans reprehensions [1529]. A la journée de Spire, l'Empereur, foible, declare impunité, pour la crainte du grand nombre des Lutheriens accreus, qu'il ne pouvoit opprimer. [1532] Ils font une ligue avec le duc de Saxe, landgrave, George de Brandebourg, Ernest, François de Lunebourg, et le prince d'Anhald, les villes de Strasbourg, Nuremberg, Houlmes et Constance; sept princes, vingt-cinq villes confederées appellent des decrets de Spire aux conciles legitimes, escrivent au roy de France, qui les favorise pour s'en servir contre l'Empereur. Les Lutheriens, assemblez à Ausbourg, donnent une confession de foy; l'Empereur dissimule pour les guerres des Turcs et de France, les remet au concile, consent un colloque. Paul Farnaise accorde la ville de Trente en Allemagne, pour tenir le concile, parce que les Lutheriens ne vouloient aller en Italie, et commencent à se remparer contre le concile, disant appartenir à l'Empereur la convocation d'iceluy, que leurs princes et ministres y devoient avoir voix deliberatives. En cette année [1537] les Lutheriens s'assemblent à Smalcade, pourvoient à leur conservation: le Pape fait quelque legere reformation. Ferdinand, roy de Boëme, le duc de Bronsvich, et plusieurs autres Catholiques, à l'imitation des Lutheriens, font ligue pour se maintenir contre les heretiques, qui protestent contre eux. En l'an 1542, le landgrave prend le duché de Bronsvich, sans ce que le duc fust declaré criminel ny mis au ban de l'Empire. L'Empereur remonstre au conclave des cardinaux que le Roy empesche le concile, et qu'il s'allie au Turc, qu'il negocie avec les Protestans; l'audience est déniée aux Français, l'Empereur à la diete obtint secours contre eux, d'où vint son entrée en France, et prise de Sainct Dixier. Albert de Brandbourg, seigneur de Pruce, de grand maistre s'estoit fait duc, aidé du lutheranisme, est condamné de l'Empereur, et l'election nouvelle de Wolfgang advoüée. La faveur des Français sert aux lutheriens et au Turc; l'Empereur dit qu'il eust supprimé l'un à sa naissance, et resisté à l'autre, sans l'esperance que les Lutheriens et le Turc avoient du secours des Français. L'an 1546 et 1547, Sa Majesté imperiale se prepare contre les Lutheriens.

La necessité rend les armes justes, et licencie de se venger d'un mal par un semblable. L'Empereur corrompt Bourbon et André Dore, et est soupçonné d'avoir fait empoisonner le Dauphin; prend Naples et Milan injustement. Le roy Henry deuxiesme, s'ayde des Turcs et des Lutheriens contre luy; il est blasmé de l'alliance du Turc, comme le roy Henry troisiesme de celle de Geneve; contre quoy les Français objectent l'interim permis par l'Empereur, le tribut et orloge presenté par Ferdinand au Turc à Budes, pour posseder l'Hongrie et s'allier avec luy; la paix en Afrique avec les Infideles, l'alliance des Anglais excommuniez recherchée par l'Empereur.

En l'an 1544, ils faillent, ils offencent, ils manquent tous deux en l'alliance du Turc, des Lutheriens et rebelles : Dieu leur envoyé de tel pain souppe. L'Anglais, favorisant l'Huguenot, change l'Empereur de la faveur donnée aux Lutheriens par les Français : le peché des ennemis ne doit estre imité, c'est celuy qui combat pour le contraire. Les malheurs de France viennent de l'alliance du Turc et des heretiques ; du feu que les Français ont aidé à souffler, est sortie la flamme qui a embrazé quarante ans leur patrie. C'est miracle qu'il n'a esté subjugué par les Anglais ou Espagnols, tant de sang, de biens et d'ames perduës, la posterité des Valloys sans vie et sans royaume, les partis demeurez entiers, pour servir de pretexte à la ruïne de la Couronne.

Aucuns, agitez et ennuyez des mouvements faicts à cause de la religion, contrarient l'advis des prélats; que c'estoit authoriser les Lutheriens de reformer l'Eglise ; disent qu'il falloit des leur premiere naissance, sans contraincte, assembler le concile et pourvoir aux abus ; rendre, ou bien employer les deniers de la croisade ; que les ames se sauvent par confession ; satisfaction, repentance et penitence, moyenant quoy le pardon des papes est utile, non autrement. Les statues des saincts en l'Eglise, pour avoir milité sous icelle, comme celles des grands capitaines aux republiques, seroient aussi bien de costé dux pardis que sur les autels. Le mariage, defendu aux prestres, et permis en la primitive Eglise, le devroit encore estre, parce que les putains et bastards des prestres servent de pretexte aux Lutheriens, et que sainct Paul à Thimothée dit que le prestre se contentera d'une seule femme, dont ils se peuvent abstenir le jour qu'ils diront la messe, qu'il ne devoit estre permis de celebrer qu'en l'aage de cinquante ans, lorsque les concupiscences commencent à s'esteindre; les plus jeunes pourroient servir de diacre et psalmodier; que les moines ne fissent vœux perpetuels qu'ils n'eussent quarante ans; punir les adulteres, paillards et blasphémateurs.

Les heretiques font parade que les apostres donnoient, et que les prestres prennent; ils alloient pieds nuds, et qu'eux sont bien vestus; ils obeyssoient, que les prestres commandent; ils cherchoient la paix, et eux division; Jesus-Christ preschoit l'humilité aux deserts, les papes la guerre en triomphe. Qu'il seroit necessaire de reformer l'orgueil et richesse de l'Eglise, et que les biens estoient donnez à icelle par les Chrestiens, pour ne se sentir suffisans de les separer aux pauvres; ils estoient destinez pour prier pour les ames, pour l'instruction de la jeunesse, et resister aux infideles. Que depuis, l'Eglise a party le bien des ecclesiastiques en tiers, pour les pauvres, pour les reparations, et pour l'abbé, et que le dernier prend tout; qu'il employe à ses parens, bastiments, voluptez, chasse et amour, ce qui est destiné à pieté. Tiennent plusieurs benefices, et n'en peuvent desservir qu'un, auquel ils doivent estre pourveus par l'eslection de leurs freres, qui ont l'imposition des mains. Que les papes se disent seigneurs spirituels et temporels, qu'ils ne sont pourveus à l'un que par l'autre, se doivent regler à la saincteté, hayr la guerre, prescher la paix, excepté contre les Turcs et heretiques. Peuvent accepter les Estats que Dieu leur envoye, sans semer divorce entre les princes pour s'agrandir, les admonestant contre les indeus mariages et mauvaises vies, sans excommunication ny mettre leur royaume si soudainement en proye. Lesquelles opinions ont esté rejettées, pour la crainte que plusieurs avoient que les heretiques, ayant obtenu partie de ces points, ils en demanderoient d'autres. Autres disoient qu'il n'est loisible de faire mal à fin que bien en advienne, et les papes ne doivent permettre ny les Juifs, ny les bordels, ny la conference des benefices aux roys, pour crainte de leurs mauvaises graces, ny se soucier de gagner la faveur d'iceux, ausquels ne doit estre accordé que ce qui est juste. Que les conciles sont pardessus les papes, lesquels sont establis seulement pour faire garder les decrets d'iceux ; et que si un concile a declaré les papes superieurs, ils le sont jusques à un autre concile, où repose le Sainct-Esprit, qui tomba sur chacun des apostres également, et sur leurs successeurs. Cecy est escrit sous la permission et correction de l'Eglise, seulement pour monstrer les diverses opinions de ce temps-là et les moyens que l'on cherchoit en vain pour accorder les deux religions.

Aucuns, plus politiques que religieux, ont proposé que les roys de France et d'Espagne, d'accord, pourroient et devroient reformer l'Eglise, estant plusieurs ceremonies superfluës et inventées, d'où adviendroit la reünion des heretiques, n'appreuvant l'adoration des papes, les pardons, les images, l'impudicité des prestres, les voyages, les offrandes, les reliques ; qu'il fust dit moins de messes et plus de predications ; ce qu'advenant, ils pensent que les heretiques croiroient aux saincts sacrements, et se rangeroient en l'obeissance de l'Eglise. Aucuns les ont voulu persuader, leur alleguant que, s'ils ne veulent, ils ne prieront point les saincts, ny ne croiront point au purgatoire, ny ne s'inclineront point devant les images, ains seulement qu'ils croyent aux sacremens de l'Eglise, ainsi que les Catholiques : proposition qui leur estoit faicte pour les attirer à la reünion des deux religions, à quoy ils n'ont voulu aucunement entendre. Cela n'est un affaire qui se puisse terminer par les hommes; c'est une œuvre de Dieu, qui touchera les cœurs des peuples quand il luy plaira et qu'ils le meriteront.

Les Catholiques bien sensez treuvent ces propositions vaines; quand bien il se tiendroit un concile general où les heretiques assisteroient, meritoirement la jurisdiction d'iceux est aux ecclesiastiques qui ont l'imposition des mains : Sa Saincteté ny les conciles ne cederoient aucuns des points suscripts, croiroient que les heretiques, apres en avoir obtenu quelques uns, en demanderoient d'autres, à la perte de la religion catholique. Que si on touchoit aux offrandes, aux prieres des morts, aux pardons, ce seroit oster les deux tiers du revenu et auctorité des ecclesiastiques. Les ministres de la nouvelle opinion ne subiroient à leur jugement, non plus qu'ils ont faict au passé, et voudroient que tout se traictast de pair à pair, ou du moins de leur consentement; desireroient les eveschez et benefices, demanderoient les mariages des prestres, et, generalement tous n'estans satisfaicts, en vain se chercheroit de les ramener à la vraye foy; le contentement de personnes seditieuses seroit impossible. Les

roys d'Angleterre et princes d'Allemagne, qui joüissent
du revenu ecclesiastique, ne s'en voudroient dessaisir.
Le roy d'Espagne, qui se sçait servir des papes et de
l'Inquisition, et qui se maintient par l'appuy et conservation de la religion, ne consentiroit à ce traicté
par raison d'Estat, ayant faict une faction des Catholiques hors du meslange des heretiques, où les autres
potentats de l'Europe sont embroüillez. Le roy de
France pourroit agréer aucunement à ce dessein pour
reünir ses subjects et diminuer la puissance des papes,
maintenir les privileges de l'Eglise gallicane, et qui
se serviroit mieux des heretiques reconciliez que le roy
d'Espagne. Le roy d'Angleterre, qui a tousjours esté
en crainte de France et d'Espagne, lesquels royaumes,
unis ou separez, pourveu qu'ils ne se contrariassent,
le peuvent aisement ruïner. Ses predecesseurs ont ap-
puyé leur domination sur la rebellion de l'Eglise,
joinct aux heretiques d'Allemagne, de Flandres et de
France : faisant une faction pour luy dans les subjets
des deux roys de France et d'Espagne, pour s'opposer
à la grandeur de l'un et de l'autre et se conserver, par
les rebelles, de ses voisins; protection qui cessera si les
religions estoient unies. Pareillement, les ducs de
Saxe, comte Palatin et autres princes d'Allemagne,
qui ont tousjours craint qu'un empereur leur ostast
l'autorité et rendist l'Empire hereditaire, qui se sont
aidez et ont faict une faction de la religion lutherienne contre la grandeur de la maison d'Austriche,
alliez à celle d'Espagne, s'opposeroient à ce traicté.

Ainsi par raisons humaines il n'y a nulle apparence
de reünir les religions, et ne la faut esperer que par
miracles, ou bien que les roys de France et d'Espa-

gne, sans connivence, trahisons, artifices, ny fauces
intelligences, se resolussent tous deux, chacun en
mesme temps, d'assaillir les heretiques en leurs Estats
par les armes, de la ruïne desquels il y a apparence
qu'ils viendroient à bout ; et n'en pourroient estre empeschez ny par les Anglais ny par les Allemands, parce
que les Huguenots sont fort foibles en France, et que
l'on sçait les moyens de prendre promptement les villes
mieux qu'au passé ; et ne leur reste espoir qu'aux mal
contants Catholiques français, dont le peril cesseroit,
d'autant que le roy d'Espagne ne favorisant point leurs
desseins et ne leur donnant point d'argent, ils n'aban-
donneroient leur roy, et facilement par la force on
changeroit en un mouvement les cœurs des Huguenots
et Lutheriens, ainsi que par icelle furent changées les
volontez de soixante mil hommes à la reddition d'Anvers sous l'obeissance du roy d'Espagne. Pareillement
Zelande et Ollande n'estans point soustenus sous main
du roy de France comme ils sont, le roy d'Espagne
les ameneroit à leur devoir et y feroit de bonnes citadelles. Il faudroit commencer ceste guerre en mesme
temps, et non sous le pretexte de la religion, ains pour
avoir les villes de seurté qu'ils tiennent, à ce que les
roys d'Angleterre et princes d'Allemagne ne prinssent
l'alarme que l'on voulust esteindre la religion lutherienne, et que pour le commun peril ils ne les assis-
tassent ; encore que, quand ils le feroient, ils ne sont
point à craindre, parce que les Allemands ne marchent sans argent, et que le roy d'Angleterre en four-
nira fort peu. Et en estant venu à chef en peu de temps,
tant en France qu'en Flandres, ces deux rois resolus
donneroient la loy à l'Allemagne et à l'Angleterre, et

les contraindroient de revenir à la religion catholique : tout gist en une bonne intelligence entre eux. Et au pis, s'il faloit que ces deux roys entreprinssent la guerre contre toute la faction, je ne fais doute que, bien intelligents, ils n'eussent la victoire contre leurs subjects, et apres aviseroient ce qu'ils devroient faire sur les Anglais et Allemands, parce que la guerre se feroit d'autre façon sous des roys majeurs et capitaines, qu'elle ne s'est faite en semblable cas au passé, estant le feu et le zele des heretiques estaint et tres-affoibly. Il y a creance indubitable (estant la religion chrestienne la meilleure) que Dieu assisteroit ce dessein, que tous les bons subjects de l'un et de l'autre royaume doivent desirer et implorer par bonnes œuvres et prieres envers Dieu, conseils, remonstrances et admonestemens envers leurs superieurs; de quoy j'ay escrit ailleurs plus amplement.

C'est la verité qu'il n'appartient qu'aux ecclesiastiques et theologiens de juger ou controller ce qui est receu de l'Eglise universelle, sous la permission de laquelle aucuns se peuvent licentier de parler et respondre à tant d'objections et calomnies des heretiques, incredules et mondains. Il y a trois sortes d'ecclesiastiques : ceux qui ont l'imposition des mains, les evesques, predicateurs et curez, qui preschent et enseignent la doctrine chrestienne, excitant le peuple à magnifier la gloire de Dieu, pureté et netteté de conscience. Le second ordre est des religieux et moynes, qui se sont volontairement sequestrez du monde, pour incessamment mediter et chanter les loüanges de nostre Seigneur, iceux fondez et rentez à cest effect, et pour prier Dieu pour les ames des defuncts. Dans cest ordre sont ceux de Sainct Benoist, les Celestins, Bernardins, et autres rentez, partie desquels devoit enseigner au commencement; et par l'intermission d'iceux les Jesuistes fondez ont pris naissance. Le troisiesme ordre sont les Quatre Mendians, Cordeliers, Jacobins, Carmes et Augustins; en suitte desquels les Capucins, Recolects, Carmes reformez et autres qui vivent d'aumosne. Il faut advoüer que les hommes ne sont faicts que pour glorifier Dieu, et leurs devoirs les y obligent; c'est pourquoy sont fondées toutes ces religions.

Pour le premier ordre, c'est le plus utile des trois autres, observant tant de vœux et de regles si sainctement establies : ils doivent estre reverez, prisez et estimez, sous la licence desquels plusieurs souhaitteroient des adjonctions qui seroient sans aucun prejudice à la foy catholique, apostolique et romaine, ne touchant aux poincts principaux d'icelle. Desireroient qu'au sortir des messes ou aux prosnes d'icelles il se fist de grandes et ferventes prieres, adaptées selon les textes de l'Evangile, estant tout le peuple prosterné à genoux, sans avoir esgard à ce malheur qui est advenu, que les heretiques ont prevenu, de psalmodier en français; que tous les pseaumes qui se disent tant aux grandes messes qu'aux vespres, fussent interpretez et chantez en la langue maternelle, demeurant seulement à prononcer en latin au prestre qui seroit à l'autel et les responses de ceux qui seroient au pulpitre; et que les chants français fussent tellement composez, qu'ils fussent plus intelligibles que les traduits par les heretiques, avec telle gravité et loisir, que les peuples les peussent entendre de mot à autre, à fin d'exciter leurs devotions et lever leurs cœurs à Dieu, et mesme chanter avec les prestres, ceux qui en seroient capables, les exhortations des curez tres-frequentes pour abolir toutes superstitions et idolatrie du peuple, les confirmant en une vraye et juste creance. Aucuns eussent desiré que les prestres fussent mariez, ainsi que sainct Paul dit que les ministres de l'Eglise se contenteront d'une seule femme, leur donnant le choix d'estre mariez ou non. Que s'il y avoit du scrupule de l'administration des sacremens à gens mariez, se pourroit reduire à ceux qui auroient voulu vivre au celibat, ou qui seroient en viduité et grandement aagez. Les oraisons et les pseaumes en français sont tres-saincts et tres-utiles, parce que les peuples n'entendent point ce qui se prie, et mesme la plus-part des prestres ne sçavent ce qu'ils proferent; ce qui fait qu'il n'y peut avoir aucunes devotions. L'allegation est impertinente, que ceux qui disent leurs heures en latin quoy qu'ils ne l'entendent, puis que c'est à bonne fin, font aussi bien que ceux qui sçavent ce qu'ils disent : en quoy il n'y a nulle apparence, y ayant grande difference de l'exaltation et devotion.

Ceste mesme incongruité est en l'ordre des religieux : de cent d'iceux il ne s'en treuvera dix qui entendent ce qu'ils chantent; c'est un grand peché qu'ils commettent, psalmodiant cinq et six heures, dans lesquelles, n'entendant point ce qu'ils proferent, ont leurs pensées ailleurs, tellement que, parlant d'une façon à Dieu et pensant de l'autre au monde, ils font entierement contre leur salut. Outre ce qu'il est mal-aisé d'astreindre entierement ses pensées et son cœur une si grande espace, sans avoir l'esprit bandé à la fervente priere qui seroit necessaire, qu'ils considerent l'erreur qu'ils feroient si, parlant à un roy, ils avoient leurs cœurs ailleurs, et combien plus ils y prendroient garde s'ils parloient aux roys que au Roy de tous les roys. Il vaudroit beaucoup mieux faire les prieres plus courtes et les loüanges, hymnes et pseaumes en telle quantité que la multitude n'alterast la devotion, y ayant assez de pseaumes et de loüanges pour journellement en dire quelqu'unes, sans qu'il fust besoin de tant de reditte reiterée sans devotion. Mais on ne leur peut pardonner la peine qu'ils disent avoir pour gagner paradis, puis que tous ces religieux bien fondez, chauffez, nourris et bien vestus, n'ont aucunes incommoditez. Et puis qu'ils sont ainsi entretenus, il vaudroit beaucoup mieux que partie d'eux, et nommement les jeunes (puis qu'ils ne sont pour enseigner et prescher), s'employassent à la guerre contre les infidelles, ou travaillassent, comme sera dit cy-dessous, pour de leur revenu et labeur nourrir les pauvres, rachepter les prisonniers des mains des infideles, et aller à la guerre contre iceux, là où leurs confreres qui demeureroient au logis leur feroient tenir l'argent qu'ils recevroient ou gagneroient : et quand il ne se feroit point de grande guerre contre les infideles, tousjours peuvent-ils (si les riches nobles et beneficiers y veulent contribuer) avoir de vaisseaux pour proteger les Chrestiens sur la mer.

Il est plus mal-aisé à reprendre et à treuver à dire au troisiesme ordre des Mendians, Capucins et autres, lesquels semblent suivre le chemin des apostres, contraire neantmoins en ce qu'ils ne travaillent point, et que sainct Paul dit par exprés qu'il faut que chacun vive de son labeur et de son travail. Deux defaux leur sont objectez : un, qu'ils mangent le bien des pauvres, attendu qu'ils ne font rien et qu'ils vivent de l'aumosne, laquelle seroit beaucoup mieux employée à tant de mendians, vieilles gens, vefves et orphelins qui ne peuvent gagner leurs vies. Plusieurs, accusez d'avoir pris cet ordre plus pour avoir moyen de vivre que par devotion, comparés aux freslons qui mangent le miel des bonnes mousches, que les gens de bien sans eux porteroient aux hospitaux, où sont tant de pauvres malades qui en ont faute. Autres blasment leurs façons de silice et de foüets, dequoy ils disent macerer leur chair; façon inusitée aux apostres et aux successeurs d'iceux. Le jeusne estoit recommandé, non ces blessures, lesquelles ne devroient estre, quand ce ne seroit qu'à la consideration des Turcs, qui exercent ce mesme chastiment sur leur corps pour Mahomet et pour leur lubricité, s'incisant et bleçant par demonstration d'amour à leur religion et aux femmes. C'est une grande defiance de soy-mesme de s'obliger à ces vœux extraordinaires, desquels plusieurs se repentent apres. Il y auroit beaucoup plus de merite sans ces vœux, se garder de peché et avoir les mesmes devotions qu'ont les susdicts religieux. Comment est-il possible de voir sans se plaindre trente mil jeunes hommes en ces religions, les bras croysez, vivans sans rien faire de la peine et travail d'autruy; mandier, importuner de toutes parts, fascher et l'estre à toutes heures sans consideration, se jettant multitude dans ces ordres de mendians sans avoir pensé qu'en une guerre, une famine, faudroit que la pluspart d'iceux rompissent leurs vœux et se comblassent de peché.

La reformation des rentez qui vivent sans rien faire, et des mendians subsistans par le bien d'autruy, appartient au ciel et à Sa Saincteté, et pour leur donner exemple semble qu'il faudroit fonder un autre ordre dans lequel se pourroient reformer tous ceux cydessus mentionnez, et en voicy le projet :

Le premier fondement de cest ordre est, apres avoir loüé Dieu sur le travail, suivant le precepte de sainct Paul, non seulement que chacun vive de son labeur, ains aussi qu'il en substante les pauvres, et selon l'Escriture c'est donner tout son bien et suivre Jesus Christ que donner le travail de ses bras ausdicts pauvres. Leurs vœux seront d'obedience, de travail pour les pauvres, et de chasteté ; et quant à ceux qui excederont l'aage de cinquante ans, ils pourront celebrer la messe, ou s'ils ont esté si heureux d'avoir attaint le don de continence, et non autrement. Se dira une seule messe en leur eglise, apres laquelle psalmodieront tous les freres en français l'espace d'une heure, et à la fin d'icelle se feront des prieres en la mesme langue sur l'evangile du mesme jour : se rassembleront à cinq heures du soir et psalmodieront une autre heure : tout le reste du jour seront employez à travailler de plusieurs mestiers, tant à labourer qu'à tous autres arts mechaniques, et seront obligez d'aporter l'argent de leur gain à un recteur qu'ils establiront dans leur convent. Ces deniers seront employez à nourrir les viellards de leur ordre, et le surplus donné aux pauvres, ou dans une bourse pour rachepter les prisonniers. Que si leurs moyens se treuvent plus grands, pourront estre employez à soudoyer ceux de leur ordre qui voudront aller contre les Infidelles, se nourriront de leurs bleds, vin et jardin, et dé l'argent provenant de tous les autres metiers à quoy ils travailleront, sans neantmoins aller dans les boutiques parmy les marchands, ains se contenter de debiter ce qu'ils auront fait dans ledit convent, et ce à ce qu'ils tiennent à honte de demander l'aumosne, ayant moyen par leurs bras de se la donner et de la donner aux autres, s'abstenant entierement de mal faire. Et en cas que quelqu'un d'eux tombast en quelque forfaicture, seront degradez de l'ordre. Leurs habits seroient decents comme ceux des religieux. Les Jesuistes approchent de cet ordre, n'estans obligez qu'à une petite messe, et à travailler le reste du jour pour l'education des hommes.

Il y a eu de grands abus en l'opinion que l'on a voulu donner au peuple qu'il revenoit des trespassez, ou que les demons se monstroient aux personnes. Plusieurs hommes d'Eglise y ont eu beaucoup de tort, lesquels ont feint que par fois les ames retournoient, à ce que les parens qui estoient en opinion qu'ils estoient en peine, fissent des donations pour les en retirer. L'espreuve de cest abus est qu'il y a cinquante ans que ceste creance estoit si grande dans l'esprit des personnes, que, soit par l'apprehension qu'ils avoient, ou par ceux qui contrefaisoient les esprits, il se trouvoit peu de personnes qui ne dissent en avoir veu et ouy, non une fois, mais plusieurs. Maintenant que les hommes sont plus fins, et que la religion debattuë a plus esloigné les abus, il ne se trouvera de cinquante un qui dise avoir veu ny ouy les ames desdits trespassez ny les esprits. Et ce qui monstre plus l'abus, est que les Lutheriens ny Huguenots, qui en devroient estre les plus tourmentez, et qui n'y croyent guieres, n'en voyent point du tout ; à quoy on peut objecter que parce qu'ils sont hors de l'Eglise et comme perdus, les esprits ne se manifestent à eux ; au contraire, c'est à ceux-là que les bons esprits devroient paroistre pour les remettre au bon chemin, ou si l'amitié se conserve encores hors du monde, les visions des parens morts serviroient pour les admonester s'ils pouvoient revenir. Neantmoins il se faut conformer à ce qu'en dit la saincte Escriture, laquelle est assez forte et puissante en verité, sans qu'il soit besoin par mensonges et fables d'exciter la devotion. En quoy ignoramment ont failli ceux qui disent que telles choses soient loisibles pour augmenter la devotion ; outre que c'est grandement offenser Dieu, qui n'a besoin de telles feintes pour magnifier sa religion, ains aussi icelles descouvertes font naistre l'impieté. J'ay cogneu un gentilhomme et une dame qui, estans couchez au mesme lieu là où l'un fut tué et l'autre mourut un an apres, songerent leur mort et la predirent le matin quasi en la mesme forme qu'elle advint : sçavoir si c'est un instinct naturel, ou, comme nous croyons que nous avons de bons et mauvais anges, si ceste revelation procedoit d'iceux.

TABLE DES MATIÈRES

CONTENUES

DANS LE VINGT-TROISIÈME VOLUME.

GASPARD DE SAULX, SEIGNEUR DE TAVANNES.

Avertissement.	Page 3
Notice sur Gaspard de Tavannes.	5
Notice sur le vicomte de Tavannes.	33
Observations bibliographiques.	46
Epistre.	49
Epistre au Roy.	53
Memoires de Gaspard de Saulx, seigneur de Tavannes.	55
Premier Advis pour regner en pieté, justice, soulagement et tranquillité du public.	Ibid.
Second Advis pour reunir toute l'Europe en une mesme religion.	70
Troisiesme Advis pour faire la guerre contre le roy d'Espagne.	88
Quatriesme Advis pour faire la guerre contre les Turcs.	103
Cinquiesme Advis pour reduire l'Europe en l'obeyssance des roys de France et d'Espagne.	130
La vie de Gaspard de Saulx, seigneur de Tavannes.	135
Regne de François I.	Ibid.
Regne de Henry II.	408

FIN DU VINGT-TROISIÈME VOLUME.

www.ingramcontent.com/pod-product-compliance
Lightning Source LLC
Chambersburg PA
CBHW071114230426
43666CB00009B/1961